SHI JIE
LISHI
400WEN

世界历史
四百问

朱世兰 编

江苏人民出版社

目　录

非 洲 篇

亚 洲 篇

美 洲 篇

欧 洲 篇

大洋洲篇

❶ 澳大利亚原住民来自何处?

澳大利亚目前人口不多,其中白种人占 90％以上,但是最早居民并不是白种人,而是澳大利亚原住民。科学家证实澳大利亚原住民是从外部移入的。

最早提出澳大利亚原住民起源问题的是英国航海家罗伯特·菲茨罗伊,他在 1839 年认为,澳大利亚大陆上的原住民和塔斯马尼亚原住民是非洲黑人的后裔,或是乘船时偶然被暴风吹到这里来的,或是逃亡的黑奴。这样便出现了关于澳大利亚原住民起源的"非洲说"。这种说法显然是毫无根据的,早为考古资料和有关人类学、民族学和历史语言学的资料所推翻。但是,他第一次提出澳大利亚原住民是从大陆外部移入的观点是正确的,是有价值的。

1847 年,英国人类学家普查里德认为澳大利亚原住民的祖先原是分布于大洋洲诸岛上的"尼格利陀族",后来经新几内亚或帝汶岛到达澳大利亚大陆北岸,然后逐渐扩散于大陆各地,因而又产生了"尼格利陀种族说"。

19 世纪末 20 世纪初有两位著名的人类学家英国学者约翰·马修和哈威特对澳大利亚原住民的来源问题进行了深入探讨,得出了许多重要结论。马修认为澳大利亚原住民是由两个或三个种族成分混合而成的,他认为澳大利亚原住民最早的成分是居住在新几内亚南部的巴布亚种族和与印度的达罗毗荼人血缘相近的种族。哈威特继承和发展了马修的观点,提出了形成澳大利亚原住民种族成分的先后次序的理论。哈威特指出,澳大利亚土著是由尼格利陀人种和高加索暗色人种混合而成,先是尼格利陀种族成分,后是较晚的高加索暗色种族成分;他还认为今日印度的达罗毗荼人也是高加索暗色人种的后代,至今与澳大利亚原住民有血缘关系的还有斯里兰卡的维达人,日本的阿伊努人和印度的托达人等。

大约与哈威特同时,德国学者格雷布纳就澳大利亚原住民的起源问题提出了一个新的理论,所谓"文化圈"或"文化层"理论。格雷布纳指出,在今天澳大利亚原住民中有四种不同的文化层或文化圈,这四种文化是在不同的时间从不同的地区传播到澳大利亚大陆来的。

此后学者一直不断地探讨这个问题。随着科技手段突飞猛进,我们离揭开澳大利亚原住民起源问题的答案越来越近。

② 澳大利亚有原始的农业吗?

澳大利亚原住民的社会经济,像其他人类原始社会所经历的经济形态一样,也主要是狩猎业和采集业这两大部类。大量资料说明,他们根本不知道农业和畜牧业。捕鱼业也是澳大利亚原住民的重要经济部门,所有这些都是他们处于原始社会的重要标志。

殖民者未来到澳大利亚前,澳大利亚原住民人口约有 30 万人,而且这里野生动物和野生植物非常丰富,周围是茫茫大海,又不易为北方欧亚大陆上的人类侵袭。这对澳大利亚原住民来说是一个得天独厚的天地,是一个天然的狩猎和采集的乐园。以渔猎而言,这里能捕捉的动物很多。由于澳大利亚大陆上没有凶猛的食肉动物,因此,这些袋鼠几乎全部是原住民的猎取对象,而且袋鼠繁殖率极高。除袋鼠外,鸸鹋也是他们重要的生活资料,因而是捕捉的主要对象之一。澳大利亚原住民还擅长爬树捉袋貂,也捕捉鸟类,还用各种方法捕捉巨大的猛禽。捕渔业在澳大利亚原住民的生活中也占有极其重要的地位。在渔业中,他们最喜欢的是捕捉海龟,因为海龟体大肉多,味道鲜美,且笨拙易捉。

英国航海家库克于 1770 年在澳大利亚东部沿海地区登陆考察时,

就已经发现这里没有任何耕耘过的土地。原住民没有农业,但不表示他们没有植物食物,相反,他们的植物性食物像动物性食物一样极其丰富,所以采集业也是他们最重要的经济部门。澳大利亚可采集的食物品种很多,澳大利亚黍子和川蓣薅在澳大利亚大部分地区都有,尤其在昆士兰和库彼斯克里克河流域,是居民的重要口粮。在澳大利亚中部,居民的主要口粮是耶尔卡等作物的块茎或根果。另外,有一种叫布尼亚的树,它结出的果实是干果——布尼亚果,该果实硕大无比,而且淀粉含量很高,是澳大利亚原住民食物中的佼佼者。

可供采集的植物性食物还有许多,如各种果实、草莓、硬壳果、颗粒、草籽、细根、嫩枝嫩叶、块根、幼芽。此外还有各种昆虫,如蜜蜂、蜜蚁……。这一切构成了一套完整的食物系统,正是这个食物系统奠定了澳大利亚原住民社会的物质基础之一。

③ 原始的澳大利亚居民有何宗教崇拜?

由于澳大利亚孤悬大洋之中,与欧亚诸民族完全隔绝,澳大利亚原住居所处条件极为特殊,其社会生活和精神生活必然具有某种独特的形态。澳大利亚原住居是近存诸民族中保留原始宗教——法术信仰之最纯者。

澳大利亚原住民的主要信仰是图腾崇拜,其次是巫术、精灵崇拜、偶像崇拜。在原住民部落中分为若干氏族;每个氏族都用某种动植物来作为自己的图腾,亦有图腾称谓,诸如:袋鼠胞族与鸸鹋胞族、楔尾鹫胞族与渡乌胞族、白鹦鹉胞族与黑鹦鹉胞族等等。诸如此类图腾,有时又不乏一定的信仰与之相联属。原体民们认为自己与部落图腾有某种特殊的亲属关系,甚至认为自己完全与图腾相等,因此对自己部落的图腾极为尊重,不能当着他们的面杀害或食用他们的图腾。

由于原住民与一切原始社会的人类一样在自然界面前弱小无力,于是在他们的心目中就出现了超自然力的神话人物。他们相信所有巫术继承了有益或有害的力量,相信巫术能控制环境,能创造奇迹。在原住民社会里,巫术经常进行公开表演。这种表演仪式包括对神话人物的请求和显示出神话人物的力量,以此来加深人们的信仰。在所有原住民社会里都有巫医。原住民相信,巫医能为他们驱灾、排除不祥和医治病痛。巫医认为每一个人的体内都有一个医药物。这个医药物既能治病,也能使人致病,许多原住民巫医都有象征精灵的小鸟或动物,以便帮助他们与精灵世界联系,赋予巫术力量同邪恶力量对抗,并战胜它们。但从外表看来,巫医与普通人没有什么区别,但他们自称能看见人体内的情况,并能驱除各种疾病。

由于对图腾、巫术、精灵等的崇拜,不同的部落,几乎都不同程度地采用专门的饮食禁忌和肉体上的痛苦来考验和培养刻苦耐劳的精神。

18 世纪末叶,英国和欧洲大陆的移民来到这里,这些国家的宗教也接踵而至,实施殖民化,澳大利亚原住民大多被移居于“传教村”,多神教仪礼被强制取缔,一些传教士采取较为变通的办法,使基督教与当地的信仰相得益彰,诱使土著居民皈依。当代澳大利亚社会的主要宗教是新教和罗马天主教,此外还有东正教、犹太教、伊斯兰教和佛教。

④ 澳大利亚是如何被发现的?

欧亚关于“澳大利亚”(即南方大陆)的传说根源于古代世界地球学说的发展,而古代世界地球学说渊源于古代希腊。古代希腊人提出了大地的形体问题,他们认为大地是圆形的。特别是后来托勒密提出的“地球中心说”,并且在他的书中绘出地图,在他的地图中,印度洋南面有一块大陆,不知其名,故书以“未知南方大陆”,从此,“未知南方大陆”便广泛流传开来。15—17 世纪欧洲的探险家与航海家正是根据他的理论去南大洋寻找“未知南方大陆”。

葡萄牙的探险家们经过多年探索式地向南缓慢前进,一步步地越过亚速尔群岛、马德拉群岛、加那利群岛、并越过博哈多尔角,实现了他们多年想绕过非洲南端的夙愿,到 1498 年,另一航海家到达印度。但是,他们自始至终没有找到“黄金岛”和“未知南方大陆”。

在葡萄牙人寻找"未知南方大陆"的同时,西班牙人也在寻找,当哥伦布第三次航行到美洲时,发现了南美洲的奥利瑙科河,认为该河的发源处是"未知南方大陆"。此后的麦哲伦又为西班牙开辟由大西洋穿过麦哲伦海峡进入太平洋的航路。西班牙人以菲律宾作为基地,利用自己的新航路也在南太平洋掀起了探寻"未知南方大陆"的热潮。但是,无论是葡萄牙人还是西班牙人都没有找到"南方大陆"。

而在新航路开辟后兴起的荷兰,1605年派威廉·杨茨率探险船到达一条又长又整齐的海岸,沿此海岸航行约250英里便停泊上岸,从而成了最早发现并登上"南方大陆"的欧洲人。这位南方大陆的发现者到死还不知道他已发现了欧洲人寻找多年的"未知南方大陆"。

直到1611年荷兰船长韩德利克·布罗维开辟了一条新航路直到巴达维亚,途中他发现这条航路不仅避开了炎热,而且一路有顺风,航速飞快,节省了很多时间。此后荷兰东印度公司指示所有船只都要沿这条新航路去巴达维亚。1616年,另一位荷兰航海家德克·哈托格沿着这条新航路,到达澳大利亚大陆西岸沙克湾中的一个距大陆很近的岛屿,此即后来以他的名字命名的"德克哈托格岛"。

后来的荷兰东印度公司多次组织船队去澳大利亚,到17世纪40年代,基本上弄清了南方大陆的西部和北部的情况,但对整个南方大陆轮廓还没有一个完整的概念。

1665年,荷兰殖民者对他们发现并初步勘察过的南方大陆的西部,并宣布占领,命名为"新荷兰",但是他们在这里没有找到黄金,因而放弃了对澳大利亚的进一步勘察与探险,也没有向这里移民。

⑤ 澳大利亚大陆最终发现者是谁?

对澳大利亚大陆的最终发现是由英国人完成的。英国航海家库克在完成澳大利亚大陆发现方面起了决定性的作用。

英国人对澳大利亚大陆的探险活动较晚,是在荷兰人放弃了对澳大利亚大陆的探险后才开始的。确切的年代是1688年,英国发生光荣革命的那一年。第一个到达澳大利亚的是英国的江洋大盗丹皮尔,1686年他从菲律宾漂流到澳大利亚,并且上了岸,对观察到的情况进行了详细记载。回国之后,他得到英国海军部门的褒奖。此后他多次到达澳大利亚,并且发表了不少著作,特别是他的《新荷兰航行记》中关于澳大利亚荒凉不毛的记载,不仅影响了英国,而且影响了整个欧洲,此后约有七十年无人去南方大陆探险。直到1770年,库克到达澳大利亚的东部地区。

1768年8月26日,库克开始从普利茅茨出发,一路经过巴西的里约热内卢、到达火地岛、绕过合恩角,第二年4月到达塔希提岛。然后离开塔希提岛南航,10月份到达新西兰,他花了近半年的时间环航了新西兰,并进行了考查,证明它是由南北两个岛组成的,并宣布新西兰为英国领土。

1770年初,完成对新西兰考察的库克准备继续西航回国,在澳大利亚的东海岸进行了休整和补给,并进行了考察,写入了他的《航海日记》,将他们发现并考察的海湾命名为"植物湾",以英王乔治三世的名义正式宣布植物湾沿岸地区为英国领土。在沿澳大利亚东海岸向北航行期间,他特别认真和仔细地进行考察,逐日写航海日记,详细绘制海图,并对发现的港湾与海角一一命名,同时进行记载,以英王的名义占领所到地区。后来他又把整个东澳大利亚命名为"新南威尔士"。

到1771年7月,他返回英国。他在这次历时两年10个月的航行中最大的成就就是发现与勘察了东澳大利亚,至此澳大利亚大陆的西、北、南、东均已发现。

❻ 最早向澳大利亚移民的是哪个国家?

1781年美国独立战争取得胜利,脱离了英国的统治,英国流放犯人的地点减少,国内监狱人满为患,疾病流行,如何处置犯人问题成了当时政府面临的一个难题,如何解决这个问题,英国朝野上下展开了激烈的争论。

1783年,有人提出将犯人安置到澳大利亚的植物湾,认为那是一个十分适合的安置地,因为那里没有白人移民,处于"空着的"状态。这个建议引起政府的重视,几经讨论,最终在 1786 年正式宣布东澳大利亚的植物湾将作为政治犯和刑事犯的流放地。1787 年 5 月,菲利普上校率领第一支押送犯人的舰队从英国直奔澳大利亚,历时八个多月,第二年到达澳大利亚。从此开始了澳大利亚殖民地的历史。

菲利普并没有完全按照库克的描写来安排流放殖民活动,而是先对植物湾进行了全面考察,发现这个地方并不是最好的地方,建立殖民据点不适宜。反而在距植物湾北部约 3 英里的杰克逊港是一个设置犯人移民据点的好地方。他经过考察认为这里完全具备建立殖民据点的条件。故决定在这里建立殖民据点,并以当时英国内务大臣悉尼的名字命名,即今天的悉尼港。就这样一个新的殖民地开始了。

从 1788 年 1 月开始到 1868 年 12 月澳大利亚彻底废除流放制度,这八十年中,英国共流放到这里来的犯人达 16 万之多。在 1819 年全澳大利亚白人中,犯人及其后裔占 3/4 以上,可见澳大利亚几乎是英国的流放殖民地,事实上是英国的一个大监狱。

⑦ 英国人是如何对待澳大利亚原住民的?

在白人殖民者到来之前,澳大利亚原住民据估计大概有 30 万人。1788 年,澳大利亚沦为英国殖民地,从此大批白人移民涌来。开始时,澳大利亚是犯人流放地,来的移民主要是犯人,因此澳大利亚原住民所接触到的是犯人移民,原住民和白人的关系主要是原住民部落成员和犯人移民的关系。后来随着自由白人移民的增多,原住民和白人的关系逐步演变为原住民种族和白人种族的关系,即种族关系了。这种关系随着白人的增多、社会经济的发展与殖民区不断扩大日益恶化,其后果导致了原住民被白人大规模地屠杀。

第一任总督菲利普上校开始时很注意维护白人和原住民的和谐关系,但后来他发现维护友好关系极难。犯人经常偷窃土著居民的东西,经常调戏和侮辱他们的妻子和女儿,而被侵害的原住民也往往进行报复。因此,这位总督对今后能否维持住同原住民的和谐关系产生了怀疑。再加上殖民者对原住民采取了歧视性的同化政策,这些政策严重损害了他们的民族风俗与习惯,这必然引起原住民极大的反感。久而久之,这种反感便演变为仇视白人的心理与情绪。种族仇恨心理导致了相互斗杀。由于白人有先进的武器优势,而原住民几乎是赤手空拳状态,每次斗杀总是以原住民惨败而结束。

一位叫达莱庇的原住民部落酋长在对一位叫汤姆·皮特雷的白人移民说的一段话很有代表性,这位部落酋长讲了三个问题:第一,白人到来后抢占了原住民部落的领地;第二,白人抢劫和杀戮了大批原住民;第三,把资本主义社会坏的习俗带入了原住民社会。所有这些必然导致原住民社会衰亡。原住民面临着惨遭屠杀和社会危亡,必然进行强烈的反抗。

种族矛盾加深和尖锐化了,到 19 世纪 20—30 年代便发生了白人殖民者大规模屠杀黑人的新暴行。1826 年,殖民当局颁布了令人发指的法令:每捕捉一名原住民赏金 5 英镑,导致大批原住民被残杀。

为了更有效地屠杀原住民,殖民当局于 1837 年在维多利亚建立了"土著警察",是用收买、拉拢和欺骗的手段建立起来的。当局唆使他们到与他们对立的部落里屠杀本族同胞,土著警察一直存在到 1853 年。

英国殖民者对澳大利亚原住民的虐杀,是英国近代史上的诸多暴行之一,不亚于他们对非洲黑人、美洲印第安人和大洋洲其他地区的暴行。

8 早期白人对澳大利亚原住民有何影响?

在白人殖民者屠杀下,澳大利亚人口大幅度减少,到 1947 年仅余 4.7万人,就是说 85％的人被虐杀了。余下的原住民在死亡的威胁下只好内迁,其中大部分迁往内陆荒漠地区。塔斯马尼亚原住民的命运更为悲惨,在虐杀下,1847 年剩下 40 人,1860 年只剩有 11 人。1869 年只剩下男女两人,而当年这位最后一个塔斯马尼亚男子也死了,这样只剩下最后一个女人了。后来,这个名叫特鲁卡尼尼的女人死于 1876 年。她的骨骼被放在霍巴特博物馆，以作为她的种族灭亡的一个纪念品。因此到 1876 年，所有塔斯马尼亚人在七十三年的时间里全部被消灭了。

即便是早期在澳大利亚大陆殖民地内幸存下来的土著居民，也大都沦为做各种低贱工作的零工，其社会地位几乎等同于流犯。

白人对澳大利亚原住民带来的另一灾难性恶果，是把白人社会中的天花、猩红热、痢疾、伤寒、病毒等一系列疾病带到澳大利亚大陆来。这些疾病对于与外界万年隔绝且毫无医学防治能力的原住民来说，无疑是一种大灾难，不少原住民受尽这些疾病折磨之苦而死亡。

直至二十世纪下半叶，澳大利亚政府才开始承认侵犯了澳大利亚原住民的权利，开始逐渐改善与原住民的关系，二次世界大战后，政府开始尝试同化原住民，迫使原住民住入乡镇并接受教育。

⑨ 最早在澳大利亚养羊的是谁？

当代澳大利亚经济的支柱之一是养羊业，而养羊业的鼻祖是前澳大利亚保安团军官麦克阿瑟。

约翰·麦克阿瑟在 1789 年任新南威尔士保安团上尉，1790 年他带领家人来到澳大利亚服兵役。1793 年，他与其他军官一样受赐土地，在巴拉马塔办农场。

他对澳大利亚最大的贡献是开创了畜牧业，他是澳大利亚畜牧业的先驱。早在 1792 年，他就意识到，澳大利亚殖民地要发展必须进口各种物品，为此，就必须在殖民地生产出能供出口的物品，作为进口的支付物。因此他在 1785 年便常年雇佣 30—40 人饲养家畜。后来决定饲养美利奴羊。在 1797 年引进了一些西班牙种的美利奴绵羊。1802 年，他在伦敦说服了国务大臣卡登姆伯爵，允许他在澳大利亚发展养羊业，然后他带着国务大臣给总督的指示返回悉尼，总督根据指示赐给他 5 000 英亩土地饲养美利奴细毛羊。由此开始了澳大利亚大规模的养羊业。

1805 年，麦克阿瑟又从英格兰的克尤皇家繁殖场搞来另外一些绵羊品种，进行饲养试验，取得了优良品种，到 1822 年就能向英国输送 68 吨多的上等羊毛,其质量可与欧洲产的最好的羊毛媲美,这也在英国引起了轰动,因为当时英国特别需要大量优质羊毛。

而澳大利亚东部地区适宜进行大规模的养羊业,有一片长以千公里计的大牧场,降雨量适中,不致引起羊蹄病。这里地处南纬 35—25 度间,气候温和,既没有酷热,也没有欧亚大陆的严寒。这些优越的天时地利的条件,促使澳大利亚养羊业迅速地发展起来,到 19 世纪 30 年代,大批的羊群出现在东澳大利亚和范迪门。这一时期,不少拥有巨额资本的资本家也移民到这里,经营牧羊场。

⑩ 弗林德斯是什么人?

马修·弗林德斯,1774 年 3 月 16 日—1814 年 7 月 19 日,英国航海家、探险家、杰出的地图绘制者。曾围绕澳大利亚探险航行,发现了澳大利亚许多新的地区并为其命名,绘制了世界上第一幅澳大利亚全图。

1801 年 7 月弗林德斯率领探险队自英格兰出发,12 月 6 日抵达澳大利亚李文海角,继续西行在 1802 年 1 月 28 日到"Fowlers 湾"。1802 年 4 月船队东行途中,巧遇法国探险家尼可拉斯·包丁,他们都是奉自己国家支持和命令探勘未知的澳大利亚南部海岸线并绘图。两人还进行交换研究,由此成功地测绘了澳大利亚的海岸图。

当弗林德斯和他的船员又一次远航的船只停靠在印度洋中的法属毛里求斯岛时,遇险被迫向法国求救。由于英国和法国正处于战争状态,弗林德斯被指控从事间谍活动,被监禁了 6 年。最后,于 1810 年回到了伦敦。

回到英国后,弗林德斯在家中日夜不停地写了四年,终于写成了《南方大陆航行记》一书。他在书中提出了修改澳大利亚大陆名称的建议,指出,既然新南威尔士和新荷兰间是连续不断的大陆,那旧名称应修改为"澳大利亚"(南方大陆之意)。一直企图鲸吞整个"南方大陆"的英国殖民者,立即采纳了他的建议。这是"澳大利亚"名称的一个来源。因此,英国加紧了对澳大利亚的内陆探险,同时也加速了对澳大利亚大陆鲸吞的步伐。

⑪ 反罗姆酒贸易的斗争是怎么回事？

罗姆酒是一种烈性甜酒。菲利普总督在职时禁止这种酒在犯人殖民地中销售，认为这是导致犯人第二次犯罪的根源之一，也是导致殖民地动乱的根源之一。1792年，菲利普总督因病去职，新任总督迟迟未能到来的几年中，政权落到保安团军官格罗斯等人手中。他们利用手中权力大搞商业活动，搞罗姆酒贸易，贱买贵卖。

罗姆酒在殖民地销路极广，犯人、自由移民、农民、工人、士兵以至官员都大量饮用罗姆酒，并形成了社会风气。这种风气给殖民地社会带来了极大的灾害，许多人劳动所得的大部分都消耗在罗姆酒上，以至将劳动工具、衣物、家产作为买酒的抵押。罗姆酒风气造成社会动荡不安。

1795年，约翰·汉特总督到任。当他了解到罗姆酒的危害后，立即展开了反对罗姆酒贸易的斗争。但从事罗姆酒贸易的是保安团军官，他们在澳大利亚多年，势力极大，反对罗姆酒贸易的斗争难以取得胜利。军官们向伦敦打小报告，写告密信，对汉特总督极尽攻击、捣毁之能事，而伦敦又因相距甚远而不明真相，信以为真。汉特总督反对罗姆酒贸易的斗争得不到英国政府的支持而失败。汉特在1800年只好借病而回伦敦。反对罗姆酒的第一次斗争就这样失败了。

菲利普·吉德雷·金海军上校继汉特而任新南威尔士总督。这时罗姆酒更加泛滥，他到任后也决心反对罗姆酒贸易，因而采取了一系列严厉措施予以打击。首先，他建立啤酒厂，鼓励人民喝啤酒，以改变狂饮罗姆酒的社会风气；第二，颁布命令禁止罗姆酒贸易；再次，严禁军政官员从事罗姆酒贸易。他的措施虽然很好，但没有产生预期的效果。饮罗姆酒已经成了社会风气，不易在短时间内改变过来。他也只好愤然辞职返回英国。这次的反罗姆酒斗争依然失败。

⑫ 反布莱总督的斗争是澳大利亚走向独立的开始吗？

威廉·布莱是英国海军将领。1806 年被推荐为英国新南威尔士总督。他到任后，立即展开反对罗姆酒贸易斗争。因他脾气暴躁，不分场合斥骂他人，开罪了许多人，尤其是约翰·麦克阿瑟。

当布莱总督知道军官们大搞罗姆酒贸易的后台是麦克阿瑟，便决定从他开始整顿。布莱在颁布严禁罗姆酒令后，下令没收麦克阿瑟从伦敦运来的制酒用的蒸馏器。给布莱找到打击的第二个借口是所谓的"巴腊马塔号"船事件。因为麦克阿瑟是该船的主要船主。在一次去塔希提岛的航海中，"巴腊马塔号"船无意中运载了悉尼逃走的犯人。按法律，船主要承担责任，或罚款、或没收船只。麦克阿瑟决定同意没收船只，因而他停止对船上人员的生活供给。船员丧失生活来源，纷纷上岸谋生，根据港口法规定，禁止船主把大批船员带上岸，违者绳之以法。船员因麦克阿瑟停止生活供给而上岸，殖民当局认为责任在麦克阿瑟，要追究他的法律责任。军法官阿特金在布莱授意下将麦克阿瑟逮捕入狱，但他因欠麦克阿瑟巨款而退出审判。七人组成的军事法院，只剩下六人，这六人均为军官，并与麦克阿瑟是同党。布莱硬说没有军法官的法院不能是法院，无权审理此案，这样布莱总督与军官的矛盾表面化。

1808 年，布莱总督采取了三项措施，使矛盾极度尖锐化。引起人民不满，士兵和市民纷纷走上街头，大加议论布莱总督的专横，给军官们提供了发动政变的口实。不少有影响的人物要求逮捕布莱，与此同时，一大批人冲进兵营，要求逮捕布莱。约翰斯顿释放了麦克阿瑟，并亲自率士兵逮捕了布莱。这就是澳大利亚早期殖民地史上的著名政变，即所谓的"布莱事件"。总督被逮捕后，政权便落到了约翰斯顿等一批军官手中，麦克阿瑟任新南威尔士殖民政府的秘书官。

英国政府得悉政变报告后，急忙下令召回约翰斯顿，给以革职处分，麦克阿瑟被处以流刑。布莱再也没有公开授以公职，仍留在海军服役，后升至海军少将。

这次事件是第一次公开地、大规模地在广大群众支持下向以总督为首的专制制度展开了斗争。通过这次斗争，总督的权力开始削弱，为后来的自治运动开辟了道路。更重要的是，这次斗争是由澳大利亚资产阶级分子领导的，他们通过反对总督的专权来谋取澳大利亚民主政治的实现。从此之后，澳大利亚开始企图摆脱宗主国控制的斗争。

⑬ "解放论派"是怎么回事?

"解放论派"起初仅指刑释者，后来泛指具有自由民主思想的一切人，包括刑释者、自由移民和在澳大利亚出生的居民。他们尽管也拥护流放制度，但是要求平等对待刑释者，主张个人的社会地位不应根据其家庭出身和本人的经历，而应根据其财产多寡而定。他们还要求流放地拥有更多的自主权，采用陪审制度，主张刑释者亦可充当陪审员，真正享有一个公民的全部权利。解放论派通常又被称为"植物湾的辉格党人"。

而与解放论派相对立的是称之为排斥论派，他们反对让刑释者进入上层社会，反对他们充任官职和参加陪审团，不愿意与身份卑微的人共事或一起出席宴会。他们多次为诸如此类的事情同麦夸里总督发生争执。排斥论派希望成为殖民地的当然领导人，组成由总督、官吏和富裕移民构成的排他性政治集团来统治殖民区，把解放论派从各个领域排挤出去。

解放论派的事业得到了新南威尔士最高法院首席法官福布斯的支持。福布斯曾是英国辉格党的支持者，是新南威尔士立法会议和行政会议的成员，倾向于把殖民地的行政权力更多地转移到行政会议和立法会议手中。当时的总督布里斯班虽试图采取中间路线，但相对来说还是比较同情解放论派。

1826年，发生的"苏兹——汤普森案"，把解放论派同排斥论派的斗争推向新的高潮。温特沃思以这一案件为契机，于1827年1月26日召开公众大会，向英王和英国议会递交请愿书，要求实行完全的陪审制度，建立选举产生的代表制立法机构。这份请愿书成为解放论派的战斗纲领。

但由于英国殖民当局的不支持,最终通过议会立法,否决了解放论派成立选举的代表制立法机构的要求,也没有采用完全的陪审制度,只为拥有经济实力的上层人物进入立法会议打开了通道。

⑭ 十九世纪三、四十年代的土地改革是怎么回事?

1831 年,英国殖民大臣戈德里奇重新制定了澳大利亚的土地政策,以"澳大利亚土地条例"名义颁布,从而开始了澳大利亚的第一次土地改革。条例主要有两项内容:一是郑重宣布废除土地恩赐制,确立土地出售制;二是规定每英亩土地地价为 5 先令,后来在 1838 年改为 12 先令。这个土地出售制度的确立不仅是澳大利亚土地政策的一个转折点,而且是澳大利亚社会发展的一个转折点,从此之后,澳大利亚开始走上资本主义的发展道路,把母国的资本主义生产关系和经济体制逐步移植进来。因而 1831 年土地改革成了澳大利亚由流犯殖民地向公民殖民地转变的具有决定性意义的一步。

虽然经过 1831 年土地改革和 30 年代对土地法的调整与充实,但在实践过程中发现改革仍有许多缺陷。地价虽经 1838 年调整,但仍很低,这样容易造成土地垄断,并已出现了大地产制,对整个社会经济的发展十分不利。因而在 40 年代又进行了土地改革。

1840 年,英国下院又建立了"殖民地及海外移民委员会"。它经过研究决定将新南威尔士和范迪门地价由 12 先令提高到每英亩一镑。"殖民地及海外移民委员会"还起草了《澳大利亚公地处理法案》,该法案于 1842 年经英王批准颁布,故又称"1842 年法案"。

为了整顿牧业用地,1846 年,英国国会通过了"土地租借法案",亦称"物业令",并于 1847 年 10 月在悉尼各报公布。法案规定澳大利亚土地分三种办法租用:一是凡租用已开发的土地并从事生产者,每年必须换领执照一次;二是凡租用土地正在开发举办农场或牧场者,每八年必须换领执照一次;三是凡租用尚未开发的荒地并准备辟为牧场者,每十四年必须换领执照一次。

通过历时达十七年之久的土地改革,初步解决了澳大利亚多年来存在的土地问题,从而推动了澳大利亚社会经济的发展,尤其促进了畜牧业的大发展和人口的快速增长。

在出售土地制度和租用土地制度确立之后,澳大利亚出现了"土地热";出现"土地热"的同时出现了"自由移民热"。澳大利亚在两热的推动下开始了全方位的社会进步,总之,它正经历着社会大变动。

⑮ 澳大利亚的养羊业是如何兴盛的?

澳大利亚的土地制度改革和流放制的废除,开始了经济全方位的起飞。这是澳大利亚近代史上的第一次经济起飞。养羊业在起飞中起了主导作用。

养羊业的大发展是由一系列国内外因素促成的。19世纪30年代,英国毛纺织业又获得了大发展,对羊毛的需求量较20年代末更大幅度增加,由于技术革命,毛纺织品的成本进一步降低,而质量进一步提高,毛纺织品的销售量增加,而西欧诸国在19世纪30、40年代由于政治动乱,提供给英国的羊毛或减少,或中断,这就为澳大利亚养羊业的大发展提供了极为有利的、持续增长的市场。这也是澳大利亚养羊业持续起飞的最重要的因素之一。

澳大利亚的牧场主为了满足英国羊毛市场的需要和增强自己的羊毛在市场上的竞争力,大力引进羊的优质品种,此外还进行优种羊的培育研究,培育出适应澳大利亚气候和水土条件的优种羊,这些优种羊所产的羊毛属上等优质羊毛。这样澳大利亚羊毛成为国际羊毛市场具有很大竞争力的产品。在英国羊毛需求量日益扩大而西欧供应日益减少的条件下,澳毛垄断了英国羊毛市场。

而且,英国把大批移民和大量资本输入澳大利亚也是促使养羊业起飞的重要因素。

早在19世纪20年代末,牧地借用人就开始了向荒原大进军。进入

30年代后,由于扫除了妨碍他们前进的土地恩赐制这个障碍,他们向荒原进军的势头增强。养羊业在1831—1850年的二十年间,出现了大发展的格局。到1850年,在过去一直被封锁的广大地区,主要是从布里斯班向南到阿得雷德一线以西200英里的地区几乎都被他们辟为牧地,在这一辽阔的地区里,到处都能看见白茫茫的羊群。

在19世纪40年代羊只增加了900万头,到1850年,全澳已拥有1 600万头,是1 840年羊只头数的3倍。当时澳大利亚人口为40.5万,人均达40头,居世界第一位,其中新南威尔士拥有1 300万头(包括菲利普港区),塔斯马尼亚(范迪门)有200万头,南澳大利亚为100万头。这样澳大利亚从这时起开始向养羊业大国迈进,并开始了它的"畜牧业时代"。

养羊业的大发展还表现在羊毛出口量的剧烈增长上。如1830年出口羊毛为200万磅,1849年上升到3 500万磅,提高了16.5倍,出口羊毛几乎全部输入英国,约占英国羊毛进口数额的1/2。

⑯ 英国为什么要废除东澳流放制度?

十九世纪三十、四十年代,英国在澳大利亚土地制度的改革,尤其是土地恩赐制的废除,从根本上动摇了流犯制的基石,而由土地改革引起的"移民热",又以更大的冲击毁坏着这个制度,因而进入19世纪30年代后,澳大利亚的牧场主、城市资产阶级、小资产阶级以及工人发动了要求废除流放制的斗争。

流放制的基础是土地恩赐制,因此废除土地恩赐制后,无论是英国,还是澳大利亚都在议论流放制度,讨论它是否还有存在的价值。这里的英国资产阶级看到澳大利亚,特别是新南威尔士殖民地政治和经济的发展了自身利益,也要求改变旧的殖民方针,因而在1837年下议院建立了一个调查委员会,在1837—1938年专门调查和研究了东澳的流放制的问题,多次开会探讨有关流放制的政策,并提出了两个详细的报告。报告指出了流放制的各种弊端。围绕这个报告,在英国掀起一场关于澳大利亚流放制的大辩论。一些著名人士纷纷发表反对流放制的言论。这场大辩论使调查委员会勇敢地向下议院提出尽快废除流放制的建议。围绕调查委员会的建议,下议院进行了辩论,最后就澳大利亚流放制的问题发表了一个"蓝皮书"。"蓝皮书"揭露了这种制度的弊端。

于是,英国政府在1839年下令废除新南威尔士和范迪门的流犯指派制。1840年,殖民大臣约翰·罗素勋爵在下议院就废除流犯指派制发表演说,并断言这种制度是"纯粹的奴隶制",同时他代表政府郑重宣布停止向新南威尔士流放犯人。接着在5月,帝国政府发布命令,宣布撤销过去发布的向澳大利亚流放犯人的命令,但是仍继续向范迪门流放犯人,后来又向西澳大利亚流放犯人。这说明英国对澳大利亚的流放犯人政策只是部分的改变。在整个澳大利亚废除流放制是19世纪60年代的事情。虽然这次废除流放制的改革极不彻底,但毕竟在澳大利亚最大的一块殖民区——新南威尔士废除了这一制度,从而毁灭性地打击了这种制度。这样,阻碍澳大利亚资本主义发展的另一个绊脚石也被清除了。

⑰ 英国是如何在澳大利亚建立殖民区的?

南澳大利亚殖民区的建立,渊源于威克菲尔德的理论。1831年,他提出了关于建立新殖民地的理论。他认为应在澳大利亚建立一个贸易自由、政治自由和宗教自由的殖民区。这种殖民区完全不同于新南威尔士和范迪门那样的犯人移民殖民区,也不同于西澳大利亚经济发展迟缓那样的殖民区。根据他的理论,一批英国资本家在1832年公布了一个旨在创办南澳大利亚土地公司的发起书。

同年,威克菲尔德及其信徒建立了南澳大利亚殖民地协会,并以该协会的名义向英国政府提出申请报告,要求以私人资本到南澳大利亚建立殖民实验区。英国政府表示同意,国会于1834年通过了建立南澳大利亚殖民地的法案。法案规定殖民区内由总督负责维护法律和秩序,但拓殖事务由"殖民区拓殖委员会"掌管;还规定土地售价不得低于每英亩

12先令,所有的收入必须用于资助新的移民,殖民区的行政费用则由拓殖委员会以将来出售土地的收入为担保举债维持。当殖民地人口达到5万时,可以申请制定宪法,但无论何时都不允许罪犯进入南澳大利亚。殖民部依据法案以英王名义委任了总督和驻节专员。但这个实验区后来失败了。

随着移民的蜂拥而至,对土地的需求大幅度增多,土地测量人员在无路可通的荒地丈量土地,但无论如何也赶不上土地出售的进度,因此大量土地落入了土地投机者的手中,许多人不从事拓殖事业而沉湎于土地投机活动,使得涌入的大批劳工移民无工可做,导致矛盾难以解决,引起混乱。新任总督格雷一方面解决资金问题,另一方面发展农牧业来抑制土地投机,取得了很好的成果。农牧业得到发展,秩序也逐渐稳定下来。南澳大利亚经济的发展为殖民区代表制立法机构的建立奠定了稳定的基础。

到1851年,维多利亚殖民区正式建立,这也是一个由自由移民构成的公民殖民地。

18 "淘金热"是怎么回事?

1851年初,悉尼人爱德华·哈蒙德·哈格雷夫斯在美国加利福尼亚作为寻金客,掌握了淘金技术后,回到澳大利亚,通过考察,他在奥菲尔的巴瑟斯特发现了金沙。他将此发现报告给新南威尔士殖民区政府秘书迪斯·汤姆森,1851年5月汤姆森在《悉尼先驱晨报》上公布了这一发现。这个消息很快在悉尼、墨尔本以至整个澳大利亚引起了极大的轰动,并震惊了全世界。成千上万的人们奔向巴瑟斯特。一个月后,采金人又在奥菲尔东北面的图伦河畔发现了更丰富的金矿,于是人们又蜂拥而至。

巴瑟斯特和图伦地区发现黄金,使澳大利亚掀起了一股淘金热。1851年7月,正当维多利亚殖民区成立之际,一个名叫W·坎贝尔的人报告说在离墨尔本160公里处的克隆斯发现了金矿,之后,不到两个月的时间里,墨尔本周围的巴拉腊特和本迪戈等六个地方都发现了金矿,当时华工就将墨尔本城叫做"新金山",而把美国加利福尼亚的圣弗朗西斯科叫做"旧金山"。

维多利亚黄金的发现使淘金狂潮进一步升涌。通往金矿的路上挤满了人。人们满怀希望,前赴后继,潮水般地涌向巴拉腊特、本迪戈和季隆。维多利亚发现黄金的消息迅速传遍全世界,激起不少人的发财欲念。已经到达加利福尼亚的澳大利亚采金人千方百计返回家乡,英国人争先恐后地登上赴澳船只,成千上万的欧洲人和亚洲人不惜抛离家园、告别妻儿,从四面八方涌向澳大利亚。

随着黄金热的兴起,殖民地秩序一度陷于混乱状态,"丛林大盗"的活动也日益猖獗。一些亡命之徒利用法律上和秩序上的暂时混乱,成群结队地出没在金矿场和公路上。他们蒙着面具,携带枪支,拦截采金人、旅客和邮车,甚至在光天化日之下行凶抢劫。

为了对付歹徒的暴行,保障采金人的生命和财产安全,1851 年 6 月新南威尔士政府决定派遣警察武装押运金车,收取所运金价的 2%。这就是澳大利亚历史上有名的黄金护运队。维多利亚也组建了黄金护运队,并派警察在通往采金地的公路上巡逻。

⑲ 澳大利亚的民族经济是如何形成的?

19 世纪 50 年代的"淘金热",使澳大利亚的民族资本主义经济开始了第一次起飞,并通过这次经济起飞从根本上改变了它的殖民地面貌,更进一步向着独立方向前进。它吸引大批移民,其中有不少人是企业家、银行家、工程师、熟练技术工人、农业家、牧业家、教育工作者和各种知识分子、专门人才。这样就把英国的先进生产技术和先进管理经验又一次带到了澳大利亚,与此同时,也把巨额的资本带了进来。

到 19 世纪下半叶,畜牧业已经成为澳大利亚经济的支柱之一,因此,它的发展状况,对澳大利亚今后的发展有极为重要的关系,尤其对其他经济部门影响更大。与畜牧业发展的同时,农业也阔步发展起来。播种面积日益扩大,农业产值日益增长。人口的猛烈增长,必须发展农业和牧业。因为澳大利亚四周是茫茫的大海而又远在南半球,不大力发展农业就无法解决吃饭问题,不大力发展牧业就换不回生活必需用品。而澳大利亚羊毛经过多次改良成为优质羊毛,在国际市场上很有竞争力,早在1850年,澳毛在英国市场上已压倒西班牙和德国的羊毛。澳毛几乎为英国所包销,市场宽阔使得养羊业发展迅速。

伴随着农牧业的发展,澳大利亚的基础工业也发展起来。从19世纪下半叶开始,澳大利亚也像欧洲和北美许多国家一样经历着工业革命,即开始了蒸汽化和机械化的进程。采矿业和冶金业发展尤为迅速。其他工业部门在采矿业和冶金业的推动下也迅速发展起来,到19世纪90年代,民族工业体系已初具规模。但从整个澳大利亚经济结构看,畜牧业和采矿业(主要是采金业)是澳大利亚民族经济赖以存在和发展的两大支柱,也是出口贸易的两大支柱。

为了适应经济、政治和军事发展的需要,澳大利亚在19世纪下半叶还大力发展通讯事业,到70年代末,各大城市间都互通电报。到19世纪90年代形成了以悉尼和墨尔本为中心的全澳电讯网,并统一了各殖民区的邮电业务的管理。澳大利亚也建立了自己的全国性的商业网和银行网。

全澳统一市场的出现以及铁路网、通讯网、商业网和金融网的形成,标志着各殖民区之间内在经济联系极大地增强了,使澳大利亚形成了一个完整的有机体。

⑳ 澳大利亚工党是如何成立的?

在澳大利亚真正称得起的工人运动是1854年尤里卡采金工人起义。在起义中,工人们完全按照欧洲工人运动的方式由经济斗争转向政治斗争,再由政治斗争转向武装起义,并采用了英国宪章运动的纲领和法国1848年工人起义的"共和国"口号。但这次工人阶级的斗争昙花一现,未能使澳大利亚无产阶级因此而团结起来。

70年代到80年代,澳大利亚东部沿海经济发达地区按照英国工会模式建立起一系列的大型工会。在工会运动的基础上，1879 年第一次召开了殖民区区际工会代表会议，从此开始了澳大利亚工人运动向统一方向发展的新趋势。1884 年与 1885 年又连续召开了这样的代表会议。这两次会议不仅讨论了工会联合的问题，还确定了联合的原则，制定了联合的方案。

由于工会在为工人阶级的切身利益而奋斗，工会组织在 80 年代迅速扩大，逐渐向非熟练工人扩展，从 1886 年到 1890 年，半熟练工人和非熟练工人工会，尤其是矿业和农牧业工人工会广泛建立，这些工会被称为新工会。1888 年，第五届澳大利亚殖民区区际代表会议通过了建立全澳各工会联合会的方案。1890 年，澳大利亚工人联合会正式成立，六个殖民区的工人阶级终于联合起来了。在工会运动和工人罢工斗争的基础上，各殖民区都建立了工党。1891 年 4 月举行了第七届澳大利亚殖民区区际工人代表会议，决定在全澳工人中组织工人政党，直接参与殖民地的政治生活，并制定了政治纲领。

工党是澳大利亚历史上第一个政党，其成员以工人为主，也包括一部分小资产阶级分子。各殖民区的工党组织纲领不一。各工党组织成立不久，即在各自的殖民区选举中获得重大胜利。如新南威尔士的工党建立后，在 1891 年的大选中获得了 36 个席位，成为新南威尔士主要政党。

㉑ 澳大利亚是如何建国的?

在澳大利亚，19 世纪 40 年代，就有人提出建立联邦的建议，这可以说是澳大利亚"联邦运动"的开始。但澳大利亚毕竟是英国的罪犯流放地，各殖民区是在不同的背景下建立的，虽然共同生活在同一块大陆上，有共同的政府形式，但在 19 世纪中叶，彼此之间互相竞争，缺乏沟通，各自关心的主要是本地区的事务和利益，无论政治家还是一般公民，似乎都没有感觉到联合的需要。

到 19 世纪末，情况发生了很大变化。经过近半个世纪的发展，澳大利亚的人口急剧增长,人口结构发生变化,政治体制初步完善,民族经济形成并得到迅速发展,立足于本民族的知识阶层出现,民族主义和共和主义思想也深入人心。

经济发展也是推动联邦运动的另一个重要因素。澳大利亚虽然在工矿业、农牧业和交通运输业等方面都取得了很大的发展,但各殖民区自行其是,没有统一的铁路轨距和运费率,也没有统一的关税率,严重阻碍了经济进一步发展。此外,由于澳大利亚处于殖民地的地位,其产品在国际市场被视为是二等货。因此资本家迫切希望澳大利亚摆脱殖民地地位,提高商品声誉,打开国际市场。

"白澳"政策的鼓吹者和拥护者也希望建立联邦,制定统一的移民政策,以阻止亚洲移民和太平洋岛屿有色劳工的涌入,实现"白色"澳大利亚王国的理想。

1883年,维多利亚总理詹姆斯·塞维斯提议,殖民区区际会议在悉尼召开,会议拟定了一项组织"澳大拉西亚联邦会议"的议案。最后,这个"澳大拉西亚联邦会议"没有能够实现真正的联合。

为了成立真正意义上的联邦,1889年10月帕克斯呼吁组建联邦立法和行政机构来代替"澳大拉西亚联邦会议",提议起草联邦宪法,并提出"一个民族、一个国家、一种命运"的著名口号。在帕克斯的积极活动下,"联邦运动"在澳大利亚各地迅速兴起。1890年2月,澳大利亚东部5个殖民区和英国殖民地新西兰各派两名代表、西澳大利亚殖民区派一名代表在墨尔本开会,会议一致同意着手筹备成立联邦,并决定翌年在悉尼再次开会,制订联邦宪法草案。

1891年3月,悉尼会议如期召开并起草了联邦宪法草案,该草案以加拿大和美国的宪法为蓝本,规定建立一个联邦国家,定名为"澳大利亚";该草案成为1901年正式宪法的基础。

各殖民区议会经过对宪法草案的多次讨论修改,递交给英国政府,英国政府对联邦草案作了稍许修改。1900年7月,英帝国议会在强调建立澳大利亚联邦决不能损害或削弱帝国统一的前提下通过了澳大利亚联邦宪法。同月,英国维多利亚女王正式签署了宪法文本。

1901年1月1日是澳大利亚联邦宪法正式生效的一天,也是联邦宣布成立之日。澳大利亚终于摆脱了殖民地的地位,成为大英帝国的自治领。

㉒ "白澳政策"是怎么回事?

欧洲白人及其后裔占据澳大利亚大陆后,就希望永久地独占这块地方,使它成为欧洲的扩大和延伸。这就是所谓的"白澳"政策。这一政策的主要排斥对象,是以华人为主的亚洲人和太平洋岛民"喀那喀人"("喀那喀"是波利尼西亚语,意为"男人")。

淘金事业在澳大利亚东南部衰落不久,在北部又兴盛起来。1874年在昆士兰帕尔默河发现金矿,中国人又蜂拥而来,致使帕尔默金矿场的华工人数大大超过白人矿工的人数,这引起白人的不满,仇视中国人的情绪抬头。为平息白人的不满,1877年昆士兰政府修改金矿场条例,这个条例排斥中国人。当金矿的风波还未平息时,各地白人船员的罢工事件又使华人遭受新的打击。"澳大拉西亚轮船公司"是当时澳大利亚牌子最大、资本最雄厚的轮船公司,公司因中国工人勤奋、称职而且工资低廉,十分喜欢雇佣中国人当水手和伙夫。1878年11月,公司将百名华工带到悉尼。该公司的白人船员认为中国人抢了他们的饭碗,遂举行罢工,反对雇佣中国工人。公司被迫妥协,解雇最后一批中国工人。白人船员罢工的胜利促使各殖民区采取进一步的排华措施。经过80年代的排华运动,在澳华人人数锐减。留在澳大利亚的中国人也过着事实上三等公民的生活。

澳大利亚对待喀那喀劳工的态度经历了一个曲折的变化过程。喀那喀劳工最早是在1863年进入澳大利亚的。此后,有更多的廉价黑色劳工进入种植园劳动。到19世纪80年代,澳大利亚白人对使用喀那喀劳工的态度开始发生了变化。一是因为喀那喀劳工工资提高,另一个方面是很多白人对接纳有色劳工的做法提出异议,主张排斥全部有色劳工。

1896年3月,澳大利亚各殖民区曾在悉尼召开区际会议,决定将限制华工入境条例扩大到所有的有色人种。1897年英国殖民大臣约瑟夫·张伯伦向澳大利亚各殖民区代表建议澳大利亚采用南非那塔尔殖民地 1877 年限制条例的规定，来达到限制有色人种入澳的目的。该条例规定外来移民必须在一次用任何欧洲语言进行的文字测验中获得及格后，才能获准入境。澳大利亚各殖民区接受了这一建议。

澳大利亚联邦建立后，"白澳政策"进一步系统化和法律化，而且在整个联邦范围内得到全面实施。这一条例虽经 1908 年、1910 年、1912 年和 1925 年多次修正，但其"听写测验"的原则不变，并一直维持到 1958 年。

此外，联邦和各州立法在其他方面也都歧视有色人种。通过颁布一系列条例，澳大利亚从法律上和实践上正式打出了"白澳"政策的旗帜。在推行这一政策方面，工党比自由党更为积极。这一政策实际上是充满了种族偏见和种族歧视，其目的就是要让欧洲白人独占澳大利亚，不许其他肤色的人们参与开发。

㉓ 联邦政府是如何使国家法制化的？

澳大利亚独立和统一后，面临的首要任务是使国家法制化，因而澳大利亚联邦政府和联邦议会制定了一系列法律，用法律来协调中央政府和地方政府的矛盾、各党派间的矛盾、政府与国民间的矛盾、对内政策与对外政策的矛盾、澳大利亚本国与母国英国的矛盾、劳资双方的矛盾、新旧移民间的矛盾，等等。一言以蔽之，用法制来治理新建立的国家。

国家法制化主要是两方面的问题：一是联邦政府和各州政府的关系和权力范围问题；二是确立国家的军事、政治、经济以及文化教育的基本方针。这两方面问题的核心就是如何使宪法具体化。

澳大利亚宪法的基本特点是分权，这是仿效的美国宪法。但国家的统一和独立又要求中央政府集中一些大权。联邦政府为了解决这个矛盾而又不违背宪法，因而把联邦政府的职权限于若干种，而将其他的权力仍留给州政府。联邦和各州都有制定法律的权力，立法权是并存的。联邦政府的职权是处理全国性事务，主要有：国防、外交、对外贸易、州际贸易和商业、移民、邮电、海关与关税、消费税、银行与货币、超越州界的劳资纠纷的仲裁和税收。划归各州政府的职权范围，主要有：教育、司法、卫生、劳动就业、运输、乡村移民、捐税等等。留给各州政府的权力是相当大的,但有关内政外交的大权却集中到联邦之手。

联邦政府还就利用和开发墨累河水系问题,同有关各州达成了极为重要的协议。墨累河水系在澳大利亚水利资源中占有极为重要的地位。新南威尔士、南澳大利亚和维多利亚这三个最富饶的州都想利用和开发该河水系的资源,为此争吵不休,互不相让,严重地影响了墨累河水系的开发与利用。联邦政府就在协商的基础上,通过国家立法解决这一水系的开发和利用问题。通过了《墨累河水系法案》,从而使开发和利用墨累河水利资源法制化。另外联邦还成立了墨累河管理委员会,从而彻底解决了墨累河水系问题。

联邦政府把大力发展澳大利亚的民族经济作为自己的基本国策,除采取关税保护政策外,还在 1907 年和 1908 年分别颁布了补贴性质的奖励金法案和鼓励制造业发展的法案。此外,联邦政府为了取得全国金融控制权、货币发行权,以利于国家的经济发展与稳定,排除一切干扰,国会通过了建立《联邦银行法案》,从而建立了联邦银行。为使国家政治生活和经济生活法制化,历届联邦政府还颁布了许多法案,主要有《政府地址采纳法案》《高级专员法案》《货币法案》《母亲分娩补贴法案》等等。

㉔ 澳大利亚和英国关系是如何发生变化的?

一般来说,在 1918 年以前,澳大利亚同其他国家的关系都要经过英国来处理。但是,自新中国建立以来,澳大利亚历届政府力图在外交上有自己的独立要求,而这种要求日益增强。因而,澳英关系自这时起有了一定的变化。

进入 20 世纪后,南太平洋的政局发生了显著的变化,日本的崛起,德、法、意三列强积极插足南太平洋,相继占领一些岛屿。这些变化打破了太平洋原来的力量均势。当时的澳大利亚迪金政府首先关注这些变化,因此违反惯例,直接同有关国家谈判。如 1904 年和 1905 年,迪金亲自同日本驻澳总领事就《限制移民入境法案》和有关日本国民申请进入澳大利亚等问题进行谈判。这是澳英关系在外交方面发生变化的开端。澳大利亚的民族主义情绪,尤其是工党和澳籍爱尔兰人的反英情绪在促使澳大利亚取得某些外交权力方面起了重大作用。

澳大利亚在帝国内部的独立地位,或澳英关系的另一重要变化表现在英国宣布把新几内亚的行政权转交给它管理。1901 年 11 月,澳大利亚国会通过一项法案,法案主张联邦政府负起对世界落后殖民地的管理责任。1902 年 3 月,英国宣布把新几内亚的行政管理权转交给澳大利亚。1906 年,新几内亚更名为巴布亚。澳大利亚在帝国中的地位因此而显著地提高了。

在新赫布里底群岛问题上,也反映了澳英关系的演变。该群岛位于新喀里多尼亚东北约 600—700 公里处。19 世纪 40 年代后,尤其是 60 年代后,昆士兰的黑人贩子在这里猎寻喀那喀人,并将其运回昆士兰发展种植园经济。英国和澳大利亚的传教士也到那里传教。与此同时,法国人也侵入该岛。澳大利亚非常害怕法国占领它,因此强烈要求英国去占领。而英国忙于瓜分非洲而无暇顾及,1906 年,英法签订了共同管辖条约。澳大利亚联邦政府得知后十分恼怒,但除抗议外,别无他法。

联邦政府根据这些经验感到,应和英国建立正式的外交关系,派一位代表常驻伦敦,把澳大利亚政府的观点及时转达给帝国政府,并对其施加影响。1901 年以前,每一个殖民区都委派一个代表常驻英国,作为总督的代表。联邦建立后,这些大使性的代表作为各州的代表仍留在伦敦,但联邦没有这样的代表。1909 年 9 月,迪金联合政府决定派遣澳大利亚自由贸易派领袖雷德作为联邦常驻英国的外交代表,称之为高级专员。高级专员享有大使的一切外交权力。这表明澳英关系有了新的发展。澳大利亚作为一个完全独立国家,独立自主地处理自己的外交问题,那是二战期间的事。

㉕ 澳大利亚如何应对一战的?

一战爆发后,澳大利亚各党派都表示完全支持英国,联邦政府也宣布澳大利亚进入战争状态。

但是当时澳大利亚国内正值大选前夕,因此自由党政府在两方面进行工作,一方面做好大选的准备工作,另一方面派远征军去欧洲参战。选举中工党获胜,安德鲁·费希尔当选为澳大利亚联邦总理,组织新一任政府。

内政问题解决后,费希尔政府立即着手解决参战问题。政府面临的最大问题是如何把国家从和平转向战争。这对澳大利亚来说,完全是新问题。因为自1788年以来,澳大利亚从未发生过战争,加之澳大利亚远离欧洲,孤悬南半球,突然战争到来,而又要使国内生活战争化,是一大难题。而工党政府采取一系列措施,把全国组织起来,组建军队,筹措军费,发展经济,鼓动国内士气,为直接参加军事行动作好充分准备。

在对德宣战后两个月,便派出第一批远征军去欧洲,澳大利亚的口号是"拯救帝国,保卫澳大利亚"。第一批远征军全系志愿入伍,政府在参战后号召人民自愿报名入伍,报名十分踊跃、积极。

鉴于现有的法律不足以应对非常局势,联邦议会通过了一项重要的法令《战时戒备法》,该法令赋予联邦政府极为广泛的权力,使政府得以实施新闻出版检查制度,并确立一种军事性的中央集权式管理制。另一项重要法令是《禁止与敌人通商法》,其涉及的范围非常广泛,处罚也较重。规定违反法令的企业将受到审查甚至被接管。

战争在欧洲和亚洲激烈地进行,澳大利亚军队源源不断开往战场,因而兵源成了当时联邦政府面临的最大问题。澳大利亚没有推行义务兵役制而实行志愿兵役制,兵源没有根本的保证。可以说在整个大战期间,兵源问题始终是政府面临的最大而又最头疼的问题。当时执政的工党,一向反对义务兵役制。工党领袖费希尔于1915年10月毅然辞去总理,工党另一领袖休斯继任总理。休斯就澳大利亚实行义务兵役制问题经过两次公民投票,仍得不到解决。

但在整个大战期间,澳军始终保持着五个师的编制,入伍士兵达416 809人,送往欧亚非战场上作战的人数达331 781人。澳军伤亡的比例也是很大的,阵亡者为59 342人,受伤者达152 171人,伤亡合计是出发人数的64.98%,是帝国内各国军队伤亡人数比例最高的。

从 1914—1919 年,澳大利亚耗用战费达 3.64 亿英镑,此外花费在年金、遣送归国费、伤员、战债利息以及归国士兵补助等项达 2.7 亿英镑左右,两项合计达 6 亿英镑,以 500 万人口计,战时财政损失人均近 130 英镑。这个数字是相当庞大的。

26 1929 年—1933 年的经济大危机对澳大利亚有何影响?

正当澳大利亚一战后的经济恢复工作顺利进行时,1929 年爆发了世界性的经济危机。由于澳大利亚紧密依赖国外借款和市场的经济结构,澳大利亚不可避免地卷入世界经济危机的漩涡。澳大利亚这时仍是一个农牧业和矿业为经济主体的国家,其主要农牧产品和矿产品主要外销国际市场,而危机爆发后,国际市场疲软,从而造成澳大利亚出口数量锐减。1929 年初,世界市场上羊毛和小麦的价格急剧下降,澳大利亚的出口收入猛降。1929 年至 1931 年 1 月,全国出口总量几乎下跌了 50%,成千上万的农牧业主面临破产的困境。

与此同时,英国也发生了危机,同其他资本主义国家相比,英国要轻些,但是它的外贸却遭到沉重打击,减少 50%,第一次出现外贸逆差。这种状况必然要冲击英国的自治领,首先冲击到澳大利亚和新西兰,尤其在 1931 年英国经济危机达到高潮时,英国为摆脱危机采取的各种措施,其中两项对澳大利亚有重大影响。第一项是"节约"政策;第二项是放弃推行了近一个世纪的"自由贸易"政策,采取保护关税政策。因为澳大利亚在军事上依靠英国海军的保护,经济上更要依靠英国,市场、资本和技术几乎 90% 要依靠英国提供,甚至劳动力的来源也在颇大程度上依靠英国移民。

英国国内面临资金短缺的困难,外国贷款的资金来源也渐趋枯竭。1929 年 1 月,澳大利亚向英国提出贷款计划,但英国只批准了计划数的 16%,到了 4 月份,伦敦市场拒绝发放任何货款,于是,澳大利亚开始发生金融危机,继而又扩大为全面经济危机。1929 年 9 月以后,澳大利亚失业人数急剧上升。面临危机的打击和工人的贫困,全国除了昆士兰州之外,各州政府都没有开展有系统有组织的政府救济工作。失业者纷纷举行游行示威,墨尔本的失业者还开展了"反饥饿运动"。

27 赖昂斯联合政府是如何建立的?

1929 年,澳大利亚进行大选,在大选中,工党击败了国民党和乡村党的联合阵线,重新执政,从而结束了十三年的在野党地位,斯卡林出任联邦政府总理。工党政府上台后的局面是十分严峻的,因为国际和国内都发生了严重的经济危机。

斯卡林政府在上台后的几个月内全力克服贸易逆差和解决财政危机。1930 年上半年,工党政府采取了所谓"节约"政策。这样的政策违背了工党不断地提高生活水平的传统政策,从而引起了工党内部的不满和斗争。党内一部分人不承认澳大利亚被卷入了世界经济危机,他们据此大肆攻击斯卡林政府的"节约"政策。攻击最强烈的是新南威尔士工党领袖、国会议员兰格。这样,刚刚重新团结起来的工党又面临着新的分裂。

1931 年 1 月,斯卡林采取了一系列的措施来缓和党内的矛盾和摆脱日益严重的经济危机,但是工党还是分裂了,分裂成以斯卡林、西奥多为首的一派和以兰格为首的反对派。同时,工党的一些重要人物,如赖昂斯等人退出了工党。他们退出工党后于同年 5 月同国民党合并,改名为"澳大利亚统一党",赖昂斯成为该党的领袖。工党的削弱和反对党力量的增强,对工党内阁十分不利。赖昂斯和代理总理的劳顿也就离开了内阁。由于这两个重要阁员的退出,联邦政府不得不重新组建,在改组时,兰格派的人一个也未入阁,他们愤怒地退出了工党,工党的分裂进一步加深了。

1931 年 12 月进行了大选,工党在选举中惨败。相反,澳大利亚统一党和澳大利亚乡村党组成了联合阵线,在众议院中居于绝对优势,因而两党联合组阁,赖昂斯出任联邦总理,内阁于 1932 年 1 月 6 日宣誓就职。赖昂斯内阁仍是统一党和乡村党的联合政府,而工党则变成了在野党,这种局面一直持续到 1939 年 4 月。

28 澳大利亚是如何应对二战的?

1939年9月3日英国对德宣战,澳大利亚和其他英联邦国家一样也立即对德宣战。总理孟席斯向全国正式宣布,澳大利亚因而处于战争状态。参战后,孟席斯政府立即做出了下列决策:向英国输送粮食和军需品;招募军队,建立远征师团;着手进行军火和军需生产;准备让国会通过镇压共产党人的法案。这后一项决策显然是违背民心的,甚至连丘吉尔都不同意他的这一决策。

决策之后,孟席斯政府采取了一系列措施来实施上述决策。总检察长休斯是澳大利亚政界著名的老政治家,他利用自己的职权和丰富经验首先为澳大利亚国家的安全制定了两个国家安全法案,并在国会得以通过。国会还重申了一战时的国防法案和同敌国贸易法案仍具有法律效力。国防法案规定进行强制性军事训练,所不同的是这种军训人员服役范围扩大到新几内亚和巴布亚。国会还通过了关于物资供给与生产的法案。

澳大利亚宣布进入战备状态后,孟席斯深感过去追随张伯伦对法西斯推行绥靖政策不得人心,多次邀请工党参加政府,组成类似英国那样战时联合内阁,但都被柯亭一一拒绝。为此于1940年成立了一个军事咨询委员会,吸收在野党人士参加,其名额政府与在野党相等,以便讨论有关军事政策的重大问题。工党参加委员会的除柯亭外还有伊瓦特和比斯莱。这个委员会在二战中起了巨大作用。

参战初期,执政党和在野党关于战争争执的问题主要有两个。第一是关于澳军重点是保卫澳国自身还是保卫英帝国的问题,换言之,是要不要派重兵去北非和中东作战的问题。工党主张应以保卫澳大利亚沿海安全为重点。第二是关于强制性兵役问题。这是澳大利亚的一个老大难的问题。工党仍坚持其反对强制性兵役制的立场。后来双方都做了退让,采取了双重兵役制:海外服役采取志愿兵役制;国内服役采取强制性征兵制。1942年,日本进攻日益逼近,这时工党已执政,柯亭劝说工党修改国防法案,允许强制性服役的军人到西太平洋地区服役一定期间。

这是澳大利亚兵役政策的一个不小的进步。

澳大利亚政府的另一项重要参战措施就是组建远征军。像第一次世界大战一样,澳大利亚陆海空军作为英联邦军队的一部分,由英国最高军事当局统一指挥。

1940 年,孟席斯在做了上述参战的种种准备之后重申澳对英要提供更多的军援,并声称他的政府已经武装起 23 万陆军和海军,其中 18 万人以及澳大利亚的空军可以到世界任何地方服军役。

29 澳美是如何结盟的?

1941 年 11 月 26 日,日本派出 6 艘航空母舰,423 架飞机,此外用 17 艘战舰护航,从单冠湾出发,从北面直奔夏威夷群岛之珍珠港。12 月 7 日,日本飞机轮番轰炸美军基地珍珠港,毁灭性地打击了美国太平洋海军力量。这次偷袭为日本南攻扫清了道路,同时也激怒了美国,迫使美英与之决一死战。

在日本偷袭舰队驶向夏威夷群岛时,日本其他海军部队进入西南太平洋,几乎与偷袭珍珠港同时,日军分别在马来半岛和菲律宾群岛登陆。与此同时日军向西南太平洋地区迅猛推进,澳大利亚人不得不思考自己的出路问题。柯亭政府迅速做出两项重大措施。

第一项是制定出联合美国抗日的方针。柯亭在 1941 年 12 月 29 日新年咨文中明确地向全国宣布了这一政策。美国非常欢迎澳大利亚的联合方针。美国人十分清楚,只有打败日本才能保证它在西南太平洋的利益。日军不仅在珍珠港严重地危害了美国的根本利益,而且在西南太平洋也危害着美国的根本利益。

1941 年 12 月 8 日,在菲律宾群岛的美国统帅部得知珍珠港惨状,立即作好一切战争准备。但是在日军强攻下也是节节败退。剩下为数不多的美军在总司令麦克阿瑟率领下退到了澳大利亚。共同的敌人就把澳大利亚和美国紧密地联结在一起了。

白宫主人罗斯福接受了柯亭的建议,命令美驻菲律宾部队司令麦克阿瑟将军就美澳结成抗日军事同盟的问题与澳大利亚进行谈判。根据总统的指令麦克阿瑟将军于 1942 年 3 月由菲律宾飞抵澳大利亚。经过谈判,双方决定建立美澳联合司令部,该部大本营设在墨尔本,4 月司令部在墨尔本正式建立,麦克阿瑟将军为最高司令,澳大利亚将军托马斯·布莱梅为副司令,负责指挥全部陆军,另外两名美国将军分别指挥空军和海军。澳大利亚人十分高兴地欢迎第一批美军的到来,不久大批美国的海陆空三军陆续到来。这样,美国在西南太平洋虽然丢掉了一个菲律宾基地,但又很快找到了一块更大的基地。澳美军事联盟建立了起来,从而美国在澳大利亚取代了英国,大英帝国急剧地衰落了。

30 战后澳大利亚是如何重建的?

约翰·柯亭在抗日战争胜利前夕去世时,澳大利亚工党选举自 1941 年以来一直执掌财政部的奇夫利为党的领袖。奇夫利出任总理后仅一月余,抗日战争便取得最后胜利。因此他的政府首要的任务是使澳大利亚由战争转向和平。

为此,必须授予政府以这方面的权力,以免违背宪法。第 17 届国会通过了一系列关于战后恢复工作的政策。根据这些政策,政府采取了如下一些措施:

第一是军人复员和安置工作。澳大利亚抗日战争的最大特点是全民抗战,因此战后军队复员工作是当时头等重要问题。此外,还有抚恤、救济、安置、培训等工作。奇夫利内阁成员曾一度集中全部精力来进行部队的复员和安置工作,顺利地解决了这一重大任务。

第二是福利政策。战后澳大利亚重建工作中一个重大项目是推行社会福利政策。这是因为战时人民生活水平下降,战后物价上涨,通货膨胀,因此福利政策的制定与推行是稳定社会和调动重建澳大利亚一切积极因素的重要措施。

第三是恢复与发展经济。在二战时,澳大利亚工业经济并没有停滞,相反,有了相当的发展,只是农牧业经济有所下降。但战后,阻碍贸易发展的障碍已被扫除,因此,澳经济发展又出现了好势头。表现为国际市场的羊毛与小麦价格大幅度上涨。1948年,联邦政府在各州支持下通过《小麦种植平衡法案》。在小麦局领导下建立了控制小麦出售价格的机构。这是一种利农的好政策,因而使澳大利亚农业经济稳步发展。

战后初年,羊毛业也经历了从未有过的繁荣。到1950年羊毛竟然上升到每磅12先令,甚至有人认为会上涨到一英镑多。这样养羊业在战后初年持续稳定发展。

战后初年,工业在战时大发展的基础上又获得进一步发展。并形成了肯布拉、纽斯卡尔和怀阿拉三大钢铁中心。这是澳经济发展进程中的一个里程碑。

第四是大力发展水电事业。战后初年,澳大利亚经济恢复与发展中最宏伟的壮举是制定与实施斯诺伊方案,亦称雪山方案。所谓斯诺伊方案是引斯诺伊河的水来灌溉新南威尔士州南部平原,并利用位于新南威尔士州东南的阿尔卑斯山上的积雪融化流下来的水的水力来发电。同时通过隧道把发电后的水引过山岭引入属墨尔本河——达令河水系的图姆特河,用来灌溉平原的干旱土地,使之种植水稻、水果和制酒的葡萄,等等。这是一个完整的农业和水、电综合发展规划,政府还可收水费和电费,以积累资金。

㉛ 澳大利亚在二战后的移民政策有何变化?

澳大利亚战后经济恢复中最突出的一个问题是劳动力严重缺乏,不迅速解决劳动力问题,经济恢复和发展很难顺利进行,因此,政府决定改革传统的移民政策。

1946年,澳大利亚移民部长同英国政府达成关于资助移民的协议,根据协议规定,凡自愿移民来澳大利亚的英国退役军人及其家属一律免除旅途费用。对其他不列颠人,每人自付10英镑,余数由两国政府负担。澳政府有权对移民进行严格选择,选择那些澳大利亚严重缺乏的熟练工人或其他人才。联邦政府还同荷兰、意大利、希腊、南斯拉夫及其他欧洲国家达成了类似的协议;同时还同意给因战争而流离失所的难民支付来澳移民旅费,条件是移民必须在仅拿奖励工资的条件下工作两年。由于这些移民政策的改革,大批移民洪流般地在战后涌入澳大利亚,澳大利亚人口迅速上升,从而解决了经济重建与发展的劳动力问题,如雪山方案主要靠移民劳动力来实现的。

经过这次改革,澳大利亚人口结构发生了一系列变化。首先,人种多元化的趋势产生了,第一次冲击了多年作为国策的"白澳政策"。其次,不列颠人虽然仍占移民的主体,但由于欧洲其他国家移民的增多,其份额大幅度下降。再次,由于人种的多元化和民族的多元化从而出现了文化的多元化。最后,澳大利亚白人居民种族主义观念进一步淡化。

但是,战后初年移民政策的改革和种族主义观念淡化,并不是说这时澳大利亚已放弃了种族主义的"白澳政策",或者说已完全消除了歧视有色人种的旧观念。"白澳政策"仍是既定国策,在战后移民中仍贯彻着这一政策。从某种意义上说,在不少的澳大利亚人的思想里旧观念还严重存在着。这表现在还不能大量接受黑种人和黄种人移民,仍加以排斥,甚至制定新移民政策的移民部长卡尔韦尔仍有种族主义旧观念。在他制定的新移民改革方案中就充满着"白澳政策"的种族主义思想。他本人认为"两个有色人种的人顶不上一个白人",虽然这句话遭到许多澳大利亚人尤其在 25 岁以下的人的反对和厌恶。

㉜ 解散共产党法案是怎么回事?

1949 年 12 月的澳大利亚大选,工党惨败,保守党派获胜。自由党和乡村党组成联合政府。自由党领袖孟席斯出任总理,从此开始了澳大利亚历史上长达二十三年的两党联合执政的局面。

1950 年 4 月 27 日,孟席斯向众议院提出一个"解散共产党法案",法案说:共产党企图以暴力颠覆现政府,应予解散。在法案第二读时,孟席斯迫不及待地向国会宣布 5 名工会领导人系共产党人。保守党提出该法案的真正目的是打击工党,在工党内部制造混乱。工党内部出现反共的工业集团,该集团坚决支持孟席斯的反共法案。工党领袖奇夫利等人怕大选时丧失天主教徒和工业集团的支持,放弃了他们自己提出的修正案。这样,国会顺利地通过了"解散共产党法案"。

1950 年 10 月 19 日,共产党中央和 10 个工会向高等法院提出起诉,要求判明"解散共产党法案"违犯宪法,宣布无效。

经过几个月的斗争,1951 年 3 月 9 日,高等法院以 6 票对 1 票否决了孟席斯的法案,法院公正地做出了"解散共产党法案"完全不符合宪法的裁决。高等法院首席法官约翰·赖萨姆不同意这个裁决,但大法官仍坚持认为尽管发生了朝鲜战争,但是澳大利亚并未处于战争状态,不能任意解散政党。

孟席斯在高等法院做出裁决后仅几天就要求解散两院举行大选。4 月 28 日进行大选。自由党和乡村党再次获胜。新上任的孟席斯在7 月份提出了"宪法修正案",其目的是通过修改宪法使国会可再次通过解散共产党的法案。这一政治举动立即加剧了国内左右两派的激烈斗争。根据宪法,采取这样重大措施必须举行公民投票。1951 年 9 月 22 日被确定为举行公民投票决定修改宪法的日子。工党内的右派,甚至比孟席斯总理更迫切投支持票,而绝大多数工党党员和伊瓦特一起掀起了投反对票运动。不少自由党党员及其追随者也积极参与投反对票的活动。成千上万的知识分子,其中包括艺术家、作家、教师、教授及其他人士,平日根本不参加政治活动,现在也行动起来,大声疾呼要保卫思想自由和言论自由。9 月 22 日如期举行公民投票,投票结果是,投反对票的为237 万人,投赞成票的为 231.8 万人,从而粉碎了孟席斯政府解散共产党的图谋。

㉝ 彼得洛夫案件又是怎么回事?

1954 年 4 月 13 日第 13 届国会临近结束时,孟席斯总理戏剧性地向国会宣布,苏联驻堪培拉大使馆三等秘书甫拉基米尔·彼得洛夫自己承认是苏联克格勃特务,已和澳大利亚国家情报机构联系,要求给予政治避难。孟席斯还说,彼得洛夫随身带有有关苏联在澳间谍网的文件,文件牵涉到一些澳大利亚公民。这一下子震惊了国会。但国会议员第二天就要离开去进行竞选活动,没有时间辩论此事了。

令人惊异的是,在国外,如在英国、美国或其他国家,外国间谍背叛要求政治避难通常是保密的,以免发生意外。相反,澳政府总理却公开宣布此事,并立即委派一个委员会调查此事,即最大限度公开彼得洛夫案件,此其一。其二,这时全国大选已确定在 5 月 29 日,即公布此事在大选前夕,其目的显然是打击作为在野党的工党。5 月 29 日的大选的结果,以工党的失败而结束。

4 月 20 日,彼得洛夫的妻子乘飞机从悉尼飞往达尔文港,在途中,澳大利亚一位保安人员和一位苏联外交官对她展开了激烈的争夺战。最后,她也被迫要求政治避难。皇家调查委员会由三名法官组成,负责调查彼得洛夫间谍案件,听取证词是从 1954 年 5 月 17 日开始,到 1955 年 3 月 31 日结束,调查工作进行了近一年。而最后的报告是在 8 月发表的。调查了 119 个受牵连的人,他们的名誉遭到损害。报告认为这些人中没有一个人犯有叛国罪或触犯其他刑律。被牵涉到的人多是工党党员及其支持者。这进一步证明,执政党制造彼得洛夫案件的目的是打击工党。

作为工党领袖,伊瓦特为保卫工党声誉和正义,毫不犹豫地介入了这一案件。在报告公布后,他于 1955 年 10 月 19 日夜向众议院就这个报告做了发言,要求把报告列入议事日程。他再次指出彼得洛夫案件是一个抱有政治目的的阴谋,事实是,澳大利亚情报机构用 5 000 英镑收买了彼得洛夫,引诱他叛变。伊瓦特说,他就此事曾致函苏联外交部长莫洛托夫,莫洛托夫回信说所谓彼得洛夫文件均系捏造。伊瓦特的揭露使国会议员们一下子惊呆了。

孟席斯借机攻击说,伊瓦特只喜欢苏联外长的话,不喜欢调查彼得洛夫案件委员会的报告。这时工党内部已发生了严重分裂,出现了混乱的局面,孟席斯慌忙要求总督提前大选。1955 年 12 月 10 日进行了大选,结果是两个保守党再次获胜,孟席斯又出任总理,他的目的达到了。

㉞ "白澳政策"是如何废除的?

澳大利亚外长斯宾德在 1950 年科伦坡会议上提出了一个援助亚洲国家的计划,即著名的"科伦坡计划"。科伦坡计划极大地冲击了白澳政策和种族主义思想,甚至比孟席斯总理还保守的道纳移民部长都受到了反种族主义的影响,他对旧移民政策的态度有了新的变化。1958 年他竟然向国会提出废除臭名昭著的默写考试法案的动议。这样,"白澳政策"受到了一次冲击。

不久,这种变化又有了新的发展,出现了废除白澳政策的新呼声。这表现在墨尔本大学建立了移民政策改革小组。该小组对移民状况进行了调查,出版了小册子,宣传用有限制有选择地接受亚非国家移民的政策取代白澳政策。移民政策改革小组的调查令人信服地证明了白澳政策已不得人心,势在必改。

在整个 60 年代和 70 年代初又在两个问题上战胜了种族主义。一个是关于巴布亚自治问题;另一个是关于澳大利亚土著人的公民权问题。这两个问题的解决为 70 年代工党政府废除白澳政策奠定了基础。

1962 年 7 月,联合国托管地委员会在细致地研究了巴布亚新几内亚问题后提出了一个报告。报告要求澳大利亚政府到 1964 年在巴布亚新几内亚建立起 100 名议员的国会和一所大学,而且议员要由选举产生。但是,巴布亚新几内亚到 1964 年 6 月才选出本地的议会。在 1972 年澳大利亚大选中取得胜利的工党政府上台后,果断地宣布从 1973 年 12 月 1 日起巴布亚新几内亚获得完全的自治。1975 年,巴布亚新几内亚首席部长 M. 索麦尔宣布英国女王是巴布亚新几内亚的国家元首,从而一个新的独立国家诞生了,并且成为英联邦成员国。

根据澳大利亚宪法,澳大利亚土著人是没有任何政治权利的。1966 年新上台的赫尔特总理决心解决这个问题,他的政府通过国会颁布的第一个法令就是举行公民投票修改宪法,借以授权联邦政府在计算人口时也计算土著人,并给他们以法律权利。1967 年 5 月 27 日举行公民投票,并得以通过,从而澳大利亚土著居民获得到了公民权。

自由党和乡村党也逐渐改变在移民政策上的种族主义立场。早在1964年和1966年,孟席斯政府与赫尔特政府早已悄悄地改变了移民政策,大约有6 000名欧洲移民和非欧洲移民迁入澳大利亚。1972年12月,工党政府移民部长埃尔·格莱斯公开接受甚至资助非欧洲移民入境。1973年移民有2.5万人,其中1/12为非欧洲移民。总之,到这时白澳政策便寿终正寝了。

35 二战后的澳大利亚经济发展如何?

20世纪50年代至70年代这二十余年,是澳大利亚社会经济大发展的时期,即历史上的第三次经济起飞。正是在这一时期内,澳大利亚变成了一个高度发达的资本主义国家。

自50年代以来,澳大利亚工业经济有了突飞猛进的发展。以制造业为例,在1941—1966年间,工厂雇佣工人由65万人上升到130.9万人。普通用的产品过去大部分是从国外进口的,而现在绝大部分是本国制造的,这对澳大利亚来说是一个重大的变化。

与此同时,石油工业也发展起来。1953年2月在西澳大利亚首府佩思以北1 110公里的海湾处打出一口试验性喷油油井,从此开始了澳大利亚本国的石油开采业。1961年在布里斯班以西300公里处采掘出质量很高的石油,并很快形成了穆涅油田。此后在各地相继发现石油和天然气,其中最著名的有巴罗岛油田(西澳)、埃尔湖以东荒原油田(南澳),以及昆士兰境内的莫尼油田、奥尔通油田、康内油田。后来又在维多利亚州东部沿海地区发现特大油田,该油田从1971年开始喷油,其产量占全国总产原油量的80%以上,此即著名的巴斯海峡大油田,从而澳大利亚工业开始了特大飞跃。

由于国内天然气和石油工业的兴起和竞争,煤炭工业在50年代一直处停滞状态,长年保持在年产2 000万吨左右。但澳大利亚原煤蕴藏量甚丰,煤炭工业潜力很大。

澳大利亚一向被认为除煤和黄金外是一个矿产资源不丰富的国家，只是到了 20 世纪 60 年代经过大规模的勘探，陆续发现大量矿藏，这种观点才有所改变。从 60 年代起，澳大利亚矿产也迅猛发展起来，如以铁矿石 1960 年产量为 440 万吨，到 1972 年年产量达 6 300 万吨，仅次于美国，居世界第三位。澳大利亚到七十八十年代之交已成为矿产的重要国家。

随着工农业的迅速发展，交通运输业也得到了进一步的发展，到 1973 年拥有铁路 4.047 4 万公里，1969 年公路长度达 90.114 3 万公里。

澳大利亚是一个以世界市场为重要市场的国家，因此，对外贸易一向十分发达。二战后，由于工农业经济的高速发展，尤其是国家的高度工业化，对外贸易便出现了成倍增长的局面。澳大利亚是农牧产品出口大国，长期以来，仅次于美国，居世界第二位。

36 澳大利亚战后的人口是如何增加的？

澳大利亚战后经济发展与其人口的增长密切相关，而人口的增长的一个重要因素是大规模地吸收移民。大规模地吸收移民是澳大利亚传统的国策。

在第二次世界大战中，澳大利亚深深体会到，没有一定数量的人口，不仅经济发展受到限制，国际地位也会受到限制。况且，战后面临着经济大发展的局面，极感劳动力的缺乏。因此，战后澳大利亚吸引了大批移民的到来，并于 1947 年提出"移民就是繁荣"的口号。战后吸收移民约有 347 万，其中有 80% 的移民定居下来。1947 年，全澳大利亚人口为 757.9 万人，1981 年全澳人口为 1 492.7 万人，增长数达 734.8 万人，而移民为 347 万，占全澳人口增长的 47% 强。

战后澳大利亚人口的显著特点有四：

第一，战后人口年自然增长率加上年移民增长率合计 1—2.29% 之间，是世界人口增长最快的国家之一。

第二，澳大利亚人口分布极不平衡，绝大部分人口集中于东南地区。

据 1976 年普查,东南地区的人口占全澳大利亚人口的 92%。维多利亚和新南威尔士两个州的人口是全国人口的 61.9%,而广大内陆、澳北区、西澳大利亚则人口十分稀少。

第三,人口城市化,墨尔本和悉尼这两城市的人口占全国人口的 41.1%。又如 6 个州的首府再加上 5 个 10 万人以上的城市的人口合计占全澳人口的 69.8%。

第四,澳大利亚人口结构中长期以来一直保持着移民的较高比重,1971 年普查,悉尼人口的 25%、墨尔本人口的 27%、阿得雷德人口的 28%、佩思人口的 31% 出生在海外,换言之是移民。1966 年中国血统的移民为 3.5 万人。

37 澳大利亚为何会卷入越南战争?

澳大利亚追随美国进行"遏制共产主义",最重要的表现是参加美国发动的越南战争。

1962 年 5 月,孟席斯政府应美国的要求派遣澳军去越南,从此开始陷入越南战争的泥沼而不能自拔。澳国防部长阿索尔·唐雷宣布派 30 名澳军事教官去帮助训练南越军队。

1964 年 8 月 2 日,美国为了扩大越南战争把其驱逐舰"马多克斯号"派往越南民主共和国领海寻衅。越南人民用武力将其驱逐。约翰逊政府以此为借口派大批军舰在北部湾巡逻,8 月 4 日夜,美国制造了美舰遭越南鱼雷袭击的谎言,此即轰动世界的所谓"北部湾事件"。8 月 5 日,约翰逊以此为口实下令轰炸越南,这样美国把侵越战争扩大到北方。

美国在越南战争泥沼中越陷越深。1964 年 6 月 8 日,澳大利亚国防部长应美国的要求将现有的兵力扩大一倍,由 30 人增加到 60 人。北部湾事件、1964 年中国原子弹爆炸成功,尤其美军在越南战争中失利,孟席斯政府于 1965 年 4 月宣布再派军队去南越,并被编入美军 173 空降旅。

美国对越南的战争越来越困难,"特种战争"遭到破产,并遭到国内外舆论的谴责。在这种背景下,1966 年 2 月美国副总统汉弗莱访问澳大利亚,要求提供更多的援助。澳总理赫尔特于3月8日宣布澳大利亚在越南的兵力增加两倍,达到4500人。赫尔特这一举动立即引起澳大利亚人民的强烈反对。工党也作出了反对政府参加越战的反应。赫尔特访问华盛顿之行更加引起人民反战的高涨。

1968年10月上台的戈登内阁仍坚持赫尔特积极参加越南战争的方针。但是这时国内反战运动出现了新的动向,青年人逃避兵役日益增多,数以千计的青年人为逃避兵役背井离乡到处躲藏,逃避警察,并得到千千万万年长的人的掩护。5月戈登内阁制定惩治逃避兵役的严厉法律,规定凡逃避兵役或帮助者均处两年监禁。这更引起人民的反抗,反战的游行示威经常发生,甚至反战的人们放火烧掉澳陆军总部。

1969年尼克松任美国总统。他推行了用越南人打越南人的所谓"战争越南化计划",并宣布分阶段地从越南撤走美军。接替戈登任总理的麦克马洪也仿效美国于1970年11月开始撤回澳军。执政的自由党和乡村党的威信扫地,因而在1972年大选中惨败。

工党政府上台后一再批评美国越南战争的政策。当1973年元月23日尼克松总统宣布越南停火,惠特拉姆总理立即宣布撤回所有澳军,并于10月访问中国。

38 澳大利亚与中国关系如何?

19世纪中叶,在"淘金热"推动下,广东一带的华人漂洋过海进入澳大利亚大陆。据史料记载,第一批去澳的中国人是1848年的约100余人,均系广东人,被招募到澳大利亚充当劳工,签订五年合同,合同规定年工资6英镑,期满可留可归。1851年墨尔本附近发现金矿,极需劳工开采。当时中国南方正值太平天国革命。沿海一带人民纷纷出洋,是中国海外移民高潮时,其中一部分华人南去澳大利亚。

此后,华人陆续到来,最多时达3.8万人。当时,华人最多的是本地戈城,在墨尔本以北,本地戈因蕴藏丰富金矿而出名,华人称之为"大金山",并把淘金砂的河称作"金沙江"。

华人的到来引起种族主义者的不满,1857 年爆发了第一次反对华人事件,发生在勃克兰河地区,华人伤亡很多。1861 年在新南威尔士再度发生排华事件。欧洲籍移民叫嚷"驱逐华工"。新南威尔士殖民地议会通过限制中国人入境议案。华人与白人间出现裂痕。歧视华人、排斥华人,甚至惨杀华人的事件此后屡屡发生,并在这个基础上逐步形成了排斥有色人种的"白澳政策"。

1880 年在悉尼召开了澳大利亚殖民地会议。新南威尔士殖民区总理亨利·帕克斯担任会议主席。他在会上提出各殖民区一致行动,遏止华人的动议。除南澳大利亚和西澳大利亚代表持异议外,其他殖民区代表竟然通过了限制华人入境的决议。

二战期间,随着澳大利亚有被日本进攻的可能,尤其国内多年反对种族主义的斗争,国内种族主义情绪日渐减弱。澳大利亚开始重视同亚洲盟国的关系,在这种背景下于 1940 年派公使到中国当时临时首都重庆。从此中澳有了官方的外交关系。

1949 年 10 月 1 日中华人民共和国成立后,工党多次提出承认中国,但由于长期执政的自由党—乡村党拒绝工党的政策。但在贸易上和文化上有一定的往来。

1951 年,澳大利亚建立了澳中协会,旨在发展澳中友好关系,对两国文化交流与贸易往来起了推动作用。1971 年 4 月澳大利亚乒乓球队代表团访问中国,受到中国运动员的热情欢迎。乒乓球代表团互访进一步增加了了解、加深了友谊。

1971 年 7 月,工党领袖惠特拉姆率工党代表团访华是当时世界上的重大政治事件,对促进两国关系正常化作了巨大贡献。1972 年工党大选获胜,惠特拉姆 12 月 19 日宣誓就任总理,22 日就宣布承认中国,互派大使,同中国建立了正式外交关系。这是中澳关系发展史上的新的里程碑。从此中澳两国政府和人民在科学、技术、文化、体育、经济、贸易诸方面展开了广泛的交流与合作。

应中国总理周恩来的邀请,澳大利亚政府总理惠特拉姆于 1973 年 10 月 31 日至 11 月 4 日对中国进行正式友好访问,所到之处受到了中国政府和人民的热烈欢迎。

1976 年,澳政府总理弗雷泽访华,使中澳友好关系进一步发展。从 1972—1977 年,中澳两国民间友好访问接连不断。中澳关系友好发展是亚太地区进一步繁荣与稳定的必不可少的因素。

39 澳大利亚对原住民的政策是如何变化的?

澳大利亚对原住民推行的所谓"保留区"和"教会区"制度,这种制度一直推行到二战时。

保留区开始于 19 世纪 30 年代"黑战"后期。当时社会舆论谴责英国殖民者对塔斯马尼亚人的屠杀政策。殖民当局在压力下停止了"黑战",打着保护土著的旗子把他们驱赶到一个小岛上,从而开始保留区时代。

到 1852 年在澳大利亚大陆上又建立了两个这样的保留区。到 19 世纪末,保留区便多了起来,各州都有许多。保留区有大有小,以当地的原住民数多寡来定,其实质是一样的。面积最大的保留区是位于西澳大利亚、南澳大利亚和澳北区交界的地方。这里是著名的吉布森沙漠地区。

在保留区里,政府为原住民建造了住宅。保留区设有行政事务机构和官员,他们全权管理原住民事务,官员均系白人,然而具体工作都由原住民去干。原住民在保留区内充当工人、牧业雇工、家庭仆役、樵夫。法律规定原住民在工作日期只有完成规定的工作时长和具体工作任务后,才发给生活必需品,主要是口粮。食品极其粗劣,没有营养高的食品,如鸡蛋、肉类,甚至口粮也给不足,原住民经常挨饿。有时也发给一点衣物,但不经常,且质地又低劣。总之,保留区生活条件极差。

基督教各教派,尤其是英国国教为了"保护"原住民,在全澳传教士理事会的指挥下于各州建立了许多管理原住民的传教区,亦称传教站。土著居民在传教区里的生活状况雷同于保留区。由于原住民在这里没有得什么实惠,反而遭受到饥饿和欺凌,因此到 19 世纪末,大部分教会区解体了。

有一部分原住民并没有被驱赶到保留区或教会区,而被农牧场主或其他资本家雇去当工人。他们虽然工作努力,从事的劳动十分苦累,但是所得到的报酬却十分低下,并处处受到歧视。

政治上,澳大利亚政府公开推行种族歧视政策。不仅不给原住民以选举权,而且人口统计也不把他们统计在内。法律规定禁止原住民在澳大利亚旅行,禁止他们从一个保留区迁移到另一个保留区,否则就是违法,予以逮捕。政府和教会在原住民中强行推行同化教育,强迫他们放弃自己的宗教信仰,改信基督教。

随着原住民不断进步和知识面的扩大,政治觉悟有了很大提高。他们开始了反抗。1946年5月,西澳大利亚的几百名原住民农业工人举行了罢工。这次罢工既提出了经济要求,又提出了政治要求。政府虽然用武力镇压了起义并逮捕了罢工领导人,使罢工失败了,但是从此原住民开始了有组织的经济和政治斗争。

1951年1月,澳北区一个保留区的原住民宣布罢工,提出了权利平等的要求。他们在罢工中还提出了迁徙自由和自由进入达尔文市的要求。社会进步人士组织了声援他们罢工斗争的抗议活动。与此同时,澳大利亚社会舆论界,甚至国际舆论也纷纷谴责澳大利亚政府所推行的种族歧视政策,要求改变这种反动的政策。这时澳大利亚战后经济建设极需劳动力,在这种形势下,澳大利亚政府对原住民的政策做了一些改变。

㊵ 澳大利亚民族文化有何特点?

从澳大利亚民族文化的演变整体看至少有下列几个特点:

第一,沿着民族化道路发展。澳大利亚文化从开始,尤其是新中国建立以来,一直沿着民族化道路发展,所谓"民族化"即澳大利亚化,这是与澳大利亚政治上和经济上民族化相适应的。实际上,没有民族化或澳大利亚化,澳大利亚根本谈不上民族的独立与国家的富强。

第二,问多元化发展。澳大利亚文化是以不列颠文化和原住民文化为核心的文化,但在建国后几十年来又吸收了不少其他外来民族文化,诸如欧亚大陆移民带进的文化,因而形成了一种由诸种文化融合而成的新文化,即融合型的多元文化。

但由于澳大利亚长期以来推行"白澳政策",这种多元化的趋势受到了极大的阻碍。虽然如此,澳大利亚文化向多元化发展的趋势还顽强地表现了出来,尤其在 70 年代废除了"白澳政策"之后。澳大利亚文化在殖民地时代,实质上是殖民地文化。因为要摆脱英国文化影响与束缚,唯一的途径就是吸收其他民族文化的精华以提高本民族文化的素质,从而造成了多元文化。

第三,具有浓厚的模仿性。澳大利亚文化完全不同于其他那些古老文化。诸如中华文化、印度文化、欧洲诸国的文化、伊斯兰文化,这些文化都是经过了以千年计的演变、融合、锤炼而形成,因而是一种相对稳定性的文化。它们也吸收外来文化以丰富自己和发展自己,但很少具有模仿性。而澳大利亚文化却没有那样长的时间锤炼、演变与融合,处于青春成长时期,基本上是一种相对不稳定的文化。这种文化还必须大量吸收外来文化以丰富和发展自己,使自己逐步成熟起来。以文化发展角度言,模仿性有两面性:一方面易于导致不加分析地生搬硬套;另一方面也会使自己大胆地吸收别的民族的文化。这两面性,澳大利亚民族文化兼而有之。

第四,从总体上看,澳大利亚文化显然是属于西方类型的文化。无论从其主体和来源看,或是从其传统、风格、气质、表现形式和手法上看,均属欧洲文化,和加拿大与美国文化是同类型的,而和东方文化却有着质的差异,但它又不是欧美文化,是澳大利亚文化。

① 古代埃及国家是何时形成的？

据考古材料推测，距今约 2 万年前，尼罗河谷的高地上就有人类居住的迹象。大约从公元前 3500 年开始，埃及进入考古学称之为涅伽达文化时期，开始进入阶级社会和文明时代。这个时期，埃及的生产力有较大的发展，出现了刀、匕首、斧等冶炼铸造的铜器工具和武器。居民已经到尼罗河谷从事生产，挖渠筑坝，进行人工灌溉。商业贸易不仅在国内进行，而且同国外特别是巴勒斯坦、叙利亚地区也有往来。随着社会经济的发展，社会分化和不平等的现象也明显地表现出来。从考古发掘的墓穴来看，一般居民死后葬于简陋的墓穴，随葬的只有少量粗糙的陶器和工具。而少数有财势的人则葬于大坟墓里，随葬品多且比较精致，有些物品还标以私有印记。有一件考古文物上刻有一高大威严的人物，颇有王者风度，头戴象征王权的白冠，身后有两名侍者为之执扇，同时还刻有在尼罗河的岛上从事劳动的奴隶和以田凫为代表的平民。这幅图深刻地反映了当时埃及已有了贵族与平民、奴隶主与奴隶之间的阶级对立。

这一切都说明，氏族制度已经走到了尽头，国家已经产生。埃及的国家最初大概是以某一部落的城市为中心，聚焦周围的村庄联合而成。埃及人称之为"斯帕特"，希腊人称之为"诺姆"。

这样的国家大都是小国寡民，但有自己的名称、首城、军队和信仰。最初在埃及约有几十个"斯帕特"，至早王朝第二王朝时期才形成统一的国家。

② 古代埃及是何时统一的？

古代埃及的国家雏形是州，由许多村社联合组成。每个州有自己的图腾和州神。全埃及约有四十个这样的州。各州之间经常战争，战俘就变成了奴隶。州长职位世袭，拥有祭祀、军事、司法诸权。实际是一个小国君。这时埃及尚无统一的王朝，历史上称为"前王朝时期"。

州和州之间长期战争和兼并的结果，形成了北部和南部两个独立的王国。公元前 3500 年前后，北部三角洲地区各州以布陀州为中心，形成下埃及王国。国王戴红冠，以蛇神为保护神，以蜜蜂为国徽。这个王朝存在很久，有七个国王的名字留传下来。下埃及王国出现后，上埃及以尼赫布特为中心，也形成了一个独立的王国。国王戴白冠，以神鹰为保护神，以白色百合花为国徽。下埃及的文化发展较快，最先出现文字和书写的纸草。但在政治和军事上，它不如上埃及强大。上埃及的国王对各州的控制力较强，国势也较盛。

埃及的传统史学认为，在早王朝时代（前 3100—前 2686 年）初，即早王朝时代第一王朝（前 3100—前 2890 年），美尼斯就建立了统一的国家。现代研究成果表明，这种说法不符合历史事实。实际上，早王朝初年埃及的各个州仍是分立的，埃及传统所说的提斯王朝（即埃及僧侣历史学家所划分的第一、第二王朝）只是一个州的王朝，或一些州联盟的王朝，不是统一的国家。古代埃及的统一，是经过长期的历史过程才得以完成的。

提斯王朝期间，各州进行着频繁的争霸战争。早王朝遗址文物表明，当时的埃及存在着两个中心，北方的孟斐斯、萨卡拉一带为中心，南方的阿卑多斯至希拉康坡里一带为中心，三角洲一带还处于分散的状态。这说明早王朝时代的埃及是处在走向统一的过程中，尚未出现统一的局面。

第一王朝第五王——登是一个强有力的统治者，在长达近 60 年的统治中，曾对居住在尼罗河与红海之间以及西奈半岛上的部落进行征服。从登开始,帝王采用双冠(双冠指象征王权的白冠与红冠,意为两个权力的合一)。这说明经过第一王朝历代诸王的征服和扩张,到登王时期虽不能说已经完成上下埃及的统一,但已出现了明显的统一趋势。有材料说明,第二王朝(前2890—前2686年)哈谢海姆统治时,曾对努比亚和下埃及进行过征服。从希拉康坡里发现的文物(哈谢海姆的两个雕像)上描绘和记载的被杀死的尸体和数字来看,他对下埃及的残酷的征伐获得了成功。埃及的统一事业到第二王朝最后一个国王哈谢海姆统治时才得以完成,从而建立了统一的国家。

❸ 古埃及的太阳历是今天的公历吗?

公历是怎样产生的?得追溯到数千年前的古埃及。

在长期的农业生产实践中,埃及人积累了一定的经验,通过把握尼罗河涨落的规律,制定了自己的历法。古埃及人把365天的潮涌周期定为一年,而以天狼星与日同出的那一天作为一年之始,把每年分成三个季节("泛滥季"、"播种季"、"收割季")包括十二个月,每月30天,外加年终5天作为节日。这样就产生了埃及的太阳历。

埃及太阳历将一年定为365天,这同地球绕太阳公转一周的"太阳年"(又称"回归年",为365.2422天)相比,只有近1/4天的岁差,在当时可算得上十分精确了。然而,把每年的误差累积起来,就形成一个很可观的差额,经过730年之后,历法上的时间和实际时间将差半年之久,使得寒暑季节恰好颠倒,这样,自然要引起一系列麻烦。后来,埃及人又曾一度另定实在历(又称官历),以365.25天为一年,与太阳历共同使用,但因太阳历行之已久,影响仍然很大。

到了公元前一世纪上半叶,埃及太阳历经罗马传入欧洲。原先,罗马人有过自己的历法,主要是参照希腊太阴历订立的,误差很大,难以适应经济发展和社会生活的需要。公元前46年,罗马统帅儒略·恺撒接受埃及亚历山大城天文学家索西琴尼的意见,以埃及太阳历为蓝本,编制了新的历法。这部历法因恺撒而得名为"儒略"历(又译作朱里亚历),

而将恺撒出生的 7 月称为"儒略",英文的"七月"(July)即来源于此。其后,他的继任者奥古斯都上台执政,于公元前 8 年对儒略历又略加调整。为了仿效恺撒的声望和威仪,这位皇帝也把自己出生的 8 月命名为"奥古斯都"(英文"8 月"就叫作 August);并从 2 月抽一天加到 8 月上,使之变为大月。为了跟这种人为的更动相适应,他把 8 月份以后的大、小月次序改作单月为小月,双月为大月。从全年各月天数来看,1、3、5、7、8、10、12 月为大月,其余都是小月,其中 4、6、9、11 月为 30 天,2 月为平年28 天,闰年 29 天,同现今使用的公历大致相当。

儒略历从公元前 45 年起在罗马开始推行,为后世沿用了 1600 多年。直到公元六世纪时,基督教徒采纳了僧侣狄奥多西的提议,把 500 多年前传说中的基督教创始人耶稣诞生的那一年,确定为公元元年。在拉丁文中,"公元"(Anno Domini)一词意思是"主的生年",一般用缩写 A. D. 来表示。在这一年以前称为"公元前"(Before Christ),意思是"基督以前",以缩写 B. C. 表示。这些用法一直流传至今。

儒略历虽然比埃及太阳历有所改进,具有不少优点,但与太阳年相比仍要多 0.007 8 天,过 128 年就要多出一天来。这样逐年积累,到16 世纪下半叶,历法上的日期竟比太阳年晚了 10 天。于是,罗马教皇格里高利十三世在 1582 年 10 月 4 日邀请一批天文学家,对儒略历重加修订。改革设置闰年的办法,以防积累误差再现。规定凡是能被 4 整除的年份才是闰年(如 1640 年、1796 年等都是),而逢百之年必须能被400 整除,否则不算闰年(如 1600 年、2000 年是闰年,1700 年、1800 年都不是)。这样一来,400 年中仅有 97 年闰年,比儒略历减少 3 个,年平均长度变为 365.2425 天,与太阳年更接近了。这部由格里高利十三世主持修订的新历法,习称"格里高利历"(简称格里历),也就是今天通行的"公历"。

公历起初在天主教国家使用,后来逐渐推广,20 世纪初开始在全世界普遍流行。中国在辛亥革命后采用公历,但仍用民国纪年。直到 1949 年中华人民共和国成立,才正式采用公历纪年。

④ 古埃及人是如何制作木乃伊的?

在古埃及,人们深信人死后灵魂暂时离开肉体,到了一定的时间它又返回到肉体,直到永远。

为此,埃及人积极地想办法保存好尸体,使灵魂有寄托之处。埃及人很早就掌握了制作木乃伊(干尸)的技术。根据希腊历史学家希罗多德著作中的有关记载,以及对考古发掘出来的木乃伊的研究资料表明,尽管各个时代木乃伊的制作方法有许多细节上的不同,但一般采用的方法是:先用钩子从尸体鼻孔中钩出一部分脑子,再把药水灌进去冲洗;接着在尸体肚子上切开口子,取出内脏,用掺和着香料的酒冲洗腹腔,再把桂皮、乳香之类的香料填充进去;然后按原样缝好,把尸体浸泡在一种防腐液中;70天以后将其捞出,裹上麻布,在外面涂上一层树胶,以隔绝空气。木乃伊制成后,还要举行隆重的安放仪式,以示死者开始了来世生活。

⑤ 埃及金字塔是怎样建成的?

埃及的金字塔是古代世界七大奇迹之一。也是其中唯一留存到今天的古代世界建筑奇迹。这些金字塔主要散布在尼罗河下游西岸基泽附近,离埃及首都开罗只有十几公里的路,从基泽向南,沿着尼罗河西岸还有许多大大小小的金字塔,总计起来,埃及历代共兴建了七十多座金字塔。

金字塔的底基呈四方形,越往上越窄,直到塔顶。从远处看,陵基四面很像汉字的"金"字,因此,我们把它叫作"金字塔"。在欧洲各国语言里,通常称金字塔为"庇拉米斯",在古埃及语里,"庇拉米斯"是"高"意思。

在七十多座金字塔中,以第四王朝第二个国王胡夫的金字塔为最大,这就是举世闻名的基泽大金字塔,建于公元前 2690 年左右。在 1888 年巴黎建筑起埃菲尔铁塔以前,它一直是世界上最高的建筑物。

金石塔如何建造的讨论已经盛行了几个世纪,一位学者提出了比较有说服力也比较客观的说法。他说的是螺旋式建造法,就是沿四面墙壁建成螺旋式的阶梯,一边上楼梯,一边往上盖。这样就不需要用到杠杆、撬棍、起重机,这种提法也比较符合古埃及人的实际情况。

20 世纪以来,随着飞碟观察和研究活动越来越广泛,有人甚至把神秘的金字塔同变幻莫测的飞碟上的外星人联系起来。他们认为,在几千年前,人类不可能有建造金字塔的能力,只有外星人才能有。他们经过推算还发现,通过开罗近郊胡夫金字塔的经线把地球分成东、西两个半球,它们的陆地面积是相等的。这种"巧合"大概是外星人选择金字塔建造地点的用意。

然而,一位叫戴维杜维斯的法国化学家提出了一个关于金字塔建造的全新见解,他认为,建造金字塔的巨石不是天然的,而是人工浇筑的。他从一位考古学家那里,得到 5 块从埃及胡夫金字塔上取下的小石块,对它们逐个加以化验。出乎意料的是,化验结果证明,这些石块由贝壳石灰石组成。尽管考古证明,人类在几千年前就已掌握混凝土制作技术,但这些贝壳石灰石浇筑得如此坚如磐石,以至很难将它们与花岗岩区别开来,实在使人难以相信。戴维杜维斯由此推测,当时古埃及人建造金字塔是采用"化整为零"的办法,即将搅拌好的混凝土装进筐子,抬上或背上正在建造中的金字塔。这样,只要掌握一定的技术,就能浇筑出一块一块的巨石,将塔一层一层加高,这种做法既"省力"又省工,据他估计,当时在工地上劳动的人仅有 1 500 人,而不是像希罗多德所说的那样每批都有 10 万人。更出乎意料的是,这位法国科学家还在石块中发现了一缕一英寸长的人头发。这缕头发可能就是他们辛勤劳动和灿烂智慧的见证。但上述这些说法都还是一些推测。无论如何,修建金字塔,一定是集中了当时古代埃及人的所有聪明才智,因为它需要解决的难题肯定是很多的。

有人指建塔是奴隶的工作,但根据考古学家发现在金字塔的附近有一些埃及人的墓,按其墓的结构推断,这并非奴隶的墓而是一般埃及人的墓,相信是在建塔期间去世的工人。从而推翻了由奴隶建塔的理论,而建塔通常是在农闲时建,是一般性的事务。

埃及文化部 2010 年 1 月 10 日发表声明说,埃及考古队在开罗近郊的吉萨金字塔区发现金字塔建造工人的坟墓群,证明金字塔是由工人而不是由奴隶建造的。埃及最高文物委员会秘书长扎希·哈瓦斯说,这些墓穴建于古埃及第四王朝时期,即公元前 2575 年至公元前 2467 年。与先前在这一地区发现的金字塔建造者墓穴相似,这些古墓分布情况证明,金字塔由受雇工人而非奴隶建造。"这些墓穴建在法老(即国王)的金字塔旁,说明墓中所葬这些人绝不是奴隶,"哈瓦斯说,"因为奴隶的坟墓不可能直接建在法老坟墓的旁边。"

⑥ 埃及金字塔前为何要建造狮身人面像?

狮身人面像位于埃及哈夫拉金字塔的东北方向,它好像与吉萨金字塔群一脉相承。狮身人面像伴随尼罗河畔的金字塔已经 4000 多年,它像守护神一样伫立在离开罗 30 公里的荒原,因为金字塔与狮身人面像的存在,使这片荒原成为世界上最著名的荒原。由于它和希腊神话中的人面怪物斯芬克司相似,所以,人们又称之为"斯芬克司"。

希腊神话中斯芬克司是一个邪恶的女怪物,长着美女的头,狮子的身体,生性残暴,嗜杀成性,长期驻守在忒拜城附近的悬崖上,给过往的路人提出很多刁难古怪的问题,猜不出的人就会被她吃掉。英雄俄狄浦斯猜出了答案,怪物斯芬克司羞愧又绝望地跳崖而死。

公元前 2600 年左右,无数的工匠修建法老哈夫拉的金字塔。有一天法老哈夫拉来到吉萨高地巡视自己的陵墓,当他看到塔前有一座光秃秃的小山时,顿时感到不悦。建筑师告诉他,这是开采金字塔所用石头后留下的小山包,因为石头里含有贝壳之类的杂质,便没有继续开采。后来这块小山包没有被处理掉,建筑设计师们凑在一起商议对策,他们从埃及古代神话和小山包的外形中产生了灵感,他们把小山包设计成哈夫拉的头像和狮子的身躯,既体现了法老的威严,又显示了狮子的勇猛。

起初狮身人面像头戴王冠,上面雕刻着圣蛇库伯拉的浮雕,两耳侧有扇状的奈姆斯头巾下垂,下颏挂着长须,脖子上围着项圈,一对硕大无比的爪子更是生动形象。这尊巨像算上两个前爪,共长72米,它的奇特之处在于它的脸庞与几何身体完全异化,却又巧妙地结合在一起,连法老哈夫拉也赞不绝口。

狮身人面像遭到严重的破坏,由于狮身人面像的石料是质地松软的石灰石,它不可能像金字塔那么坚固和有韧性。长年累月的日晒雨淋,埃及西部强劲的沙暴袭击,都对狮身人面像有所损坏。狮身人面像曾多次被沙漠完全吞没,后来被人又挖出来。

狮身人面像总算能够与金字塔一同保留至今,它是石块建筑的瑰宝,虽然已经斑斑驳驳,但依然显现当年的风华。狮身人面像的正面永远向着太阳升起的方向。

❼ 古埃及是如何成为奴隶制军事大帝国的?

埃及人在赶走喜克索斯人后,立即进行扩张。历时约百年之久的南征北战,把埃及从包括尼罗河谷及其三角洲地区的一个地域王国,扩张为一个地跨西亚北非的奴隶制帝国。特殊的地形使埃及难于受到侵袭,也造就了她的长期独立和自足。

阿蒙霍特普一世的继承人、其女婿图特摩斯一世可以说是埃及帝国的奠基者。

埃及重新统一后,经济获得发展,国家的实力有所增强,进而刺激了奴隶主统治阶级对奴隶和财富的更大贪欲。而经过雅赫摩斯及其继承者阿蒙霍特普一世(约公元前1545—前1525年在位)的统治,埃及整顿了内政,强化了中央集权统治,积蓄了军事力量,也为向外侵略提供了条件。

因此,到图特摩斯一世(约公元前1525—前1512年在位)时,开始发动大规模的对外侵略战争。他挥军向南,把埃及的疆界扩展到尼罗河第三瀑布。在亚洲,通过对巴勒斯坦和叙利亚的远征,将埃及的兵锋扩张到幼发拉底河畔,并打败了强国米坦尼。

图特摩斯二世(约公元前 1512—前 1504 年在位)继续对外攻伐,先后出征努比亚、叙利亚和巴勒斯坦一带,并取得一些胜利。

图特摩斯三世(约公元前 1504—前 1450 年在位)统治时,发动了更大规模的对外侵略战争。他首先向埃及的宿敌叙利亚、巴勒斯坦等地发兵,经七个月的围攻,攻克了巴勒斯坦北部的美吉多城,取得了他远征的第一次胜利。图特摩斯三世通常是在夏季出征,冬季返回埃及料理国事。根据刻在底比斯的卡尔那克神庙墙上的《图特摩斯三世年代记》和其他的铭文记载,他先后出兵亚洲达 17 次之多,相继征服了叙利亚、巴勒斯坦地区、迫使米坦尼等国用丰厚的礼物向埃及妥协。此外,图特摩斯三世还征讨了南部努比亚。

图特摩斯三世南征北讨,使埃及的版图空前扩大:北临小亚边境,东北到幼发拉底河,西至利比亚,南达尼罗河第四瀑布,建立起一个囊括西亚、北非广大地区的奴隶制军事大帝国。

8 古埃及帝国是如何灭亡的?

埃及同赫梯的争霸战争发生于埃及的第十八王朝末和第十九王朝初,历时约一个世纪(公元前 15—前 14 世纪),争夺目标是叙利亚巴勒斯坦。

争霸战争的决定性战役是在埃及法老拉美西斯二世(公元前 1317—前 1251 年)和赫梯国王穆瓦塔努(约公元前 1315 年继承王位)统治时进行的。

为了争霸,拉美西斯二世在三角洲东部营建了新都培尔—拉美西斯,并组建了约 3 万人的军队(其中 1 万人为雇佣军);穆瓦塔努也将首都从哈图斯迁到了靠近叙利亚的达塔什城。

当时站在赫梯一边的有叙利亚的许多小国:卢卡、纳哈林、阿尔瓦德、麦沙、卡赫美什、科迪、卡迭什、努格什、乌伽里特和阿勒坡等。

拉美西斯二世在其统治第 4 年时,进行了一次预备性远征,占领了腓尼基沿海地区。第5年,他亲率以四个以神命名的军团及雇佣军约3万人远征叙利亚。穆瓦塔努率领赫梯主力战车兵埋伏于卡迭什城东。双方决战于该城西部,拉美西斯二世及先头部队遭赫梯军伏击,拉美西斯二世也险遭擒获,后埃及其他部队赶到,救出了拉美西斯二世。双方经激战后,损失均极惨重,无力再战。

拉美西斯统治第21年,赫梯新王哈吐什尔提出与埃及缔结和约,实行和亲,并派人送来了和约草案。拉美西斯二世同意了和约,从而结束了长期争霸战争。

在埃及的卡尔那克神庙以及其他地方神庙的墙上刻有该条约的条文,也发现了用巴比伦的楔形文字书写在泥版上的条约文本。这是历史上流传至今的最早的一份和平条约。

第十九王朝晚期,埃及连遭外来侵略和内争的打击。首先是"海上民族"入侵的打击。入侵共两次。第一次是在第十九王朝法老麦尔涅普塔赫统治时期。该国王的铭文说,他打败了这次入侵,杀死8 500人,俘1万多人;第二次发生在第二十王朝法老拉美西斯三世时期。虽然两次入侵都只扫过了三角洲,且均被打退,但使埃及的实力受到严重削弱。

第十九王朝末,埃及发生了伊尔苏奴隶起义。第十九王朝就是在这一起义打击下灭亡的。第二十王朝中叶,还发生过首都底比斯西部墓地手工业工人因应得的各项供应常常中断,而举行的罢工。

公元前1085年,阿蒙神庙祭司赫利霍尔篡夺王位,建立第二十一王朝,新王国时期结束。古代埃及从此进入自己历史发展的衰落期和外部不断入侵的时期。

法老时代结束后,埃及臣服于外来的统治者,连续被外族统治竟长达2300年,这些外族包括波斯人、希腊人、罗马人、拜占庭帝国、阿拉伯人、奥斯曼土耳其人和大英帝国等。现代埃及国家的独立元勋纳赛尔总统并不夸张地指出,继埃及最后一位法老于公元前343年被波斯人废黜以来,他是第一位行使主权的埃及本土人士。

⑨ 阿蒙霍特普四世的改革是怎么回事？

古埃及人对神非常崇拜，第十八王朝的主神为"阿蒙"。阿蒙霍特普的名字即由此而来，意为"阿蒙的仆人"。阿蒙神的祭司在埃及占有举足轻重的地位。

阿蒙霍特普四世继承王位后，为了摆脱王权对阿蒙神庙的依赖，削弱和打击日益威胁王权统治的僧侣集团势力，便试图贬低阿蒙神的地位。他起用埃及古老的太阳神"拉"来与阿蒙神对峙，命令人在首都底比斯为拉神建立神庙，并公开宣布自己是拉神的最高僧侣。他的做法很快遭到底比斯阿蒙神庙僧侣们的强烈反对，孟斐斯的僧侣们也对此表示不满。面对这种情况，阿蒙霍特普四世决定采取坚决措施，彻底与阿蒙神庙僧侣集团决裂。

他决意打击祭司集团的势力，宣布废止对阿蒙神和其他任何地方神的崇拜，下令封闭阿蒙神庙及其他神庙，驱逐他们的僧侣。与此同时，以太阳神"阿顿"（或译作"阿吞"）神代替阿蒙神，成为新的众神之王。他这一做法实际上是创建了一神教。阿蒙霍特普四世要人们彻底忘记阿蒙神，宣布任何地方任何人不准使用阿蒙的名字，并将自己的名字改为"埃赫那吞"，意思是"阿吞之光辉"。

为彻底摆脱阿蒙祭司集团，在其在位的第五年，阿蒙霍特普四世将首都由底比斯迁往以阿吞神命名的新城——埃赫塔吞（意为"阿吞的视界"）。

这件事也很有历史意义，因为这是人类历史上第一次出现单神宗教。有人认为，后来的其他单神教如犹太教、基督教、伊斯兰教都同埃赫那吞的宗教改革有着某种联系。

埃赫那吞在同旧僧侣集团斗争的同时，还着眼于文学、艺术方面的改革。他提倡真实地描写世界以及在他周围的事物，鼓励文学艺术家大力创作赞美阿吞神和代表埃赫那吞光辉形象的作品。这些新的文学创作往往被称为"阿玛尔那文学"和"阿玛尔那艺术"。它们不仅在埃赫那吞改革过程中起了宣传的作用,而且破除了传统的陈规戒律,对后来埃及文学艺术的发展产生了很大的影响,在埃及文学艺术发展史上具有划时代的意义。

埃赫那吞一味提倡崇拜阿吞神,几乎荒废了国政,放松了对亚洲统辖地区的治理,以至于埃及帝国东部出现不安定的局面。改革期间,帝国对外战争停止,军队得不到战利品,更得不到赏赐,因而军队离开了改革,军队的总司令借口军务繁忙一直未到新都埃赫塔吞;改革时期,埃及放弃了对西亚属地的关注,使得在叙利亚的许多埃及属地离开了埃及,他们或者独立,或者被乘虚而入的小亚细亚强国赫梯所吞并,这也使军队和统治阶级中的其他许多人很不满意,对改革丧失了先前的热情而不再支持改革。改革阵营内部分裂了。甚至王室内部也发生了尖锐的分歧。埃赫那吞顶不住压力而动摇了、妥协了。

埃赫那吞在他统治的第十八年死去。他的改革也就从此完结了。埃赫那吞改革不仅是古代埃及史上的重大事件,也是古代世界史上一次著名的改革。

⑩ 图坦卡蒙法老是怎么死去的?

图坦卡蒙是古埃及新王国时期第十八王朝法老(公元前 1334—前 1323 年),人们对他最多的印象,莫过于那张独具一格的金色面具。他原来的名字叫"图坦哈吞",意思是"阿吞"的形象,后改为图坦卡蒙,意思是"阿蒙"的形象。图坦卡蒙并不是在古埃及历史上功绩最为卓著的法老,但却是在今天最为闻名的埃及法老。

图坦卡蒙为现代西方人广为熟知是因为他的坟墓在三千年的时间内从未被盗,直到被英国探险家哈瓦德·卡特在卡尔纳冯伯爵的支持下发现他的墓葬,并挖掘出大量珍宝,从而震惊了西方世界。它是迄今为止所发现的最完整、最有价值的古代埃及法老的陵墓。

整座墓由前室、墓室、耳室及库室组成。除墓室外,所有的地方都放满了家具、器皿、箱匣等各类器物,其中包括墓主人的宝库。墓中的每件

59

器物,都以金银珠玉装饰而成。在墓室中还发现了两尊真人大小的乌木镀金雕像,学者们认为这就是图坦卡蒙的形象。墓中奇珍异宝非常丰富,在8年的挖掘过程中,人们在墓中发现了2000多件文物。

图坦卡蒙著名的黄金面具大约重10.23公斤。图坦卡蒙的木乃伊由三个人形棺与三个外廓层层保护,每一个的大小恰好卡进另一个,手工技艺相当精细。最内一层的人形棺由22K金打造,重110.9公斤,依当前市价来算大约是150万美金。最外一层的外廓大到可以当中型汽车的车库。图坦卡蒙的坟墓中有一个个人小型急救箱,里面除了一些急救药品外,还有绷带跟类似骨折时用的吊带。据卡特估算,图坦卡蒙的墓中大约有350公升的珍贵油品,大多存放在一些石头瓶里。

在他坟墓中发现了大批衣物,衣物旁还有一个依他体型而做成的木制模特儿。另外还发现了图坦卡蒙洗礼时用的围巾,质料好,手工又细。图坦卡蒙大约有100双鞋,有用皮做的,有用木头做的,也有用柳条编的,甚至还有用黄金做的。在图坦卡蒙墓中大约有30多种酒,其中有一种是"图坦卡门牌葡萄酒",上面还标有年份、葡萄产地跟制造商。图坦卡蒙墓中有30只回力棒。在古代回力棒是用来打猎的。除了金棺和金面具外,往往被人提及的大件是皇后给法王身体涂油的王座、两尊如真人大小的木雕哨兵和4个雪花石膏箱。这4个雪花石膏箱最耐人寻味,盖子是图坦卡蒙头像,里面竟然放着小法老的肝、肺、胃和肠子。

英国研究人员后来对他的木乃伊进行X射线扫描,发现死者脑颅中有碎骨,而且法老脸上靠近左耳垂的地方有一道致命的伤痕,因此推断图坦卡蒙可能是遭到谋杀。这种猜测与图坦卡蒙时代政局不稳的历史背景相符。一些人猜测,图坦卡蒙逐渐成熟,为了谋求更多自主权,与其宰相发生冲突,遇害早亡。

但埃及放射学专家的新发现,推翻了这一论断。报告说,图坦卡蒙死前不久大腿骨折,虽并不致命,但感染是引起他死亡的重要原因。

有些专家猜测图坦卡蒙法老是在打猎时意外受伤而死亡的。

总之,关于图坦卡蒙法老死亡的说法众说纷纭,这就给他的死亡增添了更多神秘的色彩。

⑪ 古埃及最长寿的法老是谁?

拉美西斯二世,总共活了 90 多岁.他是古埃及历史上最长寿的法老。

他拥有一段充满传奇色彩的人生。他是古埃及历史上最著名的法老,是一位强大的国王,一位战无不胜的将军,一位和蔼可亲的父亲,一位不知疲倦的建设者。头顶着这些光环的拉美西斯二世在位 67 年(统治时间公元前 1279—前 1213 年)。生活在古埃及第十九王朝的拉美西斯在人类历史上留下了不可磨灭的印迹。

拉美西斯二世的父亲塞提一世娶了一位骁勇善战的将军的女儿图雅为王后,他们共生有四个儿女,两男两女。但大儿子很小的时候就夭折了,这使拉美西斯顺利地登上王位。

拉美西斯没有花费太长时间就学会了很多东西,特别是作为国王所必需的两项技能:以军事手段征服敌方和建造王宫。无论是在征战,还是在建筑方面,他都取得了成功。

他的家庭生活也同样见诸文字之中:八位皇后,一群数量难以考证的妃妾和 100 多个儿女。拉美西斯不得不多次挑选王位继承人,但这样做并不是因为"宫中多事",而是因为他活到了 90 多岁,当时人们的平均寿命大约只有 40 岁,他的许多儿女都在他之前死去。继承他王位的莫尼普塔,位列王位继承人名单中的第十三位,到 60 岁时才得以登基。事实上,拉美西斯在辞世前已经达到了自己的目的:对于臣民们来说,他已经成为一个传奇。但这位伟大的法老未曾预料到,不仅有关他人生的史诗已经名垂青史,就连那些有关他死亡的史诗也同样流芳百世。

⑫ 古埃及象形文字是如何发现的?

古埃及象形文字,出现于距今 5000 多年前,后来被欧洲人称作"神的文字"。古埃及人认为他们的文字是月神、计算与学问之神图特造的，和中国人"仓颉造字"的传说很相似。

古代埃及的象形文字一直没有发展成为字母文字，后来经过多次演变，外形逐渐简化，向字母文字过渡。

公元4世纪左右，只有很少的埃及人还能够读出这些埃及象形文字，此后逐渐就真的成了一个"谜"。罗马皇帝狄奥多西一世在391年发布敕令，关闭了所有非基督教的神殿，从此就再也没有建造过刻有埃及象形文字的纪念碑或者神殿。最后写下的埃及象形文字是后来在遥远南方的一座神殿里发现的。

1799年，拿破仑率领的法国远征军先在开罗的一处神庙附近发现了后来被称作"埃及艳后之针"的方尖碑。

随后在1799年，法国远征军在埃及罗塞塔要塞挖掘战壕时，无意中发现一块非同寻常的黑色玄武石碑，并把它带回法国。由于石碑是在罗塞塔发现的，因此称为罗塞塔石碑。碑长114厘米，宽72厘米，碑体为磨光玄武岩，上面刻着三段文字，分别由古埃及象形文字、阿拉伯草书、希腊文组成。

几百年来，有许多近代学者对解读这些象形文字进行了尝试，然而这些尝试不是失败，就是漫无边际的想象力的虚幻。学者们大胆假设：这是同一篇文献的三种文字版本。而其中希腊文为人们所认识，在正确地译出那段希腊文以后，再设法找到希腊文字和那些象形文字之间的关系，由此，揭开古埃及象形文字之谜便拉开了它的序幕。对解读埃及象形文字最有成就的是托马斯·扬和让－弗朗索瓦·商博良（被喻为现代埃及学之父），商博良借助自己丰富的语言知识，在前人研究的基础上，于1822年成功释读出托勒密的名字，从而为研究古代埃及文字奠定了基础，此后，他又释读出一些其他的字，在19世纪30年代几乎完全破译了埃及象形文字。这对当时诞生不久的埃及学来说是一个重大的进展。

⓭ 迦太基是北非的国家吗？

迦太基（该词源于腓尼基语，意为"新的城市"）坐落于非洲北海岸（今突尼斯），与罗马隔海相望。

据现有仅存的资料显示，迦太基的建城时间比罗马要早，但确切时间无从考据。而较为广泛接受的说法是在奥林匹克运动会前38年（即公元前814年），腓尼基一城邦推罗的移民横渡地中海来到北非，向当地人买下一块土地，在当地土著人的同意下，建立了迦太基，籍以作为大量贩卖奴隶及海上贸易的中转站。

大约在公元前8世纪至公元前6世纪，迦太基开始向非洲内陆扩展，并控制了北非的大部分腓尼基人殖民地，并向西地中海进发，占领了西班牙南部海岸及其附近岛屿、撒丁岛、科西嘉岛及西西里岛西部等，开始称霸西地中海，与希腊分别控制着地中海的西东两边。

由公元前6世纪开始，迦太基开始与欲染指地中海西部的希腊人发生冲突。大约在公元前535年，迦太基人联合伊特拉斯坎人，在科西嘉岛近岸打败了其中一支希腊人的舰队。但是在公元前480年，叙拉古的领主格隆和阿克拉加斯的领主特隆所统率的希腊军队却在西西里岛大败迦太基的军队。此后百年间，迦太基与希腊为了争霸地中海而纷争不断。

直到公元前4世纪初，希腊在经历伯罗奔尼撒战争后元气大伤，开始停止在西西里殖民。而在希腊的皮鲁斯大王于西西里为希腊城邦作出最出一次对抗迦太基的战事后，迦太基与希腊的纷争大致告一段落。但取而代之的，却是迦太基与更可怕的对手，罗马所发生的战争。

迦太基因为其强大的海军称霸西地中海，因此亦成为西地中海的贸易中心，每年均有庞大的经商收入，迦太基的钱币也成为了西地中海的强势货币。迦太基拥有庞大的船队，而且居民亦善于航海，所以其海路贩运奴隶、金属、奢侈品、酒和橄榄油等商业活动很蓬勃。同时间，其家庭式手工业亦很发达，当中以纺织品最为著名。而其内陆地带—巴格拉达斯河谷的土地十分肥沃，所以迦太基即使在北非，亦有发达的农业，因此亦出现了奴隶制庄园。

今天看到的迦太基残存的遗迹多数是罗马人在罗马占领时期重建的。从残存的剧场、公共浴室和渡槽等遗迹可知当时工程之浩大,设计之精确。在迦太基古迹附近有一座新落成的现代化博物馆,馆内保存并陈列着大量珍贵的历史文物。1978 年,联合国教科文组织将迦太基遗址列入第一批"世界文化与自然遗产"的名单中。突尼斯政府在这个遗址建立了国家考古公园。

⑭ 布匿战争是怎么回事?

布匿战争是在古罗马和迦太基两个古代奴隶制国家之间为争夺地中海西部统治权而进行的一场著名战争,名字来自当时罗马对迦太基的称呼——布匿库斯。

公元前 264—前 146 年,两国为争夺地中海沿岸霸权发生了三次战争:

第一次布匿战争,发生于公元前 264 年到公元前 241 年之间。两国冲突是因为争夺地中海沿岸地区的霸权,尤其是西西里岛的拥有权。第一次布匿战争长达 23 年,罗马胜利之后,取代迦太基成为地中海中最强国,掌握了地中海西部的制海权,迦太基被迫签订不平等和约。

迦太基将西西里岛及其附近利帕里群岛让给罗马,赔款 3200 塔兰特(10 年内偿清)。罗马遂在西西里建立第一个行省。公元前 238 年罗马乘迦太基雇佣军暴动之机,又出兵强占了撒丁岛和科西嘉岛,于公元前 227 年将两岛置为一行省。

第二次布匿战争是古罗马和迦太基之间三次布匿战争中最负盛名的一场战争,作战 16 年,公元前 218 年至公元前 202 年。

第一次布匿战争结束后不久,迦太基就着手准备新的战争。汉尼拔制订详细的战略计划,在公元前 237 年至公元前 219 年征服的伊比利亚(西班牙)境内建立一支强大的军队,越过阿尔卑斯山,从北面对罗马实施突然的猛烈突击。公元前 219 年,汉尼拔率迦太基军队包围与罗马结盟的西班牙城市萨贡托,围困 8 个月,占领该城。公元前 216 年,在坎尼会战中罗马军队(约 7 万人)被汉尼拔军队(5 万人)包围、全歼。这次胜利后,意大利的很多部落和城市臣服于迦太基。从公元前 212 年起,主动权转到罗马人手中。他们采取积极的行动夺回原在意大利、西西里、伊利里亚和马其顿的失地。公元前 202 年的扎马战役中,汉尼拔战败,落荒而逃。这是汉尼拔第一次也是最后一次吃败仗。迦太基战败,公元前201 年,迦太基人同罗马人签订了条款苛刻的和约。

第二次布匿战争后,迦太基在军事上虽无力再与罗马竞争,但其商业发展迅速,物质财富迅速增加,引起了罗马的妒忌。罗马惟恐迦太基复兴,公元前 149 年,罗马进犯迦太基,第三次布匿战争爆发。

罗马军队在北非登陆后,迦太基曲意求和,答应交出人质和武器。但罗马人提出了极其苛刻的条件,迦太基人愤然拒绝,起而抵抗。罗马军队围攻迦太基城两年未下。公元前 146 年春,迦太基发生饥荒,瘟疫横行。罗马在"非洲征服者"(小西庇阿)领导下,摧毁迦太基野战军后发起总攻,迦太基市民经过六天六夜的浴血奋战后投降,二十五万公民仅约五万人幸存并被卖为奴隶,迦太基被西庇阿奉命摧毁,罗马在此后建立阿非利加行省,从此迦太基成为一个历史名词。

⑮ 非洲黑人建立的第一个国家在哪里?

约在公元前 2000 年左右,在原努比亚地区南部、今苏丹北部的尼罗河流域出现了黑人历史上第一个国家——库施王国。

库施一词取自古埃及人对尼罗河第一瀑布以上地区的称呼,原是努比亚地区的一个地名。库施文化在时间上可分成三个发展阶段:纳帕塔以前的早期阶段(约公元前 2000—前 760 年)、纳帕塔阶段(公元前 760—前 530 年)和麦罗埃阶段(公元前 530—前 350 年)。

在早期阶段,王国的首都在凯尔迈。它的统治范围北至巴滕哈杰尔,向南延伸到白尼罗河地区,它既控制了尼罗河流域形成的南北交通线,又控制了从非洲大西洋沿岸地区到红海和印度洋的东西通道。同时,它还充当文化传播的媒介,一方面把非洲内陆地区的文化传递到北非和西非,另一方面也把来自埃及的文化成果和生产技术,以及公元前1600年以后西喜克索斯人的文化传播到非洲内陆。

这一时期,库施王国与埃及文化的关系较为密切。此时,埃及法老们仍然对南边用兵,掳掠财物和人口。伴随着埃及军队的不断侵入,埃及文化也被传到库施王国,使早期库施文化被深深打上了埃及文化的烙印。库施国的一些政治制度最早取自埃及。但是,库施文化并不是埃及文化的简单重复,而是在消化吸收的基础上逐渐有了发展,其国力在一步步提高。

在埃及中王国和新王国交接的第二中间时期(公元前1780—前1580年),借埃及发生贫民、奴隶大起义和喜克索斯人占领埃及之机,库施有了一个平稳的发展环境,经济力量有了较大发展,加强了同尼罗河下游地区的贸易。此时,库施和喜克索斯人统治下的埃及保持着密切的联系,人员往来频繁。传统的努比亚地区逐渐变成了一座不同文化交织的熔炉,有埃及文化、喜克索斯文化,也有非洲内陆的黑人文化因素。来自北方的各种技术和思想通过这里传到南方,有的东西也从南方传到北方。

到新王国第十八王朝法老图特摩斯一世统治时期,埃及对库施重新发动了入侵并达到高潮,这次远征没有像以往那样立即撤军,而是在库施领土上建立起统治机构,派驻总督进行治理。

到埃及第三中间期(公元前1085—前751年),埃及对库施的统治形同虚设,库施逐渐重新成为一个独立的王国。

约在公元前760年,库施的政治中心转移到凯尔迈南面的麦罗埃。此时,库施已是一个统一的大国,库施文化进入麦罗埃时期。

公元一世纪后,库施文化开始走向衰落。衰落的原因主要有:一是由于非洲北部在公元一世纪后气候变得干旱,加上麦罗埃地区的过度放牧,造成土壤逐渐沙漠化,使农牧业和工商业全面衰落,王国失去了昌盛的经济基础;二是外族入侵给了库施文化以毁灭性的打击。在库施衰落之际,其东面的阿克苏姆王国却日益强盛。350年,阿克苏姆国王率军入侵,摧毁了麦罗埃城,库施统治者向西逃亡至乍得湖地区。一个统一的库施王国至此结束。此后,在苏丹北部地区出现了许多黑人小国,它们延续了一千多年,并部分地继承了库施文化。库施文化还随着麦罗埃统治者的西逃,传到中非甚至西非地区。

而活跃在埃及市场的希腊商人把库施人称为"埃塞俄比亚人"。

16 非洲最大的民族——班图人起源于何地?

班图人是非洲最大的民族,是赤道非洲和南部非洲国家的主要居民,又称班图尼格罗人,按 1999 年统计数字估算,总人口约为 2.5 亿,占全非人口的 32%,主要分布在北纬 4°以南呈三角形的非洲大陆,包括刚果河盆地、大湖地区、赞比西河与林波波河流域。北界西起比夫拉湾,东到肯尼亚与索马里的交界处(称作"班图线");南界直达好望角。是赤道非洲 10 国和南部非洲 10 国的主要居民,共包括数百个族体。按 1998 年统计资料估算,其中人口超过千万的族群有 4 个,依次为尼亚卢旺达人(1 403 万)、马夸人(1 141 万)、巴冈果人(1 118 万)和绍纳人(1 037 万);人口超过 500 万的族群 14 个,其中除以上 4 个外,依次还有隆边族、马拉维族、祖鲁族、科萨族、聪加族、尼亚姆韦齐族、蒙戈族、基库尤族和茨民纳族。

班图各族所操语言相当接近,班图人语言均属尼日尔-科尔多凡语系尼日尔-刚果语族贝努埃-刚果语支,自成一大语群,旧称班图语系。下分 7 个分支:西北班图、东北班图、刚果班图、中央班图、东班图、西班图和东南班图。多保持传统的自然崇拜和祖先崇拜;分布在赤道与东非沿海地区的信奉伊斯兰教,其他地区部分人信基督教。

班图人实行一夫多妻制。部分地区男子行割礼,少数地区存在年龄结群制度。东非和南非的一些畜牧民族喜饮鲜牛血,不吃鱼。刚果班图、中央班图和东北班图多按母系续谱、居住和继承财产,其余则按父系。

而班图人最初的居住地到底在什么地方呢?世界各国学者对此问题进行了长期的研究。

约翰斯顿早在 1919 到 1922 年间发表的研究报告中提出班图人源于大湖地区,更具体地讲,班图人最初居住在加扎勒河流域。班图人首先东迁到埃尔贡山,以后进入维多利亚湖北岸、坦噶尼喀和扎伊尔(现名刚果民主共和国)森林地区。他推断班图人首次大规模迁徙进入中部非洲和南部非洲的时间在公元前 300 年左右。人类学家塞利格曼的看法与他相似。

班图语语言学家约瑟夫·格林伯格发现班图语更接近于西非语言,由此推断,班图人起源于尼日利亚和喀麦隆的交界地区。

目前,班图人起源于西非的观点已得到学术界的普遍认可。

⑰ 班图人是如何迁徙的?

非洲大陆现今约有 1/3 的地方居住着班图人,而这些地方在大约 2,000 年前曾是另外一些群体的聚居区。因之,后来班图人迁徙的原因及其路线曾引起几位人类学者的重视。

班图人的迁徙时间跨度长达千年之久,他们的足迹几乎覆盖了撒哈拉以南非洲的大部分地区,因此,班图人迁徙对非洲文明所带来的影响是十分巨大的。

班图人迁徙的路线十分复杂,但大致上可分为东线、西线和南线三条路线。

西线:班图人最早向外迁徙是向西扩散。他们进入西赤道非洲,大约北起扎伊尔的北界,南抵安哥拉南界,西迄大西洋沿岸,东至邻近大湖地区的广大地区。西迁的班图人日后形成刚果人、隆达人、卢巴人、库巴人、赫雷罗人、恩哥拉人、姆庞格韦人等。他们也建立了一些国家,如刚果王国、隆达王国、库巴王国和卢巴王国。

南线:向南迁徙的班图人数量最多。最初,马夸人和瑶人迁徙至鲁伍马河与赞比西河之间的地区,他们中的一些人后又进入坦桑尼亚南部;其后,绍纳人、卡兰加人和聪加人穿越马夸人和瑶人居住地区,迁入赞比西河与林波波河的河间地带,其中,绍纳人定居于津巴布韦西部,聪加人则生活在莫桑比克南部和纳塔尔最北部地区;再后,茨瓦纳人、科萨人和祖鲁人再次穿越先驱者的居住地,直抵南非,茨瓦纳人先向西南,后又折向南面,祖鲁人先北进,后又转向东南,进入纳塔尔北部,科萨人直指南方,在大菲什河地区定居下来。19世纪初,酋长恰卡建立了强大的祖鲁部落联盟,其势力覆盖了南非大部分地区及莫桑比克的局部地区。当地的一些部落被征服,另一些则被迫北迁。

东线:东迁的班图人于9—10世纪抵达东非沿海地区,他们中的一部分人同移居的阿拉伯人、印度人、波斯人混合,形成斯瓦希里人。他们生活在肯尼亚的蒙巴萨至莫桑比克的德尔加多角的沿海地带和附近的一些岛屿。另一部分班图人仍保持自己的独立性,他们居住在坦桑尼亚境内,这些班图人包括尼亚姆维齐人、赫赫人、恩丁多人和姆本加人等。

据估计,班图人在迁徙的过程中,在赤道周围以及赤道以南非洲,先后建立过大小不等的三十多个国家,从而涌现了不少闻名于世的班图文明。

班图人的大迁徙,一直持续到19世纪才最后结束。大迁徙导致民族大融合,加快了中、南非洲各民族的社会发展进程,尤其居住在沿海的班图人与外部接触较多,便利吸收先进文化,先后形成了一些文明国家,重要的有刚果和津巴布韦。

18 基督教是如何传入非洲的?

基督教在非洲大陆的传播,始于埃及。

据传说,埃及基督教的奠基者是彼得的弟子马克。这位来自罗马的传教者,在埃及犹太教徒中找到了自己的信徒。犹太居民在公元初年已经散布在昔兰尼加到努比亚之间的埃及广大地区,尤其在亚历山大城占有很大优势。因此,可以大致推测基督教传入埃及的时期,约在公元1世纪。公元2世纪早期,埃及出现了早期基督教文献,内容主要是反犹太教。

从一开始,罗马帝国的统治者就对基督教抱有警惕与敌视的态度。对基督教的迫害不久就发展成为大规模的、自上而下的行动。公元250年,罗马皇帝戴克犹斯全面迫害基督教。257年,亚历山大城主教迪奥尼西乌斯被放逐到卡夫拉绿洲时,他就乘此良机在当地居民中进行传教活动。而在埃及亚历山大城的基督教徒死的死、逃的逃。

埃及基督教徒逃入荒漠,进行清修,逐渐发展起一种新的、修道院清修形式。中世纪欧洲盛极一时的修道院体制,盖源于此。到了公元4世纪时,在尼罗河三角洲西南山区,在上埃及的塔本尼西,以及在尼罗河东岸荒原上,都建立了强有力的清修组织。

312年,君士坦丁皇帝即位。罗马帝国对基督教的政策开始从敌视、迫害转变为利用。325年,君士坦丁亲自在尼卡雅召集宗教大会,宣布基督教三大主要的主教辖区:罗马、亚历山大城和安条克,承认这三个宗教中心指导其下属主教的权力。亚历山大城成为基督教世界的宗教中心之一。由于亚历山大城是罗马帝国时代对红海印度洋贸易的起点,伴随着贸易活动,基督教也向南阿拉伯与埃塞俄比亚地区扩张自己的势力。4世纪,阿克苏姆古国采用基督教为国教,并奉亚历山大教长为自己的宗教最高首脑。

379年,西奥多昔乌斯一世即皇帝位。在他统治下,君士坦丁堡从一个名不见经传的地方一跃而成为"新罗马"。埃及的科普特基督教派(阿拉伯人征服以前,埃及人用希腊字母来拼写埃及语,这就是科普特语,科普特教派以此得名)同拜占庭正教之间不断进行教义之争,即科普特派奉一性论而正教奉两性论。科普特派基督教已是全埃及性的宗教,并控制着从昔兰尼加到努比亚和埃塞俄比亚的大片地区的宗教事务。

619年,波斯人入侵埃及。次年攻占亚历山大城。在波斯人短暂的征服期间,埃及科普特教会对波斯占领者采取敌视态度,但并不进行积极抗争。639年,阿拉伯人入侵埃及,641年占领亚历山大城。广大仇视拜占庭帝国统治的埃及人民和科普特教派,不仅未对阿拉伯人实行抵抗,反而采取静观与合作态度。

7世纪中叶,阿拉伯人以摧枯拉朽之势攻占北非,在摧毁东罗马帝国的统治时,也边缘化了北非人民的基督教。随着伊斯兰教的迅速传播,北非地区基督教影响日渐衰落。

⑲ 伊斯兰教是如何在非洲传播的？

自 7 世纪起,伊斯兰教在东非沿海地区不断扩展。10 世纪时的阿拉伯旅行家马苏迪和 13 世纪的阿拉伯人阿布·费达,在他们的著作中都提及在东非沿海地区的居民中有许多穆斯林。著名阿拉伯旅行家伊本·白图泰在 14 世纪上半叶的东非之行中,看见摩加迪沙城内有专攻《古兰经》的学生,他说该城是一个伊斯兰教中心,在一定的季节里附近的大量居民前来朝圣,并说蒙巴萨居民"信仰真诚,性格善良,品德贞洁"。

伊斯兰教在东非沿海地区传播后,逐渐向内陆渗透,坦桑尼亚中部、乌干达南部和肯尼亚一些地区的居民也开始接受伊斯兰教。

而伊斯兰教在西非的传播是与贸易同步进行的。随着贸易的发展,来自北非的穆斯林商人在沿着萨赫德和苏丹地区与撒哈拉商道相连的道路上逐步建起许多居民点。居民点内是清一色的穆斯林。穆斯林居民点不断扩大,其中的一些居民点逐渐出现了专职的伊斯兰教神职人员。西非最早接受伊斯兰教的,是参与撒哈拉商道贸易的黑人商人和苏丹地区诸王国的统治者,但初期并不稳定。

11 世纪 70 年代,信奉正统伊斯兰教的穆拉比特人在今毛里塔尼亚境内迅速崛起。当穆拉比特人扩展到上千人时,发动圣战,以武力迫使被征服者接受伊斯兰教。而穆拉比特人同时向南和北两个方向出击,向北征服北非、建立一个庞大帝国的同时,向南于 1076 年征服加纳王国,并占领其首都。

加纳被穆拉比特人征服后,当地居民索宁凯人被迫外流,已经伊斯兰化的索宁凯人在萨赫勒及以南地区建立和扩展商业网络,并一直延伸到热带森林边缘,于是,伊斯兰教也随索宁凯人进入这些地区。

加纳之后相继在西苏丹崛起的马里和桑海帝国,使伊斯兰教得到进一步传播和扩散,究其原因:其一,这两个帝国都力图控制西苏丹与北非之间的贸易并从中获取经济利益,因此,同撒哈拉商道及北非居民建立良好的关系显得十分重要,而伊斯兰教是捷径;其二,帝国内有众多氏族和部落,它们的文化和传统各异,伊斯兰教作为一种超越氏族、部落的宗教,可以像一条强劲的纽带,把它们紧紧捆绑在一起。由于上述原因,帝国的统治者们利用伊斯兰教来达到实际上已经超越了宗教本身的目的。

在豪萨人居住地区及西非其他地区,伊斯兰教同样得到了传播。到16世纪,在北起撒哈拉沙漠边缘,南到热带森林边缘地区,西起塞内冈比亚,东抵瓦代的广大地区,伊斯兰教得到广泛传播,这些地区的传统宗教尽管还有很大势力和影响,但伊斯兰教已经成为当地唯一具有普遍性的宗教。

⑳ 豪萨圣战是怎么回事?

豪萨人为西非民族之一,世代居住在北起阿伊尔山脉,南至乔斯高原北侧,东起博尔努王国的边境,西至尼日尔河流域的广大地区。现今主要分布在尼日利亚北部和尼日尔南部,少数散居在喀麦隆北部、乍得湖沿岸、贝宁北部、布基纳法索北部、多哥北部和加纳北部。16世纪豪萨地区城邦众多,这些城邦,往往以一个城市为中心,包括城市周边的一些地区,共同组成一个城邦。各城邦彼此间保持相互独立,若有外敌,彼此间也可能形成松散的联合。

伊斯兰教在13世纪左右传入当地,并很快得到传播,为当地居民所接受。伊斯兰教对豪萨城邦的社会、政治和宗教生活都产生了深刻的影响,各城邦根据伊斯兰教教义建立了政府和各种制度,而居民都必须遵守伊斯兰教教义。但居民中,特别是农村,传统宗教仍有深厚的基础。

19世纪上半期,在西非地区爆发了一场规模巨大的"圣战",豪萨地区是这次圣战的发源地和中心。

圣战以宗教为旗号,其实质则是一场社会变革运动,它是包括豪萨地区在内的西非内陆地区内外因素共同作用的结果。随着西方殖民势力对非洲的渗透,基督教的传播对伊斯兰教带来了巨大的冲击,18世纪中叶后,阿拉伯半岛和埃及等地先后掀起宗教改革运动,其宗旨是抗击西方宗教的渗入，保护伊斯兰教的地位，主张纯洁伊斯兰教，推进伊斯兰文化复兴。西非的伊斯兰界人士接触并接受了宗教改革运动的思潮。而当时豪萨地区内部，由于统治者推行民族压迫政策，导致民族矛盾不断尖锐。

在内外矛盾夹击下，圣战首先在戈比尔城爆发。圣战的领导人奥斯曼·登·福迪奥从小就学习《古兰经》，以后他外出学习，朝觐圣地，这使他有机会接触并了解伊斯兰教改革运动的思潮，回到故乡后，从事传教活动。他主张纯洁伊斯兰教，与当时混合伊斯兰教彻底决裂。在西非各地，包括豪萨城邦的统治者，大多推行混合伊斯兰教。为了推动宗教改革，奥斯曼在传教中积极制造圣战的舆论，他宣称，真主授予他连祷权，因此他可在信徒与真主之间起沟通作用；真主派人授他真主之剑，他可以对真主的敌人开战。奥斯曼号召信徒拿起武器，准备圣战。圣战开始后，各族群众纷纷投奔奥斯曼，加入圣战的行列。奥斯曼释放穆斯林奴隶的举措也吸引了大量奴隶的加入。圣战大军先后攻陷扎里亚城邦、赞比法和克比，并最终攻克戈比尔，豪萨的中心地区被占领后，圣战的战场又转向外围地区。1812 年，圣战者已建立索科多帝国，它包括约 15 个穆斯林艾米尔国和 15 个小艾米尔国。整个帝国分为东西两个部分，分别由奥斯曼的弟弟阿杜拉和奥斯曼的儿子贝洛管辖，而奥斯曼本人则为国家的哈里发。此后，奥斯曼摆脱了国家行政事务，专心学术研究，尤其是对伊斯兰教和豪萨文化的研究，并为此作出了很大贡献。

圣战的结束，索科多帝国的建立，结束了豪萨众多城邦并存和各自为政的局面，实现了政治上的统一。同时，圣战使伊斯兰教的地位得到确认和巩固，伊斯兰文化和习俗得到更为广泛的传播。社会的统一和社会结构的变革，促进了经济的发展，豪萨地区农业、手工业生产和商业贸易在统一和平的环境下都得到了较快的发展。

㉑ 西方列强中哪一个最早侵略非洲？

1415 年 8 月 20 日，一支来自葡萄牙的庞大舰队在国王若拉一世的指挥下，对摩洛哥北部沿海城市休达发起突然袭击。休达守军奋起抵抗，终因寡不敌众而失败。当天,葡萄牙军队占领了休达。在对这座美丽的城市进行一番抢劫之后,若拉一世命令士兵留下驻守。西方列强对非洲的侵略就这样开始了,休达成了西方列强在非洲建立的第一个殖民地。

占领休达后,葡萄牙人从被俘的摩洛哥士兵那里得知越过撒哈拉沙漠就是著名的黄金产地几内亚,于是决定经由海路探寻这一地方。几经艰险,在通过西撒哈拉沙漠沿海后,1446 年葡萄牙人在塞内加尔河口登陆,建立据点。1460 年,葡萄牙人抵达塞拉利昂沿海,在海岸地区建立商站,并宣布整个上几内亚为葡萄牙王室的领地。1471 年,他们在今加纳沿海登陆,发现附近的丰富的黄金矿藏,称之为米纳,意为"富矿"。1483 年,他们到达刚果河口,在河岸上树起一座 7 英尺高的大理石标柱,作为葡萄牙占领该地区的标志。

葡萄牙人在非洲攫取大量黄金的消息不胫而走,荷兰、英国、法国、丹麦、西班牙等国急起直追,争相在非洲沿海地区设立商站或要塞。这些商站和要塞起初是他们在非洲掠夺黄金、象牙、香料等珍贵物品的转运站。到 15 世纪末,又成了他们掠夺非洲黑人奴隶的转运站。自然,这些据点也是欧洲殖民者东通印度、中国等亚洲国家的中途站。

在对非洲掠夺性贸易中,葡萄牙的商务大权掌握在王室和贵族手中,大商人仅分享部分利润,而荷、英、法等国的商务大权则掌握在大商业资产阶级或商业化的贵族,即大商人手中。荷、英、法等国的大商人用组织特权垄断公司(如英国的"皇家非洲公司"是其中之一)的办法来进行这种贸易,并从国家得到特许状和各方面的支持。特权垄断公司在非洲有开设商站,建筑要塞的权利。对攫取到的财富,这些公司不像葡萄牙那样消耗在王室和贵族的靡费上,而是作为资本集中在私人手中。这些公司在非洲通过不等价的"物物交换",尤其后来通过奴隶贸易而夺得的财富,是构成西欧资本原始积累的重要因素之一。

㉒ 贩卖黑人奴隶的主要有哪些欧洲国家？

1441 年,由安陶贡萨尔维斯和努诺特里斯陶率领的一支葡萄牙探险队,在布朗角附近沿海劫掠了 10 名非洲黑人,带回里斯本出售,是为黑奴贸易的开始。在 15 世纪后半叶,葡萄牙人从西非沿海贩运黑奴去本国充当家务和农业劳动力,或贩运到马德拉群岛、加那利群岛和佛得角群岛等大西洋岛屿新开辟的甘蔗种植园中工作,每年贩奴大约 500 到 1000 名。但是,直到 16 世纪初,葡萄牙人在西非的黑奴贸易,其价值远远赶不上黄金、象牙、胡椒等非洲产品的贸易。

16 世纪的西班牙在向西印度群岛及美洲大陆进行扩张掠夺的过程中,对美洲的印第安人进行了灭绝人性的大屠杀,并企图奴役印第安人,但没有成功。西班牙人发现,对于繁重的田间劳动,一个黑人奴隶顶得上四个印第安人。为了满足那里发展热带作物和开发矿藏对劳动力的需求,他们决定从非洲运进黑人。1501 年,即哥伦布发现新大陆不到 10 年,伊斯帕尼奥拉岛就从葡萄牙运进了第一批黑人奴隶,这是向美洲贩卖奴隶的滥觞,也是美洲黑人奴隶制的开始。1518 年,第一艘来自非洲的贩奴船到达西印度,开始了非洲与美洲之间直接的黑奴贸易。到 1540 年,西班牙美洲殖民地每年运进的黑奴可能已经达到 1 万人。

圣多美岛在 16 世纪成为几内亚湾及刚果到安哥拉沿海的贩奴基地。整个黑奴贸易期间,圣多美运送了 10 万名黑人奴隶。1576 年,葡萄牙人在罗安达湾建立了圣米格尔堡作为基地,从此,刚果河口以南的黑奴直接从这里贩运去美洲,而不再经由圣多美岛转运。这里逐步发展成为安哥拉和刚果的奴隶贸易中心之一。

到 16 世纪最后 25 年,从非洲直接向西印度群岛及美洲大陆输送出奴隶的南大西洋贸易体系已经确立起来。

在整个黑奴贸易时期,大国之间为争夺贩奴垄断权及制海权展开了激烈的竞争。16 世纪末,荷兰崛起,击溃葡萄牙,主宰了海上贸易。在 17 世纪中叶荷兰达到了它的商业繁荣的顶点,其贸易投资超过英国 15 倍。它是当时世界上最大的贩奴国。

英国在 1618 年特许组成第一个从事几内亚贸易的股份公司—伦敦对非洲贸易探险者公司。1660 年成立英国皇家对非贸易探险者公司。1663 年修改后的特许状第一次提到黑奴贸易作为这家公司合法活动的一部分。1651 年 8 月,英国分布《航海条例》,规定英国的一切进口商品只准直接来自商品生产国,而且只能由英国船只或商品生产国船只装运。英荷之间的矛盾发展到武装对抗,爆发了三次英荷战争,最终,英国在经济上和军事上击败荷兰而成为主要的海上强国。荷兰霸权地位衰落后,仍在进行一定规模的贩奴活动,是由个体商人经营的。英国在此后成为主要的贩奴者。最著名的英国的利物浦逐渐成为欧洲最大的贩奴港。1750 年,利物浦的贩奴船已占英国贩奴船总数的一半以上。1795 年至 1804 年的 10 年间,在伦敦、布里斯托尔和利物浦三个英国主要贩奴港中,利物浦的贩奴船和贩奴数量都占 85% 以上。

而 17 世纪也是法国奴隶贸易的形成期。法国第一次有记载的对西印度的贩奴活动是在 1643 年。17 世纪后半期,特许公司才被法国广泛用作组织远洋贸易的方式。尽管 17 世纪法国的贩奴活动规模不大,但却是 18 世纪大规模参与奴隶贸易的先声。

从 1640 年起,除荷兰、英国、法国和葡萄牙诸国外,勃兰登堡人、丹麦人、瑞典人、热那亚人甚至波罗的海东岸的库兰人都参与了贩奴活动。但这些都影响不大,没有对荷兰和随后的英国霸权构成实际的威胁。

㉓ 欧洲人为什么要买卖黑人?

17 世纪中叶,欧洲由于资本主义工场手工业的发展和人们生活习惯的改变,对热带产品的需求与日俱增,从而促使西印度及美洲大陆生产热带产品的种植园获得巨大发展,这成为黑奴贸易兴盛的原因。

北美在 1619 年运进第一批黑奴。但在以后相当一个时期内,北美的黑人奴隶制没有发展起来。其原因是种植园经济发展缓慢而且最初的奴役对象主要是贫穷的白人契约奴,直到 1661 年弗吉尼亚殖民地议会才率先通过法案确定黑人是终身奴隶。到 18 世纪,英国的棉纺织业飞速发展极大地促进了美国的棉花种植业,从而大大促进了奴隶贸易,使蓄养黑人成为各蓄奴州的主要事业。美国成为黑奴的主要进口国。

另外,黑奴贸易兴盛的原因,还有两点:

第一,美洲的种植园奴隶制是特殊历史条件的产物。从历史上看,当一个社会经济形态中占优势的是产品的交换价值,而不是使用价值,即在发达的商品经济状态中,奴隶才会被大量用于生产领域,如古代希腊、罗马的奴隶制;反之,在自给自足的自然经济状态中,剩余劳动就受到需求范围的限制,而生产本身的性质就不会造成对剩余劳动的无限制的需求,这种奴隶制就带有温和的家长制的性质,古代东方及撒哈拉以南非洲的家长奴隶制就是这样。而美洲的种植园奴隶制不同于历史上任何发达的奴隶制。它不是同一般的商品经济相联系,而是卷入资本主义生产方式所统治的世界市场。这个市场使它们产品的外销成为首要利益。因此,需要不断地扩大再生产才得以生存。就美洲的种植园经济来说,只有在仅需要简单劳动的天然肥沃的广大土地上大规模地使用奴隶来经营才是有利的。因此种植园必须不断地向外扩张,不断地开垦新土地,奴隶制才有生命力。所以,它们就需要不断地运进黑奴,增加劳动力供应。

第二,除了种植园不断扩大更新的因素,另一个重要的因素是奴隶死亡率太高,需要不断地补充。美洲种植园奴隶制是同资本主义生产方式相结合的。资本由于无限追求利润的需要,对劳动者的奴役不仅突破了道德的极限,而且突破了肉体的极限。经济利益成了把奴隶折磨致死的原因。有些地方,黑人从事过度劳动只要七年就耗尽了生命。也就是说,每隔七年黑人劳动力就更新一次。而且,由于奴隶价格低廉,农场主宁肯从外面购买奴隶,也不愿让奴隶生儿育女,实现劳动力自身的再生产。很多农场主坦率地承认:"购买比繁育更便宜"。所以种植园中儿童很少,奴隶死亡率往往超过出生率。英国废奴主义者威廉·福克斯在1792 年向英国人民揭露,在每一磅蔗糖中,他们吃下去两盎司人肉。

24 黑奴贸易对世界产生过什么样的影响?

残酷的黑奴贸易对整个世界历史的发展曾经产生过重大影响。具体说来,黑奴贸易对欧美主要贩奴国家的影响是很不一样的。

最早垄断黑奴贸易的葡萄牙,在 15—16 世纪通过贩卖黑奴流入大量人口,弥补了地理大发现和海外扩张所造成的人口流失。另一方面,通过黑奴贸易及其他海外掠夺聚敛的大量财富并未转化为发展本国经济的资本，而是有相当一部分用于寄生性消费，造成社会各阶级的放荡轻浮和社会道德的沦丧。大量的金银流入欧洲其他国家，而葡萄牙本身的经济发展后来甚至不及巴西。

荷兰是17世纪的贩奴大国和海上贸易的霸主。贩奴和海外掠夺的利润曾经使荷兰富甲天下。但是荷兰仅仅停留于经营转运贸易，并未显示出生产上的活力。及到其他国家经济发展起来后，荷兰的转运贸易也衰落下去。不过，这为日后资本主义的发展打下了基础。

在英国早期的海外贸易发展史上，对非贸易就具有特别重要的意义。黑奴贸易及美洲的黑人奴隶制为英国早期资本主义积累了大量的资金，推动了工业革命的发展，同时也提供了市场。生产非洲所需要的装饰品、家庭用具、各种服装、铁器和其他金属以及枪械、脚镣手铐等，促进了英国工场手工业的发展。黑奴贸易也带动了船舶制造业、海运及其他交通运输业的发展。1709—1787年，英国从事外贸的活动船只增加了4倍。与此同时，银行和保险事业也逐渐兴起。18世纪最典型的银行家都是从商人转化而来的。美洲黑人奴隶种植园的产品如甘蔗、棉花等，也为英国制糖业、棉纺织业等的发展提供了原料。那时英国原棉的重要来源就是美国南方各州。

黑奴贸易对法国的影响同英国相似。

美国早期经济发展也得益于黑奴贸易及种植园奴隶制：第一，美国直接参与黑奴贸易获得的利润为早期的资本主义发展积累了资金，促成了美国的工业革命。第二，大西洋贸易及西印度的奴隶制为美国早期的初级产品提供了市场。第三，美国资本主义的发展直接从黑人奴隶制中得到多方面的利益。在美国内战之前，南方奴隶制各州出口原棉是美国经济发展中最关键的因素。

欧洲和美国的先进，是以非洲的落后为代价的。黑奴贸易对非洲大陆本身造成了灾难性的后果，延缓了非洲正常的发展和进步。19世纪中叶，一些欧洲探险家深入非洲腹地，看到一片因捕奴、劫掠和战争而造成的破败荒凉景象。故哀叹：非洲"内地的劳动力枯竭了……非洲每个毛孔都在流血。"另一个横越非洲大陆的欧洲人也认为"奴隶贸易将因非洲整个人口的毁灭而自然结束"。

但奴隶贸易客观上使非洲东西沿海和近海地区的社会经济关系开始发生某些变化。以奴隶贸易为主的大西洋贸易的发展扩大了西非同外部世界的联系,使西非对外联系的主要渠道由撒哈拉商道转向大西洋海上,开始逐渐形成对外依赖的经济布局。沿海贸易的扩大,促进了沿海及内地的商人及商业资本的发展,特别是沿海地区出现了经纪人阶层。这个经纪人阶层是非洲人中间最早接触西方近代文明的一部分人,他们本人首先接受了欧洲人的教育和影响,并派子弟到欧洲学习,出现了第一批受西方文化影响的非洲知识分子。

但是种族歧视却是黑奴贸易带来的直接恶果。在古代和中世纪,世界上不存在种族优劣论。美洲开始使用黑奴劳动是基于经济考虑而不是种族原因。在新大陆最早被进行奴隶买卖的并不是黑人,而是印第安人。直到 1661 年,弗吉尼亚殖民会议通过法案规定黑人是"终身奴隶"。此后,各殖民地仿效。于是,整个黑色人种的奴隶地位便由法律确定了。由此可见,黑奴贸易和它所产生的种族主义把"奴隶"这个概念从一种社会区别变成了种族区别。种族歧视是奴隶贸易时代最丑恶的遗产。

25 欧洲殖民者是如何进入非洲内陆的?

西方殖民者深入非洲内地的"地理考察"活动是从 18 世纪 60 年代末开始的。最先从事这项活动的是英国。英国的活动引起法、德、意、葡、俄、美等国的注意,这些国家也相继派人前往内地。在百余年时间内,欧洲人几乎走遍非洲各地。他们的活动大致可分为 4 个地区,即东非和东北非、北非、西非、赤道以南非洲。

对于东非和东北部非洲的考察,主要是围绕着寻找尼罗河的发源地而展开的。最早探寻尼罗河源头的是一个英国人。1769 年他到达埃塞俄比亚,后在那里住了两年,找到青尼罗河的源头塔纳湖。19 世纪初,英、法、德、意等国相继派人深入东非和东北非内地考察,其中主要的有英国的索尔特和伯顿,德国的吕佩尔、克拉普夫和雷布曼,法国的里库尔、戈巴和阿纠迪。德国的克拉普夫和雷布曼发现了乞力马扎罗山,这一发现轰动整个欧洲,因为当时欧洲人一般不相信赤道附近会有雪山。后来他们又发现了肯尼亚山。英国人后来找到白尼罗河的发源地维多利亚湖(即非洲的尼扬扎湖)和阿伯特湖。

18 世纪前欧洲人对北非比较了解,但主要限于沿海地带。在非洲内地考察期间,进入北非内地的考察活动相当活跃。19 世纪开始,英、法、德、意等国接连派出考察人员进入北非内地活动。其中德国人纳赫提加尔考察了费赞、瓦达伊和达尔富尔等地,回国后写了《撒哈拉和苏丹》一书,为人们了解北非内地提供了宝贵的资料。

对西部非洲的考察是围绕着尼日尔河进行的。1790 年,非洲内地考察协会派人从冈比亚进入西非内地考察,结果并不如意。后来英国又改变路线几次派人前往尼日尔河地区考察,几经艰难,找到尼日尔河的出海口。至此,西方列强基本上掌握了尼日尔河流域和乍得湖地区的情况。法国人则把注意力集中在冈比亚河和塞内加尔河地区,1817—1818 年,莫利昂和博福尔考察了冈比亚河和塞内加尔河,找到了这两条河的源头。另外一个英国人海因希里·巴特在 1849 年随英国考察队考察,完成计划后,又独自返回,穿越撒哈拉沙漠,在西非内地考察 5 年,搜集和积累了大量第一手资料,为人们了解西非内地提供了重要依据。巴特考察活动的结束,标志着对西部非洲的考察已基本完成。

对赤道以南非洲内地的考察最早的是葡萄牙人。19 世纪初,葡萄牙人沿着贩奴路线,多次从安哥拉、莫桑比克的沿海深入内地考察,但这一活动不曾引起足够重视。后来,英、法、德等国相继派人对赤道以南非洲内地展开考察,这一过程中,英国的成就最大。主要是传教士利文斯顿和斯坦利。利文斯顿以行医、传教名义,得到当地人的帮助,从库鲁曼来到赞比西河上游,然后沿赞比西河上游前进,得到许多有用的资料。而斯坦利历时 3 年考察了刚果河地区,是西方国家第一个完成从刚果河源头到出海口航程的人。斯坦利的考察,为西方殖民者搜集了有关刚果河流域的大量地理资料。

西方列强对非洲内地的考察是他们进入非洲内地的前奏,考察的成果成为西方列强在非洲进行侵略扩张的工具。

26 非洲是如何被瓜分的？

　　但是伴随着欧洲列强地理考察的深入，非洲丰富的矿产资源也日益被欧洲列强开发出来。为了掠夺矿产和劳动力，各国利用大炮征服非洲居民。1879 年在南非，英国人利用大炮和骑兵，最终打败祖鲁人，并以武力镇压了巴苏陀人的反抗。于 1884 年，英国侵占了除布尔人国家以外的今南非土地。

　　而在北非，埃及人民为反抗英国的殖民政策，1789 年成立了第一个民族主义组织"祖国党"，在"埃及是埃及人的埃及"口号下，要求保卫民族独立。青年军官阿拉比领导埃及人民组成了民族政府，但是最终没有能够抵挡住英国的侵入，阿拉比等人被俘，多人被处死，阿拉比被英国政府流放到斯里兰卡。埃及成了英国的殖民地。而在此之前，英国人通过考察进入了埃及人控制的苏丹，到 19 世纪 70 年代，英国完全控制了苏丹。由于英国控制苏丹后的肆意掠夺，激起了苏丹著名的马赫迪反英大起义，并建立了马赫迪国，直到 1900 年被镇压。苏丹沦为英国的殖民地。

　　就在英国出兵侵占南非和埃及的同时，法国也加快在北非扩张的步伐，加快从阿尔及利亚沿海伸向内地抢占土地。但是引起阿尔及利亚人民的强烈反抗。1871 年，阿尔及利亚人民举行大规模的起义，驱逐法国殖民者，很快被法国镇压。之后法国又转向突尼斯，法国这一行为得到英国和德国支持，并与意大利发生冲突，而意大利也无力竞争。突尼斯国王的妥协，并没能阻止人民的反抗，在突尼斯中部爆发了人民起义，法国调集大批增援部队，经过几次大规模的激烈战斗，起义者伤亡惨重而失败。从此突尼斯就在"保护"形式下变成了法国的殖民地。

　　德国的俾斯麦政府在 1883 年以货币和旧枪支的代价从当地酋长手中换得西南非洲从奥兰治河到南纬 20 度的整个沿海地区。一年后，德国政府正式宣布整个西南非洲为德国的"保护地"。后由于英国的抗议，与英国达成分赃协定，规定以东经 12 度为两国殖民地的界限。

葡萄牙也从安哥拉和莫桑比克的沿海地区向内地扩张,但由于他没有足够的力量对新土地进行军事占领,到 1884 年,它在这两个地方能行使主权的仅限于罗安达、马普托等港口一带。

在西非地区,英国还在尼日尔河下游和塞拉利昂大肆进行扩张,用威逼利诱的手段,迫使这两个地区的酋长和国王签订"保护"条约。但在后来遭到醒悟过来的塞拉利昂部落的反击,使得英国迟迟不能进入内地。法国在西非的目标是抢占塞内加尔到乍得湖的整个地区。但遇到了萨摩里·杜尔建立的乌阿苏鲁国的坚决抵抗。最终在 1886 年,签订和约,以尼日尔河为法属领地和乌阿苏鲁国的界线。

英、法在西非的扩张,使德国眼红,从 19 世纪 70 年代末到 80 年代初,德国也开始到西非一带抢占土地。但当时德国事实上能占领的还只是少数几个沿海地方。

而对于刚果河地区的侵占,主要通过 1876 年的布鲁塞尔会议和 1884 年柏林会议,达成瓜分协议,比利时对刚果河流域大部分地区(相当于今天刚果民主共和国领土)拥有"主权"。法国对下刚果右岸拥有主权。其他国家享有在刚果盆地自由贸易和刚果河自由航行等权利。

这两次会议,特别是柏林会议,是进一步争夺非洲的新起点。

27 欧洲殖民者是如何统治非洲的?

西方列强在瓜分和侵占非洲的同时,便着手建立他们自己的殖民统治制度。到第一次世界大战前夕,这些殖民统治政治制度大体上都已经建立起来。虽然列强的殖民统治政治制度各有特点,在不同地方推行不同形式的殖民政治制度,但是有一个共同点,即它的最高决策和权力都在宗主国,都掌握在宗主国相应机构手中。英国早就设有管理殖民地事务的殖民部,但是瓜分和占领非洲的事务长期归外交部管辖。直到 20 世纪初,随着越来越多的非洲国家被实际占领,才逐渐转交殖民部管理。法国在 1894 年成立殖民部,但它只管辖法属西非、赤道非洲、法属索马里和马达加斯加;阿尔及利亚归内务部管;突尼斯和摩洛哥则为外务部管。德国 1907 年成立殖民部,管理德属非洲事务;意大利 1912 年成立殖民部,负责利比亚和厄立特里亚的事务,等等。总体来说,非洲人完全被剥夺主权。

在瓜分非洲的柏林会议之前,英、法、葡、西等国对所侵占的非洲领地都实行直接统治制度。这种统治制度的主要特征就是废黜非洲各国原有的统治者,抛弃原有的权力机构,在此基础上组建西方殖民者直接统治的政府机构。在直接统治区,殖民者基本上根据宗主国的法律条例来进行统治。

然而,对于在人数上比非洲人少得多的西方殖民者来说,突然要在比其本国领土大十数倍甚至数十倍的地方进行统治,并且要对付来自当地群众此起彼伏的抵抗斗争,这实在是个难题。于是,间接统治制度和保护国制度应运而生。

这种间接统治作为西方列强统治殖民地的一种方法和形式,此前英国人在印度推行过。间接统治政治制度实质上是在间接统治名义之下实行直接统治,一切被保留下来的土著首领不是独立的统治者,而是作为附属的统治者统治其人民,他们在行政、司法和税收上拥有的一点权利也是英国人赐予的。

由于间接统治制度不仅能节省西方列强在非洲殖民地的行政经费和人员,而且能分化非洲人民的反抗,因此这个制度得到推广。到第一次世界大战结束后,间接统治制度已在更多的地方得到推行。许多原来实行直接统治的地方也改为间接统治。

而保护国制度与间接统治相类似,也被西方殖民者在非洲广为采用。这些保护国的军事、外交、财政、司法等大权都由宗主国掌管,完全丧失了主权。所以,保护国制度与间接统治制度十分相似,两者的差异只是实行保护国制度的国家还保留着中央一级的政权,而在实行间接统治的地方,原来的统治者则变成了的地方一级的土著官员。不过,保护国保留下来的中央政权实际也是有名无实的。

西方列强在非洲建立的政权,不论采用何种形式,其本质都是维护宗主国垄断资本家利益而压迫和剥削非洲各族人民。当然,由于西方列强经济、政治情况的差异,殖民经历不一,其殖民政权也各有特点。

28 马赫迪大起义是怎么回事?

马赫迪全名为穆罕默德·阿赫迈德·伊本·赛义德·阿布达拉(约1840—1885年),栋古拉人,童年时起接受伊斯兰教教育,青年时以博学、虔诚著称,曾去科尔多凡省游历、传教,目睹英国殖民统治的残暴、腐朽以及人民的苦难、怨愤。

1881年6月,在白尼罗河的阿巴岛上,他向苏丹各地发布信函,宣称他就是众所期待的救世主马赫迪,将给充满压迫与谬误的世界带来公正与平等。根据伊斯兰教的经典《圣训》预言:他是世界末日来临前的一个有宗教领袖性质的人物,是穆斯林的领袖,他降临世间,根据神圣的教法治理乱世,伸张正义,铲除暴虐,整顿伊斯兰教内部的全部分歧,复兴伊斯兰教的信仰,开创新纪元。他号召恢复伊斯兰教的纯朴和正统,还提出"推翻异教徒"、"不交一文税"的口号。从而赢得了人民的爱戴和拥护,阿巴岛的群众纷纷参加起义的行列。

马赫迪在起义后,率领群众迅速转移到科尔多凡山区。以此为基地,积蓄力量,训练队伍,接连战胜前来讨伐的政府军,并于1883年1月攻占科尔多凡省首府欧拜依德城。英国以埃及政府名义,派遣前英国驻印度军官希克斯率军镇压。

希克斯与苏丹总督阿拉丁率军1万于1883年9月从白尼罗河上的杜怀姆出发,11月5日在欧拜依德南部的希甘地区遭到马赫迪军的伏击,全军覆没。希甘之役后,起义军声威大振。12月,达尔富尔省省长、奥地利人斯拉丁投降,赤道省省长、德国人施尼策尔退至中非地区,起义者直逼苏丹首府喀土穆。

1884年1月英国政府决定派戈登固守喀土穆,以便等待时机,卷土重来。3月,喀土穆与开罗间的联系中断,4月加扎勒河省省长勒普顿投降,5月起义军占领北部重要城市柏柏尔,1885年1月26日,马赫迪率军攻下喀土穆,击毙戈登。两天后,英援军被迫撤出苏丹。

经过4年的武装斗争,起义军已占领了苏丹的绝大部分土地,攻下喀土穆之后,以马赫迪为元首,建立起新的马赫迪派国家,设首都于恩图曼。在马赫迪之下,任命三大哈里发(继承人之意)。1885 年 6 月 22 日,马赫迪突然逝世。逝世前,他指定哈里发阿卜杜拉作为继承人。阿卜杜拉统治时期(1885—1899 年),对内粉碎哈里发沙里夫的夺权阴谋,清除政敌在各地的残余势力,集军政大权于一身;对外则坚决抵御外敌入侵。在国家连年战争、饥荒时疫频繁的情况下,捍卫民族独立达 13 年之久。

1896 年,使用新式武器的英国殖民军再次向苏丹发动进攻,在 1896 年 9 月的栋古拉战役和 1898 年 9 月的喀土穆战役中,起义者战败。阿卜杜拉率残部退守科尔多凡省,继续进行游击战,直至战死。

1899 年英国和埃及签订英埃共管苏丹的协定,苏丹再次丧失独立地位,马赫迪派教徒转入地下活动,成为秘密教派。

㉙ 埃塞俄比亚是如何保持独立的?

埃塞俄比亚帝国,是 1270 年到 1974 年期间,非洲东部的一个国家。是今日东非国家埃塞俄比亚的前身。埃塞俄比亚帝国是在帝国主义瓜分非洲浪潮中,与利比里亚并列的仅有的两个保持了独立地位的国家。直到二次大战后。和一般非洲国家不同,埃塞俄比亚在第二次世界大战被意大利入侵(1936—1941 年)之前,其古老的君主制度都一直保存下来,并未有受到殖民主义浪潮的吞噬。帝国于 1974 年被门格斯图推翻。

在 1869 年苏伊士运河通航后,红海沿岸的埃塞俄比亚的战略地位更显得重要,英、法、意、俄等国都想把埃塞俄比亚攫为己有,意大利更是如此。1887 年 1 月和 12 月,意大利与埃塞俄比亚进行了两次战争,均以意大利的失败而告结束。而英国此时利用苏丹马赫迪起义之机,挑起埃塞俄比亚与苏丹的战争,导致埃塞俄比亚大败,国王约翰四世身亡。

约翰四世身亡后,麦纳利克即位,因与苏丹战争的失败而地位不稳,有求于意大利,于 1889 年意大利诱使埃塞俄比亚与其签订《永久和平友好条约》(即《乌西阿利条约》)。这个条约划定了埃塞俄比亚与意属厄立特里亚的边界,把埃塞俄比亚北部一部分领土割让给意大利,作为意大利向埃塞俄比亚供应军火的报酬。但条约关键的一条是第 17 条,原文是"埃塞俄比亚万王之王皇帝陛下在与其他列强或政府发生交涉时,可以借助于意大利国王陛下政府",但意大利政府却在条约的意文文本中篡改文字,将"可以"改为"必须"。次年,意大利据此条文宣布埃塞俄比亚受其保护,即成为意大利的保护国。意大利的这种卑鄙行径引起了埃塞俄比亚的愤怒。麦纳利克宣布废止《乌西阿利条约》。意大利试图和解并诱使麦纳利克承认意大利对埃塞俄比亚的保护,但麦纳利克拒绝承认。意大利在得到英国支持后,对埃塞俄比亚发动突然袭击,并占领埃塞俄比亚的许多领土。

意大利的新一次进攻,激起了埃塞俄比亚全国人民的同仇敌忾。麦纳利克号召全国各阶层人民团结一致,保家卫国。全国人民热烈响应。利用有利地形,在阿拉吉山地和收复提格雷首府马卡累的战役中,两次获胜,大败意大利后,双方进行和谈。但由于意大利不能同意埃塞俄比亚恢复埃塞俄比亚与厄立特里亚之间边界线的要求,双方于 1896 年 3 月 1 日,在阿杜瓦展开决战。最终意大利惨败,不得不与埃塞俄比亚进行和谈,10 月份,双方在亚的斯亚贝巴签订和约,意大利承认"埃塞俄比亚作为一个主权国家是绝对独立的"。而且鉴于意大利以往的欺诈行为,和约文本仅以阿姆哈文本和法文文本为准。

这样在整个西方列强瓜分非洲的狂潮中,埃塞俄比亚是唯一以胜利的民族战争抵抗西方列强侵略,保住国家独立的国家。

30 埃塞俄比亚历史上第一位现代君主是谁?

提奥多尔二世,埃塞俄比亚皇帝(1855—1868 年),近代埃塞俄比亚统一国家的缔造者之一。原名卡萨,是埃塞俄比亚库阿尔族的封建主。他凭借武力,成为贡德尔和阿姆哈拉的统治者,后又击败提格雷的封建主,于 1853 年统一了埃塞俄比亚,1855 年 2 月 5 日加冕称帝,号提奥多尔二世。即位后采取一系列措施,实行改革。改革的内容有:镇压封建贵族的分裂主义行动,加强皇帝的权力,建立了中央集权制;建立纪律严明的军队；削减关税；加强皇帝对宗教的控制权等。

1855年征服了国内最后一个半独立王国绍阿，并将政治中心从偏于一隅的贡德尔迁到接近帝国中央的马格达拉。他改组军队，努力建立一支按欧洲模式装备、训练，靠国家税收维持的新常备军。他还减少阻碍贸易的国内关卡，禁止贩卖奴隶等。为了削弱过于强大的教会势力，他没收了部分教会土地，并对未没收的土地课税。提奥多尔二世还热心倡导学习欧洲的近代科学技术，尤其重视近代武器的制造，以求通过采用西方的先进技术来改变国家的落后面貌。但他的改革遭到殖民主义者和国内封建割据势力以及教会的敌视。同时，由于他急于事功，独断专行，在同反叛的封建主作战时常常纵兵烧杀，因而逐渐失去人民支持。1868年，英国借口领事被扣，派遣R.C.内皮尔率领侵略军远征埃塞俄比亚。同年4月13日，侵略军攻陷马格达拉，提奥多尔二世兵败自杀。

但他的改革促进了埃塞俄比亚经济的发展，增强了埃塞俄比亚的国力，开创了埃塞俄比亚历史发展的新时代。所以，提奥多尔二世也被尊为埃塞俄比亚历史上第一位"现代君主"。

31 埃及是如何取得独立的？

1914年第一次世界大战爆发后，英国在埃及先是颁布紧急状态法令，对埃及实行军事管制，随后又宣布对埃及实行"保护"，遂使埃及名副其实地成了英国殖民地。为了把整个埃及纳入英国的战争轨道，英国殖民者曾先后四次允诺战后让埃及独立。

然而，第一次世界大战结束后，英国殖民者拒绝履行大战期间许下的让埃及独立的诺言。这激起埃及人民的愤怒，迫使他们起来为民族独立而斗争。萨阿德·扎格卢勒作为民族独立运动的领袖，登上埃及政治舞台。

为加强反英斗争，为了表明自己有代表埃及人民的资格，扎格卢勒等人起草了一份"委托书"。"委托书"先交由原立法议会的大多数成员和一些埃及知名人士过目。在征得他们的赞许后，便在全国开展征集

"委托书"签名运动。仅短短数目,征集到的签名人数就逾 200 万。在征集签名的过程中,扎格卢勒意识到,在同英国人的斗争中不能光靠群众的热情和自发行动,还应该有一个能领导斗争的组织。于是,他便把征集签名活动的组织者和骨干人物组织起来,成立了"埃及代表团"。"代表团"在阿拉伯语中为"华夫脱",因而埃及现代史上称这个民族主义政党为华夫脱党。党的使命是"实现埃及的完全独立",并强调"和平的和合法的"斗争是争取独立的唯一斗争方式。扎格卢勒为党的主席。与此同时,扎格卢勒等七人组成代表团,准备前往伦敦。

1919 年 2 月华夫脱党在开罗召开群众大会,扎格卢勒慷慨陈词要求埃及独立。英国殖民当局见事态发展越来越严重,于 1919 年 3 月 8 日下令逮捕扎格卢勒等 4 位华夫脱党领袖,并在当夜将他们押送到马耳他岛囚禁。

这一消息传出后,埃及的反英怒火迅速蔓延到全国各省,从抗议示威游行到发展为起义,遭到英国殖民当局的残酷镇压。英国在残酷镇压起义者的同时,也考虑在镇压这次起义后如何防止类似事件再次发生。于是在 1919 年 4 月 8 日下令释放扎格卢勒等人,并表示愿意与其进行谈判。1919 年 12 月,扎格卢勒率领华夫脱党代表团前往伦敦,同以英国殖民大臣米尔纳为首的英国代表团进行谈判,但英国顽固坚持对埃及享有保护权,提出英国对埃及的外交、财政和司法继续拥有控制权,并认为只有在此前提下才能谈判埃及独立的可能性问题。第一次谈判以彻底破裂而告终。

1921 年,英国诱使埃及新上台首相阿德利到伦敦谈判,企图迫使他在英国政府拟定好的"英埃规约"上签字画押。根据这个规约,埃及被保护的地位依然没有变。阿德利不敢贸然签字。第二次伦敦谈判又告失败。

在英国出尔反尔,迟迟不让埃及独立的情况下,从 1921 年 12 月起,埃及人民的反英斗争又渐趋高涨,不少城市发生示威游行和罢工,有的还发生武装袭击英国殖民机构事件。为制止事态扩大,英国殖民当局一方面出动军警镇压,另一方面再次逮捕扎格卢勒等人,把他们押送到远离埃及的塞舌尔群岛囚禁。后来,他们又被转押到英国的直布罗陀要塞。

扎格卢勒等人再次被流放的消息传出后,埃及全国犹如一座火山再次喷发。英国政府意识到用武力阻止埃及的独立已行不通。1922年2月28日,英国宣布放弃对埃及的保护权,承认埃及是独立的国家。

1922年3月16日,埃及正式宣布独立。扎格卢勒出任独立后的第一任首相,组成了第一届华夫脱党政府。但是1922年,埃及的独立是不完整的。因为英国承认埃及独立的同时,作了四点保留:一是为"维持埃及境内英帝国交通线的安全",英国有权继续驻守苏伊士运河地区;二是为"抵抗来自外国直接或间接的侵略或干涉",英国有权在埃及全境驻扎军队;三是英国有责任"保护"埃及境内的外国侨民;四是英国管理苏丹。这样英国实际上在埃及享受四项特权。

32 埃及是如何收回苏伊士运河主权的?

第二次世界大战结束后,埃及人民在欢庆胜利的同时,即展开了废除1936年的英埃条约和要求英军撤出埃及的斗争。在埃及人民的反抗下,英国被迫于1946年3月撤离开罗和亚历山大港,退到苏伊士运河区。随后英国和埃及就1936年英埃条约进行谈判,英国企图制定一个新的不平等条约来取代1936年的条约,以达到英国对埃及的军事占领长期化。而当时的埃及政府竟然同意签订允许英军驻留埃及的"议定书"。这一消息激起了埃及人民新一轮的抗议。

1948年第一次中东战争爆发后,参与战争的埃及人民认识到封建王朝的腐朽,特别是以纳赛尔为首的爱国青年军官组成的"自由军官组织",决心用武力推翻埃及法鲁克封建王朝的统治。

1952年7月,纳赛尔为首的自由军官组织发动起义,很快控制了开罗,法鲁克国王退位并带领家眷永远离开了埃及。这就是埃及历史上的七月革命。

七月革命后,以纳赛尔为首的革命委员会于1953年6月18日正式宣告埃及共和国成立。随后,迫使英国就苏伊士运河区的军事基地和撤离英军问题进行谈判。英国同意废除即将到期的英埃条约,签订了"关于苏伊士运河区军事基地的协定"。1956年6月18日,最后一批英军离开了埃及的领土。

1956年6月,埃及通过新宪法,纳赛尔当选为共和国总统。7月,纳赛尔宣布了《共和国总统关于国际苏伊士运河公司国有化的命令》,将苏伊士运河收归国有。

英法为重新控制苏伊士运河,策划召开对运河实施"国际管制"的会议。1956年8月16日,在英法倡议下,22个国家在伦敦举行会议,但未能达成任何协议。9月19日,美、英、法召集18国再次在伦敦举行会议,讨论建立"苏伊士运河使用协会"问题,仍未达成协议。9月30日,英法将苏伊士运河问题提交联合国安理会讨论,10月13日,安理会否决了英、法要求埃及接受"国际管理"制度提案。

在这种情况下,英法决定采取武力来解决问题。法国首先提出邀请以色列加入。而对以色列来说,早在1955年11月就制定了一个入侵加沙地带和西奈半岛的作战计划,所以,两者是一拍即合。1956年10月13日,法以商定了作战计划,14日,英法又在艾登的乡村举行了秘密会议,制定了作战计划。

正当埃及军队在西奈抵挡以军,大批埃军由运河开进西奈并准备大规模反击的时候。英法两国借口保护运河航运,向埃及发出"最后通牒",要求埃以双方停火,并允许英法军队进驻运河区,否则派兵干涉。纳赛尔则在当天深夜加以拒绝,并命令尼罗河流域和苏伊士运河区的防空部队进入戒备状态,命令阿密尔在英法军队进攻时撤退西奈半岛,保卫苏伊士运河。英法联军出动飞机和舰艇袭击埃及空军基地和港口,掌握了制空权和制海权,并使拥有250余架作战飞机的埃及空军遭到毁灭性打击。

英法和以色列的行为受到国际社会的强烈谴责。在埃及军民坚决反抗和国际社会强大舆论压力下,英、法被迫在11月7日宣布停火,11月22日撤出全部军队。

从此,苏伊士运河重新回到埃及人民的手中。

㉝ 第二次世界大战对非洲有什么影响？

第二次世界大战成为非洲从受奴役走向独立的契机,这与非洲在二战中的地位是分不开的。由德、意、日轴心国发动的第二次世界大战,其目的不是在于消灭一个民族,一个国家,而是要称霸整个世界,所以非洲也就成为了他们一个重要目标。非洲是个物产丰富的世界第二大陆,是东西方战略要地。欧洲和亚洲是轴心国的首要目标,然而要巩固三国在欧亚两洲的地位,还必须夺取非洲。因为轴心国只有占领整个东半球,才可以集中力量进攻西半球,最后才能称霸世界。正因为如此,在大战中轴心国力图占领非洲,有数十万军队在非洲活动,非洲成为第二次世界大战的重要战场之一。

二战期间非洲地区的军事行动主要在北非和东北非,为了抵抗法西斯侵略者,成千上万的非洲人或应征入伍,或自动组织武装,在各地进行英勇艰苦的斗争。上百万的非洲民工从事后勤运输和建筑军事工程。

1942 年 11 月,英美联军在马格里布登陆后,一支 30 万人的阿尔及利亚军队很快就建立起来。但是,由于殖民制度和种族歧视,宗主国一方面竭力增加军队里非洲人的人数,对广大居民实行军事训练,另一方面又极端害怕非洲人学会现代战争后,倒转过来反对殖民统治,因此竭力不让非洲居民学习和掌握需要的技术工作,不让他们参加技术部队和炮兵,对他们加以多方限制。而且非洲战事结束后,有四五十万的非洲健儿被派往欧洲和亚洲,在意大利、法国、德国、缅甸、马来西亚等战场上同法西斯军队作战,有数十万民工在这些地区从事军事工程建筑和后勤运输。

二战对非洲影响最大的是工业方面。由于军事需要所用的燃料和动力的增大,非洲的燃料动力工业基地有所扩大,加工工业在大多数地区都有所发展,产量大大增加,但总体来说,因为非洲本质上是欧洲列强的附庸,所以发展依然不足。而农业在战时却是衰落了。这是因为殖民者在大战期间对非洲本地居民加紧掠夺,借口战争需要,大量强占土地,加紧强迫劳动,压低农产品收购价格等,使整个农业生产遭到严重的摧残。而为了运输物资,非洲的交通运输在战时得到了极大的发展,特别是陆地交通的发展,引起非洲各部族之间的联系,为此后非洲本地经济的发展创造了有利的条件。

总体来说,二战期间,非洲发生了违反列强愿望的重大变化,一种新的政治力量在非洲兴起,为战后非洲的独立运动提供了契机。第二次世界大战成了非洲各族人民争取独立运动的新起点。

34 二战后阿尔及利亚是如何独立的?

19世纪中叶,法国征服了阿尔及利亚,将其变成原料基地和战略大后方。二战期间,为了与轴心国作战,法国曾向阿尔及利亚人许诺,只要帮助法国赢得战争胜利,就允许其独立。二战结束后,法国如愿以偿地成为战胜国,但急于修补战争创伤的法国不仅没有履行承诺,反而变本加厉地压榨阿尔及利亚人民。

正所谓"哪里有压迫,哪里就有反抗",阿尔及利亚各地的爱国者在1954年3月秘密建立团结与行动革命委员会(开战后改名为民族解放阵线),建立游击武装,确定当年11月在法国殖民统治相对薄弱的君士坦丁省发动大起义,而后夺取战略要地奥雷斯山,再向全国发展。以本·贝拉、布迈丁为首的独立领袖以19世纪反法名将阿卜杜拉·卡德尔为榜样,并积极吸收曾在二战期间参加法军的阿尔及利亚老兵,与强大的敌人战斗。

1954年11月1日,拥有三四千人马的游击队战斗群突然对40余座法国殖民政府的警察局、宪兵队哨所、工厂和通信枢纽等展开袭击,尤其在奥雷斯山区,起义者迅速肃清了殖民据点,本·贝拉打出民族解放阵线和民族解放军的旗号,宣告民族解放战争正式打响。

阿尔及利亚突然爆发独立革命,使当时忙于从越南殖民地抽身的法国政府感到非常意外。随后,法国从本土和科西嘉岛紧急抽调7万大军和飞机、装甲车等重武器赶赴阿尔及利亚参战。

尽管法军的围剿异常凶残,但阿尔及利亚爱国者仍然掌握着主动权,民族解放军宣布把全国划分为 6 个军区,实施"全民抗战"。至 1955 年夏,阿尔及利亚民族解放军的人员规模发展到 1.5 万人,此外还有约 10 万人规模的"辅助支队"(类似于地方民兵,由同情和支持独立斗争的民众组成,一旦民族解放军和法军在他们的家乡发生交战,他们会自觉担负通信、补给、警戒等任务)。

随着战争持续的时间越来越长,法国国内民众对战争的厌恶日益加剧。1958 年 6 月 1 日,法国的二战英雄戴高乐复出重组新政府。他起初仍幻想用军事手段压服阿尔及利亚独立运动。当年底,法国在阿尔及利亚的驻军增至 80 万人,戴高乐试图用半年时间歼灭阿尔及利亚民族解放军的主要力量。可是,戴高乐并没有得到自己想要的结果。

在国际社会和阿拉伯世界的持续援助下,阿尔及利亚民族解放军的武器装备不断得到改善,同时法国占领区的示威、罢工等运动此起彼伏。1959 年 10 月,认清形势的戴高乐承认阿尔及利亚拥有自决权。1962 年 3 月,法国与阿尔及利亚共和国临时政府在法国东部埃维昂城签署协议,法国承认民族解放阵线为"合法新政治组织",阿尔及利亚人民可以通过投票决定是否独立。1962 年 7 月 1 日,阿尔及利亚人民举行表决投票,有 99.37% 的人赞成独立,7 月 3 日,阿尔及利亚宣布独立,9 月 25 日宣布国名为阿尔及利亚民主人民共和国。1963 年 9 月进行全民投票,选举本·贝拉为共和国首任总统。

㉟ 二战后撒哈拉以南非洲第一个独立的国家是哪一个?

在撒哈拉以南非洲,黄金海岸是二次世界大战后第一个取得独立的国家。黄金海岸赢得民族独立主要是依靠民族主义政党的领导,运用和平的方式,发动强有力的群众运动,在有利的国际条件配合下,迫使英国殖民者步步后退,最终赢得了民族独立,建立起民族国家。

二次大战期间,黄金海岸人民为反法西斯战争的胜利作出了重大贡献。除了为盟国部队提供许多军用物资外,还提供了约 7 万名士兵。但战争结束后,英国殖民当局答应战后改善人民群众的物质生活,扩大政治权利的诺言没有兑现。黄金海岸各阶层人民,尤其是工人、复员退伍军人和民族资产阶级纷纷行动,开展斗争。为缓和人民的反英情绪,当时正被印度、缅甸等亚洲国家人民的独立斗争搞得焦头烂额的英国,声称要在黄金海岸实施"宪法改革","给予非洲人权力"等。1946 年,英国总督伯恩斯抛出了一个新宪法(史称"伯恩斯宪法"),表示要给予非洲人权力,在立法会议的选举中增加非洲人的名额。但是,掌握实权的行政会议的成员仍然由英国派遣的官员担任。为抵制英国的新宪法,1947 年12 月黄金海岸民族主义者成立了"黄金海岸统一大会党"。并明确提出"在最短时间内给予黄金海岸自治"的要求。

由于统一大会党对英妥协,1948 年任统一大会党总书记的恩克鲁玛另立新党,并于 1949 年 6 月,在阿克拉召开群众大会,正式宣布以恩克鲁玛为首的"黄金海岸人民大会党"成立,提出要以"非暴力的积极行动","以一切合乎宪法的手段",为"立即实现完全的自治"而进行"无情的斗争"。人民大会党成立后,黄金海岸争取独立的斗争进入积极行动的阶段。

1950 年新年伊始,人民大会党发动了声势浩大的全国总罢工和抵制英国货运动,英国当局进行镇压,并逮捕了恩克鲁玛,但各地人民的斗争仍继续进行。

1951 年 2 月,人民大会党在黄金海岸举行的第一次大选中获得巨大胜利,在立法会议规定的由直接选举产生的 38 个议席中获得了 35 个议席,恩克鲁玛当选为议员。英国当局被迫释放了恩克鲁玛。

1954 年,恩克鲁玛提出对现行宪法的修改草案,要英国承认黄金海岸是"英邦联内的独立自主国家"。这一主张提出后得到全国人民的拥护,英国口头上也作出了承诺。

1956 年 8 月,黄金海岸立法会议通过决议,要求在"英联邦内独立"。9 月,英国被迫同意黄金海岸独立。1957 年 3 月 6 日,黄金海岸宣布独立,更名为加纳。1960 年,选举恩克鲁玛为总统。同年 7 月 1 日,正式宣布成立加纳共和国。

36 茅茅起义是怎么回事？

茅茅起义，又称茅茅运动，是 20 世纪 50 年代至 60 年代初肯尼亚人民反对英国殖民统治的武装斗争运动。也是 20 世纪非洲历史上最激烈的独立运动之一。

"茅茅"在吉库尤族语言中是双关语。一些"茅茅"起义参与者说，吉库尤人为夺回土地而秘密宣誓时，常派一些儿童在茅屋门外放哨，敌人一来，儿童就打暗语，发出"茅—茅—"（Mau—Mau）的呼喊声，以作警告，由此得名。

另一种解释是，"茅茅"是缩略语，起义者的口号是"欧洲人滚回欧洲去，让非洲人独立"。"茅茅"寓意"团结宣誓"，早就在肯尼亚各部族中流行。

第二次世界大战结束后，曾在英国军队中服役的肯尼亚人纷纷复员回国。这些受过反法西斯战争洗礼的士兵，具有一定的民族民主思想，利用传统宣誓的办法，开始组织茅茅。最初只有 2 000 多人。它提出的夺回土地、废除种族歧视、争取生存和独立的口号，很快就得到各地农民的响应，力量迅速壮大，宣誓参加的群众超过 100 万人，武装部队曾达到1.5 万人，以吉库尤人为主体。

1950 年 8 月，茅茅开始转入武装斗争。据斯塔夫里阿诺斯的《全球通史》称，除英国人外，"许多拒绝参加起义的吉库尤人也遭到了屠杀"。肯尼亚作家恩古吉歌颂该运动的小说《一粒麦种》中也略为提及这种现象。

茅茅运动的主要领导人都是肯尼亚非洲人联盟的成员。运动初期，他们与联盟保持着密切联系。

1952 年由于殖民当局加紧镇压，茅茅转移到山区，以肯尼亚山和阿伯德尔山为基地，开展游击战争。同年 8 月 16 日，非洲人联盟领导人肯雅塔秘密接见了运动领袖。10 月 20 日，英国殖民当局宣布进入紧急状态，逮捕了肯雅塔等人。肯雅塔否认自己是茅茅成员，但是他显然赞同茅茅的宗旨。他被判处六年有期徒刑。

1953年3月26日,茅茅战士偷袭了奈瓦沙警察所,缴获100支步枪。释放了被关押的250名无辜农民。6月,英国士兵开始扫荡那些他们认为有许多茅茅赞同者的地区。

1954年,英国殖民军向肯尼亚山区森林地带发动大规模扫荡,清除了大部分的农村茅茅,决定清扫内罗毕,他们认为这里是茅茅运动的中心。英国组织特攻队,根据从茅茅叛徒嘴里得到的情报,发动大规模的扫荡以消灭剩下茅茅。茅茅遭到重大伤亡。

1956年,茅茅的领导人基马蒂被杀害,运动逐步走向低潮。幸存的茅茅战士继续在山林坚持斗争。茅茅起义虽然失败了,但它却迫使英国将更多的政治权利交给肯尼亚人民。1961年,英国释放肯雅塔,肯雅塔成为肯尼亚的第一位总理。1963年12月12日肯尼亚完全独立。

肯尼亚独立后,政府同茅茅领导人就出山问题进行谈判。此后,大部分茅茅战士走出游击区,一些负责人还参加了独立后国家的恢复工作。

③7 什么是泛非运动?

泛非运动又称泛非主义,原是非洲和散居在世界其他地方的黑种人为反对种族歧视和殖民压迫,争取民族独立,而要求全世界黑种人实行大团结的民族主义运动。泛非运动起源于19世纪末美洲的非洲裔黑人之中。后来传播到欧洲和非洲,最后扎根于非洲。泛非运动成了非洲民族主义者反对殖民主义和种族主义的思想武器和政治工具。"非洲是非洲人的非洲",这是泛非运动扎根于非洲的基本纲领和主要宗旨。

泛非主义在其发展过程中内容不断充实,主要为:① 倡导非洲各国联合起来,摆脱殖民主义和帝国主义的控制,争取民族独立,以达到非洲由非洲人统治的目的;② 非洲国家在结束殖民统治后,应当在政治、经济和社会等方面实施改革,建立一个"泛非联邦"或"非洲合众国";③ 努力恢复和发展非洲的语言和文化。

15 世纪起,西方殖民主义者在非洲大陆掳掠黑人,贩往西印度群岛和美洲各地,使他们沦为奴隶。几个世纪以来,居住在西半球的非洲黑人后裔,备受种族歧视和殖民奴役之苦,他们要求种族平等,摆脱压迫,成立自治政府。1900 年 7 月在伦敦召开了第一次泛非会议,有 30 多位来自美国、西印度群岛和非洲的黑人知识分子参加,会议成为全世界黑人团结战斗的序幕,泛非主义作为一种政治思潮而产生。

早期的泛非主义杰出人物、美国黑人领袖和学者杜波依斯所领导的泛非大会运动,从 1919 年至 1927 年先后在巴黎、伦敦、里斯本和纽约召开了 4 次泛非大会。在历次大会上,代表们都强调非洲人在政治上应享有自治的权利。牙买加黑人领袖加维领导的"回到非洲去"运动,提出"非洲是非洲人的非洲"的口号,对非洲的民族觉醒起了积极作用。

第二次世界大战后,泛非主义和泛非运动发展迅速。1945 年 10 月由非洲人发起组织并领导召开了第 5 次泛非大会,大会通过的《告殖民地人民书》中提出:所有殖民地人民都享有掌握自己命运的权利,要从帝国主义的政治和经济控制下解放出来,有权选举自己的政府,为取得政权而斗争;并提出了"全世界一切殖民地和被压迫的人民联合起来"的口号。万隆会议之后,非洲的民族独立运动从北非经西非扩及全非。1958 年在加纳首都阿克拉召开了第 1 次非洲独立国家会议和第 1 次全非人民大会,标志着泛非主义同现实政治斗争密切结合,成为非洲人民争取非洲独立和统一的运动。

随着非洲独立国家的增多,泛非主义在非洲独立国家中的传播越来越广,逐步形成了卡萨布兰卡集团、蒙罗维亚集团和希拉柴维尔集团,并最终联合起来。1963 年非洲国家统一组织成立,促进了非洲人民的民族觉醒和团结反帝事业的发展。1974 年 6 月举行了第 6 次泛非大会。现代泛非主义主张全非人民联合起来,彻底清除外国统治和殖民统治;发扬非洲人民的文化,为人类的进步作出贡献;在经济、社会、政治各方面对非洲社会加以彻底改造。

38 二战后的非洲是如何走向联合的？

由于非洲各地区经济政治发展的不平衡,非洲民族国家取得独立自然有先有后。为了统一行动,有效地支持尚未独立的国家和地区人民的斗争,1963 年 5 月 20 日,31 个非洲独立国家元首、政府首脑和代表在亚的斯亚贝巴举行会议,宣告非洲统一组织成立,并把签署《非洲统一组织宪章》的 5 月 25 日定为"非洲解放日"。非洲统一组织成立后,把反殖、反帝、反霸、争取非洲的完全解放这一任务放在头等地位。一直到 80 年代末,几乎每届会议都把"非殖民化"、反对种族歧视和种族隔离列为会议的一项议程,并通过了相应的决议。从 1970 年第七届首脑会议起,历届首脑会议都接受未独立地区的各解放运动代表参加,改变他们以往列席会议的身份。

正是根据非统组织的历次决议,各成员国对殖民主义、帝国主义和白人种族主义的罪行采取一致谴责的立场,积极支持正在争取独立和解放的国家和人民,这就大大加快了整个非洲独立和解放的进程。到 1990 年,随着纳米比亚的独立,非洲独立国家已达到 52 个。1994 年 4 月,南非各族人民终于迎来了黎明的曙光,取得了废除种族隔离制度的胜利。

而且,非洲国家独立之初,面临的经济状况是极其严峻的。在非洲各族人民的斗争下,西方殖民国家虽然被迫交出政权,但是其垄断资本仍然控制着前非洲殖民地的银行、金融、商业、外贸、工矿、交通、农场和种植园等部门,掌握着新独立国家的经济命脉。长期不合理的殖民地经济结构所造成的社会恶果,并没有随着国家的独立而自动消失。非洲各国基本上都是农业国,但由于殖民者长期推行片面经济作物,而粮食不能自给。许多国家依靠进口粮食度日。再加上有的国家的独立是通过战争取得的,被破坏的国民经济亟待恢复。民族国家初期的经济困难还来自西方殖民者的报复性措施,他们被迫交出政权,但拒绝交出有关报表和资料,利用手中掌握的经济命脉多方刁难新生的民族国家政权。非洲人民就是在这种十分困难和不利的情况下开始建设自己的国家的。

1973 年,非洲统一组织第十届首脑会议通过了《关于合作、发展和经济独立的非洲宣言》,第一次提出非洲国家"集体自力更生"的方针。1979 年,第十六届非统组织首脑会议通过了《蒙罗维亚宣言》,提出了非洲国家加强经济合作的具体目标和措施。

进入 80 年代后,非洲国家加紧制订经济发展战略,加强各种形式的合作。非洲国家为经济的发展而实行的合作,不仅是由于有关国家地域相连、自然条件相似,而且是由于历史上有相同的遭遇,今天又面临着发展经济的同样任务,但彼此国力都很单薄,存在着明显的互补性。只有通过合作,非洲国家才能把分散的力量联合起来,共同开发和利用资源,加快经济发展的步伐,才能逐步摆脱对西方资本的依赖,加强同西方发达国家谈判和斗争的力量,从而为建立公平合理的国际经济秩序作出贡献。

39 非洲的"卡萨布兰卡"集团是如何形成的?

刚刚挣脱殖民枷锁的年轻国家难以把握前程,出现了彼此靠拢的趋势。非洲独立年前后,区域性合作成为热门,非洲出现 3 个国家集团,即 12 个法语非洲国家组成的"布拉柴维尔集团",加纳等 6 国组成的"卡萨布兰卡集团",利比里亚等 20 国组成的"蒙罗维亚集团"。它们都主张协调外交行动,进行区域性经济合作,但在非洲统一问题上存在原则分歧:"卡萨布兰卡集团"积极鼓吹非洲统一,"布拉柴维尔集团"主张慢慢来,"蒙罗维亚集团"认为非洲根本没有统一的必要。

1961 年 1 月,加纳、几内亚、马里、阿联(今埃及)、摩洛哥、阿尔及利亚等 6 国领导人在卡萨布兰卡举行会议,讨论非洲各国人民维护民族主权、消灭各种形式的殖民主义问题。通过了《卡萨布兰卡非洲宪章》,简称《非洲宪章》。宪章强调:与会各国决心促进非洲各地自由的胜利和实现团结一致;在国际事务中维护和巩固各国观点的一致和行动的统一,保障独立、主权和领土的完整;通过提供援助来解放仍然处于外国统治下的非洲领土,消除各种形式的殖民主义和新殖民主义;加强非洲国家间经济、社会和文化等方面的合作。他们主张奉行和平中立和不结盟的外交政策，主张在条件许可的情况下加速非洲统一进程。

⑩ 非洲统一组织是什么样的组织？

　　非洲统一组织简称非统组织。全非洲的国际政治组织。1963 年5 月 22—26 日，在埃塞俄比亚首都亚的斯亚贝巴举行的有 31 国参加的非洲独立国家首脑会议上通过了《非洲统一组织宪章》，宣告该组织成立。到 1990 年有 50 个成员国。

　　非统组织的宗旨是：促进非洲国家的统一与团结，协调并加强在政治、外交、经济、文教、卫生、科技、防务和安全等方面的合作；努力改善非洲人民的生活；保卫非洲国家的主权、领土完整与独立，从非洲根除一切形式的殖民主义；在对联合国宪章与世界人权宣言给予应有的尊重的情况下，促进国际合作。

　　非统组织的最高机构是国家和政府首脑会议，每年至少开会一次，讨论非洲各国共同关心的问题，以协调政策。部长理事会，由成员国的外长或政府指派的其他部长组成，负责筹备首脑会议和执行会议决定。秘书处是常设机构。该组织还设有解放委员会，调解、和解与仲裁委员会以及 3 个专门委员会等。总部设在亚的斯亚贝巴。

　　至 1990 年，非统组织共召开了 26 届首脑会议。1982 年因成员国在接纳西撒哈拉和乍得代表权问题上发生分歧未能举行。历届首脑会议的主要议题有：加速实现非洲的非殖民化，促进非洲的团结与合作，反对南非种族主义，反对外来势力干涉非洲国家事务，恢复与发展非洲经济，以及西撒哈拉问题、乍得问题、纳米比亚问题、南部非洲局势问题、非洲难民问题、中东问题等。1980 年 4 月的非统组织特别首脑会议，提出了逐步实现非洲经济一体化的长远目标。1987 年 11 月的非统组织特别首脑会议，呼吁国际社会帮助解决非洲债务问题。非统组织成立以来虽然道路曲折，历经挫折，但它在推动非洲的民族解放运动，维护非洲国家的独立和主权，促进非洲的团结合作和经济发展等方面做了大量工作，发挥了积极作用。

㊶ 非洲独立年是怎么回事?

"第二次世界大战"后,非洲独立浪潮首先兴起于北非。1952年,纳赛尔领导埃及自由军官组织发动政变,推翻英国控制的傀儡政权,建立了埃及共和国。1956年,纳赛尔总统宣布从英、法殖民者手中将苏伊士运河收归国有。1962年,阿尔及利亚赶走法兰西殖民者,赢得独立。

在北非独立运动的影响下,撒哈拉沙漠以南非洲的独立运动逐渐高涨。

1960年是"非洲独立年",这一年非洲有17个国家获得独立,它们是:喀麦隆、多哥、马达加斯加、刚果(利)(曾称扎伊尔,1997年改名为刚果民主共和国)、索马里、达荷美(现名贝宁)、尼日尔、上沃尔特(现名布基纳法索)、象牙海岸(现名科特迪瓦)、乍得、乌班吉沙立(现名中非)、刚果(布)、加蓬、塞内加尔、马里、毛里塔尼亚和尼日利亚。这样,到1960年,非洲的独立国家就达到26个,其面积约占非洲总面积的2/3,人口约占非洲总人口的3/4。帝国主义在非洲的殖民体系已面临着全面瓦解之势。

继1960年17个国家独立之后,1961年至1969年间整个非洲又有16个国家先后实现了独立。这些国家是:塞拉利昂(1961年4月27日)、坦噶尼喀(1961年12月9日)、卢旺达(1962年7月1日)、布隆迪(1962年7月1日)、阿尔及利亚(1962年7月5日)、乌干达(1962年10月9日)、桑给巴尔(1963年12月10日独立;1964年与坦噶尼喀联合成立坦桑尼亚联合共和国)、肯尼亚(1963年12月12日)、尼亚萨兰(1964年7月6日,独立后更名为马拉维)、北罗得西亚(1964年10月24日,独立后更名为赞比亚)、冈比亚(1965年2月18日)、贝专纳(1966年9月30日,独立后更名为博茨瓦纳)、巴苏陀兰(1966年10月4日,独立后更名为莱索托)、毛里求斯(1968年3月12日)、斯威士兰(1968年9月6日)和赤道几内亚(1968年10月12日)。至此,原来处于英国、法国、比利时、意大利、西班牙各殖民国家统治下的非洲殖民地和附属国基本上都赢得了独立。

只有葡萄牙和南部非洲的白人种族主义者仍顽固地坚持其殖民统治。

1990 年,纳米比亚共和国获得独立。纳米比亚为非洲最后独立的一个国家,它的独立标志着殖民时代的结束。

南非废除了种族隔离制度,欧洲殖民者奴役非洲几百年的历史结束了。

㊷ 现代君主——中非的博萨卡是如何覆灭的?

让·贝德尔·博卡萨,又称博卡萨一世或萨拉赫丁·阿迈德·博卡萨(1921—1996 年)是非洲的著名独裁者,曾靠政变推翻其堂弟大卫·达科之政权。后自立为皇帝,创建中非帝国。

博卡萨在 1939 年第二次世界大战爆发就去从军。博卡萨加入自由法国的军队,他在法军服役期间共获军功章 12 枚。

1959 年 12 月,博卡萨以法国政府军事援助团的身份回到中非共和国,于 1960 年负责创建中非共和国国家军队。1961 年,他升为上校。他离开法国陆军而加入中非共和国的军队,1964 年,博卡萨被任命为三军参谋长。

1976 年 9 月,博卡萨解散中非政府,并且以中非革命者委员会取代。1976 年 12 月 4 日,在黑非洲社会进化运动的会议上,博卡萨废除共和制而改为君主制,称为中非帝国。他拟定了帝国的宪法,改信天主教,并且于 1977 年 12 月 4 日加冕成"最高权威的帝王博卡萨一世"。博卡萨一世的完整职衔为"中非人民希望所继,国家政党黑非洲社会进化运动的领袖,中非帝国的皇帝"。

加冕礼在 1977 年 12 月 4 日举行。一场耗资巨大的皇帝加冕礼,不仅使国库虚空,还使国家欠了大量外债,中非帝国的国库储备只剩下了 5 万美元。

在 1979 年 1 月之前,法国依然全力支持博卡萨,可是却因接下来在班基的一场由暴动转变成大屠杀的事件而停止。在 4 月 17 日至 4 月 19 日之间,成群的学生孩童在抗议要穿政府规定而且非常昂贵的校服之后被逮捕。大约有一百名学生被杀害。

前总统大卫·达科得到法国的支持,并且在博卡萨于 1979 年 9 月 20 日前往利比亚而不在国内的时候,利用法国军队完成了一场成功的政变。

政变隔天上午,博卡萨随即派人向利比亚上校卡扎菲请求政治庇护。遭到拒绝后,他只能乘坐飞机来到法国,开始了长达 7 年的流亡生活。所幸科特迪瓦总统博瓦尼答应政治庇护博卡萨,不过条件是博卡萨不得参与任何与政治有关事宜。

中非法院于 1980 年 12 月 19 日经过 5 天的缺席审判后,判处博卡萨死刑。法庭发出一项逮捕博卡萨的国际通缉令,并下令没收他的全部财产。

1987 年 6 月 6 日被押回国内的博卡萨在首都班基法庭受审,被判处死刑。1988 年 2 月 29 日科林巴总统发布特赦令为他减刑,将死刑改为服终身苦役。

博卡萨于 1993 年获释,在 1996 年 11 月 3 日因心脏病死于法国,享年 75 岁。他过世时唯一的收入是由班基法国大使馆每三个月发放的法军上校退休金。

㊸ 独立后的非洲主要实行哪些政治制度?

非洲国家独立后,从政治体制来看,普遍实行共和体制。

非洲国家之所以普遍实行共和制,就内因而言,主要是因为有长期的部落酋长民主制的传统。从外部因素来看,一是受宗主国政治体制的影响,二是受国际潮流的影响。二战后,亚洲和欧洲许多国家人民开展了轰轰烈烈的民族革命和民主革命,推翻了外来压迫和国内的反动统治,普遍建立起民主共和国,原来这些国家的国王、君主和独裁者不是逃离海外,就是被人民正法。这对随后取得民族独立的非洲国家不能不产生重要影响。

除绝大多数国家采用共和制外,也有少数国家采用君主立宪制政体。这几个国家是摩洛哥、莱索托、斯威士兰和 1974 年之前的埃塞俄比亚。这一类国家里,人们绝对服从国王,还有个别国家独立后实行君主专制政体。其代表是中非。

但是,非洲自独立以来政局不稳,内阁动辄被推翻,是非洲许多国家面临的一个政治难题。据不完全统计,从 20 世纪 60 年代至 1997 年,非洲国家先后发生的军事政变 300 多次,其中成功的 80 多次。这一系列的政变中,有的是文官政府被推翻,有的是军政权被推翻,有的甚至是多党制后民选的总统被推翻。

而在撒哈拉以南地区的许多国家独立时普遍存在着二元化或双重性的政治结构,即现代政权结构与传统政治结构并存。在这样的国家,一方面有包括宪法和各种法令在内的一套法律制度,设有总统、议会、法院和军警等,在各级行政区域也有一系列相应的现代化政权结构。另一方面在基层还保存着建立在前资本主义经济、政治基础上的传统权力机构,即部落酋长制度。部落酋长制的弊端是十分明显的。它是非洲国家独立后产生地方主义和狭隘民族主义的重要因素。所以,不少有远见的非洲国家领导人和政治家在取得民族独立后,就把反对和铲除部落酋长制度、肃清部落主义看作是加强国家政权和执政党建设的一项重要任务。当然,在非洲要铲除部落酋长制度、肃清部落主义绝非易事。由于部落酋长制历史悠久,部落意识根深蒂固,多数非洲人都有深厚的部落观念,对部落的忠诚往往超过对民族和国家的忠诚。所以,铲除部落酋长制,肃清部落主义,仍是非洲国家巩固和发展的一项艰巨任务。

㊹ 西撒哈拉战争是怎么回事?

1885 年西班牙将布朗角到博贾多尔角一带划为它的保护地。1934 年,西撒哈拉沦为西班牙殖民地。1958 年西撒哈拉改为西班牙的海外省。1973 年 5 月,萨基亚阿姆拉和里奥德奥罗人民解放阵线(简称"西撒人阵"或波利萨里奥)宣布成立,决定通过武装斗争争取西撒哈拉独立。其邻国阿尔及利亚、摩洛哥和毛里塔尼亚反对西班牙对西撒哈拉的统治。1975 年 11 月 14 日,西班牙、摩洛哥、毛里塔尼亚签订《马德里协议》,规定西班牙于 1976 年 2 月 26 日撤离西撒哈拉,承认两国的领土所有权。

摩洛哥、毛里塔尼亚随即签订分治西撒哈拉协定,摩占领北部17万平方千米,毛占领南部 9 万多平方千米。阿尔及利亚谴责摩、毛瓜分西撒哈拉。

1976 年 2 月 27 日,西撒人阵宣布成立阿拉伯撒哈拉民主共和国(SADR)。摩、毛军队与得到阿尔及利亚支持的西撒人阵的武装力量不断发生冲突。1979 年 8 月,毛里塔尼亚同西撒人阵签订和平规定,放弃对西撒哈拉的领土要求,退出西撒战争,摩洛哥乘机占领了毛里塔尼亚退出的地区,与西撒人阵处于对立状态。非洲统一组织和联合国出面斡旋,但多年来一直没有达成一致。西撒哈拉问题一直得不到和平解决。

2011 年 7 月 19 日至 21 日,西撒哈拉问题第八次非正式会谈在美国纽约长岛举行,会谈结束后发表的公报说,西撒哈拉冲突双方摩洛哥和西撒哈拉人民解放阵线再次拒绝将对方提议作为未来谈判的唯一基础。

2012 年 3 月 11 日至 13 日,西撒哈拉问题非正式会谈在美国纽约长岛举行。联合国秘书长西撒哈拉问题特使克里斯托弗·罗斯在会谈结束后发表声明称,西撒哈拉冲突双方摩洛哥和西撒哈拉人民解放阵线仍拒绝将对方提议作为未来谈判的唯一基础。

西撒问题迟迟难以解决,不仅严重阻碍了摩洛哥的经济和社会发展,还对地区稳定与发展、区域一体化建设以及全球反恐形势构成不利影响。因摩洛哥与阿尔及利亚失和,阿拉伯马格里布联盟的建设陷入停顿;自 1984 年至今,摩洛哥因西撒问题始终游离于非洲联盟之外;在反恐战争中,摩洛哥、阿尔及利亚、西撒哈拉、毛里塔尼亚接壤地区由于得不到有效管理已成为恐怖组织策划袭击活动的重要据点。

45 刚果战争是怎么回事?

1908 年 11 月 15 日,比利时政府宣布对刚果行使直接控制权,刚果就正式沦为比利时的殖民地。

1960 年 6 月 30 日刚果获得独立,国名是刚果共和国。而比利时在刚果独立后还抱着军事特权不放。

1960 年 7 月 6 日,刚果治安部队发动了要求赶走比籍军官、改善待遇的兵变。这一行动迅速得到工人、警察的响应,斗争范围立即扩大到全国。比利时为了维护其殖民利益,决定进行武装镇压。1960 年 7 月 14 日,美国操纵联合国安理会通过关于向刚果共和国派遣联合国军的决议,联合国军的费用均由美国包办。

而在刚果联合政府内部,卢蒙巴和卡萨武布的权力斗争趋于尖锐化。1960 年 9 月 5 日,卡萨武布宣布解除卢蒙巴的总理职务,任命伊利奥(参议院议长)另组内阁。卢蒙巴得到议会和士兵的支持,针锋相对地下令解除卡萨武布的总统职务。双方各不相让,从而形成两个政府对峙的局面。9 月 14 日,陆军参谋长蒙博托上校(原属卢蒙巴派),发动军事政变,宣布陆军接管政权,停止议会和两个政府的活动,成立一个"专员委员会"来治理刚果。联合国军以保护为名软禁了卢蒙巴。1961 年 1 月,卢蒙巴被解送到他的政敌冲伯手中,不久遭杀害。

1960 年 12 月,副总理基赞加宣布代行总理职务,并逃往斯坦利维尔(现称基桑加尼)成立新的合法政府。1961 年 8 月,在美国的操纵下,卡萨武布掌握的政权得到蒙博托的支持,成立以阿杜拉为总理、基赞加为副总理、卡萨武布仍为总统的政府,这样,基赞加领导的合法政府就被瓦解了。

1962 年 1 月,卡萨武布政府军和联合国军攻下了斯坦利维尔,解散了拥护基赞加的军队的武装并将基赞加投入监狱。同年 12 月,在美国的支持下,联合国军打败了由比、英、法等国支持的盘踞在加丹加省的冲伯军队,冲伯逃到国外,美国实现了完全控制刚果的目的。

1964 年,随着联合国军预定的撤军日期的接近,在刚果的部分地区又爆发了新的部族战争和反对美国控制下的政府的武装起义,反政府武装有一个时期控制了东北地区。1964 年 6 月,联合国军撤出刚果,7 月,美国又召回冲伯代替阿杜拉任总理。8 月,冲伯集团颁布新宪法,改名为刚果民主共和国。冲伯一面强调"全国和解",一面加紧对反政府武装的镇压。但反政府军势力很大,8 月 4 日,攻陷了斯坦利维尔。冲伯急忙向埃塞俄比亚、利比里亚、尼日利亚等国求援,要求派军队给予援助,但遭到拒绝。于是,冲伯就雇佣白人雇佣军帮助政府军来镇压反政府武装力量。为了挽救冲伯集团的命运,美国于 11 月空运比利时伞兵部队进攻斯坦利维尔地区。但美国的行为遭到了世界舆论的强烈谴责。

国家的持续动荡使统治集团内部斗争更加激烈。1965 年 10 月 13 日,卡萨武布逼冲伯下台,任命金巴组织新政府。11 月,陆军总司令蒙博托又一次发动政变,推翻卡萨武布,自任总统。蒙博托一上台,对反政府武装进行了极其严酷的镇压,全国分裂运动基本被扑灭。至此,5 年战乱才告结束,国内政局日趋稳定。1971 年 10 月 27 日,蒙博托宣布改国名为扎伊尔共和国。

46 埃及总统萨达特为何被刺杀身亡?

1952 年 7 月 23 日,纳赛尔领导的革命获得了成功,把埃及人民从英国人的统治下拯救了出来。萨达特则代表自由军官组织在广播电台发表了第一个声明,向埃及人民和全世界人民宣告,埃及从此获得了新生。"7·23"革命后,萨达特从一名普通军官一跃成了执政的"革命委员会"成员。

萨达特于 1956 年支持纳赛尔当选总统并于 1964 年至 1966 年和 1969 年至 1970 年任副总统。

1970 年 9 月 28 日,当纳赛尔总统逝世后,萨达特担任了埃及总统,开始了他的总统生涯。上任伊始,他便大刀阔斧地进行了一系列政治经济改革。

萨达特在外交方面采取一些极端出人意料的步骤,1972 年 7 月,萨达特下令驱逐苏联军事顾问和专家,宣布苏联在埃及领土上建立的一切设施和军事装备移交埃及管理使用。

1973 年 10 月,萨达特命令埃及军队渡过苏伊士运河,和叙利亚一起发动了第四次中东战争(又称十月战争),摧毁以色列的巴列夫防线,对以色列占领的西奈半岛发起进攻。埃及在这次战争中取得了胜利,但西奈半岛仍未收复。

1976 年,宣布废除埃苏《友好合作条约》,禁止苏联军舰使用亚历山大港。1977 年 11 月,萨达特亲自前往耶路撒冷同以色列总理贝京会晤,打开了埃以直接对话的渠道。同年 12 月,以色列总理贝京到埃及,同萨达特举行第二次会晤。1977 年,萨达特当选《时代》周刊年度人物。

1978 年 9 月,在美国总统卡特的斡旋下,萨达特同贝京在美国签订戴维营协议。1979 年 3 月,埃、以签订和约。1978 年,萨达特获诺贝尔和平奖。1980 年同以色列正式建交,结束了两国之间长达 30 年之久的战争状态,并收回西奈半岛百分之六十九的领土。

但是,萨达特的行动在阿拉伯世界却引起了一场激烈的斗争,他们认为萨达特背叛了伊斯兰世界,因此联合起来制裁埃及。埃及国内的反对势力也乘机开始活动,想推翻萨达特政府,并密谋暗杀萨达特。

1981 年 10 月 6 日,当萨达特总统出席在埃及首都开罗东郊举行的一次为庆祝埃及十月战争 8 周年而举行的盛大阅兵典礼时,四名假扮军人的宗教极端主义分子用冲锋枪向主席台进行了疯狂扫射,萨达特当场遇难。就这样,这位埃及杰出的民主主义领导人,为了捍卫国家独立、维护国家主权而献出了宝贵的生命。萨达特总统的遗体被安放在纪念十月战争阵亡的无名战士纪念碑下。

㊼ 南非种族隔离制度是怎么终结的?

南非种族隔离制度,是 1948 年至 1994 年间南非共和国实行的一种种族隔离制度,是对白色人种和有色人种、欧洲人和非欧洲人等种族集团强制实行的分离。又译种族分隔、种族分离。

种族隔离大体可分为两种:① 人身隔离或制度隔离。是指在社会生活各领域,通过建立各个种族集团的平行机关或有色人种的专门部门所实行的分离。如禁止有色人种和白色人种同读一个学校,同住一个房间,同上一个教堂,同葬一个墓地等。② 地域隔离。对一定的种族集团在指定地域内实行的分离。如建立保留地、黑人区、犹太区等。两种隔离一般被结合并用。

南非的种族隔离制度是以 1913 年的"原住民土地法"作为开端的。

由于广泛的使用而被执政的南非国家党予以强化。接受差别待遇的黑人有 2 500 万人,印度人约有 90 万人;但是白人只有近 400 万人。南非共和国的政府说法是:"南非共和国是一个多种族国家,各民族的传统文化与习俗皆有所不同,言语也有所差别。让各民族各自发展,并不是种族隔离,而是各自发展。"但是明显的白人掌握政治经济的权力,有色人种成为廉价劳动力的来源;其中的黑人多在白人拥有的农场工作,但是只拿到白人十分之一的工资,而且工资通常无法养家;也有不少黑人失业。

种族隔离的法律分类以四种人为分类:白人、有色人种、印度人与黑人。其中的日本人与华人被视为与白人同等级。其内容包括如下:原住民土地法与"家园政策"——1971 年开始将居多数的黑人移居到南非共和国 13% 的边陲地带的十个"国"并给予自治权,目标是使其独立;移居的这些"国"的黑人会失去南非共和国的公民身份。但是这些"国"中白人仍然居有政治经济的优越地位。而且南非共和国从 1976 年到 1981 年扶植温达、希斯凯、川斯凯与波布纳等四个"国"独立,但没有被国际所承认。隔离设施法——公共场合的座位的使用以白人与非白人作为差别。集团地区法——以人种作为居住地区的限制;混种婚姻禁止法——禁止人种不同的男女结婚;背德法——对于恋爱行为的限制与惩罚;其他在医疗、宗教、就职等方面都作出相当的限制。

南非种族隔离制度防止了非白人族群(即使是居住在南非白人区)得到投票权或影响力,将他们的权益限制在遥远而从未访问过的家园。教育、医疗和其他公共服务有时被声称是平等隔离,即为白人和非白人提供同样的、但彼此分开的服务。这个制度被以法律方式执行。

1973 年 11 月 30 日联合国大会通过的《禁止并惩治种族隔离罪行国际公约》宣布:种族隔离违反国际法原则,特别是联合国宪章的宗旨和原则,对国际和平和安全构成严重的威胁,是危害人类的罪行。凡是有种族隔离行为的组织、机构或个人即为犯罪。缔约国承担义务,禁止、预防并惩治犯有这种罪行的人。

南非的种族隔离政策不但引发国内的反弹与抗争,更引发国际社会的攻击与经济制裁。1989 年戴克拉克担任南非总统后,便释放反对种族隔离政策而入狱的曼德拉,并且于 1990 年解除戒严。1991 年南非共和国废止人口登记法、原住民土地法与集团地区法,在法律上取消了种族隔离政策。1993 年,戴克拉克因对南非的民主贡献,与曼德拉一同获颁诺贝尔和平奖。1997 年 2 月 3 日(农历腊月廿六),南非永久宪法生效,结束了 300 多年的种族隔离制度。

48 曼德拉是个什么样的人物?

纳尔逊·罗利赫拉赫拉·曼德拉(1918—2013 年)出生于南非特兰斯凯,曾任非国大青年联盟全国书记、主席。于 1994 年至 1999 年间任南非总统,是南非首位黑人总统,被尊称为南非国父。

曼德拉是家族中唯一上过学的成员,小学启蒙教师给他取名纳尔逊。当曼德拉 9 岁的时候,他父亲死于肺结核。部落中的摄政王成为他的监护人,曼德拉于是就到离开父亲王宫不远的韦斯里安教会学校上课。曼德拉用了两年完成了惯常需要三年完成的初中学业。因为父亲的地位,他被指定为王朝的继任者。

1944 年参加主张非暴力斗争的南非非洲人国民大会(简称非国大),成为南非非国大青年联盟主席。

1948 年,由布尔人当政的南非国民党取得了大选的胜利,由于这个党派支持种族隔离政策,曼德拉开始积极地投身政治,他在 1952 年的非国大反抗运动和 1955 年的人民议会中起到了领导作用,这些运动的基础就是自由宪章。与此同时,曼德拉和他的律师所同事奥利弗坦波开设了曼德拉坦波律师事务所,为请不起辩护律师的黑人提供免费或者低价的法律咨询服务。1952 年年底,他成功地组织并领导了"蔑视不公正法令运动",赢得了全体黑人的尊敬。为此,南非当局曾两次发出不准他参加公众集会的禁令。

1960 年 3 月 21 日,南非军警在沙佩维尔向正在进行示威游行的五千名抗议示威者射击,惨案共导致了 69 人死亡,180 人受伤,曼德拉也被捕入狱,但是最后通过在法庭上为自己的辩护,而无罪释放。

1961 年,他领导罢工运动,抗议和抵制白人种族主义者成立的"南非共和国";此后转入地下武装斗争。曼德拉创建了非国大军事组织:"民族之矛",并任总司令。他曾秘密赴国外访问,并出席在亚的斯亚贝巴召开的反非自由运动大会,呼吁对南非实行经济制裁。

1962 年 8 月,在美国中情局的帮助之下,曼德拉被南非种族隔离政权逮捕入狱,当时政府以"煽动"罪和"非法越境"罪判处曼德拉 5 年监禁,自此,曼德拉开始了他长达 27 年多的"监狱生涯"。

1962 年 10 月 15 日,曼德拉被关押到比勒陀利亚地方监狱。1964 年 6 月,南非政府以"企图以暴力推翻政府"罪判处正在服刑的曼德拉终身监禁,当年他被转移到罗本岛上。1982 年,曼德拉离开了罗本岛,他被转移到波尔斯摩尔监狱。自此,曼德拉结束了自己在罗本岛长达 18 年的囚禁。他在这里也开辟了一片菜园,并且种了将近 900 株植物。

南非在实行种族隔离后期那段时间内,受到了国际社会的严厉制裁,这一切最终导致南非于 1990 年解除隔离,实现民族和解。

1990 年 2 月 10 日,南非总统德克勒克宣布无条件释放曼德拉,1990 年 2 月 11 日,在监狱中度过了 27 年的曼德拉终于重获自由。出狱当日,他前往了索韦托足球场,向 12 万人发表了他著名的"出狱演说"。1990 年 3 月,他被非国大全国执委任命为副主席、代行主席职务

1994 年 4 月,非国大在南非首次不分种族的大选中获胜。5 月 9 日,在南非首次的多种族大选结果揭晓后,曼德拉成为南非历史上首位黑人总统。

1997 年 12 月,曼德拉辞去非国大主席一职,并表示不再参加 1999 年 6 月的总统竞选。

2013 年 6 月 8 日,曼德拉因肺部感染复发被送往比勒陀利亚医院治疗。

2013 年 12 月 6 日(南非时间 5 日),曼德拉在约翰内斯堡住所去世,享年 95 岁。南非为曼德拉举行国葬,全国降半旗。

2013 年 12 月 15 日上午,曼德拉的国葬仪式在曼德拉儿时生活过的库努村隆重举行,具体地点是曼德拉的家族墓地。来自多个国家的领导人出席葬礼仪式并讲话,近 5000 名各界人士送曼德拉最后一程。

49 卢旺达的种族灭绝是怎么回事?

卢旺达种族大屠杀,又称卢旺达内战,发生于 1994 年 4 月 7 日至 1994 年 6 月中旬,是胡图族对图西族及胡图族温和派有组织的种族灭绝大屠杀,共造成 80 万至 100 万人死亡,死亡人数占当时世界总人口 1/5 000 以上。

1990 年,侨居在乌干达的图西族难民组织卢旺达爱国阵线与胡图族政府军爆发内战。在周边国家的调停和压力下,1993 年 8 月,卢旺达政府和爱国阵线在坦桑尼亚北部城市阿鲁沙签署旨在结束内战的和平协定。即将到来的和平令卢旺达政府高层中的极端势力感到恐惧,他们逐渐对朱韦纳尔·哈比亚利马纳总统感到不满,认为他在与爱国阵线的谈判中让步太多。

1994 年 4 月 6 日,载着卢旺达总统朱韦纳尔·哈比亚利马纳和布隆迪总统西普里安·恩塔里亚米拉的飞机在卢旺达首都基加利附近被击落,两位总统同时罹难。该事件立即在卢旺达全国范围内引发了胡图族人针对图西族人的血腥报复。7 日,由胡图族士兵组成的总统卫队杀害了卢旺达女总理、图西族人乌维林吉伊姆扎纳和 3 名部长。

在当地媒体和电台的煽动下,此后 3 个月里,先后约有 80 万至 100 万人惨死在胡图族士兵、民兵、平民的枪支、弯刀和削尖的木棒之下,绝大部分受害者是图西族人,也包括一些同情图西族的胡图族人,卢旺达全国 1/8 的人口消失,另外还有 25 万至 50 万卢旺达妇女和女孩遭到强奸。

同年 7 月,卢旺达爱国阵线与邻国乌干达的军队反攻进入卢旺达首都基加利,击败了胡图族政府。200 万胡图族人,其中一些屠杀参与者,由于害怕遭到图西族报复,逃到邻国布隆迪、坦桑尼亚、乌干达和扎伊尔(今刚果民主共和国)。数千人由于霍乱和痢疾死于难民营。

1994 年底,安理会决定设立卢旺达问题国际刑事法庭,起诉应对 1994 年 1 月 1 日至 1994 年 12 月 31 日期间在卢旺达境内的种族灭绝和其他严重违反国际人道主义法行为的责任者和应对这一期间邻国境内种族灭绝和这类犯罪违法行为负责的卢旺达公民。

法庭在审理过程中仔细审查了来自 50 多个国家的超过 160 名证人的证词,法庭程序和实际操作烦琐,加上案件本身的复杂性,使案件审理历时长达 10 年之久。

最终,尼拉马苏胡科面临 11 项种族屠杀指控,其中 7 项指控罪名成立。尼拉马苏胡科因犯有阴谋策划灭绝种族罪、危害人类罪(包括消灭罪、强奸、迫害)以及严重违反《日内瓦公约》及其附加议定书中的相关条款罪名被判处终身监禁。她的儿子阿尔塞纳·沙洛姆·纳塔霍巴利作为同案被告,因种族屠杀、种族灭绝、强奸、煽动强奸等罪名被判终身监禁。

1994 年的卢旺达内战和种族大屠杀,给卢旺达带来了巨大灾难,使这个原本贫困的国家雪上加霜,大批劳动力丧失,国家经济处于崩溃边缘。大屠杀还使这个国家的人口结构产生了很大的变化,全国 14 岁以下的儿童约占总人口的 40%,许多妇女成为寡妇,大量逃亡邻国的胡图族极端主义分子渗入邻近国家,给这些国家的安定带来负面影响。

50 艾滋病最早是在非洲出现的吗?

研究认为,艾滋病起源于非洲,后由移民带入美国。1981 年 6 月 5 日,美国疾病预防控制中心在《发病率与死亡率周刊》上登载了 5 例艾滋病病人的病例报告,这是世界上第一次有关艾滋病的正式记载。1982 年,这种疾病被命名为"艾滋病"。不久以后,艾滋病迅速蔓延到各大洲。

艾滋病感染者要经过数年、甚至长达 10 年或更长的潜伏期后才会发展成艾滋病病人,因机体抵抗力极度下降会出现多种感染,如带状疱疹、口腔霉菌感染、肺结核,特殊病原微生物引起的肠炎、肺炎、脑炎、念珠菌、肺孢子虫等多种病原体引起的严重感染等,后期常常发生恶性肿瘤,并发生长期消耗,以至全身衰竭而死亡。

自 1981 年世界第一例艾滋病病毒感染者发现至今,短短几十年间,艾滋病在全球肆虐流行,已成为重大的公共卫生问题和社会问题,引起世界卫生组织及各国政府的高度重视。为号召全世界人民行动起来,团结一致共同对抗艾滋病,1988 年 1 月,世界卫生组织在伦敦召开了一个有 100 多个国家参加的"全球预防艾滋病"部长级高级会议,会上宣布每年的 12 月 1 日为"世界艾滋病日"。1996 年 1 月,联合国艾滋病规划署在日内瓦成立;1997 年联合国艾滋病规划署将"世界艾滋病日"更名为"世界艾滋病防治宣传运动",使艾滋病防治宣传贯穿全年。

　　虽然全世界众多医学研究人员付出了巨大的努力,但至今尚未研制出根治艾滋病的特效药物,也还没有可用于预防的有效疫苗。艾滋病已被我国列入乙类法定传染病,并被列为国境卫生监测传染病之一。

① 苏美尔人的祖先在哪里?

两河流域最早的文明是由苏美尔人创造的。两河流域地区是西亚的一个重要文明发源地。希腊语称之为"美索不达米亚",意即两河之间的地方。两河流域地区地势平坦,无险可阻,因此极易受到周围游牧部落的侵袭。活动于西亚地区的许多民族,曾先后进入这一地区。

苏美尔人并非当地的土著,约公元前 4500 年前后,他们才进入两河流域南部地区。苏美尔人来自何方? 这个问题至今仍是一个谜。不过有一点可以肯定,即他们的体质特征与周围的塞姆人截然不同。塞姆人的特点是长脸钩鼻,多须发,和今天的阿拉伯人很相似。苏美尔人的特点是圆颅直鼻,不留须发,在躯体形态上接近蒙古人种,这在古代西亚地区是非常独特的。

苏美尔文明可以追溯到公元前 4000 年到公元前 2000 年,苏美尔人是黄色人种,是历史上两河流域早期的定居民族,他们所建立的苏美尔文明是整个美索不达米亚文明中最早,同时也是全世界最早产生的文明。

大体以今日的巴格达城为界线,两河流域地区分为南北两个部分,北部称亚述,南部称巴比伦尼亚。巴比伦尼亚又划分为两个部分,北部叫阿卡德,南部叫苏美尔。

大约在公元前 3500 年前后,苏美尔人已在两河流域南部地区建立了许多城市国家。这些国家一般以一个城市为中心,加上周围的农村地区,规模不大,居民人数大多不超过四五万人。其中比较重要的有:乌尔、乌鲁克、乌玛、拉格什、启什、埃利多等。城市国家的首领称为"帕达西",是一种半宗教、半世俗的统治者,掌管着国家的行政、军事、宗教等事务,但其权力受长老会议和民众大会的限制,以后才逐步演变为国家的真正统治者。

为了争夺奴隶、土地及对河流、灌溉网的控制权,各城邦之间常常进行混战,一些国家先后称霸。公元前 2900 年左右,乌尔国王崭露头角,成为各城邦的霸主。到公元前 2500 年左右,拉格什王国势力转强,一度统一两河流域南部地区。但不久以后,拉格什的霸权又被乌玛所取代。乌玛的统治者卢伽尔扎吉西统治时期(约公元前 2373—前 2349 年),联合乌鲁克进犯拉格什,他们的军队毁灭神庙,洗劫城市,灭亡了拉伽什。以后,乌玛又继续兼并周围国家,先后征服乌鲁克、乌尔等国家,初步统一了苏美尔地区,但战争也削弱了苏美尔人的政治、军事实力。

关于苏美尔人的起源问题,史学界一直争论不休。有人认为他们是从东方山地来的,也有人认为他们来自两河流域北部草原和丘陵地区。20 世纪 50 年代考古学家在埃尔—欧贝德(乌鲁克附近)和埃里都地方发现比乌鲁克时代还要早的居住地。他们的物质文化与乌鲁克所发现的苏美尔文化有所差异,但却来自一个主流。还有一个说法来自苏美尔人自己的传说,他们最早的祖先在第尔蒙岛。所以现在基本都认定苏美尔人最早来自南部。

❷ 两河流域古文明传承者是今天的阿拉伯人吗?

两河是指今伊拉克东南部幼发拉底河和底格里斯河。也就是我们常说的四大文明发源地之一——两河流域的古文明的发源地。这一文明与其他三地区的古文明最大的不同之处就是它是一个"死了"的文明。就是说在近现代考古发掘发现这一文明之前,当地伊斯兰文明的居住者(阿拉伯人)由于不是两河流域古代文明的直接继承者,也不知道这一文明的丰富内容,也无法继承和保存它的遗产,她是一个死亡和消失了的古老文明。因此,没有任何文献流传于当地知识界。

当时世界对于这一文明的了解仅限于旧约圣经和少数古典作家的片断的、有时变了形的描述。在希腊罗马的古典文明兴起后不久,三千年之久的两河流域文明就开始衰亡了。299年,罗马的皇帝塞维鲁从帕提亚手中夺取了两河流域,见到当时的巴比伦仅是废墟。此时,两河流域文明的灵魂"楔形文字"早已被希腊文和阿拉美亚文所取代,已无人能识了。

中世纪的欧洲,曾有一二个旅行学者对两河流域的独寂的土丘发生过兴趣。最早的一个是西班牙的犹太教士图戴拉城的本杰明,他在书中写到,当他于1160—1173年在近东旅行时,曾看到亚述首都尼尼微的废丘在摩苏尔城的对面。17世纪以来,欧洲人开始感兴趣地注视这些废丘。意大利人彼得罗·代拉·瓦勒在1625年发表了他亲临两河流域的游记。他不但认出了希拉镇北60公里的巴比伦城遗址,而且在巴比伦和乌尔丘上发现了楔形文字铭文砖并带回了欧洲。当然,当时无人能识这种文字。1700年,英国人汤姆斯·黑德将其定名为"楔形文字"。

大规模的发掘是从1843年的法国驻摩苏尔领事保罗·埃米勒·鲍塔挖掘霍尔萨巴德开始的,是他第一次发现了一个亚述人的城市(萨尔贡堡)并挖出其宏伟王宫中的巨型石兽、浮雕石板、铭文和其他古物。紧随其后,1845年,英国的亨瑞·莱亚德发掘了另两个亚述首都尼木缛德和尼尼微被埋的宫殿,同样大有收获。1849—1854年,他和罗林森先后在尼尼微挖掘出土了大量的泥板文书。1877年法国驻南方巴士拉城的领事厄馁斯特·德萨尔宅克在泰罗丘得到了几个石像。于是,第一个苏美尔人的城市(吉尔苏)重见天日。

1843—1877年法英两国人在两河流域30多年的频繁挖掘使世界突然发现了这里与希腊和埃及的古代遗址一样存在很多古代财富、艺术品和文献。于是两河流域被承认和希腊、埃及一样是个曾经繁荣兴旺但毁灭后被世界遗忘了的现又重新发现了的文明。

虽然我们现在对两河流域文明有了较深刻和准确的了解,两河流域的考古发掘和文明研究的工作仍在不断前进。从陶鲁斯山到波斯湾,仍有6 000多个遗址丘等待着各国考古工作者和文献研究者发掘。

❸ 楔形文字究竟是怎样起源和没落的？ ▾

楔形文字究竟是怎样起源的一直是人类文化史上的未解之谜。这个问题，争论了近两世纪。长期以来有下列两种观点盛行。

传统的考古学家和历史学家认为，楔形文字起源于美索不达米亚特殊的渔猎生活方式。这是较为通行的看法，西方的各种百科全书大都持这一观点。

也有学者持不同见解，认为楔形文字的起源与古代苏美尔地区发达的社会组织有密切关系，苏联科学院编的《世界通史》就持这一观点。

考古发现已经证实，在古代美索不达米亚，最初的文字外观形象并不像楔形，而只是一些平面图画。显然，被后世称为楔形文字的美索不达米亚古文字，正是起源于图画式象形文字。考古学家曾在乌鲁克古城发现了刻有这种象形符号的泥版文书，经考证时间是公元前 3200 年左右。这是世界上最早的文字记载。这种文字写法简单，表达直观。

随着社会的发展，人们交往的增多，要表达的事物愈来愈复杂、抽象，原始的图形越来越不适应人们的需要。于是，苏美尔人对文字进行了改造。一方面是简化图形，往往用部分来代表整体；另一方面增加了符号的意义。这样，象形文字就发展成表意文字，即符号意义不直接由图形表达而是由图形引申出来。

公元前 2500 年左右，苏美尔地区的这种文字体系达到了充分发展的阶段。楔形符号共有 500 种左右，其中有许多具有多重含义，这就使得楔形文字体系比后来的字母文字体系要难以掌握得多。尽管如此，在两千年间楔形文字一直是美索不达米亚唯一的文字体系。

楔形文字传播的地区主要在西亚和西南亚。在巴比伦和亚述人统治时期，楔形文字有更大的发展，词汇更加扩大和完备，书法也更加精致、优美。随着文化的传播，两河流域其他民族也采用了这种文字。公元前 1500 年左右，苏美尔人发明的楔形文字已成为当时国家交往通用的文字体系，连埃及和两河流域各国外交往来的书信或订立条约时也都使用楔形文字。后来,伊朗高原的波斯人由于商业的发展,对美索不达米亚的楔形文字进行了改进,把它逐渐变成了字母文字。

直到希腊时代,由腓尼基商人在埃及象形文字基础上发明了腓尼基字母文字,从此字母文字走上历史舞台,逐渐成为西方主流。楔形文字在西亚流行的时间长达三千年,现今发现的最后一片楔形文字的泥板是公元75年的遗物,此后的楔形文字再也无人知晓。

直到十六世纪,意大利人瓦莱造访了希拉镇,他把这些废墟上的字体抄了下来。后来,他在今天伊拉克的古代遗址,又发现了刻在泥板上的这种字体,因此他断定这一定是古代西亚人的文字。瓦莱把他的发现带回了欧洲。他让欧洲人第一次知道了这样一种奇怪的文字。

④ 第一个称霸两河流域的是哪个城邦国家?

约公元前3000年代初期,两河流域的南部苏美尔地区形成了数以十计的城市国家。苏美尔各城邦在其发展中,为开掘疆土、掠夺奴隶和财富,经常发生争霸战争。约公元前3000年代中期,拉格什的历史进入乌尔基什王朝时期。这个王朝的第三代王安那吐姆统治时期,开始向外扩张势力,在诸城邦中称雄。

安那吐姆北征基什和更远的阿克沙克,西北征伐马里等地,东南则到埃及,号称苏美尔诸邦之霸者。考古发掘出来的重要历史文物"安那吐姆鹫碑"上的图案和铭文,反映了安那吐姆对外用兵的情景。

后来,拉格什还征服了乌鲁克、拉尔萨和埃利都,再度击败温玛的来侵,逐渐取得了霸主地位,安那吐姆也被称为"苏美尔诸邦之霸者"。到安那吐姆的继承者恩铁美那时期,还曾击退埃及人的侵袭,巩固了拉格什之霸主地位。但在恩铁美那之后,拉格什逐渐衰落。

到公元前3000年代中期后,拉格什因长期进行对外战争,加剧了城邦内部的社会分化和阶级斗争。到卢伽尔安达统治时(约公元前2384—前2378年)更为严重。在这种形势下,贵族出身的乌鲁卡基那在平民和下层祭司的支持下,推翻了卢伽尔安达的统治,取得了拉格什政权。

乌鲁卡基那在位七年，进行了一系列有利于平民的改革。这些改革措施打击了氏族贵族奴隶主的势力，满足了平民的某些要求，扩大了公民的一些权力。乌鲁卡基那改革是现在所知道的世界历史上最早的一次社会性改革。

但他的改革引起本国显贵和邻邦的敌视。公元前2371年，温玛和乌鲁克联军攻陷拉格什，推翻了乌鲁卡基那的统治，结束了拉格什的统治。

❺ 第一个统一两河流域的是哪个王国？

苏美尔的统一过程，大概分为三个阶段。首先是整个地区经过几百年的混战，形成南北两个军事联盟：一个是以乌尔-乌鲁克为霸主的南方同盟；一个是以基什为霸主的北方同盟。它们分别联合了南北各邦。第二个阶段是由温玛统治者卢伽扎萨西所进行的初步统一。他首先获得南方霸权，随后兴兵北上，征服基什，初步统一了苏美尔地区。卢伽扎萨西在胜利后所建立的是一种邦联性质的政治结构，和军事同盟相去不远，并没有建立起统一的国家，因而其统治并不稳定。就在他倾尽全力与其宿敌拉格什苦战、无暇他顾时，基什王萨尔贡（约公元前2369—约前2314年）乘机崛起，在苏美尔地区兴建阿卡德城作为他所建立的新国家的首都。这个国家，这个地区和建立这个国家的闪族人，后来都以该城之名而名。

萨尔贡建立阿卡德王国后，经过34次战争，征服了乌尔拉格什、乌鲁克、温玛等各苏美尔诸城邦，统一了南部两河流域。接着，又向东攻占埃兰（今伊朗库齐斯坦地方）、苏撒等地，向北攻占苏尔巴图王国（亚述），之后远达小亚细亚东部、叙利亚、阿拉伯东岸的一些地方，建立了第一个领土辽阔的楔形文字帝国。

整个苏美尔地区在萨尔贡的统治下，第一次统一起来。苏美尔城邦时期过去。古代西亚第一个中央集权的奴隶制大国——阿卡德王国出现了。

阿卡德王朝靠武力维持的帝国很难持久。在萨尔贡晚年曾两次爆发全国性的起义。萨尔贡的儿子里姆什统治时期（约公元前2313—前2305年），又爆发了农民起义。虽然统治者最后获得胜利，但保存下来的史实证明，有数千叛乱者被击毙或俘虏，说明起义的规模相当大。当在位37年的阿卡德王那腊姆辛（公元前2291—前2255年，阿卡德第四位王，萨尔贡之孙）死去后，帝国再次分裂。那腊姆辛的儿子沙尔卡里沙瑞（公元前2254—前2230年）维持住帝国的核心各城，但边远城邦都成功地获得独立。在这位效仿其父称神的"天子"25年统治结束时，苏美尔各邦也都成功摆脱了阿卡德人的宗主权。南方大邦乌鲁克兴起了它的第四个王朝，并被圣城尼普尔的祭司承认拥有全国的王权。然而这一王朝是很弱的，它的霸权仅限于南方一部分地区。在北方，阿卡德王朝仍苟延残喘，先后6个王在阿卡德城邦内统治。不久，东北山区的野蛮人库提人成功地攻入了两河流域中心地区，灭亡了阿卡德王朝，占领尼普尔，成为苏美尔和阿卡德的临时主人。

⑥ 乌尔第三王朝是苏美尔人最后的王朝吗？

两河流域历史大致划分为苏美尔早期王朝，阿卡德王国，苏美尔复兴时期，乌尔第三王朝，巴比伦王国几个阶段。在苏美尔早期王朝时，苏美尔地区城邦林立。从公元前2900年开始，苏美尔城邦进入一个"诸国争霸"的时代。比较大的城市有埃利都、基什、拉格什、乌鲁克、乌尔和尼普尔。

大概于公元前2500年前后进入两河流域。阿卡德人进入两河流域时，苏美尔城邦文明已经进入尾声，各城邦之间斗争异常激烈。阿卡德王萨尔贡真正统一了苏美尔地区，建立了君主制的集权国家，苏美尔城邦时代宣告结束。史称苏美尔－阿卡德时代。

阿卡德王国后期，中央集权已经趋于崩溃，蛮族库提人入侵、摧毁了阿卡德王国，但库提人的统治并不稳固，使得各苏美尔城邦得以短暂复兴。约公元前2150年，乌鲁克城邦的国王乌图赫加尔赶走了库提人，苏美尔人重获独立。此后,乌尔城的统治者经过长期征战,统一了苏美尔和阿卡德地区,建立了新的强大国家,史称乌尔第三王朝(公元前2118—前2007年),建立者是乌尔纳姆。他在位期间称霸美索不达米亚南部诸城邦,乌尔纳姆开始自称"苏美尔和阿卡德之王"。

乌尔第三王朝实行中央集权的统治,国王权力很大,不但统率部队,而且任命各级官吏,控制法庭,成为集军、政和司法权力于一身的专制君主。各城邦的帕达西已丧失独立性,成为从属于中央的地方官员。乌尔纳姆还颁布《乌尔纳姆法典》,为目前所知最早的法典,用楔形文字写成,它的某些片断直到今天仍然保存着。它的颁布标志着古代东方法已进入成文法阶段。

乌尔第三王朝时期,两河流域南部的经济继续得到发展,青铜器已得到广泛的使用,灌溉网进一步扩大,农业技术也有所改进,出现了牛牵引的犁。商品种类增多,商业活动也随之繁荣起来。

约公元前2006年,埃兰、古提人和苏巴里人联合击灭乌尔。乌尔自此再也没能成为政治中心,尽管"无足轻重"的伊什比伊拉在该城被毁不久还试图重建,但这个城市和导致它产生的文化并未真正消失。

乌尔第三王朝是苏美尔人最后的王朝,它的灭亡也宣告了苏美尔人在世界历史这块舞台上的谢场,在悠久的历史岁月里,苏美尔人的文明却传承下来,成为了古典文明的重要部分。

而苏美尔人生存过的遗迹,却被黄沙埋藏在了地下,人们寻找了几十个世纪都没有再找到它的任何踪迹。直到19世纪,古老的城垣才重见天日,往日的文明又再次呈现在人们的眼前。

7 古巴比伦王朝是如何兴衰的?

约公元前1894年,阿摩利人在两河流域建立起一个国家,以巴比伦城为首都,史称巴比伦第一王朝,又称古巴比伦王朝。巴比伦城位于两河流域的中部地区,幼发拉底河边上。巴比伦一词为"神之门"的意思。该城处于西亚的交通要道上,地理位置优越。

在古巴比伦王朝的第六代国王汉谟拉比统治时期(约公元前 1792—前 1750 年),两河流域再度被统一。汉谟拉比登位之初,两河流域还处于分裂状态,存在着玛里、拉尔萨、伊新等强敌。登位第六年,汉谟拉比联合北方的玛里,南方的拉尔萨,一举摧毁南部的敌邦伊新和鲁乌克。接着再度联合玛里,消灭南方的另一个邻邦拉尔萨。在强敌尽除的情况下,汉谟拉比又把矛头指向前盟邦玛里。约公元前 1758 年,玛里在巴比伦军的猛攻之下,最后投降。这样,经过 30 余年征战,汉谟拉比终于统一了两河流域。

统一完成后,汉谟拉比采取种种措施,巩固他的统治。他首先建立起一个强大的中央集权的政府,把行政、司法、军事等一切重要权力掌握在自己的手中。他还任命各级官吏,建立各级法庭,使国王的命令可以贯彻到最偏远的地方。他还建立了一支强大的军队,作为专制统治的基础。国家向士兵分配份地,以保证士兵的给养。份地可以继承,但不得买卖。国家严惩侵犯士兵份地和财产的人。这样就保证了士兵的经济地位,使他们甘于为国效力。

此外,汉谟拉比还大力兴建水利工程,加强灌溉网的建设。因为在干旱的西亚,水利是农业的命脉。现在的史料表明,汉谟拉比统治的第 8、9、24、33 年,都是开河渠、兴水利的年代。由于水利设施的兴建,许多地方得到了充足的水源,保证了农业的丰收,从而巩固了奴隶制政权的经济基础。

汉谟拉比最重要的贡献是制订法典。20 世纪初出土的这部法典共分序言、正文和结束语 3 个部分。正文共 282 条,内容包括诉讼程序、盗窃处置、土地租赁、高利贷与债务、婚姻家庭、遗产继承、伤害罪与赔偿,以及关于各类职业报酬与奴隶的种种规定,比较全面地反映了古巴比伦社会的真实状况,是我们研究、了解当时社会的重要史料。

汉谟拉比虽然用各种办法巩固他的统治,但由于内部矛盾的尖锐,在他死后不久,古巴比伦王朝就开始衰落。约公元前 1600 年前后,小亚细亚的赫梯人入侵两河流域。不久,巴比伦城被占领,古巴比伦王朝就此灭亡。但赫梯人不久退出,以后两河流域又出现了各族争夺的混乱局面。约公元前 1530 年,从东方而来的加喜特人占领巴比伦,统治这一地区约 300 年左右。但加喜特人是半农半牧的原始部落,文化比较落后,因此,他们统治时期是巴比伦尼亚经济文化衰落时期。

公元前 13 世纪末,加喜特人王朝灭亡,以后称霸两河流域的是亚述人。

⑧ 你知道史诗《吉尔伽美什》吗?

《吉尔伽美什》史诗是目前已知世界最古老的英雄史诗,是古代两河流域最优美出色的文学作品。是一部关于苏美尔三大英雄之一的吉尔迦美什的赞歌。史诗所述的历史时期据传大约在公元前 2700 年至公元前 2500 年之间,比已知最早的写成文字的文学作品早 200 到 400 年。

1845 年,一位英国考古学者在古代两河流域的亚述都城尼尼微(今伊拉克摩苏尔附近)发掘古迹,奇迹地发现了一座豪华的王宫。宫殿里设有一个宏大的图书馆,据记载,那是公元前 7 世纪亚述国王阿树尔巴纳帕尔下令建造的。图书馆里珍藏着他心爱的二万多块用楔形文字写的泥版书。后来,这些珍贵的藏书成了大英博物馆的陈列品。

19 世纪中叶,英法学者译读楔形文字成功。人们发现,流传千古的《吉尔伽美什》史诗就记载在其中的十二块泥版上。虽然这是一部残缺了近 1/3 的作品,但从余下的 2000 多行诗中,我们还是能够感受到苏美尔人对他们伟大英雄的崇拜赞美之情。

《吉尔伽美什》史诗围绕乌鲁克国王吉尔伽美什和他的朋友,半人半兽的恩奇都,之间的友谊故事展开。大致可分为四个部分。

第一部分讲述了半人半神的吉尔伽美什是乌鲁克的君主,但暴虐无度。他的人民只能求助于诸神。创造女神阿鲁鲁便制造了恩奇都,来到乌鲁克与吉尔伽美什大战一场,英雄相惜,结为好友。

第二部分讲述了吉尔伽美什和恩奇都在日神沙马什帮助下打败衫树林怪兽洪巴巴。女神伊丝塔为吉尔伽美什的魅力所倾倒向他求爱被拒绝,于是以死威胁其父神安努派出带来旱灾的天牛下凡复仇,被两人杀死。吉尔伽美什和恩奇都成为众人拥戴的英雄。

第三部分讲述了恩奇都梦见他因为杀死洪巴巴和天牛被众神惩罚，病重而死。吉尔伽美什受到触动开始了艰难跋涉，向乌特纳比西丁——大洪水唯一生还者和永生者探索生死奥秘。他去海底得到了永生之草，但不幸被蛇偷吃。吉尔伽美什只得返回乌鲁克。

第四部分是吉尔伽美什通过沙马什创造的生死通道与恩奇都对话，恩奇都向他描述了死后世界的阴暗悲惨。他请求恩奇都把"大地的法则"告诉他，这才明白人不能永生。史诗中比较著名的一段内容是水神伊亚要用洪水毁灭人类的故事，被后人称作诺亚方舟的美索不达米亚版本。

吉尔迦美什是一个真实存在的历史人物，他的英雄业绩在人们长期的传颂中，像所有其他的英雄史诗一样，被赋予了神奇浪漫的色彩。人们在吉尔迦美什身上寄托了自己许多美好的情感和愿望，如美貌、力量、正义、勇敢、友情等。

⑨ 犹太人的祖先是希伯来人吗？

你知道"以色列人"的来历吗？这还得从上古时代的希伯来人说起。据《圣经》记载，希伯来人的先祖亚伯拉罕家族起源于苏美尔。他们是闪族语系塞姆人的一支，他们最早出现于美索不达米亚，居住在两河流域上游亚述地区的哈兰草原地带，游牧为生。

大致在公元前 2000 年初，由部落领袖亚伯拉罕率部南移进入迦南，即后来的巴勒斯坦，经常侵扰那里的农业部落和城市。因此，迦南人把这批游牧民族称之为"希伯来人"，意为"从河那边来的人"。后因避荒，亚伯拉罕的孙子雅各率部（或一部）向南渗入埃及尼罗河三角洲地区。亚伯拉罕的孙子雅各的后裔希伯来部落开始用雅各的别名称呼自己为"以色列人"。据《世纪》的记载，在雅各与一位天使角斗了整整一个通宵之后，他得到了"以色列"这一称号，意为"神的勇士"。《圣经》中记载了这则故事：天使对那位希伯来人说："你的名不要再叫雅各，要叫以色列，因为你与神与人较力，都得了胜。"

约于公元前 1500 年由部落领袖摩西率领所部离开埃及到了西奈半岛（这是位于埃及和迦南之间的一片沙漠地带），并说服他们崇奉雅赫维神，该神的名字后来被写作耶和华。

也正是在那时，所有希伯来人都成了以色列人，因为他们在摩西的劝说下相信，耶和华是亚伯拉罕、以撒和雅各的神，结果以色列的神也就成了他们全民族崇奉的神。

⑩ 犹太人最早居住在巴勒斯坦地区吗？

巴勒斯坦原先住着说塞姆语的迦南人和其他部族。后来有一支说塞姆语的游牧部族希伯来人，即后来所称的犹太人，从东边逐渐迁入巴勒斯坦，在与迦南人长期冲突后，逐渐混合杂居。其中以色列部落居住在北方，犹太部落居住在南方。

公元前 12 世纪至公元前 11 世纪这 200 年中，腓力斯丁人受到希腊人的攻击，渡海迁移到迦南来居住。希伯来人同腓力斯丁人进行了长期的激烈的战争。公元前 11 世纪，犹太王大卫统一犹太各部落，建立以色列·犹太王国。后来，赶走腓力斯丁人，又从迦南人手中夺取耶路撒冷，定为以色列·犹太王国的首都。从此，耶路撒冷成了以色列犹太人的圣城。

大卫死后，他的儿子所罗门即位。这时，以色列·犹太王国的实力进一步得到发展。从大卫时代开始在耶路撒冷锡安山上建造的豪华宫殿和耶和华神庙，这时已经完成。犹太教徒把锡安山视为圣山，号召流散在世界各地的犹太人"集中在锡安山周围"。这就是"锡安主义"（意为"犹太复国主义"）一词的来源。

公元前 10 世纪，所罗门死后不久，以色列·犹太王国分裂。北部为以色列王国，建都撒马利亚；南部为犹太王国，仍旧以耶路撒冷为首都。公元前 722 年，亚述帝国国王萨尔贡二世攻陷了以色列王国首都撒马利亚，俘虏走 27000 多人，并把其他地区的居民迁移到以色列。存在了 200 年左右的以色列王国，便从历史上消失了。

　　面对亚述帝国的进攻，犹太王国的国王十分惊慌。于是，卑辞厚礼，以 24 吨黄金的代价，保住了国王的宝座，成为亚述帝国的附庸。这之后，希伯来人的王国就只剩下了 1 个犹太，于是，希伯来人也就被称为犹太人。犹太王国断断续续地存在到罗马人统治之初。其间也是多灾多难，古埃及、新巴比伦王国、波斯帝国、亚历山大帝国、西罗马都曾征服过它。尤其是新巴比伦王国国王尼布甲尼撒二世于公元前 597 和公元前 586 年，两次攻占耶路撒冷，灭亡了犹太王国。他下令把犹太人中所有的贵族、祭司、商贾、工匠一律作为俘虏，成群结队地押解到巴比伦城，只许一些极贫苦的人留在耶路撒冷，修理葡萄园，耕种田地。这就是犹太历史上的"巴比伦之囚"。

　　犹太人被掳到巴比伦之后，耶路撒冷成为一片废墟，四周的城墙被摧毁，圣殿和王宫被放火焚烧，城中所有金银铜器皿全都带到了巴比伦。几十年之后，波斯帝国居鲁士灭亡了新巴比伦王国，才把他们放回耶路撒冷重建家园。

　　公元前 63 年成为罗马的一个保护国。但犹太国家一直存在到 70 年。在此以前，犹太人曾掀起激烈的反抗斗争，受到罗马人的残酷镇压。在斗争失败以后，大批犹太人逐渐散布到罗马帝国的其他地区。

⑪ 犹太教是如何产生的？

　　希伯来民族是一个灾难深重的民族。他们多次遭受外敌入侵，数次国亡家破，任人宰割。这种残酷的现实使许多希伯来人幻想出现一位"救世主"，拯救希伯来人于水火之中。从公元前 8 世纪起，犹太人里产生一些"先知"，他们继摩西之后，说他们的部落神耶和华是宇宙唯一的"真神"。犹太国灭亡以后，许多犹太人要求有一个救世主的思想更为强烈。先知以西结迎合这种心理，就在巴比伦的犹太人中间秘密传播救世主的宗教思想。波斯灭新巴比伦以后，大批犹太人重返耶路撒冷，在波斯控制下建立起一个政教合一的神权国家。犹太教经过长期的酝酿最后形成自己的信条。该教信仰唯一的"真神"耶和华，认为他不仅是犹太人的神,而且也是世界各民族的神,但只有犹太人才是耶和华的特选子民,只有他们才能完成耶和华的救世之道。

犹太教的经典共 39 卷,是一部希伯来人古籍的汇编。它共分 3 个部分,即法律、先知书和圣志,其中包括希伯来人的历史、帝王纪、法律、神话、诗歌、先知的训诫等各种文献,具有重要的史料价值和艺术价值。这部书后来被基督教所接受,成为圣经的重要组成部分,称为"旧约全书"。

犹太教为基督教提供了许多历史背景材料。如它的圣诫、关于创世纪和洪水的故事,以及上帝是法律的制订者和最高审判者的概念等,这些概念通过基督教保存下来,直到今天仍对西方社会产生持久的影响。

⑫ 基督教产生于什么地方?

公元前 2 世纪,罗马势力开始入侵西亚,经过几十年的征战,先后占领小亚细亚、叙利亚、巴勒斯坦和北非的埃及等地。在以后几百年的时间里,这些地区长期遭受罗马的统治,基督教就是在罗马统治巴勒斯坦期间产生的。

公元前 64 年,庞培把犹太置为属国,受叙利亚总督节制。罗马统治犹太后,由于用各种手段掠夺当地人民,包括两次抢劫耶路撒冷神庙和它的宝藏,因此矛盾更加激化。不甘屈服的犹太人民曾多次发动起义,以反抗罗马人的统治。但在罗马优势兵力镇压下,起义先后失败,大批人被屠杀,幸存者则被卖为奴隶。

起义的不断被镇压,使一些被压迫者在残酷的现实面前感到无能为力,只好从宗教上寻找出路,他们把希望寄托在"救世主"的身上,希望这个"救世主"能把他们领出苦海。

基督教的创始人是耶稣。根据圣经的记载,耶稣是犹太伯利恒城人,他 30 岁开始传道,奔走于犹太各地,受到贫苦民众的广泛欢迎。他教人忍受苦难,认为一切受灾难的人死后会升入天堂,而富人进天堂比骆驼穿过针眼还难。他主张过一种简朴、自我克制的生活。他强调公正、仁爱和尽责这些品质,主张除敬爱和侍奉上帝之外,人的最高贵的职责就是爱人如己。他宣称自己就是犹太人的"救世主"和"王",但他的王国不属于这个世界,而是在死后的天国。他对犹太上层的奢侈生活和腐化,进行了尖锐的批评。

耶稣有不少追随者,其中最重要的门徒有 12 个人。耶稣活动和影响的日益扩大引起了犹太上层人士的敌视。他们逮捕了他并将其引渡给罗马人。约公元 29 年,耶稣被钉死在耶路撒冷城外一座小山的十字架上。

耶稣是否有其人,史学界历来有不同的看法。我们认为,耶稣应该是实有其人,当然那些神奇的传说乃是后人的附会,但不应该据此否认耶稣的存在。

耶稣死后,在保罗等人的努力下,基督教开始向欧洲传播,并逐步占领整个西方世界,成为西方文明的基本特征之一。

基督教诞生于亚洲。这一点常常被人们所忽视。它是亚洲人民对西方文明和整个世界文明的重大贡献。

⓭ 强大的亚述帝国是如何由盛转衰的?

公元前 3000 年代左右,阿卡德王国灭亡之后,在亚述形成了以亚述城为中心的国家,开始了早期亚述时期(约公元前 3000 年代末至 2000 年代中叶)。

公元前 16—前 15 世纪时,亚述曾分别隶属于当时的西亚强国米坦尼和统治南部两河流域的加喜特人。但从公元前 15 世纪末叶以后,亚述又强盛起来,进入中期亚述时期。当时的国际形势对亚述向外发展十分不利,但是,中期亚述时期的统治者们还是在寻找机会,扩大自己的实力,向外扩张。亚述不仅打败了两河流域南部的加喜特人,最后还战败了米坦尼,占有了它的全部国土。公元前 13 世纪初,亚述甚至威胁到赫梯的安全,使赫梯与自己争霸的对手埃及缔结和约。亚述还曾西进远征过腓尼基。但不久,由于受到阿拉美亚人入侵的打击,亚述被严重削弱。

从公元前 10 世纪末叶起,亚述经过两个多世纪连续不断的征服战争,建立起一个地跨西亚北非的奴隶制帝国,将两河流域南部和埃及这两大文明中心置于自己的统治之下,成为铁器时代的第一个帝国。

亚述帝国时期的对外征服开始于亚述那西尔帕二世统治时期(公元前 883—前 859 年),他征服了北部叙利亚。继他之后的沙尔马纳塞三世(公元前 839—前 824 年),同阿拉伯人、埃及人支持的南叙利亚同盟(包括以大马士革为首的叙利亚巴勒斯坦、腓尼基、西里西亚等十多个国家)进行了三次战争,终于确立了对整个叙利亚的领导权,并获得了对巴比伦尼亚地区的宗主权。

在提格拉特帕拉沙尔三世(公元前 745—前 727 年)时期,进行了军事改革,把亚述军队改造成一支战斗力很强的军队。正是凭借这支军队,公元前 743 年,他发动了对乌拉尔图的战争,不久又西攻叙利亚,于公元前 733 年消灭叙利亚军队的主力,次年攻占大马士革。亚述周围的一些小国,被迫向其纳贡。公元前 729 年,提格拉特帕拉沙尔三世吞并了巴比伦。他的继任者继续进行扩张。在萨尔贡二世统治时期(公元前 722—前 705 年),亚述又打败了以色列,镇压了得到埃及支持的叙利亚、腓尼基等地的起义。他还再次打败了乌拉尔图,并同米底王国进行战争,从而在东北方取得了巨大成功。

到公元前 7 世纪,亚述军队甚至还征服埃及,形成一个东接伊朗,西临地中海,南到埃及,北至高加索,囊括古代西亚和北非文明发达地区的大帝国。

亚述人用侵略和掠夺获取的大片土地并不巩固,各地人民纷纷起来反抗它的残酷统治。公元前 7 世纪,埃及摆脱亚述取得独立。公元前 626 年,巴比伦尼亚宣告独立,建立新巴比伦王国,并与伊朗高原西北部的米底人(同处于亚述帝国统治之下)结成同盟,于前 612 年攻陷亚述首都尼尼微,亚述帝国灭亡,其遗产被新巴比伦王国和米底王国瓜分。

14 新巴比伦王国是如何兴亡的?

公元前 7 世纪后半期,不可一世的亚述帝国处于内乱外患之中,逐渐走向衰落。公元前 630 年,居住在两河流域南部的迦勒底人,在领袖那波帕拉萨尔带领下,乘亚述帝国内乱之机,发动了反抗亚述统治的起义,并于公元前 626 年,建立了新巴比伦王国。他们与伊朗高原西北部的米底结成联盟,共同进攻亚述帝国,于公元前 612 年攻陷了亚述的都城尼尼微,灭亡了亚述。亚述灭亡后,它的北部领土归米底,南部归巴比伦,包括两河流域、叙利亚、巴勒斯坦。

新巴比伦最著名的国王是尼布甲尼撒二世(约公元前 604—前 562 年在位)。他多次发动对外战争,大大扩展了新巴比伦帝国的疆域。公元前 604 年到公元前 602 年,尼布甲尼撒二世对叙利亚和巴勒斯坦、腓尼基等地发动一系列进攻。为了控制叙利亚和巴勒斯坦,尼布甲尼撒二世还多次与埃及发生争夺战。

埃及法老普萨姆提克于公元前 590 年进占巴勒斯坦,使得尼布甲尼撒二世于公元前 587 年进军巴勒斯坦,包围耶路撒冷,在 18 个月后,耶路撒冷终于陷落。他将耶路撒冷全城洗劫一空,并将犹太国王及全城居民俘往巴比伦,史称"巴比伦之囚"。

此后,尼布甲尼撒下令攻打腓尼基城市推罗。巴比伦军对推罗的围攻长达 13 年之久,最后,推罗不得不投降。至此,新巴比伦帝国成为中东霸主,埃及亦放弃了侵略迦南地区的野心。

在东方,为防御米底,尼布甲尼撒二世修建了一座横跨两河流域平原的长城。此外,还大兴土木,修建了巴比伦城。在城墙建设方面,尼布甲尼撒二世将巴比伦城建成像堡垒般的城市,而且城墙宽阔至连马拉的战车亦可以在其上奔驰。巴比伦城被建设得宏伟壮丽。一百多年后,希腊历史学家,被称为"历史之父"的希罗多德来到巴比伦城时,称它为世界上最壮丽的城市。尼布甲尼撒二世为了其妻子(米底公主)的思乡之苦,为其建造了一个满是奇花异草,并用螺旋泵不断地从幼发拉底河里取水作灌溉的花园。这个花园远看起来就像位于天空中般,因此被称为"空中花园"。

尼布甲尼撒二世死后,国内政局立即动荡起来,6 年中 8 个国王被废,其中两个被杀。在东方,在居鲁士大帝的带领下,波斯帝国日益强大,他们征服了巴比伦附近的国家。公元前 538 年,波斯军队兵临巴比伦城下。一天夜里,居鲁士下令在幼发拉底河中修筑了一座水坝,把河水放到坝的一边去。他的军队从另一边放干水的河床中偷偷进入城里，未经交战就占领了巴比伦。据说,新巴比伦帝国的祭司在波斯王居鲁士二世进攻时做内应,放波斯军队入城,并让波斯人俘虏了国王。至此,存在了 88 年的新巴比伦帝国灭亡。

⑮ 赫梯国家是如何兴亡的?

　　赫梯兴起于安纳托利亚高原的东部。这里气候干燥,适于农耕的土地不多。因此,赫梯人主要依靠畜牧业为生。

　　赫梯最早的居民为哈梯人。他们操一种原始的赫梯语,和其他已知语种没有亲缘关系,他们很可能是当地的土著。约公元前 2000 年初,大批操印欧语系的部落进入赫梯地区,他们与当地居民逐渐融合,到公元前 19 世纪至公元前 18 世纪初,逐渐形成一些奴隶制的城邦。公元前 17 世纪,赫梯出现统一国家,并开始对外扩张,不久征服小亚细亚东部。公元前 6 世纪初,赫梯进军两河流域,攻占巴比伦城,古巴比伦帝国灭亡,便不久赫梯军退出。公元前 6 世纪后期,国王铁列平为保证政局稳定,杜绝贵族纷争,实行改革。当时赫梯尚残存以母系继承传位和兄终弟及的习俗。贵族们常常因争夺王位而发生流血冲突。铁列平的改革,先从王位继承制度入手,规定国王嫡长子的优先继承权,如无嫡男,则依次由庶子和嫡长女婿递补。同时还禁止王族间的残杀,若国王犯了残杀王族的罪行,也得由贵族会议依法审讯,甚至被处死。上述改革,对赫梯内部的稳定起了积极作用。

　　公元前 14 世纪,赫梯人开始使用铁,为人类历史上最早使用铁器的民族之一。依仗着铁制武器的威力,赫梯开始强盛。国王苏庇洛里乌玛统治时期(约前 15 世纪末到前 14 世纪),赫梯侵占邻国米坦尼(两河上游地区),并进军叙利亚和巴勒斯坦地区,从而和埃及发生冲突。约公元前 1312 年,赫梯与埃及新王朝的军队激战于奥伦特河的上游卡迭石,双方势均力敌,未分胜负。约公元前 1280 年(一说公元前 1296 年),双方缔和,叙利亚大部分土地归赫梯。自此,赫梯成为雄居西亚的强国。但时日不久。公元前13世纪末,海上民族从博斯普鲁斯海峡一线进攻赫梯,且小亚细亚和叙利亚各征服地区的群起反抗,不久,首都哈图沙被攻陷,赫梯帝国就此瓦解。帝国崩溃后,在帝国原版图上,还残剩下一些赫梯人的小国,到公元前8世纪,为亚述人所灭。

⑯ 腓尼基人是地中海的主要商人吗?

腓尼基是古代地中海世界东岸地区一系列小城邦的总称。腓尼基人是历史上一个古老的民族,自称为闪米特人,又称闪族人。生活在今天地中海东岸相当于今天的黎巴嫩和叙利亚沿海一带,他们曾经建立过一个高度文明的古代国家。

据说,"腓尼基"是古代希腊语,意思是"绛紫色的国度",原因是腓尼基人居住的地方特产是紫红色染料。

由于腓尼基人早已经消失在历史的烟波云海之中,有关他们的记载都出自曾经吃过腓尼基人苦头的希腊人和罗马人之手。所以,今天我们所知道的腓尼基人很不全面。

腓尼基人是怎样崛起的,来自何方,今天的人们一概不知。在今天能见到的史书上最早见到腓尼基人处,他们早已经是在地中海东岸被称作"腓尼基海岸"的土地上,他们在那里建立了许多繁华的商业城市。那时候,腓尼基人建立的最大的城市是推罗,有人考证说是今天黎巴嫩的苏尔。不过,腓尼基人并没有建立一个统一的国家,每个腓尼基城市都是一个国家,居民们推选自己的国王,崇敬自己的保护神。腓尼基人非常精明,由于背靠高耸的黎巴嫩山,他们只能向浩瀚的大海求生存,没有发展农业的条件,他们就发展了手工业和商业,他们是高明的手工业艺人,也是远走四方的商人。

随着商业的发达,腓尼基人在地中海沿岸建立了许多商站或殖民地,这些商站都成了当地经济最繁华的地方,很多商站后来成了著名的商业城市,如今天法国的马赛,有些城市当年还是强大的城邦国家,非洲北部迦太基(今突尼斯境内)是它最大的殖民地。曾经一度让罗马人胆战心惊。

腓尼基人不但是精明的商人,更是勇敢的航海家,他们踏波地中海,还穿过直布罗陀海峡,经常出没波涛汹涌的大西洋。今天,直布罗陀海峡的两个坐标就是用腓尼基的神来命名的,被称为"美尔卡尔塔"。据说,腓尼基人驾驶有船只向北到达过今天法国的大西洋海岸,到达不列颠,向南甚至远至好望角。

当然,腓尼基人最大的贡献还是他们使用的文字——腓尼基字母,他们出于实用的需要,去掉了象形文字和楔形文字优美的外观,从中抽取了一些简单的符号,组成了 22 个字母,这就是腓尼基字母。腓尼基字母是今天欧洲许多文字的共同祖先。

⑰ 波斯帝国存在的时间长吗?

波斯人是与米底人一起来到伊朗高原的,他们定居在伊朗高原西南部靠近波斯湾的地方,在其兴起前曾臣服于米底王国。米底人曾臣服于亚述帝国。

公元前 558 年,出身于阿黑美尼德氏族的居鲁士二世在波斯称王(在位时间为公元前 558—前 530 年),都波斯波利斯。公元前 553 年,居鲁士二世举兵反抗米底统治,取代米底对波斯地区的统治。后统一古波斯部落,建立阿黑美尼德王朝,并使波斯成为一个强盛的君主制帝国。

公元前 539 年,居鲁士大帝征服在美索不达米亚的新巴比伦王国的首都巴比伦,经过几十年的战争,居鲁士征服整个西亚地区,建立了波斯帝国。但是不幸在前 529 年的出征锡尔河与阿姆河之间中亚河中地区的锡尔河谷地的马萨革泰人的战斗中身亡。居鲁士之子冈比西斯(公元前 529—前 522 年)登位后,继承父志继续扩张。

公元前 525 年冈比西斯(公元前 529—前 522 年)出兵埃及,俘获埃及国王。波斯人在埃及建立了第二十七王朝,由于冈比西斯远征利比亚和努比亚,导致公元前 524 年末,埃及爆发起义,冈比西斯又回师孟菲斯,镇压了起义。公元前 522 年,波斯爆发高墨达暴动,冈比西斯回师波斯的途中病死。

公元前522年7月,包括大流士在内的7个波斯贵族谋杀了高墨达,镇压了起义,之后大流士即位,史称大流士一世。

大流士上台以后,由于各地人民反抗其统治,所以大流士开始实施一些改革,史称大流士改革。大流士一世时期,帝国疆域得到了空前的发展,是当时世界上版图最大的帝国,也是第一个地跨亚欧非三洲的帝国,东起印度,西抵亚得里亚海、地中海沿岸和北非,北迄欧洲广袤的俄罗斯草原,南达阿拉伯半岛;几乎把所有西亚和中亚民族以及埃及和阿比西尼亚族均置于波斯的控制之下。

大流士在前521年挥军东征印度河平原,将其纳入阿黑美尼德王朝的治下,西面则出兵多瑙河三角洲、色雷斯、马其顿王国、古希腊,但却因马拉松战役(公元前490年)之失利而功败垂成(公元前499—前449年的希波战争)。其子薛西斯一世后来(公元前480年)再度对希腊用兵,可惜最终未竟全功。希波战争耗费了波斯帝国的国力,动摇了波斯帝国的统治。公元前5世纪末,波斯宫廷发生小居鲁士和阿塔薛西斯二世的宫廷斗争,随后发展成内战。公元前357年,企图中兴波斯帝国的阿塔薛西斯三世被宫廷医生谋杀。公元前337年,阿塔薛西斯三世之子阿勒西斯全家也被谋杀。庸碌无为的亚美尼亚总督被众人拥立为王,史称大流士三世。大流士三世在位期间,各个地方总督拥兵自重,中央与地方的矛盾也深刻地激化。

公元前334年,马其顿王国的亚历山大大帝进攻波斯帝国,波斯军队遭到惨败,大流士三世逃到巴克特里亚时,被当地总督所杀,波斯阿契美尼德王朝灭亡。

⑱ 波斯大流士改革是怎么回事?

公元前522年7月,包括大流士在内的7个波斯贵族谋杀了高墨达,镇压了起义,之后大流士即位,史称大流士一世。

大流士上台以后,开始的日子很不好过,因为在高墨达死后,全国各地都出现了叛乱。大流士费时一年,前后进行了18次战役,终于平定了叛乱。然后开始实施一些改革,史称大流士改革。

首先在行政方面:加强皇权,确立君主专制的统治形式:

大流士认为居鲁士和冈比西斯时代的宫廷缺乏规矩。自从当了皇帝之后,他便制定了一大套森严的宫廷规矩。大臣要跪在地上朝见,在他和大臣之间还要用帷幕隔开,因为大臣的呼吸会亵渎皇帝。国王之下,设置办公厅,收罗各种语言的人才,同时,大流士还派遣各路人马去巡视各地,加强控制。此外还建立了特务组织,刺探各地的高级军官和总督的情报。

全国被划分为近 30 个省份,设立总督,不统帅军队,只负责行政、赋税、司法行为。

其次在军事方面:划分军区制度:

大流士将全国划分为五个军区,军区下下辖省军区。军事长官与总督互不统属,波斯帝国的军队包括步兵、骑兵、战车兵、象兵、海军、工程兵等组成,同时,大流士还拥有一支 1.2 万人的卫队,称作"不死军团"。为加强对军队的控制,军队的长官主要由波斯人充任。大流士常亲自检查军区状况,边远地区则派人检查。另外,大流士还利用腓尼基人组成一支拥有数百艘战船的舰队,加强了波斯帝国的海军作战能力。

其三在经济方面:统一货币,兴修驿道和运河:

由于波斯的交通发达,沿途又有士兵保护商旅行人免遭抢劫,波斯和印度以及地中海各国的贸易很快便发展起来。据说,水稻和孔雀就是在那个时候从印度传入波斯的。大流士即位后,便将各行省的贡赋固定下来,并统一了度量衡。他还下令帝国中央铸造和使用金币,行省自行建造银币。金币的正面是他本人的头像,反面是一个弓箭手,这种金币叫作"大流克",重 8.4 克。这种货币在巴比伦尼亚地区未能流通频繁,犹太地区可能使用极其频繁。

此外,大流士在全国建造驿道,方便军队调动和发布命令,驿道旁备有马匹、粮草。大流士还开通了从尼罗河到红海之间的运河,中亚修建水库,并派出船队,与印度开始交往。

其四在文化方面:大流士在位期间,对于各地的文化不加排斥,在制定法律时,也注意参考当地的法律和惯例,各地宗教也自由进行传教和活动。

　　大流士改革的目的是加强其君主专制统治,巩固波斯人对被征服地区的统治,此外,大流士改革一举打破了波斯帝国原有的落后的政治体制和经济制度,为波斯帝国享国 200 余年打下了雄厚的经济基础和政治基础,虽然改革仍没有消除帝国内部的阶级矛盾和民族矛盾,但是改革在客观上促进了波斯帝国内部的相互联系和相互交往,促进了中亚、西亚地区各个民族的融合和文化交往。

⑲古代波斯人信仰什么宗教?

　　古代波斯人在宗教方面对后世影响很大,他们信仰的宗教为琐罗亚斯德教。该教创立者为查拉图士特拉,琐罗亚斯德为希腊语的讹译。他大约生活于公元前 6 世纪,早年从事祭司职业,后来离职隐居,30 岁受到"神"的启示,创立琐罗亚斯德教。

　　该教主张善恶二元论。它认为有两大神主宰世界,体现光明、正直,从不作恶的善神为阿胡拉·马兹达;另一个是阿里曼,统帅黑暗和邪恶势力,是罪恶的象征和代表。善神和恶神彼此处于敌对状态中,善神的胜利将给人们带来幸福、快乐,而恶神占上风将会使人们遭受灾难。善神最终将取得胜利,世界将从黑暗势力的控制下解放出来。

　　在善、恶二神的斗争中,人有选择的自由。人死后马兹达将根据其生前的言行,进行末日审判。灵魂必须通过一桥,它犹如刀刃,善人将顺利通过并与马兹达相会,永享天堂的幸福;作恶之徒必然坠入阿里曼居住的深渊,遭受地狱之苦。

　　琐罗亚斯德教特别推崇火的功能,认为火能给人带来温暖,因而是澄明和幸福的象征。所以波斯人又把琐罗亚斯德教称为拜火教。

　　琐罗亚斯德教的经典是《阿维斯陀》,成书于公元前 4 世纪。亚历山大东侵时曾遭到焚毁,仅存一卷。3 世纪到 7 世纪时重新搜集、整理、编纂,共21 卷,主要记载琐罗亚斯德生平和教义。南北朝时,该教传入中国,曾风靡一时。中国人称之为祆教、拜火教或波斯教,宋代以后逐步衰亡。

　　大流士一世统治时期,琐罗亚斯德教被定为国教,以此作为庞大帝国统治的精神支柱。大流士把他的一切行动,都说成是马兹达的旨意,甚至他的权力也是马兹达授予的,从而给自己的统治涂上了神圣的灵光,让人民在敬神的名义下效忠君主。

⑳ 亚历山大帝国是如何建立和瓦解的?

马其顿位于希腊北部。公元前 4 世纪,腓力二世(公元前 359—前 336 年在位)统治时期,逐渐强大起来。到公元前 4 世纪末,地中海东部地区普遍出现了严重社会危机,希腊各城邦奴隶主为了摆脱危机,决定组织联军远征波斯,并推举腓力二世为远征军司令。但就在远征即将开始之际,腓力二世被刺身亡。其子亚历山大继位(公元前 336—前 323 年在位),他在稳定内部后,立即着手发动对东方的远征。

公元前 334 年,亚历山大率希腊联军出发,渡过达达尼尔海峡,开始了古代世界最著名的远征。联军进入波斯帝国后,经过格拉库尼斯河、伊苏斯和高加米拉三大战役,彻底摧毁波斯军队主力,波斯国王大流士三世落荒而逃。公元前 331 年冬,亚历山大顺利攻占波斯的首都苏撒和旧都波斯波利斯,掠得大量金银财宝。又借口为雅典报仇,将古代世界建筑艺术的精华,富丽堂皇的波斯波利斯王宫付之一炬。

随后,他又继续东侵。公元前 330 年进入中亚细亚一带,受到当地游牧部落的顽强抵抗。公元前 327 年,亚历山大率军进攻印度,占领了印度河流域的广大地区。由于手下的官兵怨声载道,纷纷要求返回祖国。无可奈何之下,亚历山大被迫分水陆两路退回中亚。公元前 324 年,退回首都巴比伦。

经过 10 年的远征,亚历山大用武力建立起人类历史上空前未有的庞大帝国,其领土东起印度河流域,西至巴尔干半岛,北起中亚草原,南至埃及,史称亚历山大帝国。这也是历史上最短命的大帝国。

亚历山大帝国承袭了波斯帝国旧制度,采用中央集权君主政体。为了巩固这个庞大的帝国,亚历山大大力推行所谓"融合政策",企图使征服者与被征服者相融合。他的另一个重要政策是广建移民城市作为统治支柱。这些城市很多实际上只是移民点,它们大多以亚历山大的名字命名,建立在具有战略意义的交通要道上,起着联系行省和中央的重要作用。其中有些移民点后来发展为真正的城市,并且取得了希腊化城邦的自治权。他还对军队、货币制度进行改革,以巩固其统治。亚历山大的措施在一定程度上获得了成功,起到了积极作用。尽管如此,这个帝国仍然是一个极其松散的联合体。公元前 323 年,亚历山大病逝于巴比伦。他们部将和战友,即所谓的"继业者"立即开始争夺继承权的斗争。

经过漫长的战争,帝国瓦解为几个较大的希腊化国家和若干个小国。亚历山大的东征,使东地中海沿岸地区暂时摆脱了奴隶制度危机,开创了世界历史的新时代——希腊化时代。

㉑ 安息王朝曾经是伊朗的统治者吗?

安息得名于王朝的创立者阿萨息斯一世。据说他是游牧部落阿帕勒人或帕勒人的首领。公元前 250 年,他带兵攻入塞琉西王朝统治下的帕提亚行省,占领尼萨地区,奠定了安息王朝的基础。公元前 247 年,他在阿萨克城自立为王,这一年后来被视为安息王朝创立之年,但安息人直到公元前 230 年才彻底占领帕提亚。古典作家称安息为帕提亚王国。《史记》以其姓氏之名为国名,称其为安息。安息早期都城经常变动,先后有阿萨克、达拉和赫卡铜皮洛斯,长期和中亚游牧部落关系密切。

安息初期,名义上承认塞琉西王朝为宗主国。公元前 190 年马格尼西亚战役,塞琉西亚王朝惨败,威信一落千丈。东部地区纷纷宣布独立,安息乘机西进。公元前 147 年,安息占领米底,迁都哈马丹。公元前 141 年,安息占领两河流域重镇塞琉西。公元前 129 年,安息大败安条克七世,占领伊朗本土和两河流域,结束了塞琉西王朝对伊朗的统治。密特里达特斯二世(公元前 123—前 88 年)改革兵制,建立以骑兵为主的军队。安息靠着这支军队东面击败游牧部落塞种人,将边界扩张到阿姆河畔。西面多次击败塞琉西王朝,国势臻于极盛。安息都城这时大概已迁到塞琉西亚附近新建的泰西封城。

公元前 1 世纪初,安息和罗马有来往。由于罗马的狂妄自大,两国关系很快就由互不相信发展到兵戎相见。公元前 53 年,安息军队在卡雷杀死罗马前三头之一克拉苏,粉碎了罗马军队不可战胜的神话。公元前 36 年,安息又大败罗马后三头之一安东尼,使其先征服东方,后称霸罗马的美梦化为泡影。安息在战斗中保卫了伊朗人民免受外来奴役,维护了国家主权和独立。但安息由于自身的弱点,也常被罗马所败。

1 世纪,安息开始衰落,国内发生严重内乱和分裂,各地形成许多独立或半独立的小王国,安息国王仅为名义上的宗主。这时贵霜帝国崛起于帝国东部,夺取安息东部大片领土,控制了通往安息的丝绸之路主要干线,并和罗马建立了直接的关系,在政治经济上对安息造成严重威胁。而帝国西南部的波斯地区,历来自视为伊朗文明的正统所在,鄙视游牧部落安息人。

长期的对外战争和内讧,耗尽了安息的实力。3 世纪初,波斯王公阿达希尔一世(224—240 年)联合各地王公,起兵进攻安息。224 年,他击毙安息末王阿塔巴努斯五世,占领泰西封,建立新兴的萨珊王朝。这个事件标志着伊朗历史进入了封建社会的新时期。

㉒ 萨珊王朝是如何兴亡的?

萨珊王朝的创立者是阿达希尔一世,原为波斯地区斯塔赫尔城王公。当地自塞琉西时期起,就一直存在着波斯人建立的小王朝和强大的独立传统。224 年,他联络各地王公在米底大败安息军队,杀死安息王阿塔巴努斯五世。226 年,他攻占帕提亚的首都泰西封,建立新的王朝,并以他的祖父萨珊之名命名。由于该王朝也是波斯人所建,学术界称其为新波斯帝国,以别于古波斯帝国。萨珊王朝是古代伊朗最辉煌的时期。

阿达希尔一世基本上统一了伊朗和两河流域南部。沙普尔一世(240—270 年)时,萨珊与罗马再度爆发战争,这场战争基本上是过去安息与罗马战争的继续。沙普尔一世多次大败罗马,生擒罗马皇帝瓦列里安,大大提高了萨珊王朝的声威。他还在比沙普尔城和纳克希·鲁斯坦建立大型摩崖石刻,纪念这次伟大的胜利。

著名宗教改革家摩尼这时开始传教活动,其教义吸引了大批教徒,形成一个大规模的社会运动——摩尼教运动。摩尼被镇压后,教徒将摩尼教义传播到欧亚各地。沙普尔一世逝世后,萨珊王宫内讧。国势转衰,被迫将大片领土割让给罗马。沙普尔二世(309—379年)在位时,萨珊击败罗马,收复失地,并和罗马瓜分了亚美尼亚。他还击败了中亚匈奴和塞种部落,使其成为自己的盟友。

沙普尔二世兴建了许多新城市,其中最著名的是"伊朗·赫瓦列·沙普尔"(意为"沙普尔是伊朗的光荣")。他逝世后,伊朗开始出现封建割据。统治集团内讧,人民起义和中亚游牧部落入侵,使萨珊迅速由极盛转向衰落。484年,萨珊屡为嚈哒所败,被迫称臣纳贡,成为嚈哒属国。卡瓦德(488—531年)在位时,祆教改革家马兹达克领导的马兹达克教派运动爆发了。马兹达克教派宣扬原始共产主义的平等思想,反对封建剥削。这场大规模群众运动的失败,标志着伊朗封建制度的胜利。

胡司洛一世(531—579年)继位后,大力推行改革,国力强盛。萨珊东灭嚈哒,西败拜占庭,南占也门,国势再度复兴。胡司洛二世(590—628年)时,萨珊与拜占庭再度发生战争。两国长期混战,耗尽实力,却忽视了伊斯兰教的兴起。萨珊末期国内发生严重内讧,几年之内有十几位国王被杀。阿拉伯人则高举圣战的旗帜攻入伊朗,在卡迪西亚和尼哈万德战役中大败萨珊军队。651年,萨珊末王耶兹德格德三世被臣民所杀,萨珊王朝灭亡。伊朗历史从此进入伊斯兰时期。

23 古代印度的哈拉帕文化是怎么回事?

南亚次大陆青铜时代文化。哈拉帕文化因其主要城市遗址哈拉帕而得名。分布中心在印度河流域,故又称印度河文明。

个别遗址的分布西达伊朗东界,东至贾木纳河,北迄古勒姆河流入印度河的河口一带,南抵坎贝湾沿岸。年代约在公元前2350—前1750年。考古研究始自20世纪20年代英国考古学家马歇尔对哈拉帕和摩亨佐达罗的发掘。

摩亨佐达罗和哈拉帕是该文明的两座典型城址,都已具备较大规模。摩亨佐达罗城址位于巴基斯坦信德邦拉尔卡纳,哈拉帕城址位于印度旁遮普邦拉维河左岸。面积均约 2.5 平方公里,人口估计各为 3 至 4 万,可能是两个独立国家的都城或城邦联盟的中心。其次有印度拉贾斯坦北部的卡里班甘城址和坎贝湾西侧的罗塔尔城址等。建筑材料多为烧砖和土坯,近山区则用石料。城市布局一般分为西面的卫城和东面的下城两部分。卫城是统治者的住地,长方形,四周有城墙和壕沟,城墙上建若干望楼。主城门多在西南角。城内的建筑一般有夯土或土坯台基。在摩亨佐达罗,卫城北半部中央建一大浴池,面积 12 米×7 米、深约 2 米,可能是某种宗教礼仪建筑。池东和池北可能建有该地区最高统治者的宅第,池西有大谷仓。卫城南部当有会堂和寺庙等建筑。

在哈拉帕,最重要的发现是卫城北面的 6 座谷仓遗迹和若干冶金炉,还有两排劳动者的宿舍,估计可容数百雇工和奴隶。罗塔尔是一港口,无卫城、下城之分。城墙内有住房、作坊和谷仓遗址。住宅通常为多间建筑,间或还有二层楼。有些房屋很大,包括几套院落,有些则是简陋的单间茅舍,阶级分化十分明显。除住宅外,下城还有专门的工商业区,建有店铺和制陶、染布、制珠、金属和贝壳加工等作坊。街道下设有完善的排水道,与富人住宅的排水沟相通。

对这一文化的起源,目前主要有二说,其一认为该文化起源于西亚,特别是伊朗,经俾路支和阿富汗抵达印度河平原。其二认为主要从前哈拉帕文化(俾路支和印度河平原的铜石并用时代文化)发展而来,在发展中存在西亚影响。目前以后说较为流行。至于该文化的创造者,一般认为是达罗毗荼人,但也有学者推测为苏美尔人、雅利安人或《吠陀》等文献中所载的其他民族。

关于该文化衰落的原因也是众说纷纭。有人持雅利安人入侵说;有人则用地质学和生态学的因素来解释,如洪水的泛滥,河流的改道,沙漠的侵害,海水的后退(对沿海城市的影响)等;还有人归结为内部的削弱。关于这一文化的年代,认识也不一致,有人认为当在公元前 2550—前 2000 年之间。这些问题都有待于进一步研究。

24 印度古文明的创立者是谁?

当印度河流域文明被发现的消息传遍世界时,各地的学者都在思考一个问题:是谁创造了这一高度发展的文明?

考古学家麦克唐奈尔认为,从时间上看,苏美尔文明比印度河流域文明要早一千年,而且苏美尔文明曾经有过向其他地区扩张的历史,因此他断言,印度河流域文明是从两河流域传入的,创始人是苏美尔人。

有些语言学家也通过对文字符号的研究,支持了上述观点。

然而美国探险家赫尔提出了相反的观点。他认为,也许印度河流域文明是两河流域文明之母,苏美尔人的文明是印度人创造的。

20世纪30年代以后,在两河流域更多的地方出土了印度河流域印章和其他物品,而且对楔形文字的释读也使人们明白在这两个地区存在着商业往来。在两地都发现了有明显差异的来自对方的物品,这就说明它们是两个各自独立的文明体系。

后来又有几位英国考古学家提出是雅利安人创造了这一文明的看法。但是当真的有学者试图用释读梵文的方法来释读印章文字时,却彻底失败了。他们得出的结论是:雅利安人不可能是这一文明的创造者。

与上面两种观点截然不同的是:许多学者认为印度河流域文明是土生土长的,其创造者当然就应该是当地的土著居民,但谁是印度的土著居民呢?有关这个问题的争论也在持续不断,各种各样的观点是层出不穷。看来关于谁创造了这一文明的问题还会长期探索和争论下去,谜底能够真正解开吗?这本身也许是一个谜。

25 雅利安人是如何入侵印度的?

约公元前2000年中后期,一些操印欧语、身材高大、皮肤白皙的部落,从西北山口进入印度。他们与当地土著进行了反复激烈的争夺,逐渐战胜了土著居民,夺取了不少土地。在以后几个世纪的时间里,他们由西北向东南扩张,成为次大陆的主要居民。入侵者自称"雅利安人",意思是"出身高贵的人"。他们称当地居民为"达萨",意为"敌人"。在他们眼里,达萨是一些低鼻梁、黑皮肤、语言不清、不祭神灵的人。

从雅利安人入侵时起,印度开始了有文字记载的历史。最古老的文献就是《吠陀》,共四部,第一部是《梨俱吠陀》,它所描述的时代称为早期吠陀时代。另外三部是《夜柔吠陀》《娑摩吠陀》《阿阇婆吠陀》,它们所反映的时代称为后期吠陀时代。吠陀时代从何时开始,学者们还有不同的意见和看法,但一般认为,早期吠陀时代约为公元前 1200 年到公元前900 年,晚期吠陀时代为公元前 900 年到公元前 600 年。

根据《梨俱吠陀》的记载,雅利安人刚进入印度时,还处在原始社会开始解体,阶级社会逐渐形成的时期,即军事民主制时期。他们以畜牧业为生,还未开始过定居生活。雅利安人主要畜养牛、羊、驴、马和狗,牲畜是他们的主要财产,也是他们用以交换的主要产品,因此常用牛马头数来表示财富的多寡。在入侵的过程中,随着对土著战争的胜利,雅利安人夺得大量土地,开始逐渐转入定居,并从事农业和手工业。他们用牛拉木犁耕地,在耕出的畦沟里撒种,并用镰刀收割谷物。同时,手工业也有所发展,出现了专业的手工业者。商品交换也开始了,主要是实物交换,但也有用牛或贵金属作交换媒介的。

这一时期,雅利安人的部落组织依然存在。部落首领称为"罗阇"(汉译佛经中常译作"王"),其权力已在不断的战争中日益扩张,但仍受到民众会议和长者会议的某种制约。祭司集团开始出现,他们的地位在不断地提高。当时已进入父系氏族时代。一夫一妻是最流行的婚姻方式。在早期吠陀时代的后期,私有制开始发展,土地和牲畜已分给各个家庭使用,氏族内部已开始出现贫富差距。随着生产力的发展,对劳动力的需要更加迫切,雅利安人常把被他们击败的敌人贬为奴隶,强迫他们从事农业或手工业劳动。但总体来说,早期吠陀时期奴隶劳动并不普遍,奴隶制尚处于萌芽状态。

26 印度的种姓制度是怎么回事？

雅利安人侵入南亚次大陆以后，将被征服的土著居民称为"达萨"，意为敌人。以后越来越多的战俘变为被役使的奴隶，"达萨"一词也就用来表示奴隶了。至公元前 1000 年左右，伴随着阶级的产生和国家的出现，体现阶级压迫的种姓制度也在逐渐形成。"种姓"一词在梵语中称为"瓦尔那"或"迦提"。"瓦尔那"意为"色""种"等。而"迦提"有"族籍"、"出生"等意。

最初雅利安人只是将自己与土著居民区分为两个种姓，随着社会分化加剧，雅利安人内部也分裂为三个种姓，于是整个社会便形成界限分明的四个等级，即婆罗门、刹帝利、吠舍和首陀罗。

种姓制度以婆罗门为中心，划分出许多以职业为基础的内婚制群体，即种姓。各种姓依所居地区不同而划分成许多次种姓，这些次种姓内部再依所居聚落不同分成许多聚落种姓，这些聚落种姓最后再分成氏族，如此层层相扣，整合成一套散布于整个印度次大陆的社会体系。因此，种姓制度涵盖印度社会绝大多数的群体，并与印度的社会体系、宇宙观、宗教与人际关系息息相关，可说是传统印度最重要的社会制度与规范。

一般认为，种姓制度是公元前 600 年左右，随雅利安人入侵印度而创立的社会制度。原本的种姓制度并非要划分阶级及人的高低贵贱，而是要确保雅利安人的执政权和保持各种工作都有一定的人数。

然而随着马木留克、蒙兀尔等外来伊斯兰教征服者统治印度，种姓制度为了政权需要经历过许多调整，并且在英属印度时期为符合殖民者需要，被固定、僵化，成为阶级森严的阶序体系。由于该体系中的不平等与近代西方兴起的民主制度与人权思想大相径庭，因此常被批评为反现代化的落后制度，甚至被视为妨碍印度社会进步的毒瘤。

1947 年印度脱离殖民体系独立后，种姓制度的法律地位正式被废除，各种种姓分类与歧视被视为非法，然而在实际社会运作与生活上，其仍扮演相当重要的角色。

㉗ 印度的十六大国时期是指何时？

公元前 6 世纪至前 4 世纪是南亚次大陆的列国时代。根据佛教文献记载，当公元前 6 世纪初，南亚次大陆北部有十六大国。到公元前 4 世纪后期，列国为摩揭陀所统一。又因为佛教产生于此时，故在史学上亦称为"早期佛教时代"。

印度十六大国分别是：最东边且最大的摩揭陀，在它西北和西南的跋祇和鸯伽，在波罗奈北面和南面的末罗和迦尸，在乔赏弥的乔萨罗，其西边的苏罗婆和跋沙，跋沙西边的车底，车底南面靠近马西斯马提的阿般提，阿般提东南的阿湿波，苏罗婆西边的摩差，摩差北面的俱卢，俱卢东面的般遮罗，靠近坎大哈的健驮罗和甘蒲阇这些国家基本上是君主国，各国之间为兼并土地和争夺霸权经常发生战争。在诸君主国内，国王享有广泛的权利及特权。例如征收赋税、管理山川林泽、管理无主土地以及征发劳役等行政、军事大权等。在国王之下，有一种名为"普罗西塔"的顾问，以及一种名为"森纳帕提"的军事主官。此外，还有一些大臣名为"摩柯摩特罗"，分掌王国的各种部门事务，还有一种名为"维耶瓦哈里伽"的法官，依国法、教法甚至"神圣审判"来断案。随着不断的扩张，各个君主国有时在新近被征服的土地上设立总督或藩王来统治。

在"十六大国"内部，只有跋祇（在今印度北部比哈尔邦）和末罗（在今印度戈拉克普尔县）两国是共和国，此外还有一些比较小的共和国，这些国家有的实施"王政制度"即拥有国王，但是国王的权力受到长老会议的限制；也有的国家是寡头政体，当然，这些国家内部的议事会议不允许低级种姓的成员、雇佣工人、奴隶参加会议。虽然恒河流域以及印度河流域有着君主制度和共和制并存的局面，但长远来看，最后君主制取代了共和制度。

28 《摩奴法典》是一部什么样的书籍?

据该书自述,系梵天著,并传予其后代,即人类始祖摩奴,再由其后代波利故传到人间。依据《吠陀经》与传统习惯而指定,又称《摩奴法论》。实际上,是婆罗门教的祭司根据吠陀经与传统习惯而编成的。

法典内容驳杂,大约编成于公元前 2 世纪～公元 2 世纪(一说为公元后的头几个世纪)。传至今日之《摩奴法典》共 12 章,2684 条。第 1 章讲述创世纪的神话;第 2～6 章论述婆罗门教徒的四住期的行为规范;第 7～9 章主要包括民法、刑法、婚姻制度、继承法;第 10 章是关于种姓的法律;第 11 章是赎罪法;第 12 章包括因果报应、轮回转世之说。其中,纯粹法律的篇幅约占全书的 1/4。表现了婆罗门教维护高级种姓制度的利益和特权的愿望。其核心内容可以归纳为一点,即维护种姓制度。它宣扬种姓起源的神话,论列各种姓的不同地位、权利和义务,规定依违种姓制度的奖惩,并以来世苦乐作为这种奖惩的补充。

这部法典涉及面广,内容丰富,为研究古代印度历史提供了大量有价值的资料。

摩奴法典古来即为印度人生活法规之基准。在东南亚,缅甸之佛教法典即依此法典作成,暹罗法典亦根据摩奴法典而作,爪哇亦有摩奴法典,巴厘岛仍实际应用之。

在古代印度有许多名目繁多的所谓法经和法论的传世之作,其中《摩奴法典》是影响最大、最重要的一部。

29 《梨俱吠陀》是最古老的诗歌作品吗?

《梨俱吠陀》是印度古代《吠陀》文献中的一部,它和《阿闼婆吠陀》同为上古诗歌的总集,是印度现存最重要、最古老的诗集,也最有文学价值,全名《梨俱吠陀本集》。它在世界文学中放射着光辉,好像我国上古诗歌的总集《诗经》一样。

公元前 10 世纪，居住于印度的雅利安人产生了婆罗门教，其经典是《吠陀》。"吠陀"的本义是知，即知识；"梨俱"是作品中诗节的名称。最初有三种或曰"三明"，后来增加一种即所谓四吠陀。雅利安文化及其医学的来源是四部《吠陀》经。第一部《梨俱吠陀》或译作《赞诵明论》，大约于公元前 1500—前 900 年间陆续写成，是印度医学的起源。其中提到药用植物，并提及麻风病、结核病、外伤等疾病。

《梨俱吠陀》编订年代可能是在公元前 1500 年前后，只有一派的传本，收诗 1 028 首，其中有 11 首被认为是附录。最短的诗只有 3 节，最长的有 58 节，一般都不超过 12 节。全书共有 10 552 节诗。诗的创作年代又有先后。语言也比印度其他上古文献的用语更为古老。这部诗集的创作和编订的确切年代还没有定论。全书分为 10 卷或 8 卷。印度传统认为，书中诗歌是由上古的修道士仙人传授下来，由一个名叫广博（音译毗耶娑）的修道士仙人加工整理而成。

《梨俱吠陀》中诗的内容比较复杂，有上古的神话传说，也有自然界和现实社会生活的反映，以及祭祀和巫术。这些诗歌反映了印度原始社会时期和阶级分化并向奴隶制社会过渡时期的思想、生活和习俗。还包括有强烈生活气息的对话体诗，分为对白和独白，可以在祭祀、巫术仪式或者节日集会上表演，有一定的戏剧性，有人认为是印度戏曲的起源。

作为文学作品，《梨俱吠陀》包含了人类早期的一些清新朴素的诗歌作品。有不少诗在艺术上已有相当水平，不是原始的简单歌唱。书中的诗已有 15 种格律，可见当时文学创作的发展。诗的格律是以每节诗中的音数整齐的句作单位。4 个 8 音句构成一节的格律广泛流行，就是一般所谓 32 音一节的颂体。当然，其中也包括一些内容贫乏、词句呆板的作品，例如一些赞美布施的诗。

《梨俱吠陀》长期靠口传，后有了写本，到 19 世纪才由欧洲人第一次刊印。现有数种语言全译或选译本。

30 世界上最长的史诗是印度的《摩诃婆罗多》吗?

《摩诃婆罗多》是印度古代史诗。常和另一部史诗《罗摩衍那》并列为印度的两大史诗,可以与希腊荷马的两大史诗相比。但是在印度古代传统的文献中,两者往往不算做一类,《罗摩衍那》是诗,而《摩诃婆罗多》是历史传说,与往世书同属一类。《摩诃婆罗多》现存的本子显然是在一部史诗的基础上编订加工而成,其中不但有长篇英雄史诗,而且有大量的传说故事作为插话,还有宗教哲学以及法典性质的著作。因此篇幅很长,一般说它有 10 万"颂"(诗节),曾经被认为是世界上最长的史诗。

《摩诃婆罗多》的成书时间约从公元前 4 世纪至公元 4 世纪,历时八百年。它长期以口头方式创作和传诵,不断扩充内容,层层累积而成。它的成书年代处在印度从原始部落社会转化为国家社会的时代,也是从吠陀时期的婆罗门教转化为史诗时期的新婆罗门教(即印度教)的时代。这部史诗以印度列国纷争时代为背景,描写婆罗多族的两支后裔为争夺王位继承权而展开的种种斗争,最终导致大战。大战的结果虽然有胜败,但双方将士几乎全部捐躯疆场,是一个历史悲剧。

这部史诗的成书过程是印度古人汇集和保存民族思想文化遗产的一种特殊方式。这部史诗本身就宣称道:"正法、利益、爱欲和解脱,这里有,别处有,这里无,别处无。"也就是说,这部史诗的内容囊括了人世间的一切。因此,这部史诗成书后,在印度古代被奉为"第五吠陀",也就是被奉为"圣典"。印度现存最古老的四部吠陀(《梨俱吠陀》《夜柔吠陀》《娑摩吠陀》和《阿达婆吠陀》)是吠陀时代的"圣典",而《摩诃婆罗多》则是史诗时代和古典时代的"圣典",即"第五吠陀"。了解了《摩诃婆罗多》这部史诗也就基本了解了印度教传统文化。所以,印度现代学者认为《摩诃婆罗多》是印度的民族史诗,内含印度民族的"集体无意识",堪称是"印度的灵魂"。

31 佛教是如何兴起和传播的?

佛教产生于公元前 6 世纪,当时印度正处于小国纷争的列国时代,社会矛盾十分尖锐,阶级关系也出现了一些变化,整个社会处于大动荡、大变革之中。社会的这种激烈变动必然在意识形态上有所反映。于是,各种新思想、新宗教不断涌现,其中影响最大的是佛教。

随着经济的发展,各个种姓的情况都发生了一些变化,贫富差距进一步扩大,但并不完全与种姓的情况相一致。一般来说,婆罗门还是很富有的,他们占有大量土地,剥削农民和奴隶的血汗,过着豪华奢侈的生活。但也有一部分婆罗门因种种原因逐渐变得贫困起来,有人的甚至被迫从事原来不屑的生产活动。各国之间战争,加强了世俗统治者的经济和军事实力,使刹帝利变得越来越重要,他们再也不甘心居于婆罗门之下。吠舍种姓中,虽然有一部分人因经营失败,逐渐贫困,但也有一部分人,通过经商等活动,获得了大量财富,成为富甲一方的大奴隶主,他们当然不会甘心仍然处于低贱的位置。首陀罗大多数处于贫苦状态,但也有少数人发了财,变成了富人,这些人渴望改变自己的社会地位。当然,总体来说,低种姓的人,不管变穷变富,都不会对自己所处的地位满意,都反对种姓制度。由此可见,随着各种姓经济地位的变化,反对婆罗门教及其所维护的种姓制度,就成为大多数人的要求,佛教正是在这样的社会背景下兴起的。

佛教的创立者是乔达摩·悉达多(约公元前 563—前 483 年),他诞生于喜马拉雅山麓的一个名叫释迦的部落,他的父亲是迦毗罗卫国的统治者。悉达多自幼生活舒适,19 岁娶了貌美的妻子。虽然如此,但他的内心仍感到极大的苦恼,因为他看到许多穷人过着很艰苦的生活。

带着这些困惑,29 岁那年,他终于离家出走,摆脱一切世俗的羁绊,开始了长期流浪生活。七年后,他坐在一棵菩提树下,突然觉得大彻大悟,终于明白了人世间的一切奥秘。他站起来告诉他的追随者们,他已得到真理的启示。于是,人们纷纷前来,听他宣讲,并尊称他为"佛陀"

(佛是汉语中的简称),意思是"彻底觉悟的人",又称"释迦牟尼",意思是释迦族的贤人。

以后的几十年,悉达多和他的门徒云游四方,到处传教,使佛教的影响迅速扩大,信徒日众。80 岁那年,悉达多病逝。佛陀逝世后,他的直属弟子把佛教推广到了东部的恒河流域下游,南部的高达维利河畔,西部的阿拉伯海岸,北部的泰义尸罗地区。在孔雀王朝阿育王统治时期,佛教开始向次大陆毗邻的地区发展,东至缅甸,南及斯里兰卡,西到叙利亚、埃及等国,一跃而成为世界性的宗教。在贵霜王朝兴起后,又传到伊朗、中央各地,复经丝绸之路传入我国,并由我国传入朝鲜、日本等国。这样佛教的影响进一步扩大,成为世界三大宗教之一。

㉜ 难陀王朝又是谁创建的?

难陀王朝(公元前 364—前 324 年)是统治摩揭陀王国的一个王朝,首都华氏城(今比哈尔邦巴特那),建立者为摩诃帕德摩·难陀。该王朝统治时期摩揭陀统一了恒河中上流域,初步具备了帝国规模,同时建立了庞大的军队。虽然该王朝试图统一印度的进程被亚历山大东侵所打断,但是为其后孔雀王朝向印度河流域推进作好了准备。

摩诃帕德摩·难陀是一个出身低下的人。据一种传说,他的父亲就是希苏那伽王朝末王,而母亲却是一个首陀罗。另一传说认为,他的父亲是一个理发匠,而母亲是一个妓女。还有一说认为,他本人是理发匠,与希苏那伽朝末王的王后有私情,二人勾结杀死国王及诸王子,篡夺了政权。

公元前 364 年摩诃帕德摩·难陀杀死希苏那伽王朝的末代皇帝,建立难陀王朝(约公元前 364—前 324 年)。难陀王朝的末代皇帝是达那·难陀,在他统治时难陀王朝进入全盛时期,疆域扩展到今西部的旁遮普。公元前 324 年,旃陀罗笈多灭难陀王朝并建立孔雀王朝。

33 孔雀帝国是如何兴亡的?

孔雀帝国是在印度人民反抗外族侵略的过程中建立的,也是印度历史上第一个统一的奴隶制国家。

公元前327年,马其顿国王亚历山大大帝在灭亡波斯帝国之后,侵入了印度西北部。公元前325年,亚历山大大帝从印度河流域撤走,在旁遮普设立了总督,留下了一支军队。约在公元前324年,摩揭陀国一名出身刹帝利贵族,名叫旃陀罗笈多的青年,率领当地人民揭竿而起,组织了一支军队,击败了西北印度的马其顿人的部队,并宣布了印度的自由。之后他率军进抵摩揭陀国的首都华氏城,推翻了难陀王的统治,掌握了政权,建立了孔雀王朝。

旃陀罗笈多所开创的帝国被称为孔雀帝国,这与他出身的宗族有关。据说,他出身于一个养孔雀的家族。另有史学家考证,旃陀罗笈多的母系以孔雀得姓,可以断定,旃陀罗笈多的宗姓与孔雀有关。

旃陀罗笈多为孔雀帝国的建立打下了根基。他本人晚年笃信耆那教,后来抛弃王位出家,最后按耆那教的教义逐渐绝食而死。他出家后,其子宾头娑罗(约公元前300—前273年)继位。宾头娑罗曾经镇压了呾叉始罗地区的人民起义,保持了帝国在北印度地区的统治。

宾头娑罗死,其子阿育王继位。阿育王是孔雀王朝的第三位帝王,他原在西北地区担任总督,在父亲病重时回到首都华氏城。据佛教传说,他在父王死后,杀了99名兄弟,才坐稳了宝座。阿育王在位初期曾镇压西北地区的一次起义。按佛教传说,他原是一个穷凶极恶的暴君,曾经专门挑选最凶恶的人设立“人间地狱”,去残害人民。在正式即位后8年,阿育王征服了羯陵伽。据他自己所刻铭文的记载,在这一次战争中,羯陵伽有15万人(畜)被掳走,10万人在战争中被杀,还有若干倍于此的人死亡。从旃陀罗笈多至阿育王,经过三代人的经营,孔雀帝国至此达到了极盛阶段。

在阿育王死后不久,孔雀王朝王权衰落,印度重新分裂为许多国家。

约公元前 187 年,孔雀王朝的最后一位国王巨车王在阅兵时被大臣普沙密多罗·巽伽所杀,孔雀王朝正式结束。

孔雀王朝初期控制了印度河平原、恒河平原、孟加拉湾、德干高原以及远达阿拉伯海的广大领域。在阿育王统治最鼎盛时期,除印度半岛南端以外,北起喜马拉雅山南麓,南至迈索尔,东起阿萨姆西界,西至兴都库什山,都并入了孔雀帝国版图。

㉞ 大月氏是个什么样的民族?

公元前 2 世纪以前居住在中国西北部、后迁徙到中亚地区的游牧部族。

在上古时代,古印欧人浩浩荡荡的民族大迁徙中,有一支古印欧系统的游牧民族,在大约公元前 2300 年的伊朗高原上出现,亚述人将其称为"古提人"。他们对当时两河流域的巴比伦王国造成了极大的威胁,甚至一度推翻了巴比伦王朝,占领了巴比伦。但是他们在公元前 2082 年被苏美尔人征服,并从近代历史上消失。一些语言学家们根据在《苏美尔王表》中记载的古提王的名字,发现他们和此后中国西域的吐火罗人使用的语言有相当的关系,因此推测,古提人在逃离巴比伦之后,一路东迁,大约在不晚于公元前 1000 年的时候到达了塔里木盆地边缘的绿洲,后代西方史学家称之为吐火罗人,而根据中国史籍的记载,他们被称作大月氏人。

公元 1934 年,瑞典人沃尔克·贝格宣布了震惊世界的考古发现——罗布泊小河墓地古墓群。2000 年,小河墓地再次被我国科学家发现,从 2003 年起,我国经对小河墓地进行初步实验性发掘,发现了十几具至少保存了 3000 年之久的印欧人特征的干尸,大量原始宗教和祭祀文物以及墓地构建完善的防护木墙。由此证明,至少在公元前 1000 年前,古印欧人(即吐火罗人)已经大规模地迁徙到罗布泊,称为中国新疆地区最早的开发者。

虽然至今仍存在争议,但大部分学者都倾向于认为月氏人应该就是吐火罗人的一支,这是古印欧人迁徙浪潮中,延伸到最东面的一个箭头。

根据战国人著《穆天子传》中的传说,西周穆王曾经来到过祁连山下黑水(即弱水)河畔的"禺知之平",受到了月氏人民的热烈欢迎,这是月氏人第一次在传说中和华夏文明正面碰撞。

据《管子》记载,"禺氏"人当时手里有不少高级玉器,希望能以白璧和中原王朝做生意,"然后八千里之禺氏可得而朝也"。当时中国人特别钟爱玉器,早在商代妇好墓中就出土了超过700块和阗美玉,然而,由于中国中原地区并不出产高品质的玉器,所以必须从西域进口,在丝绸之路尚未通畅的年代,占据了河西走廊通道的月氏人很可能就已经成为东西贸易的代理人和中转者。

早在"丝绸之路"疏通之前,河西走廊可能已经被月氏人开发成为一条"玉石之路"。

战国时期,月氏进一步强盛,赶走了居于今敦煌附近的乌孙人,统一了河西走廊,正式建都昭武城。今张掖附近的"黑水城遗址",很可能就是当时月氏都城昭武城的遗址。

公元前177年,匈奴右贤王率匈奴精骑袭击了河西走廊的月氏国,这次出击,给月氏带来了毁灭性的打击,月氏一战而国灭,幸存的月氏人不得不背井离乡,开始向中亚地区迁徙。

迁徙的月氏人分为两支,少部分月氏人向东南方向迁入了陇南青海一带的羌人吐蕃人区域定居下来,并开始逐渐使用羌或者吐蕃人的语言,他们被后人称为小月氏。而月氏主力,则离开甘肃,穿过戈壁沙漠,沿着他们祖先古印欧人开辟的道路,向西逃亡,他们被称为大月氏。

35 贵霜帝国是哪个民族建立的?

贵霜帝国是大月氏五翕侯—贵霜翕侯部落建立。

公元前5世纪至公元前2世纪初,月氏人游牧于河西走廊西部张掖至敦煌一带,势力强大,为匈奴劲敌。

约在武帝元朔元年(公元前128年)汉使张骞至其国,以后往来渐密。其国内分为休密、双靡、贵霜、肸顿、都密等五部歙侯。

公元 1 世纪中叶，贵霜部翕侯丘就却统一五部，建立贵霜帝国。丘就却又南下攻击喀布尔河流域和今克什米尔地区，后定都在高附（今阿富汗的喀布尔），初步奠定了帝国的基础。

公元 1 世纪 60 年代，贵霜已统治索格狄亚那、巴克特里亚、喀布尔、坦叉始罗、犍陀罗、罽宾，可能还有西旁遮普。其后，无名王索特·麦格斯时期，贵霜向西扩展至赫拉特，控制了整个河间地区，并羁縻了康居和大宛。

公元 90 年，贵霜王因求汉公主，被班超拒绝，遣副王谢率军七万攻超，为超所败，纳礼求和。班超一直不知贵霜王名，仅以"月氏王"呼之。

2 世纪初阎膏珍即位，再次征服印度次大陆西北部，在中亚将势力范围扩展至花剌子模，吞并锡斯坦，国势大张，形成中亚的一个庞大帝国。帝国版图东起巴特那，西达赫拉特，南至纳巴达河，北尽咸海。都城迁至白沙瓦。

183—199 年，胡毗色伽二世在位期间，对中亚的控制减弱，康居、大宛摆脱羁縻，呼罗珊、花剌子模也脱离贵霜统治。

约 213 年，波调即位，贵霜势力在中亚有所扩展，一度重新控制花剌子模，并同亚美尼亚库斯诺依斯结盟共抗萨珊王朝。

贵霜帝国政权在婆苏提婆死后，日益衰落。至公元 3 世纪已分裂为若干小的公国，其年代和历史是非常模糊的。这时西亚的萨珊波斯兴起，开始向中亚、阿富汗和印度扩张，贵霜的势力益削。

233 年，萨珊王阿尔达希尔一世率军攻克锡斯坦后，经呼罗珊入花剌子模，接着攻入索格狄亚那、巴克特里亚、喀布尔、坦叉始罗，给贵霜以致命打击。波调死后，贵霜仍保持着印度河以东地区的统治。

至公元 4 世纪，东印度的笈多帝国兴起后，再次统一北印度。这时西北印度贵霜诸王公的残余势力，便处于笈多帝国的控制之下。北方的嚈哒（白匈奴）对大月氏贵霜残部攻击，贵霜从此一蹶不振。在大夏故地的大月氏人仍保持独立，后来（至公元 5 世纪）不断受到嚈哒的侵犯。大月氏在大夏（今阿富汗境内）的残余小国，一般认为在公元 425 年为嚈哒所灭。现代印度贾特人是他们的后人。

㊱ 阿拉伯的"神权共和"是怎么回事？

　　阿拉伯帝国形成之后，作为先知继承者的哈里发们为了巩固自己的统治，并满足阿拉伯人对商路和土地的要求，掀起了长达一百多年的扩张运动。在鹰旗旗帜下，沙漠中的阿拉伯人游牧民族开始征服世界的行动。阿拉伯人以惊人的速度崛起于拜占庭和波斯的南部边疆，他们不断扩张，建立了一个地跨亚、欧、非三洲的封建军事帝国，极盛疆域达 1340 万平方公里。

　　阿拉伯帝国镇压了内部反对势力后，第一任哈里发阿布·伯克尔（573—634 年）随即向叙利亚方面发动了扩张战争。巨大胜利的强烈刺激下，第二任哈里发欧麦尔（586—644 年）发动了阿拉伯历史上空前的大征服运动。

　　635 年，哈里发的军队同时对拜占庭和波斯萨珊帝国（226—651 年）展开了进攻。被称作"安拉之剑"的哈立德·伊本·瓦利德（692—642 年），率领阿拉伯人迅速通过人迹罕至的叙利亚沙漠，在亚尔穆克河畔一举歼灭了拜占庭 5 万大军，占领了叙利亚首府大马士革。

　　占领叙利亚后，4 万阿拉伯军队乘胜挥师东进。637 年，哈里发的军队占领了亚洲西部的伊拉克，并向伊朗高原境内的萨珊波斯的腹地不断推进，最终于 642 年在卡迪西亚战役中彻底击败了萨珊波斯军队，征服了已有 4000 多年文明的历史古族波斯人。

　　与此同时，西征大军也捷报频传。640 年阿拉伯人攻入埃及，在科普特人的支持下获得了一个接一个的胜利。642 年，哈里发成为亚历山大的主人，整个埃及纳入阿拉伯帝国的版图。

　　第三任哈里发奥斯曼（574—656 年）继续进行扩张战争，在他的统治时期，阿拉伯帝国的铁骑先后征服亚洲的霍拉桑、亚美尼亚、阿塞拜疆以及非洲的利比亚等地区。为了进一步控制地中海，奥斯曼征集小亚细亚沿岸居民，建立了一支强大的海军。

　　正当对外扩张战争势如破竹时，帝国内部发生分裂。以阿里·伊本·艾比·塔里卜为首,哈希姆家族中部分亲阿里派的人对出身于倭马亚家族的奥斯曼出任哈里发的合法性提出质疑,并组建起什叶派,与普遍接受奥斯曼继位的逊尼派相对立。穆斯林首次内部分裂由此开端。

656年,奥斯曼不幸遇刺,阿里继任哈里发。但此时以叙利亚总督穆阿维叶为首的倭马亚家族并不承认阿里政权。双方数次交战,未分胜负,僵持不下。不久,什叶派内部出现分裂,部分对阿里不满的激进者组建了一个"军事民主派"——哈瓦立及(意为出走)派。该派主张恢复初期伊斯兰教的平等关系,共同分配土地和战利品,所有的穆斯林都有权参加选举等。661年,该派刺杀了阿里,神权共和时代(正统哈里发时期)结束。

最初的四大哈里发由穆斯林公社以协商、选举方式产生,历史上将这4位领袖统治时期称之为神权共和时期,又称四大哈里发时期。这一时期,帝国版图迅速扩张,为阿拉伯帝国奠定了基础。

37 阿拉伯的倭马亚王朝是如何扩张的?

661年,倭马亚家族的叙利亚总督穆阿维叶即位哈里发,以大马士革为首都,建立了倭马亚王朝。他将哈里发改为世袭,实际上成为了帝国的君主。期间阿拉伯语成为帝国的官方语言,政府文件必须用阿拉伯语书写。

8世纪初,倭马亚王朝的政权巩固以后,阿拉伯人开始发动大规模的对外战争。

在东方,阿拉伯人于664年占领中亚细亚的阿富汗斯坦地区,然后兵分两路,北路军进军中亚内陆草原地区,一路所向披靡,直到在帕米尔高原西部遇到中国(唐朝,618—907年)军队才停下脚步。

南路军攻入印度河流域,征服了印度次大陆西北部的大小邦国。

在北方,阿拉伯帝国的兵锋三次指向君士坦丁堡,由于拜占庭帝国(395—1453年)的顽强抵抗,并且使用希腊火硝大破阿拉伯海军,使得阿拉伯人遭遇了惨重的失败,阿拉伯哈里发征服拜占庭的雄心终究未能实现。

在西方,阿拉伯人消灭了拜占庭帝国在非洲北部最后的驻军,占领从突尼斯直到摩洛哥的广袤土地。阿拉伯帝国使非洲的柏柏尔人皈依了伊斯兰教,并以他们为主力组成军队,跨越直布罗陀海峡远征西班牙,征服了西哥特王国。732年,哈里发的军队穿越比利牛斯山,进攻法兰克王国,在普瓦提埃附近被法兰克人击败。至此,阿拉伯帝国的大规模征服运动终于落下帷幕。

倭马亚王朝贵族为首的阿拉伯统治者残暴地统治其征服领地,导致众多被征服民族的怨恨不断加剧。同时,逊尼派、什叶派及其他派别的教派争斗日趋激烈,并逐渐与阶级、民族矛盾联结在一起。帝国不仅未能彻底把什叶派镇压下去,反而又出现了一个自称为先知叔父阿拔斯后裔的阿拔斯派。各种反抗力量在720年后开始逐渐汇合。

经过78年的扩张(634—712年),阿拉伯帝国的结构发生了根本的变化,不再是阿拉伯部落联盟的酋长,而是一位东方的神权君主。在阿拉伯帝国的统治下,广袤疆域内各个迥然不同的古典文明逐渐融合变化,最终于几个世纪后形成了全新的阿拉伯文明。八世纪中叶,倭马亚统治下的人口已达3 400万。

38 阿拉伯帝国是如何由全盛走向衰亡的?

747年,阿拔斯的后裔阿布·阿拔斯利用波斯籍释奴艾布·穆斯林在呼罗珊的力量,联合什叶派穆斯林,于750年(一说752年)推翻了倭马亚王朝的统治,建立了阿拔斯王朝。阿拔斯王朝建立之初,大肆捕杀倭马亚余党,又杀害了艾布·穆斯林,并残酷地镇压了呼罗珊人民起义。阿拔斯王朝旗帜多为黑色,故中国史书称该王朝为黑衣大食。

阿拔斯王朝的最初100年,即8世纪中叶到9世纪中叶,是阿拉伯帝国的繁荣时期。那时,国家的统治机构完备,帝国的军事力量也较为强大。首都巴格达不仅是政治中心,还是工商业中心。阿拉伯商人非常善于从事海内外贸易,足迹遍布亚洲、非洲和欧洲。

在阿拔斯王朝创建之初,倭马亚家族的后裔就在欧洲伊比利亚半岛割据独立,建立后倭马亚王朝(756—1236年),由于服色尚白,中国史书称为"白衣大食",与阿拔斯王朝分庭抗礼。788年,北非摩洛哥又出现了什叶派的伊德里斯王朝。

帝国内部经济基础的差异和由军事封土制造成的强大地方势力,促使割据局面的形成。

800年大将伊本·艾格莱卜在获得突尼斯封土之后,当年便建立艾格莱卜王朝(822—875年)。

868年埃及总督阿哈默德·图伦宣布独立,建立图伦王朝(868—905年)。东方各省继塔希尔王朝之后,又相继出现了萨法尔王朝(867—903年)、萨曼王朝(874—999年)。

909年什叶派穆斯林在突尼斯建立法蒂玛王朝,先后征服阿尔及利亚、叙利亚、埃及、撒丁岛,973年迁都开罗,由于服色尚绿,中国史书称为"绿衣大食"。

此外,摩苏尔和阿勒颇建立了哈姆丹王朝;波斯人和突厥人在波斯、中亚和小亚细亚等地建立了萨曼王朝、白益王朝、伽色尼王朝、塞尔柱帝国;在埃及、叙利亚和也门也建立了阿尤布王朝。大小王国在这一时期忽生忽灭。

10世纪以后,帝国四分五裂,实际统治区域仅限于巴格达及其周围地区,名存实亡。1055年,一支塞尔柱人攻陷巴格达,解除了哈里发的政治权力,仅保有宗教首领的地位,阿拔斯王朝名存实亡。1258年,蒙古军队西侵,攻陷巴格达,杀死哈里发,阿拉伯帝国最后灭亡。

39 蒙古帝国的范围到底有多大?

蒙古族最早居住在额尔齐纳河东部,以后逐渐向西扩张,主要从事游牧活动,成为当时蒙古高原各族中的一族。12世纪时,蒙古各部还处于原始社会的末期,放牧时以部落为单位,称为"古列延",包括数百到成千的毡帐。

13 世纪,蒙古各部落的封建生产关系开始产生。当时,蒙古高原还处于金朝的统治之下,因受女真统治者的挑唆,各部落长期混战。

1206 年,孛儿只斤·铁木真统一蒙古高原各部,在斡难河(今鄂嫩河)源头召开库里尔台大会,即蒙古大汗位,号成吉思汗,建国号为"大蒙古国",漠北结束了长期混战的局面。

1209—1218 年,蒙古人先后征服高昌回鹘与西辽,为其打开了挺进中亚与欧洲的门户。1211 年蒙古铁骑进攻金朝,并占领中都。

1218 年,蒙古为了消除敌人乃蛮王子屈出律残余势力,出兵灭掉被屈出律篡位的西辽政权。

1219—1222 年,由于花剌子模劫杀蒙古的使者及商团,故成吉思汗兼并花剌子模(今中亚细亚的乌兹别克斯坦、土库曼斯坦一带),攻占多个主要城池。花剌子模统治者摩诃末苏丹逃至里海地区后病死。

1223 年,成吉思汗派速不台继续西进,在钦察草原上击败钦察九部联军,在今乌克兰战胜基辅大公,后撤军。

1226 年,病危的成吉思汗再次征西夏,次年西夏末帝李睍投降。

1227 年,成吉思汗在六盘山病死。当时的蒙古帝国包括蒙古高原、中国西北、东北和华北部分和中亚、西亚大部。窝阔台继任蒙古大汗。

1235 年,蒙古大军开始进攻钦察、俄罗斯,攻占莫斯科等城市。

1240 年,拔都攻占基辅。

1241 年,拔都率部入侵波兰、匈牙利、斯洛伐克、捷克,直至抵达奥地利的维也纳附近,这是蒙古大军所到最西之地。

1241 年,窝阔台大汗逝世,汗位空虚达五六年之久,宗王们各自为政,蒙古帝国的中央权力开始削弱。

至 1259 年蒙哥汗去世前,蒙古已征服了包括塞北、东北、华北、西域、吐蕃、中亚、西亚、北亚南部以及东欧大部在内的辽阔区域,建立起横跨亚欧大陆的蒙古帝国。

蒙古西征后,在被征服地区建立了钦察汗国、察合台汗国、窝阔台汗国和伊利汗国。四大汗国的统治者在血统上出自"黄金家族",同奉大蒙古国为宗主。1259 年孛儿只斤·蒙哥去世之后,四大汗国实质上都获得了独立。

1260年,蒙哥汗死后的第二年,阿里不哥在蒙古贵族的支持下在漠北和林自立为蒙古大汗,而忽必烈也在今北京宣布自己成为蒙古大汗,蒙古帝国内战爆发。窝阔台汗国、钦察汗国与察哈台汗国支持阿里不哥,伊利汗国则支持忽必烈。忽必烈击败阿里不哥后,窝阔台汗国、钦察汗国与察哈台汗国不承认忽必烈为蒙古大汗,只有伊利汗国承认忽必烈的蒙古大汗地位,蒙古帝国随之解体。此后忽必烈的权力仅限于东方,他建立了元朝,而在元朝的官方观点中,元朝皇帝即蒙古大汗。

⑩ 蒙古三次西征的主要经过如何?

蒙古的第一次西征是由成吉思汗进行的。1219年秋天,成吉思汗率领大军攻入花剌子模,首先攻陷了讹答剌。1220年3月、4月,又攻陷了布哈拉和撒马尔罕。到1221年就灭亡了花剌子模。此后,蒙古军队偏师又越过高加索山,进入顿河流域。1223年5月,在卡尔卡河畔大败俄罗斯联军,接着,又进兵第聂伯河流域,同年底撤军。

第二次西征是由拔都进行的。1236年,拔都受命西征。到1238年冬天,蒙古军队连续攻陷了莫斯科、里亚赞、弗拉基米尔等城。1240年又攻陷基辅。1241年,蒙古军分两路西进,一路进军波兰,一路进军匈牙利。进军波兰的一路一直打到波兰的西部。进军匈牙利的一路一直打到亚得里亚海岸。1242年,大汗窝阔台的死讯传到军中,拔都照例停止了进军。

第三次西征是由旭烈兀进行的。1253年,旭烈兀奉蒙哥汗之命率兵西征。到1260年就征服了波斯,攻占了巴格达和大马士革。1260年在大马士革以南的阿音札鲁被埃及苏丹的军队打败,从此停止了西侵。

蒙古在西征的过程中,主要建立了四个汗国,一个是拔都建立的钦察汗国,首都设在伏尔加河下游的萨莱,其版图包括匈牙利、波兰、罗马尼亚、钦察草原、花剌子模、西西伯利亚的一部分等地。一个是旭烈兀建立的伊利汗国,首都设在大不里士,版图包括阿富汗、两河流域、伊朗和阿姆河西南地区。一个是察合台汗国,首都在撒马尔罕,是成吉思汗分给其次子察合台的封地,版图包括新疆以西、阿姆河以东的中亚细亚地区。一个是窝阔台汗国,是成吉思汗分给其三子窝阔台的封地,版图包括新疆北部和阿尔泰山一带。

㊶蒙古分裂后的四大汗国是如何衰亡的?

窝阔台汗国(1225—1309 年)

主要是西辽故土(今新疆、中亚地区一带)。忽必烈迁都大都后,支持阿里不哥的窝阔台汗国拒绝归附忽必烈而独立。窝阔台的封地,领有额尔齐斯河上游和巴尔喀什湖以东地区,都城叶密里(今新疆维吾尔自治区的额敏)。1229 年,窝阔台即大汗之位,将封地赐给其长子贵由。1246 年,贵由汗继位,但两年后便病故。蒙古大汗之位由窝阔台系转至拖雷系。1251 年,新任大汗蒙哥对窝阔台系诸王进行镇压,除处死、谪迁一部分王公外,又将窝阔台汗国国土分授诸王子孙,以弱其势。忽必烈汗继位之后,奉行汉化政策,引起以窝阔台嫡孙海都为首的蒙古帝国诸王公不满。海都先后数度起兵作乱,屡胜元军,为元朝一大威胁。1301 年,海都率 40 余位反叛王公联兵进犯元朝,欲取而代之,但在哈拉和林为元军所败,不久海都病亡。1310 年,其子察八儿为察合台汗国所败,窝阔台汗国亡。

察合台汗国(1227—1369 年)

位于今新疆、中亚一带。被忽必烈、阿里不哥等势力多次争夺。此系成吉思汗(1162—1227 年)次子察合台的封地,初领有西辽旧地,包括天山南北及阿姆河、锡尔河之间的土地,都城阿力麻里(今新疆霍城县)。1310 年,又合并了窝阔台汗国的大部封土,国势达于极盛,其疆域东起吐鲁番,西及阿姆河,北到塔尔巴哈台山,南达兴都库什山。1365 年,汗国分为东、西两部。东察合台汗国领有窝阔台汗国旧地,以西辽的疏附为都,后进一步分裂,1570 年东察合台汗国被叶尔羌汗国消灭。西察合台汗国领有中亚的河中之地,以撒马尔罕为都城,1369 年西察合台汗国成为帖木儿帝国附庸,1370 年被帖木儿帝国所灭,1402 年西察合台汗国正式消失。

钦察汗国(1219—1502 年)

位于今匈牙利、波兰、乌克兰、俄罗斯东部、北高加索、花剌子模的一部分,罗斯诸公国为其附庸国,为拔都所创。成吉思汗(1162—1227 年)生前曾将所征服的咸海、里海以北的广袤的钦察草原赐给长子术赤为封地。1235 年,术赤长子拔都西征俄罗斯和东欧,辖地广大,东起叶尼塞河,西至多瑙河下游,南迄高加索山脉,北接俄罗斯平原地区。1243 年西征结束,拔都以伏尔加河下游的萨莱为都,建钦察汗国。因大汗帐色金黄,欧洲人又称其为金帐汗国。拔都后来又将咸海东北之地分封给斡鲁朵,称白帐汗国,将咸海以北、西至乌拉尔河之地封给昔班,称蓝帐汗国,二者皆以金帐汗为宗主。金帐汗国疆土大体由两部分组成,一为钦察草原等游牧地区,一为俄罗斯等农耕地区。蒙古人因地制宜进行统治,游牧地区由蒙古人进行直接控制,为汗国的重心所在。而俄罗斯地区则保留其原有诸王公的封建政权,然后加以控制,诸王公须向汗国称臣纳贡,接受册封。自 13 世纪末始,钦察人又从俄罗斯诸王公中择选最驯服者,封为“弗拉基米尔及全罗斯大公”,受封者凭金帐汗的宠信,有权负责征缴各地贡赋,统一上交金帐汗。自 1219 年建国到 14 世纪中叶的一百多年间,是金帐汗国国势极盛时代。蒙古贵族逐渐与钦察草原各游牧部族的贵族合流,改操突厥语,转皈依伊斯兰教,不断与相邻的伊利汗国争夺阿塞拜疆等地,经常以大军征讨不驯服的俄罗斯王公。1341 年,乌兹别克汗死后,国内矛盾激化,内讧不已。先后在帖木儿帝国和莫斯科公国等的打击或反击下,国势日趋衰落。15 世纪时,分裂出喀山汗国、克里米亚汗国、阿斯特拉罕汗国、西伯利亚汗国等国。1502 年金帐汗国被克里米亚汗国消灭。

伊利汗国(1256—1388 年)

位于高加索、伊朗、伊拉克等地,为拖雷三子旭烈兀远征西亚所建的汗国。1264 年,忽必烈大汗正式册封旭烈兀为伊儿汗。其国东起阿姆尔河,西至地中海,北抵高加索,南达印度洋,首都为大不里士。1295 年,合赞汗继位后,为挽救危局。缓和社会矛盾,放弃传统政策,全面实行伊斯兰化改革,以争取众多穆斯林贵族的支持,巩固封建统治秩序。他率军队放弃了原有的宗教信仰,改皈伊斯兰教,并将其定为国教;大力推行阿拉伯传统的军事封土制,将农民严格固着在土地上,向领有封土者服役纳租;废除征税制度,规定税率,严惩滥征者;统一币制和度量衡,制定工商税则;鼓励垦荒,兴修公路,裁减驿传,核定兵额,禁止贪污;奖掖文化,倡导学术。因此到 14 世纪初时,伊利汗国的社会经济得到较大恢复,封建统治一度加强,伊斯兰文化也有相当发展。在合赞汗的宫廷中,聚集着不少文人学者。他的宠臣宰相拉施特所编著的历史名著《史集》留传至今。1304 年,合赞汗去世。此后不久,伊利汗国内外局势日趋严重。1353 年分裂成卡尔提德王朝、莫扎法尔王朝、札剌亦儿王朝和丘拜尼王朝。1388 年,终被中亚新兴的帖木儿帝国所灭。

㊷ 塞尔柱帝国是如何兴衰的?

塞尔柱帝国(1037—1194 年)是 11 世纪塞尔柱突厥人在中亚、西亚建立的伊斯兰帝国。亦称塞尔柱王朝。帝国极盛时领有伊朗、伊拉克、高加索、小亚细亚大部及叙利亚(包括巴勒斯坦)等地。

塞尔柱人属突厥乌古斯部落联盟(乌古斯叶护国)四大部族的一支,初居中亚北部的大草原地区,以其酋长塞尔柱的名字命名。1040 年,塞尔柱之孙图格里勒伯克占领呼罗珊;进而征服波斯全境,并于 1055 年进入巴格达。哈里发卡伊姆感谢图格里勒伯克为他解除了什叶派布韦希王朝的控制,封他为苏丹,号为"东方和西方之王"。1071 年,图格里勒伯克之侄和继承者阿尔普—阿尔斯兰(1063—1072 年在位)在曼齐克特大败拜占廷军,俘获拜占庭皇帝罗曼努斯四世,于是拜占庭所属小亚细亚大部分地区尽归其手。马利克沙在位时(1072—1092 年)是塞尔柱帝国极盛时期。

1092 年马利克沙死后,诸子纷争,帝国四分五裂。在叙利亚、克尔曼、小亚细亚等地先后出现了一些小王朝。第三子桑贾尔(约 1096—1153 年在位)受封于呼罗珊。1104 年成为大塞尔柱帝国仅存的继承人和其他各塞尔柱小王朝的宗主,声誉日隆。他曾打败中亚的喀喇汗王朝和印度边境的伽色尼王朝,但在1141年的卡特万战役中被东喀喇汗军队与契丹人打败。在位末年,吐火罗斯坦与巴尔赫的乌古斯人反抗苛税起义,他前去征讨,战败被俘。1156年逃到木鹿,次年死去。国土后并于花剌子模王朝。

㊸花剌子模王朝是怎样兴亡的?

花剌子模王朝是一个起源于突厥族马木鲁克的中亚逊尼派王朝。

花剌子模王朝的建立时间至今仍有争论。在1017年至1034年花剌子模成为了加兹尼王朝的一个省。在1042年或1043年,花剌子模属于塞尔柱帝国。在1077年,阿努什的斤成为了花剌子模的总督。1141年,在卡特万之战中,塞尔柱苏丹被西辽击败,阿努什的斤的孙子阿拉丁·阿即思成为西辽耶律大石的附庸。

塞尔柱苏丹于1156年去世,塞尔柱帝国陷入混乱,花剌子模沙赫向南扩张领土。1194年,塞尔柱帝国最后一任苏丹被花剌子模沙赫塔乞失打败并被杀死。

1200年,塔乞失去世,阿拉乌丁·摩诃末即位。1204年,他与古尔王朝发生一场冲突,被击败。摩诃末向宗主国西辽请求帮助,由于这个帮助,摩诃末在和古尔王朝的战斗中获胜,并且把他们赶出了花剌子模。摩诃末为了摆脱西辽的统治,于1208年进攻臣属西辽的撒马尔罕(今乌兹别克斯坦城市),但反被西辽击败。由于当时西辽国内充满矛盾,撒马尔罕君主奥斯曼·伊本·易卜拉欣背叛西辽,自立为汗。于是,摩诃末又与奥斯曼相联合,共同夹击西辽,从河中地区赶走了西辽势力。后来,摩诃末又击败奥斯曼,占领了河中地区,并向阿富汗进攻,于1215年征服了古尔王朝。

1217年摩诃末向巴格达的阿拉伯阿巴斯王朝哈里发发动战争,摩诃末的母亲秃儿罕哈敦是康里人,乘摩诃末远征之机,另立朝廷,干预国政,遂造成母子不和。所以,花剌子模国军队虽众多,但其战斗力比较松散。

1218 年，成吉思汗派遣一个使团来到花剌子模，讹答剌镇的总督怀疑他们是间谍，抢走他们的货物并将他们处死。成吉思汗要求赔偿，但被花剌子模沙赫拒绝。成吉思汗率军远征以报复。1220 年，蒙古军队渡过锡尔河，开始了西侵。蒙古人席卷布哈拉、库尼亚乌尔根奇和撒马尔罕。摩诃末逃走并死在里海的一个岛上。

摩诃末的儿子扎兰丁成为了苏丹，他拒绝了沙赫的称号，后在印度河一役被蒙古军击败后逃亡印度。

④④ 帖木儿帝国是如何建立和衰落的？

帖木儿出生在西察合台汗国（在今乌兹别克斯坦一带），信奉伊斯兰教。后人所知的帖木儿的传奇历史，绝大部分来自其自传《胜利书》《帖木儿自传》。西察合台汗国内乱时，帖木儿扶持势力相对弱小、与他有姻亲关系的王族忽辛。1360 年左右这段时期他们处境不太妙，帖木儿的腿在这段时间里被打瘸。1364 年帖木儿终于把忽辛扶上了可汗宝座。但在 1369 年，他杀死西察哈台汗忽辛，宣称自己是察合台汗国的继承人，建立了帖木儿帝国。

从 1380 年开始，帖木儿帝国先后夺取了波斯和阿富汗，进而攻占两河流域，1388 年征服花剌子模，1389—1395 年，多次进攻钦察汗国，毁其首都萨莱，吞并亚美尼亚和南高加索，1398 年进攻印度德里苏丹国首都德里，屠杀战俘约 10 万人，占领印度北部。

1402 年 7 月 20 日在安卡拉战役大败奥斯曼帝国，俘其苏丹即"闪电"巴耶塞特一世，帖木儿顺势攻陷了奥斯曼帝国在安纳托利亚（小亚细亚地区）最重要的中心布尔萨。使其帝国成为从印度德里到小亚细亚、美索不达米亚的大帝国。到此奥斯曼帝国和帖木儿帝国的战事基本结束。奥斯曼帝国以惨败而告终。

帖木儿获胜后，觉得目的已经达到，把后顾之忧给剪除了，所以并没有乘胜把整个奥斯曼帝国灭掉，而是把安纳托利亚（小亚细亚地区）分给了巴耶塞特一世的四个儿子，帖木儿带着从奥斯曼帝国境里俘获的工匠,迁到撒马尔罕,班师回朝。这期间发生了鬼力赤杀死北元最后一任皇帝坤帖木儿,自立为大汗,废北元国号,改称鞑靼,向明朝进贡求和的事情。坤帖木儿的弟弟本雅失里流亡到了帖木儿帝国。

帖木尔原来希望恢复蒙古帝国的光荣,把分裂的蒙古帝国再度统一起来,因此以各汗国为攻击目标。为此还北上攻打金帐汗国。不料撒马尔罕爆发了外族的叛乱,把他的计划打破了。这时候帖木儿意识到蒙古各汗国对他的威胁不如其他外族大,因此他掉转矛头往其他国家去,首先是把叛乱镇压下去,撒马尔罕又遭受了一遍彻底屠杀,以后在进攻印度的时候他也保持了屠杀的政策,他的军队所过之处和以前的蒙古军队并无二致。

1500年,术赤(成吉思汗的长子)的后裔昔班尼汗率领乌兹别克游牧部落攻占布哈拉和撒马尔罕,建立乌兹别克布哈拉汗国,帖木儿帝国灭亡。帖木儿帝国时期,中亚突厥人文化特性与根基得到了进一步的延伸与发展,为现代乌兹别克民族的形成奠定了重要基础,帖木儿帝国因此也是现代乌兹别克民族定型的一个时期。

但帖木儿的家族并没有因此全部消失,帖木儿五世孙巴布尔于1526年在印度开创了莫卧儿王朝。

45 奥斯曼土耳其是如何建立的?

奥斯曼土耳其人是突厥人的一支,游牧于中亚细亚。这个部族在土耳其安纳托利亚半岛逐渐定居,早期与拜占庭－希腊民族多有融合与战争,日渐兴盛,现代土耳其人就来源于此。

13世纪时,蒙古人开始向西扩张,迫使他们迁移。最初他们依附于塞尔柱土库曼人建立的罗姆苏丹国,在和拜占庭帝国相邻的萨卡利亚河畔得到一块封地。部落酋长埃尔托格鲁尔死后,他的儿子奥斯曼(1258—1326年)继位。继其父担任部落首领,1299年,土耳其趁塞尔柱罗姆苏丹国分裂,正式宣布独立,称号"加齐",奠定了土耳其国家的雏形。

1326 年,奥斯曼之子奥尔汗(1326—1360 年在位)继位后,改称总督,建立了常备军,吞并了罗姆苏丹国之大部分地区,并攻占了拜占庭的布鲁萨城,将它作为首都,以后人们称这个国家为奥斯曼国家,称这支突厥人为奥斯曼土耳其人。在 1331 年,打伤了拜占庭帝国皇帝,并攻占和迁都到尼西亚城。

1354 年,土耳其奥尔汗率军渡过达达尼尔海峡,占领了加利波利半岛,并把这里作为进攻巴尔干半岛的桥头堡。奥尔汗对内确立国家行政组织,中央设立迪万,任命维齐尔(即大臣),向各地派行政军事长官和卡迪,铸造统一钱币,成为土耳其国家的真正缔造者。

1360 年土耳其君主穆拉德一世(1360—1389 年在位)继位后,向东南欧扩张取得决定性的进展。1362 年,采取大规模军事进攻,占领埃迪尔内,并以此为都。接着又征服西色雷斯、马其顿、索菲亚、萨洛尼卡和整个希腊北部,迫使保加利亚和塞尔维亚统治者称臣纳贡。

1389 年在科索沃战役中大败塞尔维亚、保加利亚、匈牙利联军。这一胜利震动了欧洲各国的统治者。欧洲各国为了拯救拜占庭帝国,派出了援军。

土耳其君主巴耶塞特一世(1389—1402 年在位)在 1396 年的尼科堡战役中,一举打败了匈牙利、法国、德国等国的联军。将近一万名十字军被俘,除了用巨款赎回 300 名贵族骑士外,其余的几乎全部被杀。从此,欧洲人只能眼睁睁地看着奥斯曼帝国扩张。拜占庭帝国危在旦夕。但就在此时,中亚的突厥人帖木儿强大起来,并开始向小亚细亚扩张。

1402 年,在安卡拉战役中,帖木儿军大败土耳其军,土耳其君主巴耶塞特一世被俘。奥斯曼国家成为帖木尔的附庸,巴耶塞特的四个儿子向帖木尔宣誓效忠。帖木尔不久死去,巴耶塞特的四个儿子之间开始了争夺王位的战争,新征服地区的人民也趁机掀起反抗运动,土耳其处于严重的危机之中,不得不推迟了在欧洲的扩张。

土耳其君主穆罕默德一世(1413—1421 年在位)结束分裂局面,收复丧失的领土。

46 奥斯曼帝国是如何扩张的?

1453 年,21 岁的穆罕默德二世继位不到两年,亲率八万大军进攻君士坦丁堡,鏖战 53 天,终于攻克,后迁都于此。穆罕默德二世将君士坦丁堡改名为伊斯坦布尔,土耳其语意为"上城去"。

征服了君士坦丁堡同时亦稳固了土耳其作为欧洲东南部及地中海东部地区霸主的地位,接下来土耳其进入了漫长的征服扩张期,将疆域扩至欧洲及北非。

塞利姆一世在位时,对内致力于国内经济的建设,对外致力于向东及向南扩张,于 1514 年查尔迪兰战役击败了塔赫玛斯普一世统治下的波斯萨法维帝国,取得了阿塞拜疆的部分地区。

1517 年,土耳其消灭埃及马穆鲁克王朝,其海军势力亦扩至红海。随后苏莱曼一世并没有停止征服步伐。

1521 年,土耳其攻陷贝尔格莱德,其后征服了匈牙利王国,并在匈牙利及中欧的所在地建立土耳其属匈牙利。

哈布斯堡王朝的统治者斐迪南一世在 1547 年正式承认土耳其对匈牙利的宗主权。在苏莱曼一世治下,特兰西瓦尼亚、瓦拉几亚及反复抗争的摩尔多瓦都成为土耳其的附属国,向土耳其纳贡。在东面,土耳其在波斯人手里夺取巴格达,得以掌控美索不达米亚及波斯湾。

在法国国王弗朗索瓦一世的促成下,1543 年,土耳其海军占领神圣罗马帝国的尼斯。当时的土耳其是欧洲相当重要及受接纳的政体,土耳其与法国、英格兰王国及荷兰共和国缔结军事同盟,对抗西班牙哈布斯堡王朝、意大利及奥地利公国。

另外,土耳其对伊斯兰国家的征战,一直继续到塞利姆一世的继承者苏莱曼大帝时期(1520—1566 年),土耳其海盗海雷丁,绰号为巴巴罗萨(红胡子),征服了阿尔及利亚。

1534 年,土耳其人第一次征服与阿尔及利亚毗邻的突尼斯,次年这个地方又被西班牙人所据有,不过很快土耳其人击败了西班牙人,完全占领了这个国家。土耳其侵占的黎波里(今利比亚)约在 1551 年左右。

土耳其的扩张也波及到了阿拉伯半岛,1547 年占领也门,1550 年占领巴林,1557 年在阿曼马斯喀特击败葡萄牙人并控制阿曼。不久,土耳其人征服了红海沿岸的厄立特里亚与索马里。接着,摩苏尔成了土耳其向伊拉克推进的新的出发点。土耳其与波斯争夺伊拉克的百年之争,以土耳其的胜利而告终。继伊拉克之后,土耳其人又征服了波斯湾沿岸的哈萨。

这样,仅百余年的时间,几乎所有的阿拉伯国家都被土耳其所征服,只有摩洛哥和阿曼仍独立于土耳其之外,并以藩属国形式存在。在以后300 至 400 年的时间里,这些阿拉伯国家饱受土耳其的军事压迫。到16 世纪中期,奥斯曼帝国已囊括昔日拜占庭和阿拉伯帝国的大部分领土,成为一个地跨欧、亚、非三大洲的帝国。

㊆ 奥斯曼帝国是如何衰落的?

苏莱曼一世逝世后,土耳其的领土扩张逐渐放缓。

苏丹女权时期(十六至十七世纪)是土耳其后宫对政治有很大影响力的一个时期,由太后代表儿子行使权力。由于伊卜拉欣一世无力管治国家以及 1646 年年幼的穆罕默德四世登位,政务就交帝国后宫治理,这时期最著名的女性是柯塞姆苏丹及其儿媳杜亨·哈提婕,其中柯塞姆苏丹因摄政招致政敌在 1651 年将她杀害。

1656 年 9 月,激进的保守执法者科普鲁律·穆罕默德·帕夏继位,他恢复了中央权力及帝国的军力,其子及继承人科普鲁律·法奇尔·艾哈迈德奉行其父的路线。科普鲁律家族重振军威的成果可见于重夺特兰西瓦尼亚、1669 年征服克里特及 1676 年扩张至乌克兰南部,占领科丁、卡缅涅茨-波多利斯基及波多利亚地区。

1683 年 5 月,卡拉·穆斯塔法·帕夏再次举兵进攻维也纳,土耳其军被波兰国王约翰三世领导的哈布斯堡王朝、德国及波兰联军击败,刚得到重振的军事力量遭到毁灭。

《卡尔洛夫奇条约》的签订终止了大土耳其战争。奥斯曼帝国须首次割让其控制的欧洲领土,包括匈牙利。自此,土耳其无力再对欧洲奉行扩张政策,在欧洲战线上只得采取防守。

在这时期,只有两位君主可对帝国实施有效的政治及军事管治。穆拉德四世重夺埃里温及巴格达,中央权力再次得到重视。穆斯塔法二世在 1695 年至 1696 年反攻哈布斯堡王朝的匈牙利,但在桑达被欧根亲王击败。

郁金香时期是以君主艾哈迈德三世喜爱的花卉而命名,郁金香亦可象征其任内的和平统治。帝国对欧洲的政策在这时改变,1712 年奥斯曼帝国在第三次俄土战争里取得胜利及签订《帕萨罗维茨条约》后,在1718 至 1730 年间,各地区都处于和平状态。奥斯曼帝国在巴尔干的边疆城镇加强防御工事,以防范欧洲的扩张。

塞利姆三世在位期间为了重振帝国,曾以西方国家为模式,在内政、外交和军事制度等方面采取了一系列革新措施,成为帝国历史上最早实行的大规模"欧化"改革,然而这些改革却遭到宗教领袖及土耳其新军的反对,他们发动叛变,杀死了塞利姆三世。其继承者马哈茂德二世在1826 年对土耳其新军进行了惊人而血腥的屠杀,压制了叛变。

48 奥斯曼帝国是如何发展成为土耳其共和国的?

奥斯曼帝国的衰落被历史学家认为是帝国现代化的时期。在坦志麦特时期,土耳其应对外国的入侵,帝国独力难支,于是开始与欧洲国家结盟,如法国、荷兰、英国等。在克里米亚战争时期,土耳其联合英国、法国等国抵抗俄国。

坦志麦特时期一系列的宪政改革包括建立现代化军队、改革银行系统,以现代工厂取代同业公会。1856 年,哈特-艾·于马云法令保证所有奥斯曼帝国的公民,不论种族及信仰,都享有平等的地位,把 1839 年哈特-艾·沙里夫法令的内容进一步扩充。1876 年 11 月 23 日又发布了称为坎宁-厄·埃沙西的宪法,为国民建立了自由及平等的概念。这是奥斯曼帝国的"一次立宪"。

一次立宪时期为期甚短,但其意念(奥斯曼化)对改革派新土耳其人具有影响,新土耳其人在西方大学接受过教育,他们相信君主立宪制能解决帝国社会不稳的问题。

1876年12月23日,继位的阿卜杜勒—哈米德二世宣布实行君主立宪制,然而,宪政下的议会运行了仅仅两年就被君主封禁,但没有被废除,其后迫于压力,议会再度召开,然而坎宁—厄·埃沙西(土耳其语为"基本法")的有效性被降至最低。

1829年,在英、法、俄三国的干涉下,希腊在19世纪30年代的希腊独立战争后宣布独立。1875年,塞尔维亚、黑山、瓦拉几亚及摩尔多瓦宣布脱离帝国独立。1877年至1878年的俄土战争正式确立了塞尔维亚、罗马尼亚、黑山及保加利亚的独立。波斯尼亚被奥匈帝国占据,巴尔干其他地区仍旧置于奥斯曼帝国的控制。土耳其人在俄土战争失败,奥斯曼帝国以塞浦路斯换取英国在柏林会议上的支持。

在1830年至1912年间,奥斯曼帝国在北非的省份尽失,即阿尔及利亚(1830年被法国占领)、突尼斯(1881年被法国占领)及利比亚(1912年被意大利占领)。

土耳其革命(1908年)及苏丹宣布复行1876年宪法、恢复议会后,奥斯曼帝国踏入二次立宪时期。这些事件对奥斯曼帝国的解体有重要的作用。

奥匈帝国乘奥斯曼帝国陷于国内斗争在1908年吞并波斯尼亚和黑塞哥维那。在1911年的意土战争中,奥斯曼帝国战败,失去了的黎波里和昔兰尼加。随着东南欧国家民族主义的崛起,巴尔干同盟于1912年末向奥斯曼帝国宣战,奥斯曼帝国在巴尔干战争里失去了除东色雷斯及埃迪尔内以外的巴尔干领地。

至1918年,也门和麦地那是土耳其在阿拉伯半岛仅存的领地,《穆德洛斯停战协定》签订后,土耳其被迫交出也门和麦地那,而在1917年俄国革命后土耳其夺取的格鲁吉亚、亚美尼亚及阿塞拜疆都须一并交出。

一战后签订《色佛尔条约》,确立了奥斯曼帝国的分裂。现时,在奥斯曼帝国土地上建立起来的新国家达 40 个（包括备受争议的北塞浦路斯土耳其共和国）。

战后，在穆斯塔法·凯末尔·阿塔图尔克领导下的国民运动，使土耳其获得独立战争胜利。

1922 年 11 月 1 日，苏丹制被废除，最后一任君主穆罕默德六世于 11 月 17 日离开土耳其。新成立的土耳其大国民议会在 1923 年签订的《洛桑条约》得到国际承认。

1923 年 10 月 29 日，大国民议会宣布土耳其共和国成立。

1924 年 3 月 3 日，哈里发制被废除。奥斯曼皇室被列为不受欢迎人物且被驱逐出境。50 年后的 1974 年，大国民议会才准许奥斯曼皇室的后裔获取土耳其公民身份。

㊾ 朝鲜半岛是如何统一的？

朝鲜半岛南部是韩族的活动范围。《后汉书·东夷列传》记载："韩有三种：一曰马韩，二曰辰韩，三曰弁韩"，马韩在西，辰韩在东，中部是弁韩。自乐浪四郡设立后，朝鲜半岛与中国的经贸往来和文化交流十分频繁。公元前后，数以千计的辰国商人往来于乐浪郡进行大规模贸易。中国文明对古代朝鲜半岛影响巨大。

高句丽在东汉之后势力渐盛，占据辽河以东及朝鲜北部，建都于丸都（今吉林集安）。4 世纪初占乐浪四郡地，占据朝鲜半岛北部。到长寿王时期（412—490 年），迁都平壤，占有辽河平原和汉江流域地区，是高句丽最强盛时期。

与此同时，朝鲜半岛南部的三韩逐渐形成为百济国和新罗国。公元 2 世纪，马韩以百济部落为核心建立国家，定都汉城，控制汉江下游地区。但在高句丽的打击下，百济疆域日益缩小，首都被迫迁往南方。

公元 4 世纪辰韩中的新罗部落兼并其他部落，建立新罗国，以庆州为首都。新罗国利用百济与高句丽之间的长期争战之机，不断扩张领地。562 年，新罗还收复了被日本长期占领的弁韩地区（即任那），成为朝鲜半岛最强大的国家。

7世纪初,受到百济与高句丽两面夹击的新罗,决定发展与唐朝的关系,以取得唐朝的支持。660年,新罗联合唐朝军队灭了百济,668年,再灭高句丽。新罗在唐朝支持下,统一了朝鲜半岛。735年,新罗与唐朝签约规定以大同江为界,以南属新罗,以北归中国。新罗真正统一了朝鲜半岛。

50 朝鲜的壬辰战争是怎么回事?

壬辰战争,即16世纪末中日朝三国之间的一场国际战争(1592—1598年)。日本称其为"文禄、庆长之役",朝鲜称其为"壬辰、丁酉卫国战争",明朝称之为"万历朝鲜之役"。

16世纪80年代,在日本列岛,中部尾张国织田信长被刺死,部下大将丰臣秀吉(1536—1598年)继续其统一事业,进行了四次大规模的战争,基本结束了战国林立的局面,使战国以来延续百年的分裂局面重获一统。丰臣秀吉以武力统一全国后,执掌了整个日本的军政大权,便开始了对外扩张。他乘朝鲜李氏王朝耽于党争内讧,朝纲紊乱,决定通过武力先侵占朝鲜,然后征服中国,进而称霸亚洲。

1592年(壬辰年)4月发兵15万余人,大举入侵朝鲜。日本侵略军于13日在釜山登陆后,长驱直入,两月间相继攻占开城、京城(今汉城)、西京(今平壤)。朝鲜大片国土陷入敌手。朝鲜国王李昖在爱国朝臣和军民抗倭热潮的推动下,退至中朝边境的义州(今新义州),继续募兵抗倭,同时要求中国援助。

明朝廷鉴于丰臣秀吉不仅要征服朝鲜,还将侵略中国,遂决定援朝抗倭。同年秋,派遣以陈璘为总兵、李如松为副将的5万余大军赴朝抗倭。翌年1月,朝鲜爱国官兵在明军的支援协同下,一举收复西京、开城,直指京城。用游击战术切断敌人供应线,同时展开海陆两路反攻。朝鲜名将李舜臣指挥的朝鲜水军龟船队,在玉浦、唐项浦、泗川、闲山岛、釜山等海域连创倭军,掌握了制海权。广大民众竞相奋起,打击敌人,迫使侵略军官兵疲惫,溃不成军。日将小西行长率残部南逃至釜山沿海一带。

朝鲜人民在"灭倭救国"的旗帜下,很快形成强大的义兵运动,对抗倭救国作出了重大贡献。日本侵略军处境十分狼狈,遂于 1593 年 8 月被迫接受"议和",谈判拖延 3 年,未能达成协议。

1597 年 2 月,丰臣秀吉又出兵 14 万人入侵朝鲜,东西两路并进,连占要塞。中国又动员川、陕、浙、蓟、辽等地步兵及福建、吴淞水师等,再次出兵援朝,同年 9 月,朝中联军在稷山、青山等地重创日军,迫其退守尉山、泗川、顺天。

1598 年初,明军分道向釜山进兵,展开了援朝逐倭决战。朝中联军全力进攻,连战连捷。同年 8 月,丰臣秀吉因侵朝战争失败积郁而死。其部将德川家康遵其遗命于 10 月下令撤军。11 月 19 日,日本侵略军余部乘 500 余艘舰船行至露梁海域,遭朝中联合舰队致命打击,日本海军几乎全部被歼。一代名将李舜臣和邓子龙也壮烈牺牲。长达 7 年之久的朝鲜壬辰卫国战争,以朝中人民的胜利而结束。

51 日本的大化改新是怎么回事?

3 世纪中叶,本州的大和国逐渐强盛,到 5 世纪初基本统一了日本。大和国实行贵族政体,最高首领称大王,以大王家族为中心的豪族集团控制了大和的政权。

5 世纪中叶,大和国内地方豪族反抗中央王权和部民反对贵族的斗争频繁发生。6 世纪末在朝廷争斗中获胜的苏我马子,拥立外甥女为推古天皇,593 年推古天皇令侄儿圣德太子摄政。圣德太子决心向中国学习,推行改革。但圣德太子的改革没有触动社会经济体制,特别是部民制。

645 年,皇室和中央贵族以中大兄皇子、中臣镰足为首的有识之士,结交唐朝归国的留学生和革新派发动宫廷政变,消灭苏我氏,拥立孝德天皇继位,年号大化。次年,孝德天皇颁布诏书,宣布实行改革,史称大化改新。其主要内容是:政治上沿用中国律令组建律令机构,确立中央集权制;中央设神祇官掌管祭祀,太政官掌管行政,下辖八省分理行政事务,地方置国、郡、里三级行政机构,国司由中央派任,郡司由地方豪族担任;废除贵族私有土地和部民制,施行国有公地、公民制;编制户籍、计账(规定赋役的登记),行班田收授法;实行租庸调制,租率为口分田收获稻子的 3%,庸为每年 10 天劳役或以绢布代役,调为向国家缴纳布绢等实物。

672 年,天武天皇即位后,陆续编纂了律令,律相当于刑法,基本照搬唐律,令也仿效唐制,但考虑了日本的实行情况。701 年完成的《大宝律令》,在法律上确认了大化改革的各项措施,使日本成为律令制国家。

大化改新实行的土地国有制和班田制,导致了小农经济的广泛流行。班田农民与国家的关系是一种封建性的生产关系。同时王室贵族也把私田出租给个体劳动者佃种,建立封建性的租佃关系。因此,大化改新是日本向封建社会发展的转折点。

52 日本的武士道是怎么回事?

"武士道"一词在江户时代才出现,武士道的思想在神道思想的天皇信仰中融合重塑而成。

武士道的渊源可以追溯到日本的国家神道和神道教、佛教。它是日本武士阶级必须严格遵守的原则。

武士道兴起于藤原氏专权政治背景下的日本,武士的形成是与以天皇为首的中央集权制的瓦解和庄园制的发展相关联的。大化革新以后实行的征兵制随着中央集权制的衰落也日趋松弛。9 世纪初改行"健儿制",而导致服兵役成为贵族的专制,以至军队素质一落千丈。

正于此时日本各地庄园兴起,庄园主为了领土和安全,而慢慢分离一些农民去训练,后来干脆成立了专门负责保卫工作的武士团。一些寺庙、神社也组织了"僧兵"。但庄园武装的建立,对地方构成威胁,意识到的地方势力也组织了武装力量。一般由当地的富豪组成,称为"郎党、郎众"。

武士势力的出现和加强，从 11 世纪初期开始逐渐形成了超越庄园范围的地区性武装集团。无数分散的武士聚集在一地，统一指挥，组成了武士团。武士团的首领称"物领"，下属称"庶子"。武士团有极强的宗族观念，坚决实行首领的命令，实行主从关系。武士在战场上武勇和具有对主人的献身精神，是武士个人和武士团的基本要求，形成了"武家习气"，"弓矢之道"等新观念，成为维持武士团组织的重要思想支柱。

武士兴起的年代，正是日本从律令社会转变为贵族社会的时期。也正是封建社会开始占据优势的时代。那时，作为地方地主的武士，把根扎在土地之中。他们被任命为捕头、押司等，并且拥戴出身名门的武将为靠山。

武士道一词真正成为日语单词是在日俄战争前后，明治 32 年新渡户稻造在美国用英文"BUSHIDO"代表"武士道"，当时仅为美国知识分子所知。直至明治 41 年此书从美国返销日本才被正式翻译成"武士道"。

武士道的目的与西方中世纪的骑士规章很相近：为战士设定生存的理念，将他们由受雇的杀手的地位加以升华。真正信奉武士道的武士崇尚正直、坚毅、简朴、质朴、胆识、礼节、信义、廉耻、武勇、忠诚、情爱、激越、豪爽、尚武等种种美德。只要武士忠于天职，就能得到荣誉。这种不计代价维护个人荣誉的信念，使得武士不会避开堪称无谓的自我牺牲。

武士道产生于镰仓幕府时代，明治维新时虽然废除了武士等级，但武士道精神却因统治阶级的宣扬和利用而保存下来。仍长存于二十世纪的日军心中。

53 德里苏丹国是统一印度的王朝吗?

1206 年，阿富汗古尔王朝统治德里的总督库特布丁·艾伊拜克自立为统治印度的苏丹，定都德里，标志着德里苏丹国统治印度的开始，这是印度分裂几百年以后出现的一个统一王朝，但它的统治并不稳定。

其后的 320 年间经历了彼此没有家族关系,甚至没有种族关系的 5 个王朝、32 个苏丹的统治。五个王朝是:奴隶王朝(1206—1290 年)、卡尔吉王朝(1290—1320 年)、图格鲁克王朝(1320—1414 年)、赛义德王朝(1414—1451 年)、罗第王朝(1451—1526 年)。

奴隶王朝,又名库特布沙希王朝(1206—1290 年)是德里苏丹国第一个王朝。1206 年,古尔王朝的最后一任国王穆罕默德·古尔遇刺身亡。因穆罕默德生前并没有留下后嗣,当时效忠穆罕默德的库特布丁乘机而起,成为了王国的接班人。库特布丁自称德里阿曼苏丹,定都拉合尔;其后又将首都迁往德里。库特布丁卒于 1210 年,并由其女婿舍姆斯丁·伊勒图米什接任王位。其后几任苏丹大都是舍姆斯丁的后裔。1286 年,王朝的第 9 任苏丹吉亚斯丁·巴勒班死亡。此后几年王朝由盛转衰,并于1290 年由菲鲁兹·卡尔吉所建立的卡尔吉王朝所取代。

菲鲁兹本为库特布沙希王朝的一名将领,并于 1290 年取代了当时的库特布沙希苏丹。其子阿拉乌德丁·卡吉尔(1296—1316 年)打开了向德干高原扩张的道路。这个王朝捣毁了孟加拉超戒寺与那烂陀寺。1320 年,卡尔吉王朝的最后一任苏丹被刺杀,王朝遂殁。

图格鲁克王朝(1320—1413 年)是德里苏丹国第三个王朝,其创建者为加兹·图格鲁克。图格鲁克王朝的苏丹穆罕默德·伊本·图格鲁克 4次派大军远征南印度,领土扩大到科佛里河以南,行省增加到23 个,使德里苏丹国家一度达到极盛时代。

1351 年,穆罕默德被杀,他的表弟菲鲁兹宣布继位。他的统治持续到 1388 年他去世为止。菲鲁兹是一位相当有建设性的苏丹,他先是放弃了对南部的征讨,集中力量建设德里,建设了美丽的新花园、清真寺、医院和学校。他还是一个狂热的穆斯林。他死后不久,苏丹国就分裂为几个敌对的小集团。德里苏丹国家逐渐走向衰落。

1398 年,帖木儿入侵印度并占领德里,给本已分裂的德里苏丹国家以致命打击。各省总督纷纷独立。赛义德王朝和罗第王朝沦为仅统治德里及拉合尔地区的小邦。

赫兹尔汗为原帖木儿帝国旁遮普总督。在图格鲁克王朝灭亡后,赫兹尔汗占领了德里,建立了赛义德王朝。王朝共历 4 代苏丹;管辖范围包括旁遮普等北方地区。

1451 年,锡林德总督巴赫鲁尔·罗第占据了德里,赛义德王朝灭亡,罗第王朝开始。王朝共历 3 代苏丹,管辖范围包括今旁遮普、北方邦等地区。

在 1526 年第一次帕尼巴特战争中,易卜拉欣·罗第被帖木儿后裔巴布尔打败,德里苏丹国遂灭,同年巴布尔在德里建立莫卧儿王朝。

54 莫卧儿帝国是如何建立的?

帖木儿帝国灭亡后,帖木儿后裔巴布尔以阿富汗喀布尔为根据地,企图复辟帖木儿帝国,失败。

巴布尔就把目光投向南方人心涣散、四分五裂的德里苏丹国。恰在这时巴布尔有了一个方便的借口:旁遮普省总督邀请他出兵将其从其领主苏丹的手中"解救"出来。于是,巴布尔向南方进行了"圣战"。

1525 年,巴布尔南下进攻印度,次年攻占德里,屡败印度诸侯联军,征服北印度大部分地区,建立莫卧儿帝国。

从此,印度的不同教派、分散的村社走上了民族统一的道路,成为当时世界上最富有、最强大的国家之一。巴布尔开始转战于整个印度次大陆,在很短的时间里,就占领了大半个印度半岛。他采用"以印治印"的手法,把印度半岛北部尚未征服的地盘划分给一个个印度封建主,不管他们采用什么方法,只要能做到成功管理,那就是他们的领地。不久,印度北部就基本统一了。

1527 年春天,巴布尔与拉那·桑伽两军交火。经过十分激烈的拼杀,拉那·桑伽身受重伤。拉其普特人最终还是被巴布尔打败了。1528 年,马茂德召集 10 万阿富汗联军于比哈尔,准备与巴布尔争一雌雄。在恒河与哥桥拉河交汇处,两军摆开战场。巴布尔亲自指挥蒙古人在强大炮火掩护下强渡哥桥拉河,分兵夹击敌军,马茂德逃亡孟加拉。这一仗成了巴布尔一生中征战之绝笔。1530 年 12 月 26 日,巴布尔英年早逝,年仅 48 岁。著有《巴布尔回忆录》。巴布尔在一生的征战,占领了东起哥桥拉河,西至阿姆河,南起瓜廖尔,北至喜马拉雅山脉的大片领土。

55 莫卧儿帝国是如何衰落的?

1530 年,巴布尔因病去世后,其子胡马雍继承皇位。企图以察合台的突厥人、蒙古人、波斯人、阿富汗人和印度人组成的混合军队,征服全印度,以实现父亲的遗愿。其三位异母兄弟卡姆兰、欣达勒和阿斯卡里出兵攻击他,与他争夺王位。分散在各地的许多阿富汗贵族纷纷起兵反叛。1539 年,东部阿富汗王公舍尔沙起兵谋反,在乔沙战役中胡马雍全军覆没,本人逃走。舍尔沙占领德里,建立了苏尔王朝。1545 年舍尔沙在战争中被炸死。1555 年,胡马雍重征印度平原,占领德里和阿格拉,恢复了莫卧儿帝国在印度的统治。

1556 年,胡马雍重登帝位六个月后逝世。年仅十三岁的阿克巴继承了帝位。阿克巴幼时未受到良好的教育,他在将军巴伊拉姆汗的辅佐下,开始治理莫卧儿帝国。阿克巴 18 岁时夺回大权,在摆脱左右羁绊后,便开始扩张领土的征讨。他对不同的地区采用不同的政策,兼用武力和怀柔的手段,15 年的时间里统一了北印度。他又用 16 年时间把版图扩大到遥远的西北地方。最后,他又用了 3 年的时间,平定了南方的几个王国,从而建立了一个强大的莫卧儿帝国。

阿克巴去世后,莫卧儿帝国先后由贾汉吉尔和沙贾汗统治。贾汉吉尔(1605—1627 年在位)时期,锡克教第五代祖师阿尔琼把教区改为行政机构,向信徒征收赋税。锡克教过去一直标榜为和平静修的团体,祖师只关心传教,从不干预政治。阿尔琼却卷入了莫卧儿皇室的纷争,庇护叛乱的王子,从而遭到贾汉吉尔国王的嫉恨,1606 年引来杀身之祸。以此为发端,锡克教和平发展时期结束。

17 世纪中期,莫卧儿帝国处在黄金时代。皇帝沙贾汗时期,印度建成了德里的红堡等许多著名建筑。在这众多的名胜古迹中,最著名的是沙贾汗为其死去的宠妃建造的礼物——阿格拉市的泰姬陵。

沙贾汗统治时期是莫卧儿帝国最兴盛时代。沙贾汗不断向德干高原用兵,吞了艾哈迈德纳加尔,迫使高康达称臣纳贡,强迫比贾普尔承认莫卧儿的宗主权,把帝国的版图扩大到科佛里河附近。

1633 年,沙贾汗击败并兼并了艾哈迈德纳加尔王国。然而,这次胜利却激起几股力量的反抗,这些力量加速了莫卧儿帝国的灭亡。

1657 年,沙贾汗病重,他的四个儿子开始争夺皇位。沙贾汗宠爱他的长子达拉·什克,但他的第三子奥朗则布在诸王子中最有能力。1658 年,奥朗则布获胜,废黜了他的父亲。

奥朗则布是莫卧儿帝国最重要但也最具争议的皇帝。他放弃了莫卧儿帝国初期尤其是阿克巴时代的宗教宽容政策,加强伊斯兰教的宗教地位,企图使印度完全伊斯兰化。18 世纪初,到奥朗则布去世时,留下的已是一个四分五裂的帝国。

56 英国是如何占领印度的?

从 19 世纪 40 年代起,英国侵略的矛头转向北面锡克教人居住的旁遮普地区。锡克教徒英勇抵抗,但是封建主怕发动群众,加上指挥不当,没有团结伊斯兰教和印度教徒共同对敌,以致旁遮普为英国所侵占。当时次大陆上已经没有权威的国家组织,莫卧儿帝国已徒有虚名,宗教、民族、种姓、地区等种种对立,使英国侵略者能够利用来各个击破,分而治之。

英国在 1849 年吞并旁遮普以后,莫卧儿帝国完全沦为英国殖民地,英国对莫卧儿在政治上继续采用"分而治之"的手段进行统治,政府实权在英国人手里,莫卧儿皇帝只是一个傀儡而已。

1857 年 5 月,为了反对英国殖民者,印度民族反英起义爆发。起义者拥立早已名存实亡的莫卧儿帝国末代皇帝巴哈杜尔·沙二世为印度皇帝,以他的名义发布文告,号召全国人民不分宗教信仰,一致奋起驱逐英国殖民者。9 月,英军殖民者进入起义的重要中心德里城,以巴哈杜尔皇帝为首的贵族集团投降,起义军撤退,德里失陷。

在章西邦,章西女王(1835—1858 年)是反英起义中的重要领袖。她是章西邦王后,章西王公死后,国土被东印度公司吞并,受英国直接统治,剥削加重。1857 年,章西女王亲自率领本邦军民起义,驱逐英军,占领章西,重新复国。次年初,章西成为中印度起义中心,女王亲自指挥章西军民与英军激战八天,重创英军。后率军向西转移,与英军决战中身先士卒,奋勇杀敌,最后英勇牺牲,年仅 23 岁。莫卧儿帝国完全被英国殖民者占领。之后,莫卧儿帝国末代皇帝巴哈杜尔被英国殖民当局放逐。

莫卧儿帝国消亡后,英国又直接统治印度共 90 年,直至 1947 年。

57 印度民族大起义是如何发生的?

印度民族起义是指 19 世纪中期由印度封建主领导的、以印度雇佣兵为骨干的反抗英国殖民统治和争取民族独立的起义。又称印度雇佣军兵变、土兵起义。

19 世纪上半期,印度完全沦为英国的殖民地。英国极力把印度变成商品销售市场和原料产地,激起印度农民和手工业者的极大仇恨。英国在印度实行兼并封建主领地的政策,引起许多贵族的不满。

1849 年英国吞并旁遮普以后,取消 20 万印度雇佣兵的特权,激起印度雇佣兵的不满情绪。

1857 年初开始在印度雇佣兵中流传这样一种说法:东印度公司用猪油或牛脂做润滑油涂在来福枪的子弹上。当时在装子弹之前,士兵必须用牙齿咬破来福枪子弹的弹壳,印度教徒和伊斯兰教徒顾忌用嘴接触禁忌动物的脂肪,故拒绝使用这些子弹。

5 月 9 日,德里附近密拉特城第三骑兵连的 85 名印度土兵公开拒绝英国殖民者所发的子弹,英国军官将其捆绑,把子弹塞入他们口中,随后送往陆军监狱囚禁,导致印度土兵在 5 月 10 日起义。

从 1857 年 2 月到 4 月,军队起义事件不断发生。5 月 11 日,起义者进入德里,拥立莫卧儿皇帝巴哈杜尔·沙二世为印度皇帝,成立了由十人组成的行政院为领导机构。起义者占领古都德里,激发了各地起义的迅速发展。

年轻的章西女王拉克希米·巴伊于6月领导人民起义。起义波及北印度和中印度广大地区,中心是德里、坎普尔、勒克瑙。从6月上旬到9月中旬,起义者进行英勇的德里保卫战。7月初,巴雷利起义领袖巴克德·汗到达德里,被任命为德里起义军总司令。但巴哈杜尔·沙二世周围的封建贵族反对巴克德·汗,致使起义军失去统一指挥。9月中旬,在血战6天之后,德里陷落。巴克德·汗率军出走法鲁哈巴德。巴哈杜尔·沙二世屈膝投降,后被囚在仰光。德里陷落后,奥德首府勒克瑙成为起义军的中心。

1858年初,集中在勒克瑙的起义军接近20万人,其中3.5万以上是孟加拉军团的印度雇佣兵。2月19日至3月19日,起义军在勒克瑙进行艰苦的保卫战,最后被迫撤出城市。3月22日至4月3日,在章西女王——拉克希米·巴伊领导下,起义军进行章西保卫战。6月,这位女王在瓜廖尔牺牲。

起义虽然以失败告终,但沉重地打击了英国殖民统治。1858年8月,英国议会通过法案,撤销东印度公司。

58 法国是如何占领印度支那的?

17世纪初,法国派遣传教士和商人到达越南。1802年,法国支持阮福映,扼杀了西山农民政权,建立起阮氏王朝。19世纪前半期,越南人民奋起反抗阮氏王朝的统治和压迫。法国乘机加快了扩张的步伐。它企图以越南为据点,扩大其在亚洲的势力。19世纪40年代,法国一再派出舰队,入侵越南。1858年9月,法国伙同西班牙占领了土伦,1859年占领西贡、嘉定等地。1861年,在第二次鸦片战争中打败中国后,全力进攻南圻,并相继占领湄公河三角洲东部的嘉定、定样、边和等省。1862年,法国强迫阮氏王朝签订第一个丧权辱国的条约《西贡条约》,标志着越南开始沦为法国的殖民地。

法国占领南圻三省后,又于 1867 年占领了整个南圻,并向中圻、北圻进攻,企图侵占整个越南。1874 年 3 月,法国强迫越南又签订了第二个《西贡条约》,越南承认外交受法国监督,把整个南圻割让给法国,开放红河及河内、海防、归仁三个港口,法国在越南享有领事裁判权。1883 年 8 月越南皇帝去世,法国乘机遣使向顺化朝廷发出通牒,要求承认法国保护。阮氏王朝被迫与法国签订《顺化条约》,规定法国对越南有保护权,越南一切外交事务由法国控制。1884 年 6 月,阮氏王朝又被迫签订《巴德诺条约》,这一条约代替以前的一切条约,确认法国对越南的保护权。这样,法国经过不断的蚕食,终于把越南全部吞并,变成了它的殖民地。

法国在向越南侵略的同时,还向柬埔寨和老挝扩张。柬埔寨是东南亚的一个弱国,经常受到邻国的干涉。有时它向越南纳贡称臣,有时则倾向泰国。但是,在 1863 年,法国迫使柬埔寨签订一项条约,把柬埔寨处于法国的保护之下,1864 年,法国的一支军队进入柬埔寨。1867 年,法国与泰国签订条约,泰国放弃所有对于柬埔寨的权力,从此法国在柬埔寨的权力迅速增加。法国在柬埔寨的驻扎官拥有了柬埔寨政府的真正权力。

老挝从 1828 年永珍陷落后,除了甘蒙和甘格地区外,泰国控制了这个国家。但在 1871 年老挝发生暴乱,法国乘机侵入。1887 年,法国把柬埔寨、老挝和越南合并为"印度支那联邦",由驻西贡的法国总督进行统治。

59 黄花探是如何领导安世农民进行抗法斗争的?

自法国入侵南圻起,南圻人民就展开了英勇的抗法斗争。越南完全沦为法国殖民地后,抗法斗争更加高涨。其中,1897 年至 1913 年黄花探领导的安世地区农民游击战争最为著名。

黄花探(1845—1913 年)出身于雇农,北圻山西人,后移居安世。法国入侵北圻后,便积极参加了抗法游击队。1897 年,他将安世地区许多分散的游击队伍统一起来,建立了比较牢固的根据地,运用灵活机动的游击战术,不断给殖民者以沉重打击。

从 1889 年起,法国在北圻发动了多次扫荡,但都被黄花探领导的起义军击败。1892年3月,法国曾集中大量兵力,配备重型武器,向安世农民军发起大举进攻。但起义军在当地群众配合下,迅速撤入森林,使法军一无所获。到1894年,起义军活动范围已扩大到河内至谅山的铁路沿线,截击火车,破坏交通。同年9月,生擒了法国大地主、《北圻未来报》的主编色斯耐,使法国大为震惊。屡遭失败的殖民者为解救色斯耐,被迫与黄花探谈判求和。

1894年10月,双方签订停战协定:法军撤出安世地区;雁南、牧山、安礼、友尚四总(总是地方行政单位,几个乡为一总)归黄花探管辖;法国付款赎回色斯耐。抗法斗争取得了重大胜利。

协定签订后,斗争并未停止,双方都在厉兵秣马,准备再战、1895年11月,法军撕毁协定,向起义军发动了突然袭击。但早有戒备的起义军立即化整为零,分散到森林和乡村,伺机伏击敌人。经过两年的战斗,起义军终于挫败了法军的速决战计划。1897年12月,法军被迫再次议和,签订了第二次停战协定。

1909年1月,法军又一次集中优势兵力,向安世地区发动了更加疯狂地进攻,并伙同顺化傀儡政权,对人民采取恐怖措施,企图割断起义军同群众的联系。同年10月,双方在郎山发生激战,起义军损失惨重,只剩下零星队伍不得不分散活动。黄花探在人民群众的掩护下,带领小股队伍,在森林中与敌人周旋了三年之久。

1913年2月,黄花探被法国殖民者收买的内奸杀害,安世地区的农民起义最后失败。

黄花探是越南的民族英雄,坚持抗法斗争近三十年,最后为民族解放事业献出了生命。

60 日本的幕府统治是怎么回事?

幕府政治又称为"武家政治",是日本封建社会武士阶级统治的政权形式。幕府一词起源于中国。在中国古时候,军队出征,将军在营幕中处理军务,故称将军的营幕为幕府,有时也用这一名称称将军。日本转而用这一词称武士集团的中央政权。幕府政治的首脑称"征夷大将军"，其下设各级武士。名义上将军由天皇任命，实际上以将军为首的幕府掌握国家的实权，以天皇为首的朝廷却形同虚设。

日本先后经历了镰仓幕府（1192—1333 年）、室町幕府（1336—1573 年）和江户幕府（1603—1867 年）三个幕府。镰仓幕府是源赖朝镰仓建立的。它是一个以御家人为主要支柱，以小领主庄园为经济基础，以将军为首领的中央集权的封建政权。室町幕府是足利尊氏在京都室町建立的。在室町幕府时期，小领主庄园被大领主庄园所代替，拥有大庄园经济的封建领主守护大名是室町幕府所依靠的支柱，但他们也都是独霸一方的封建主，因此，将军只是名义上的武士共主。江户幕府是德川家康在江户建立的，又称德川幕府。江户幕府时期，将军直接控制了全国的大片土地，（初期，约为全国土地的四分之一），并把全国土地的百分之七十作为"藩领"分封给两三百家大名。这些大名在其领地内拥有行政、司法等权。为了防止大名的叛乱，幕府制定了大名必须遵守的"参觐交代制"和大名以下的武士必须遵守的"武家诸法度"。这样，江户幕府是直接掌握政权的高度集中的中央政权，其经济基础是将军家的直辖领地。

61 日本的德川幕府统治是如何结束的？

在 19 世纪中期的亚洲，日本处于最后一个幕府——德川幕府时代，掌握大权的德川幕府对外实行"锁国政策"，禁止外国的传教士、商人与平民进入日本，也不允许国外的日本人回国，甚至禁止制造适于远洋航行的船只。

1853 年，美国海军准将马休·佩里率领舰队进入江户（今东京）岸的浦贺，把美国总统米勒德·菲尔莫尔写给日本天皇的信交给了德川幕府，要求同日本建立外交关系和进行贸易。史称"黑船事件"（亦称"黑船开国"）。1854 年，日本与美国签订了神奈川《日美亲善条约》，又名《神奈川条约》，同意向美国开放除长崎外的下田和函馆两个港口，并给予美国最惠国待遇等。

由于接踵而来的一系列不平等条约的签订，德川幕府再度成为日本社会讨伐的目标。中下级武士中要求改革的分子形成革新势力,号召尊王攘夷。尊王攘夷运动失败后,许多有识之士认识到,要想改变日本现状,实现富国强兵,必须推翻幕府统治。于是,尊王攘夷运动演变为倒幕运动。

1863 年 6 月,幕府被迫宣布攘夷,随之发生了美英荷法四国军舰炮击下关(下关战争),英国舰队进攻萨摩藩(萨英战争)的事件。1865 年春,长州藩尊王攘夷派领袖高杉晋作提出开港讨幕的战略,决定不再提攘夷,转向武装倒幕,并与萨摩藩结成秘密军事同盟。

1867 年孝明天皇死,太子睦仁亲王(即明治天皇)即位,倒幕势力积极结盟举兵。11 月 8 日,天皇下达幕密敕。9 日幕府将军德川庆喜奏请"奉还大政"。1868 年 1 月 3 日,西南各诸侯率兵包围皇宫,解除德川幕府驻后宫警卫队的武装。他们簇拥着年少的明治天皇,召开御前会议,宣布"王政复古",大权全归天皇掌握。明治天皇随即颁布诏书,决定建立由他领导的新的中央政府,并委派西乡隆盛和大久保利通这些改革派主管政事并发动戊辰战争。

天皇军大举东征,迫使德川庆喜于 1868 年 5 月 3 日交出江户城,至 11 月初平定东北地区叛乱诸藩。1869 年春,天皇军出征北海道,于 6 月 27 日攻下幕府残余势力盘踞的最后据点五棱郭,戊辰战争结束,日本全境统一。1877 年,西南战争爆发,这场战争是倒幕运动的尾声,也是日本资产阶级革命余波。随着西南战争中萨摩军的失败,由天皇操纵、主导政权的封建军国主义国家建立。

62 日本明治维新是怎么回事?

明治维新,是指 19 世纪 60 年代末日本在受到西方资本主义工业文明冲击下所进行的,由上而下、具有资本主义性质的全盘西化与现代化改革运动。

关于"明治维新"作为一历史时期的时间断限,说法不一。狭义地说,"明治"维新从 1868 年 10 月 23 日(旧历 9 月 8 日)宣布改元明治开始。但一般通常把前一年的 1867 年大政奉还、王政复古等许多政治变动都包含在内。其下限则也有废藩置县（1871 年）、西南战争结束（1877年）、实施内阁制（1885 年）、确立二元制君主立宪制（二元君主制）（1889年）等多种主张。

十九世纪的日本明治维新，长州，萨摩，土佐，肥前四强藩合兵。在伏见、鸟羽战役中战胜幕府军，末代将军德川庆喜被迫奉还大政于明治天皇，从此日本正式迈入资本主义社会。

1871 年，明治政府派出以右大臣岩仓具视为首的大型使节团出访欧美，考察资本主义国家制度。在富国强兵、殖产兴业、文明开化的口号下，政府积极引进西方科学技术，以高征地税等手段进行大规模原始积累，建立了一批以军工、矿山、铁路、航运为重点的国营企业。与此同时，引进缫丝、纺织等近代设备，建立示范工厂，推广先进技术；招聘外国专家，派留学生出国，培养高级科技人才。由于过重的财政负担曾经引起财政危机，80 年代初政府把一批国营企业和矿山廉价出售给与政府勾结因而拥有特权的资本家（即所谓政商），以优厚的保护政策鼓励华族、地主、商人及上层士族投资经营银行、铁路及其他企业。80 年代中期起，以纺织业为中心，开始出现产业革命的高潮。

明治维新剥夺了封建武士阶层的特权，中上级武士因由政府赎买其土地而转化为新的寄生阶级，下级武士却只有破产一途。

明治维新毁灭了旧的封建秩序，开创了新时代，无论在日本历史还是世界史上都具有深远的影响。维新主角并非四强藩藩主，而是广大中下级武士和平民。明治维新是日本历史上的一次政治革命，也是日本历史的重要转折点。它推翻德川幕府，使大政归还天皇，在政治、经济和社会等方面实行大改革，促进日本的现代化和西方化。明治维新的主要领导人是一些青年武士，他们以"富国强兵"为口号，企图建立一个能同西方并驾齐驱的国家。

明治政府首先采取"奉还版籍"、"废藩置县"的措施，结束了日本长期以来的封建割据局面，为建立中央集权国家和发展资本主义经济奠定了基础。

"明治维新"后，日本经过 20 多年的发展，国力日渐强盛，先后废除了幕府时代与西方各国签订的一系列不平等条约，重新夺回了国家主权,最终进入了近代化。可以说,"明治维新"是日本历史的转折点。日本从此走上独立发展的道路,并迅速成长为亚洲强国,乃至世界强国。

日本走上强国之路,同时也走向扩张之路。

63 缅甸是如何成为英国殖民地的?

缅甸位于中印度半岛西北部,在其国土上很早就生活着孟族、掸族、克伦族等各族人民。缅人是今天缅甸的主要居民。公元 849 年,缅人在几个村落汇聚处建立浦甘城。1044 年,阿那律陀创建浦甘王朝(1044—1287 年)。阿那律陀在位时(1044—1077 年),很重视农业生产,国家实力有所增强。在此基础上,他先后出兵征服南缅甸诸小国,以后又经征战,使北部掸邦诸部落也称臣纳贡。这样,阿那律陀就统一了缅甸南北大部分地区,并使其势力远达孟加拉湾与泰国边境,成为缅甸历史上第一个统一的王朝。

浦甘王朝末王阿罗梯诃波帝即位(1254—1287 年)后,荒淫奢靡。1277 年,忽必烈派大军进攻缅甸,攻城略地,于 1287 年攻破浦甘城,浦甘末王死,浦甘王朝灭亡。蒙古人正式在缅甸设行省进行统治,但为时不长。1303 年,元朝在缅甸的统治宣告结束。

浦甘王朝灭亡时,缅甸北部山区的掸族人乘机崛起,建立了一些地区性小国,史称掸族统治时期(1287—1531 年)。北部和中部有许多掸族小邦,相互争雄。南部孟族人建立了勃固国(1287—1539 年),上缅甸以阿瓦为中心,建立了缅人的阿瓦国(1287—1555 年),东部则有缅人的东吁国(1280—1531 年)。这些小国相互征战,使缅甸处于混乱局面。

东吁明吉瑜王在位时(1486—1531 年),许多缅族首领逃归东吁,使他成为最大的君主。

在莽瑞体王统治时期(1531—1550 年),东吁王朝开始了统一缅甸的战争。直到 1555 年,继位的莽应龙王(1551—1581 年在位)时,才最终完成了缅甸的统一。但莽应龙的对外扩张,最终遭到反抗,使得东吁王朝在莽应龙死后逐渐衰落。

15 世纪末,新航路开辟后,欧洲殖民者也开始入侵缅甸。1511 年,葡萄牙人占领缅甸马都八等港口,设立商站。葡萄牙人还插手东吁王朝与勃固之间的战争,并多次插手邦国间的战争,从中渔利。以后,葡萄牙人加强了对缅甸的控制。在东吁王朝的指挥下,缅甸赶走了葡萄牙人,但荷兰和英国的势力又开始入侵缅甸。到 17 世纪中叶以后,英国势力增强,逐步取代荷兰,成为入侵缅甸的主要西方殖民者。

64 泰国是如何维护独立的?

泰国位于中印度半岛西部,这里很早就有人类繁衍生息。公元 3 世纪,在今天泰国境内出现地方小国金陈国。它是孟族人建立的古国之一。公元 6 世纪,在今泰国中部地区出现堕罗钵底国,在南部沿海地区出现盘盘、哥罗、狼牙修、赤土等国。它们都是孟族人建立的国家。其中,堕罗钵底国较为重要,盛行佛教,影响较大。8 世纪以后,堕罗钵底国逐渐衰落,11 世纪被称雄一时的真腊帝国吞并。

12 世纪,真腊帝国衰落后,它的一些属国纷纷独立。在湄南河下游出现了罗斛国。12 世纪前后,在湄南河上游地区还出现了几个泰人建立的独立国家,其中最重要的是素可泰国,中国称之为暹国。经过不断扩张,到 13 世纪时,素可泰国已经成为一个领土广大的强国。但到 14 世纪,素可泰国被罗斛国并吞。从此,中国史书称这个新国家为暹罗。

14 到 15 世纪,暹罗与真腊不断发生战争,1351 年,暹罗攻陷真腊都城吴哥,一度以暹罗王子为真腊王,但不久,暹罗被迫退兵。以后暹罗又多次攻陷吴哥,真腊被迫迁都金边。

16 世纪,随新航路而来的西方殖民者开始入侵暹罗。1516 年,葡萄牙人用威逼利诱的手段迫使暹罗签订了第一个条约,获得特权。1589 年,西班牙人也同暹罗签订通商条约,这是暹罗与西方殖民者签订的第二个条约。而且,在 16 世纪,缅甸多次入侵暹罗,强迫暹罗接受屈辱的和约,有十几年,暹罗沦为缅甸的附庸。

17 世纪,荷兰崛起,也开始入侵东南亚地区,1617 年荷兰与暹罗签订商约,取得在暹罗购地设立商馆的特权。1644年,荷兰与暹罗再订新约,取得在暹罗全境自由经商和出口兽皮的独占权,并享有领事裁判权。而英国人在此之前也侵入暹罗,暹罗人想采用"以夷制夷"的办法,借助法国来对付英、荷,分别在1685年和1687年与法国签订不平等条约,使法国取得对曼谷和丹老的控制权。到1688年,暹罗爆发反法起义,他们杀死天主教徒,驱逐欧洲殖民者,并把法国殖民军赶出暹罗,维护了国家的独立和尊严。

65 朝鲜甲午农民战争经过如何?

日本自1868年明治维新以来,实力迅速发展,正交叉进行两次工业革命,对外扩张的欲望十分强烈。1876年,日本以武力打开朝鲜国门,强迫朝鲜政府签订不平等的《江华条约》,随后列强纷至沓来,到1882年《朝美修好通商条约》的缔结,朝鲜的门户全面开放,从此引发了朝鲜深重的民族危机。

全罗道古阜郡守赵秉甲是个有名的贪官,自上任后巧取豪夺,农民对他恨之入骨,不满与反抗的情绪弥漫,随着全罗道古阜郡1893年12月的万石洑水税事件发生,一场轰轰烈烈的农民起义爆发了。

1894年2月15日(农历甲午年正月十日),经过五天的准备,古阜、泰仁上千名农民在当地东学道首领全琫准、崔景善、金道三、郑益瑞等人的率领下,蜂拥向衙门冲去。起义军占领郡衙后,惩办贪官污吏,烧毁地契、奴婢卖身契,释放狱中百姓,打开仓库,把非法强征来的水税米退还给农民。但这次暴动之后十多天起义农民就作鸟兽散。

全琫准等人又于1894年4月25日(阴历三月二十日)率领农民起义,称东学军,占领白山,以其为大本营。1894年5月7日,全罗道观察使金文铉派兵进攻白山。东学军在全琫准的指挥下成功击退了官军,迫使其退守全州城。

东学军占领全州后,国王高宗一面急忙向宗主国清朝求援,一面向东学军求和。清政府派遣叶志超和聂士成率淮军精锐于1894年6月

8 日左右陆续在忠清道牙山登陆,准备镇压东学军起义。东学军领袖全琫准等人鉴于继续对抗会引起外国武装干涉,便放弃了"驱兵入京"的计划,同意和朝鲜政府谈判。全州和议达成标志着甲午农民战争第一阶段结束。

1894 年 7 月 23 日,日军突袭汉城王宫,挟持高宗和闵妃,扶植了以兴宣大院君为首的亲日傀儡政府;7 月 25 日,日本未经宣战就突然袭击丰岛海面的清军运兵船,挑起了甲午中日战争。9 月底,清军退回鸭绿江,日本完全控制了朝鲜。

1894 年 10 月 8 日(阴历九月十日),全琫准将 10 万名东学军集结在参礼驿再次起义,史称"参礼起包"。"参礼起包"后,全琫准打出"辅国安民"的旗号,决定兴师北上,直捣汉城,推翻亲日傀儡政府,驱逐日本侵略者。全罗道各地的官僚地主纷纷组成"民包军"、"守城军",与日军和官军合力围歼东学军。

1894 年 12 月 28 日,全琫准在全罗道淳昌因叛徒金敬天出卖而被俘,被押解到汉城受讯。在 1895 年 4 月 23 日与孙华仲、金德明、崔景善、成斗汉等农民领袖一起英勇就义。

朝鲜甲午农民战争是朝鲜半岛历史上规模最大的一次农民战争,揭开了朝鲜民族民主革命的序幕。

66 朝鲜是如何沦为日本的保护国的?

日本正式实施侵略朝鲜的计划是在 1876 年,日本以武力打开了朝鲜的国门,强迫朝鲜签订了《江华条约》。1894—1895 年,日本在甲午战争中战胜朝鲜的原宗主国清朝,驱逐了中国在朝鲜的势力,加紧控制朝鲜。

1897 年,朝鲜王朝改国号称"大韩帝国"。

在日俄战争爆发后不久,日本曾强迫大韩帝国政府于 1904 年 2 月 23 日与之签订《日韩议定书》,规定韩国协助日本对俄作战,将韩国拉进了日本阵营。同年 8 月 22 日,日本又强迫韩国签订《日韩新协约》(第一次日韩协约),将日本人以财政顾问和外交顾问的身份安插到韩国政府。日俄战争结束后,日本又于1905年11月17日胁迫韩国与其缔结《日韩保护协约》(第二次日韩协约,又称乙巳条约),剥夺了韩国的外交权,设置韩国统监府以控制韩国,伊藤博文出任第一任韩国统监,韩国由此沦为日本的保护国。1907年7月24日,日本和韩国又订立了《丁未七款条约》(第三次日韩协约),剥夺了韩国的司法权,解散了大韩帝国军。经过这短短三年间一系列不平等条约的签订,大韩帝国已经名存实亡,沦为了日本事实上的殖民地,被日本吞并只是时间问题了。

1907年,大韩帝国皇帝高宗李熙派密使前赴荷兰海牙,准备利用第二届万国和平会议的机会呼吁列强支援韩国摆脱日本。日本利用这一事件逼迫高宗皇帝退位,由皇太子李坧继位,是为韩国的末代皇帝——纯宗。"海牙密使事件"表明西方国家在韩国问题上已经彻底倒向日本。

广大普通百姓拿起武器,组织义兵,反抗日本的侵略,掀起了声势浩大的反日义兵运动。义兵运动自1905年"乙巳保护条约"签订后展开,1907年日本解散韩国军队时达到高潮,几乎全国各地都爆发了义兵斗争。义兵一度在1908年2月围攻韩国首都汉城(今首尔),对日本的统治构成了巨大威胁。日本急忙从国内增援两个旅团,综合调动军、警、宪力量镇压义兵运动,并对韩国人民进行血腥的屠杀,即使是明显缩小的官方统计也显示,仅从1907年7月到1908年底,就杀害了近15000名反抗日本的韩国人。到1909年下半年,义兵运动逐渐平息下去。镇压了韩国人民的反抗以后,在日本经过三十年的努力,成功排挤中俄、剥夺韩国一系列主权、得到列强承认和韩国亲日派支持的背景下,日本方面认为吞并韩国的时机已经成熟,决定正式将韩国变为殖民地。

67 朝鲜的义兵运动情况如何?

义兵运动是朝鲜人民反对日本侵略者的爱国武装斗争。1905年《日韩保护条约》签订后,朝鲜沦为日本的保护国,激起了朝鲜人民的激烈反抗。从1905年末开始,以农民为主的广大人民群众便自发地拿出武器,开展游击战争,打击日本侵略者。

1907 年夏,因为"日韩新协约"的签订,日军要求朝鲜王朝政府解散军队,朝鲜广大爱国官兵拒绝服从命令,奋起反抗,掀起了席卷全朝鲜的义兵运动。

汉城驻军一千三百多名士兵同日军展开了激烈巷战,打死日军一百余名。随后,原州、江华、忠州、堤川、骊川等地的朝鲜军队也纷纷举行起义,杀死日军和朝奸,并汇合当地的起义群众,组成义兵队伍。1907 年10 月间,义兵运动席卷了整个朝鲜半岛。

1907 年 12 月,义兵以扬州为根据地,开始建立统一组织,推举李麟荣为十三道义兵总大将,并计划夺取汉城,驱逐日本统监,废除保护条约。但因消息泄漏,计划未能实现。

1908 年义兵运动继续扩大,全国二百四十多个郡几乎都有义兵活动。义兵人数达到七万多人,与敌作战一千四百五十多次。据日本官方统计,1907 年到 1911 年间,参加义兵的人数共达十四万三千六百余人,作战二千九百余次。

义兵运动沉重打击了日本及其走狗在朝鲜的统治。在义兵活动的地区,交通和通讯断绝,朝奸亲日派被惩处,一切行政陷于瘫痪。为扑灭义兵运动,日本帝国主义从国内调来大批军队进行围剿,并收买朝奸打入义兵内部进行破坏,网罗朝奸走狗组织"自卫团"配合日军进行"讨伐",致使义兵运动自 1908 年后逐渐走向低潮,到 1911 年基本停止了活动。

68 朝鲜的"三一起义"是怎么回事?

1910 年,日本正式吞并朝鲜,实行最残酷、最野蛮的"武断政治"。为了消灭朝鲜民族的印记,占领当局禁止朝鲜人民使用本氏族语言,以日语为"国语";在学校禁止讲授朝鲜的历史和地理,诬蔑朝鲜自古以来就没有自己的国家,是"劣等民族"。

日本帝国主义对朝鲜的殖民奴役与残酷压迫,激起了朝鲜人民的无比愤怒。1919年1月22日,朝鲜废王李熙突然死亡。"他被日本帝国主义所毒死的"传言不胫而走,举国震动。以此为导火线,长期压抑在朝鲜人民心头的怒火终于如岩浆般奔突出来。

1919年3月1日,成千上万的工人、学生、农民和其他阶层的群众,在汉城塔洞公园举行集会。与会民众群情激昂,高呼"朝鲜独立万岁"、"日本人和日本军队滚出朝鲜"、"朝鲜是朝鲜人民的朝鲜"等口号,会后30万群众举行了声势浩大的游行示威。日本占领军岗哨如林,荷枪实弹、对示威群众实行血腥镇压。被打死打伤和逮捕的人无数。这更激怒了朝鲜人民,反日示威立即转为武装起义。起义群众与日本宪兵、警察展开了英勇搏斗,首都白天黑夜一片厮杀声。

汉城群众的英勇斗争迅速扩展到整个朝鲜领土。发展到12月底,全国218个府郡中,有211个府郡发生了3 200余次示威和暴动、200万以上的群众参加了斗争。当然,日军的镇压手段也变得更加厉害了。据不完全统计,从3月1日到5月31日,就杀害了7 500多人,打伤了15 900多人,逮捕入狱了46 900多人,焚毁民房700多家。可谓令人发指!

69 伊朗的巴布教徒起义是怎么回事?

伊朗古称波斯。十八世纪晚期,伊朗东北部土库曼人恺加部族统一了伊朗,建立了恺加王朝(1794—1925年)。当时,伊朗还是个落后的封建专制国家。

从十九世纪开始,伊朗成为英、法、俄争夺的对象。1800年至1841年间,英国强迫伊朗订立一系列不平等条约,获得了在伊朗购买土地、建立工厂、商品免征关税等特权。法国拿破仑早就想把伊朗作为远征印度的跳板。1808年法国与伊朗签订通商条约,获得了领事裁判权。沙俄为争夺高加索统治权与伊朗发生两次战争,并于1828年强迫伊朗订约,吞并了格鲁吉亚、阿塞拜疆的大部分和亚美尼亚的一部分土地,勒索了二千万卢布,还得到许多经济政治特权。随后,美、奥等国也胁迫伊朗签订类似的条约,伊朗逐渐走上半殖民地道路。

巴布教是伊斯兰教在伊朗的新教派。创始人赛义德·阿里·穆罕默德(1820—1850年)出生于布商家庭,是一个下层阿訇。1844年,他自称"巴布"。"巴布"是门的意思,即人们所渴望的"救世主"马赫迪的意志将通此"门"传达给人民。1847年,巴布写成《默示录》,成为巴布教的"圣经"。巴布自称他是"主"委托的"先知",即真主与人民之间的中介人,《默示录》将取代过时的《古兰经》。

1848年9月,伊朗国王死后,统治集团内讧。巴布教徒利用时机,首先在马赞德兰省举行起义。起义者击溃了当地封建武装,夺占了伊斯兰教徒认为是圣地的塞克·塔别尔西陵墓。起义者多次打败国王的军队,推动了各地巴布教运动,到1849年2月,全伊朗的巴布教徒增至十万余人。后来,王军采用欺骗手段,假惺惺地许诺,只要余下的二百多名巴布教战士放下武器,就可保全生命并被给予自由,当起义者走出陵墓时,被背信弃义地全部杀害了。

马赞德兰省的起义被镇压了,巴布教徒运动仍在继续发展壮大。1850年5月,巴布教徒又在赞兼、尼里兹等城市举行第二次和第三次起义。一万五千名起义者占领了赞兼城的东半部,英勇抗击王军的进攻。当年12月,王军用大炮几乎轰平了赞兼城,巴布教徒浴血奋战,最后全部壮烈牺牲。

赞兼起义失败后,伊朗南部尼里兹的起义者仍在坚持斗争,进行游击战。在狱中的巴布还同教徒保持着联系,使统治阶级惊恐不安,为了铲除心腹之患,1850年7月,国王下令处死巴布。

1851年到1852年,巴布教徒一再掀起起义,但很快都被政府镇压下去了。

70 伊朗是如何走向共和的?

从19世纪下半叶至20世纪初,随着欧洲列强的侵入,伊朗逐渐沦为半殖民地国家。

1921年2月21日,礼萨·汗上校发动军事政变,占据德黑兰,1925年取得王位,建立巴列维王朝,于1935年改国名为伊朗。1941年礼萨·汗逊位,由其子穆罕默德·礼萨·巴列维继位。巴列维执政时期,美国为了获得伊朗的石油及保持在中东的利益,大力扶持巴列维王朝,伊朗以强大的军力俨然成为波斯湾地区的警察。

在1951年4月28日,伊朗伊斯兰议会以79票赞成、12票反对提名摩萨台为首相,穆罕默德·摩萨台1951年至1953年间出任民选的伊朗首相。摩萨台在任伊朗首相期间实施渐进式的社会改革,包括推行失业补偿金制度、立例规定雇主向患病或受伤的员工提供福利、以及解放佃农,令他们不再受地主强制劳役。其在首相任内最瞩目的举动:把被美国与英国占有的石油资源实现了国有化,归伊朗人民所有。在英国军情六处要求下,美国中央情报局策动了一场阿贾克斯行动,在1953年8月19日成功推翻摩萨台,让巴列维国王重新上台,导致部分伊朗人不满。

1963年巴列维国王宣布施行白色革命,依照美国的蓝图来进行伊朗的农业与工业改革,并且给予在伊美国军事人员以外交豁免权。伊斯兰什叶派宗教领袖赛义德·鲁霍拉·霍梅尼大力反对,巴列维国王逮捕了霍梅尼,最后于1964年11月4日将霍梅尼强行驱逐出境。

1979年,宗教领袖阿亚图拉(宗教领袖的称号)霍梅尼发动伊斯兰革命,于1979年1月16日,国王礼萨·巴列维被迫出国"长期度假",委任沙普尔·巴赫蒂亚尔组织内阁。2月1日,霍梅尼结束长达15年的流亡生活,由巴黎回到德黑兰,宣布废除君主立宪制度,成立伊斯兰临时革命政府。2月11日霍梅尼任命马赫迪·巴扎尔甘为伊朗总理,正式接管政权,巴列维王朝覆亡。4月1日霍梅尼宣布改国名为伊朗伊斯兰共和国,举行公民投票,建立了政教合一的制度。10月,伊朗流亡国王巴列维前往美国治疗淋巴瘤,德黑兰穆斯林群众愤而占领美国使馆,扣留使馆人员,史称伊朗人质危机,自此美国与伊朗断交。

1980年9月22日,伊拉克总统萨达姆在美国与苏联支援下与伊朗进行两伊战争,直到1988年8月20日停火,伊朗受损不少,但伊拉克更被这场战争拖得民穷财尽。

1997年当选的温和派哈塔米总统致力于改革,同时向西方释放出和解讯号。可惜由于美国入侵阿富汗与伊拉克,从东西两面威胁伊朗的国家安全,并用邪恶轴心这样的字眼攻讦伊朗,哈塔米的和解政策在伊朗国内渐渐不受欢迎,受到保守派抨击。和解进程在 2005 年内贾德当选之后戛然而止。

(71) 什么叫"亚洲的觉醒"?

二十世纪初,亚洲各国出现了资产阶级民族民主革命的新高潮。几万万被压迫、被奴役在中世纪停滞状态的亚洲各国人民觉醒过来了,他们为争取民族独立和建立资产阶级民族国家,为争取民主权力和新的生活掀起了大规模的革命运动。列宁称这个前所未有的历史事件为"亚洲的觉醒"。

世界资产阶级进入帝国主义阶段后,帝国主义各国进一步加强了对亚洲的侵略,相继把亚洲各国(除日本外)变成了各自的殖民地与半殖民地。同时,资本输出成为帝国主义列强对亚洲各国的主要殖民侵略方式。资本输出的加强,不仅瓦解了亚洲各国自给自足的封建经济体系,同时也刺激和促进了亚洲各国民族资本主义的发展,形成了新兴的民族资产阶级和无产阶级,产生了新的资产阶级民族民主意识。这种新的历史条件就使亚洲各国的民族解放运动进入了新的阶段。

帝国主义的侵略,加重了亚洲各国人民的苦难。十九世纪末开始,在亚洲爆发了一系列以农民为主体的下层人民起义。其中主要有越南安世农民的反法起义(1887—1913 年)、朝鲜的甲午农民战争(1894—1895 年)、中国义和团运动(1898—1900 年)等。

除以农民为主体的下层人民起义外,十九世纪末,在亚洲许多国家还出现了以地方资产阶级知识分子为核心的资产阶级改良主义运动。其中主要有土耳其新奥斯曼党人的立宪运动、印度国民大会党运动,菲律宾宣传运动,伊朗君主立宪运动,越南潘佩珠领导的维新运动,中国的戊戌变法运动等。最终都以失败而告终。但这些运动唤起了民族觉醒,启发了广大群众的民族民主意识,为未来的资产阶级革命准备了思想条件。

二十世纪初,随着帝国主义侵略的加强和民族危机的加深,资本主义关系的发展和工农革命运动的高涨,在 1905 年俄国革命的影响下,亚洲各国的资产阶级从改良转向了革命,于是出现了被列宁称之为"亚洲觉醒"的资产阶级民主革命的新高潮。1905—1911 年伊朗革命,1908—1909 年的土耳其革命,1911 年的中国辛亥革命,都标志着亚洲各国人民的觉醒。

但是亚洲各国民族资产阶级没有提出彻底的反帝反封建的革命纲领和措施,也没有把工农群众长期团结在自己的周围,把反帝反封建的斗争进行到底。因此,这一时期的革命运动在内外反动势力的联合镇压下,都无一例外地失败了。

这一场席卷亚洲的革命风暴,使亚洲人民受到了教育和锻炼,提高的民族觉悟和民主精神,并激励着亚洲人民为完成反帝反封建的革命任务而坚持不懈地努力下去。

72 印度尼西亚人民是如何反对荷兰的殖民统治的?

20 世纪初,日趋衰落的荷兰在英、法、美、日等国的压力下,不得不向这些国家开放印度尼西亚市场,英、美、日等国资本迅速涌入印尼。在第一次世界大战期间及战后,印尼民族企业也有了较大发展。伴随着外国资本的涌入和本国民族资本的发展,印尼的工人阶级队伍及民族主义运动也发展起来。1905 年,印尼第一个工人组织——全国铁路工会成立。1908 年 5 月 20 日,印尼第一个民族主义组织"至善社"(又译崇知社、良知社、恩德社)在中爪哇日惹成立。它主张采取法律所准许的一切手段,发展印尼的农工商业和教育。1911 年,印尼花裙商在中爪哇建立了伊斯兰商业联盟,次年改名为伊斯兰联盟。他们要求在维持荷兰主权的前提下,建立印尼人的自治政府,保护民族工商业。1914 年成立中央伊斯兰联盟,著名贵族知识分子奥马尔·赛义德·佐克罗阿米诺托任主席。1914 年 5 月,印尼先进分子与原荷兰社会民主党史尼弗立特在东爪哇泗水创立东印度社会民主联盟,第一次明确提出了"争取印尼独立"的纲领,主张在阶级斗争基础上团结工农群众,以社会主义思想教育群众。

1920 年 5 月 23 日,东印度社会民主联盟召开第七次代表大会,决定将东印度社会民主联盟改为东印度共产主义联盟,并于年底加入第三国际。1924 年,东印度共产主义联盟改称印度尼西亚共产党。印尼共产党成立后,积极从事工农运动,掀起了 1920 年到 1923 年的罢工浪潮。与此同时,农民运动也有了发展,人民同盟在农村广泛开展工作,发动和组织农民开展反封建斗争。

荷兰殖民者对高涨的工农运动加强了镇压。印尼共产党决定发动民族起义。1926 年 11 月,武装起义首先在首都雅加达爆发。接着,万丹、勃良安、文登、棱罗、北加浪岸、谏义里等地区农民也纷纷举行起义。但各地起义没有统一领导,起义军经过一个多月的奋战,终于被荷兰殖民军各个击破。

起义失败后,印尼共产党被迫转入地下,印尼民族解放运动暂时处于低潮。但印尼人民争取民族独立的斗争并没有中止。1927 年 7 月 4 日,一个新的民族主义政党——以苏加诺为首的印度尼西亚民族主义联盟宣告成立。第二年改名为印度尼西亚民族党。它的目的是通过不合作方式争取印尼的独立。1929 年,苏加诺被荷兰殖民者逮捕。印度尼西亚民族党受到严重挫折,并于 1930 年 4 月宣告解散。1933 年 2 月 5 日,印度尼西亚爆发"七省号"水兵起义,虽然很快被镇压,但它打击了荷兰殖民者的气焰,鼓舞了印尼人民的反帝斗争。

73 印度的非暴力不合作运动是怎么回事?

一战期间,英国强征一百五十万印度人到欧洲,其中七十万人阵亡。印度被掠走八百多万吨物资和粮食。战争后的饥饿和疫病又夺走了一百二十万人的生命。印度人民与英国的矛盾急剧尖锐化。在十月革命的鼓舞和推动下,印度人民掀起了大规模的反英斗争。

甘地成为民族解放运动的领导人,他以非暴力不合作的方式领导了印度民族解放运动。

第一次世界大战结束后,英国殖民当局一方面抛出《孟太古—蔡姆斯福改革方案》,拉拢印度地主资产阶级上层分子;另一方面颁布《罗拉特法》,规定在战争年代实施的《国防条例》依然有效,加强恐怖镇压,这引起了印度人民的抗议怒潮。在这种形势下,印度国大党和领袖甘地决定以非暴力不合作的手段抵抗《罗拉特法案》。1919年4月6日,全印度举行"总罢业"。殖民当局出动军警进行镇压,4月13日制造了骇人听闻的"阿姆利则惨案"。英国殖民当局的暴行激起了印度人民的强烈反抗,许多地区的群众冲破非暴力的限制而举行武装起义。4月中旬,甘地匆忙宣布中止不合作运动。

但是工农运动仍在继续发展。为了掌握运动的领导权和迫使英国当局让步,1920年12月,国大党那格浦尔年会通过了甘地提出的非暴力不合作计划,宣布用和平和合法的方式争取印度自治。在甘地和国大党的发动下,不合作运动掀起高潮。1921年底,英国皇太子威尔士巡视印度,结果遭到印度人民的抵制,许多城市由抗议和示威转变为与军警流血斗争。甘地和国大党害怕人民的革命斗争超出非暴力的范围。1922年2月,联合省乔里村发生农民烧死向群众开枪的二十二名警察的事件,甘地立即在巴多利市召开国大党会议,通过了停止不合作运动的决议。第一次不合作运动失败。

1927年,印度工农运动开始复苏,许多省邦相继成立了工农党。1928年12月在加尔各答召开了各地工农党代表大会,成立全印工农党。工农党的活动推动了印度工农运动的发展。1929年3月,英国殖民当局在印度各大城市逮捕了33名工农运动领袖。这引起了印度各阶层的抗议。1929年12月,国大党拉合尔年会首次通过"争取印度完全独立"的决议。决议宣布1月26日为"独立日",规定这一天举国欢庆。全国人民宣誓为争取独立而斗争,并授权全印国大党委员会发动一次文明不服从运动。1930年1月26日,全印各地举行盛大的游行、示威和群众集会,欢庆"独立日"。甘地向殖民当局提出减低田赋和裁减军费、废除食盐专卖、取消盐税、释放政治犯等要求,但遭到拒绝。于是,甘地宣布开展非暴力不合作运动。

第二次非暴力不合作运动是从甘地发动的"食盐进军"开始的。甘地从非暴力的原则出发指示运动仅限于自制食盐。但群众斗争冲破了甘地划定的框框,全国到处发生反抗英国军警镇压事件。英国殖民当局逮捕甘地、尼赫鲁等国大党领袖和不合作运动参加者,进行镇压。

甘地出狱后,与英国印度总督欧文妥协,签订"甘地—欧文协定"(亦称德里协定)。国大党停止不合作运动。在甘地的影响下,国大党批准了这一协定。后来甘地作为国大党的代表参加了在伦敦召开的第二次圆桌会议,提出给予印度自治领地位的要求,遭到英国拒绝。1932 年,国大党又恢复不合作运动,英印当局再次拘捕甘地,宣布国大党非法,进行镇压。1934 年,非暴力不合作运动停止。

74 叙利亚的德鲁兹起义是怎么回事?

一战后,英法达成分赃协议:法国占领叙利亚和黎巴嫩;英国占领伊拉克和巴勒斯坦。叙利亚人民强烈要求建立独立国家。1920 年 3 月,叙利亚全国代表大会在大马士革宣布成立大叙利亚王国(包括叙利亚、黎巴嫩、巴勒斯坦和伊拉克),立费萨尔为国王。但英、法拒不承认。叙利亚政府遂颁布义务兵役法,着手建立民族武装,准备抗击法国侵略者。1920 年 4 月,协约国高级会议决定由法国委任统治叙利亚和黎巴嫩后,法军即向叙利亚东部推进。7 月,法军进入大马士革,宣布废黜费萨尔,开始了长达 44 年的殖民统治。

法国的占领和殖民统治,激起叙利亚人民的反抗。1925 年,叙利亚人民的反法斗争进入高潮。2 月叙利亚民族资产阶级建立了合法的政党——人民党,由著名政治活动家阿卜杜勒·拉赫曼·沙赫班德尔任主席。人民党制定了实现叙利亚独立和统一,保障人民自由,保护民族工商业,改革司法及行政管理制度等为主要内容的政治纲领。4 月,大马士革人民举行示威游行,抗议法国委任统治,声援巴勒斯坦人民斗争,强烈要求民族独立。1925 年 7 月,德鲁兹人民首先举起了民族大起义的义旗。

叙利亚南部德鲁兹山区的代表曾于 1921 年同殖民当局达成保证德鲁兹自治的协议。但法国不仅不兑现,反而指使省督卡尔比埃推行强迫劳动制度。1925年7月,法国殖民当局"邀请"德鲁兹族代表去大马士革出席会议,再借机将其逮捕、流放。这一事件成为起义的导火线。1925年7月18日,德鲁兹农民数千人在卡里亚村族长阿特拉什领导下发动起义。8月初,起义军改名为国民革命军,阿特拉什任总司令。

德鲁兹人民的反法斗争成了全国大起义的先声。人民党领袖沙赫班德尔决定与德鲁兹起义者联合,掀起全民族革命浪潮。人民党与起义者联合组成了叙利亚临时革命政府。8月23日,国民军总司令阿特拉什发表文告,号召叙利亚人民拿起武器,驱逐外国侵略者,为叙利亚的自由独立而战。

法国政府一方面采取拉拢、分化的策略,另一方面调来大量部队进行疯狂镇压。1926年4月,向德鲁兹山区发动总攻。5月,起义军被逐出德鲁兹地区,阿特拉什带领600名游击队员出走外约旦,被外约旦英国当局扣留,并被引渡给法国殖民当局。沙赫班德尔率领部分德鲁兹部队转移到大马士革的库塔园林区。1927年,起义被法国残酷镇压下去。

75 巴勒斯坦人民在一战后是如何反抗英国殖民者的?

一战后,帝国主义列强瓜分了奥斯曼的殖民地。1920年4月,协约国最高委员会圣雷莫会议决定把巴勒斯坦地区作为英国的委任统治地。英国派高级专员直接统治,巴勒斯坦成了英国的殖民地。英国政府和高级专员掌握着巴勒斯坦的全部立法权和行政权。

英国殖民当局为了镇压阿拉伯人民的反抗,建立了庞大的暴力机器,对巴勒斯坦实行野蛮的军事统治。同时,英国为了把犹太复国运动变成它侵略和掠夺中东的工具,支持鼓动犹太人向巴勒斯坦移民。到1931年,巴勒斯坦的犹太人已达到17.4万人。巴勒斯坦人民为了捍卫民族独立和主权与英国及犹太复国主义进行了英勇的斗争。

1936年4月15日到16日,巴勒斯坦发生犹阿互杀事件,导致大规模的流血冲突,进而发展为巴勒斯坦人民反英大起义。4月25日,在耶路撒冷成立了由哈吉艾敏侯赛尼为主席的包括各党派的阿拉伯高级委员会,向英驻巴高级专员提出禁止犹太人入境,不许犹太人购买阿拉伯人土地,成立以代议制为基础的民族政府等要求。英国殖民当局不仅拒绝了这些要求,反而于5月18日宣布同意"犹太代办处"的申请,在以后的6个月内允许4500名犹太人移入巴勒斯坦。这更加激起了阿拉伯人的愤怒,纷纷进行武装斗争。

1937年7月8日,英国提出了将巴勒斯坦"一分为三"的分治计划,即地中海沿岸地带为犹太国,约占全境面积的三分之一;耶路撒冷以及由此通往地中海的走廊仍由英国委任统治;巴勒斯坦其他地区并入外约旦。巴勒斯坦人民强烈谴责并断然拒绝了这一肢解巴勒斯坦的计划,掀起了更大规模的武装斗争。

1938年夏,反英武装斗争达到高潮。游击队控制了巴勒斯坦的大部分地区,在山区建立了根据地,在广大农村建立了自己的政权。阿拉伯各国人民纷纷举行集会和游行,支持巴勒斯坦人民的正义斗争。英国一方面宣布推迟分治方案,一方面派兵进行镇压。到1938年底,驻巴英军达3万多人。1939年,部分游击队转战至叙利亚边境,被迫向法军投降。另一支游击队撤退到外约旦,被阿拉伯军团消灭。到7月,巴勒斯坦人民起义遭到失败。

而英国于1939年5月17日发表关于巴勒斯坦问题的白皮书,放弃了分治方案。白皮书声称:10年内建立一个与英国有条约关系的独立的巴勒斯坦国;宣布以后5年内只许7.5万犹太人移民入境。这一方案,既遭到犹太复国主义者的拒绝,也为阿拉伯人所反对,白皮书的内容未能得到实现。

76 日本的《田中奏折》是怎么回事?

《田中奏折》原件称《帝国对满蒙之积极根本政策》。这份秘密文件据说是爱国志士蔡智堪利用日本政党的关系,和他在日本经商多年的朋友关系,冒着生命危险潜入日本皇宫内的皇室书库,用了两个夜晚抄录完成的。在1929年底经南京《时事月报》披露以来,其真伪问题已争论了半个多世纪。虽然现在大部分历史学家认为"田中奏折"是假的,但有趣的是军国主义日本的国策似乎是按照田中奏折的路线去做的。

《田中奏折》据称是时任日本首相田中义一在 1927 年 7 月 25 日呈给昭和天皇的秘密奏章,不过该奏折在多年后,现已被很多学者认为是虚构而不存在的。被认为日文原本的《帝国对满蒙之积极根本政策》。实际上是由参谋本部铃木贞一少佐应外务省次官森恪写的一个关于对中国问题的备忘录。虽然铃木贞一是昭和军阀的核心领袖之一,日后贵为企划院总裁,28 个甲级战犯之一。但当时他还不为中国人所知,在中国发表的时候就用了田中义一的名字,以达到宣传效果。这份文件的发表对揭露日本侵略中国的野心起到很好的宣传效果,打消了一部分人对日本的幻想。是一份宣传战的杰作。

山浦贯一编《森恪》一书,全文刊登了铃木于 1940 年的谈话,铃木两篇谈话是日本现存的重要的第一手资料。虽然两者繁简不同,但基本内容是一致的。在认为田中奏折确实存在的学者眼中它是重要的证据,足以证明:《帝国对满蒙之积极根本政策》原件是日本官员森恪、铃木贞一和吉田茂等一伙人炮制的。但日本此后的侵略行动和《奏折》叙述的侵略步骤方法完全是相同的,可见这份文件是存在的。

77 日本的法西斯专政是如何建立的?

1929 年到 1933 年,整个资本主义世界爆发了空前严重的经济危机。在亚洲,日本受到这场危机的冲击最大。1931 年是日本经济危机达到高峰的一年。日本为了摆脱困境,急于从对外侵略扩张中寻求出路。

1931 年 5 月以后,关东军司令官本庄繁、参谋板垣征四郎、花谷正及作战部主任石原莞尔等人即着手研究占领东北的具体行动计划。最后,他们确定于 9 月下旬在柳条湖爆炸南满铁路,在一夜之间占领沈阳,在各国来不及干涉之时占领预定地区。接着决定立即扩大侵略,经过 4 个月零 18 天,日军占领了中国东北的辽宁、吉林、黑龙江和一个东省特别行政区。

日本占领东北后,又决定集中兵力进攻中国最大的沿海城市上海。于 1932 年 1 月 28 日发出限令,要求中国驻上海的 19 路军撤出闸北,后又发动突然袭击。中国 19 路军在蒋光鼐、蔡廷锴的带领下,奋起抗击,日军惨败。在 1932 年 3 月 14 日,中日双方正式开始停战谈判,于 5 月 5 日签订了《上海停战协定》,规定中国军队只能留驻在昆山、苏州一带,不能进驻上海。

日本占领东北后,将清朝末代皇帝溥仪挟持到东北,于 1932 年 2 月组成以张景惠为委员长的"东北行政委员会"。扶持溥仪在长春就职执政,成立"满洲国"。然后又进犯热河省。1935 年日本加紧了吞并华北五省的图谋。

日本在对外扩张的同时,国内法西斯势力进一步加强。1932 年 5 月 15 日,古贺清志、三上卓海军中尉等青年军官决定发动军事政变,建立由陆相为首的军事政权。结果政变未能如愿,他们自己到宪兵队自首。尽管如此,这件事也表明日本的政党内阁实际上已经无力控制日本的局势。事件后一些陆军要人立即表示反对政党内阁,主张建立"举国一致内阁",海军大将斋藤实出任内阁首相,"皇道派"首领荒木贞夫出任陆军大臣。日本政党内阁终结。

1936 年 2 月 26 日,"皇道派"军官在东京发动政变,杀死首相斋藤实等人,被"统制派"镇压。"统制派"是以军部法西斯势力中掌握实权的中上级军官为主体的派别,主张依托现政权,实现统治集团的法西斯化。1936 年 3 月 9 日,广田弘毅组成内阁,宣告了日本法西斯政权的建立。1937 年 6 月,法西斯分子近卫文麿上台组阁,发动了全面侵华战争,从政治、军事、经济和文化等方面进一步强化法西斯专政。

78 太平洋战争是如何爆发的?

1940 年 7 月,日本近卫内阁制定了《基本国策纲要》,决定武力进驻法属印度支那和确保荷属印度尼西亚资源等政策。这个纲领在把英国作为主要对手的同时,也"考虑到对美战争可能难以避免,务期作好万无一失之准备”。这就意味着日本把对英美战争的“南进”作为国策确定下来。

随着日本对华侵略的不断扩大和日本南进的初步得逞，美国的利益受到威胁，日美矛盾便开始尖锐起来。1941年，日本入侵法属印度支那南部后，美国看到这是日本南进的一个重要步骤，认为日美战争不可避免。于是英、美、荷即宣布冻结国内的日本资产。8月1日，美国对日本全面禁止石油输出。而日本约有四分之三的石油从美国输入，石油禁运对日本无疑是沉重打击。因此，日本军部主张“死中求生”通过对美国的战争来解决被动局面。于是日本一面与美国谈判，一面准备袭击美国战略要地。

1941年11月26日，日本联合舰队的30多艘军舰秘密从南千岛出发驶向夏威夷。12月7日，向美国珍珠港基地发动突然进攻，美国太平洋舰队几乎全军覆没。日本偷袭珍珠港宣告了太平洋战争的爆发。9日，美英对日宣战，12日，德意对美宣战。

日本偷袭珍珠港的同时，又出动21个师团的陆军向东南亚、西南太平洋各国和地区发动进攻。12月8日侵入泰国，9日侵入马来亚，10日进攻关岛并在菲律宾登陆，19日占领新加坡、印度尼西亚、缅甸、新几内亚和所罗门群岛等地，侵略势力东到中途岛，西至印度东岸，北邻西伯利亚，南临澳大利亚以北的广大地区。

79 太平洋战场的转折是哪场战役?

日本在太平洋战争初期取得了暂时的军事优势，占领了大片地区。但是，中国和亚洲各国人民的反日武装斗争，极大地牵制和分散了日军的力量，使美国获得充分准备时间，在太平洋地区从战略防御转入战略进攻。

1942年5月7日到8日，美、日两国舰队在珊瑚海发生海战，日本损失航空母舰一艘、飞机八百余架，使它在太平洋战争爆发以来遭到第一次重大挫折。为了彻底摧毁美国太平洋舰队，夺取在夏威夷群岛的据点，巩固自己在太平洋地区的地位，6月4日，日本出动其联合舰队的主力三百五十艘舰艇,一千架飞机,十万军队,在山本五十六的指挥下发动了大规模的进攻美军海军基地中途岛的战役。

由于美军先截获并破译了联合舰队的秘密电报,洞察了日本的企图,及时做了准备,因此使日军受到迎头痛击,损失航空母舰四艘和三百架飞机。中途岛战役开始了太平洋战场的战略转折:日本逐渐由进攻转为防御,美国逐渐由防御转向进攻。1942 年 8 月 7 日,美军在所罗门群岛登陆,发动了夺取瓜达尔卡纳尔岛(瓜岛)的战役。日军为了夺回瓜岛,从 8 月底到 10 月底连续发动三次大规模的进攻,均遭到失败。1943 年 2 月,被困的三万名日军被迫撤离瓜岛。瓜岛战役使日本损失军舰四十艘,飞机六百架,军队二万余人。从此,日本在太平洋战场上由攻势转为守势,美军则由防御和局部进攻转为全面进攻,从而完成了太平洋战场的战略转折。

80 德黑兰会议的主要内容是什么?

德黑兰会议是第二次世界大战期间,美、英、苏三国首脑罗斯福、丘吉尔和斯大林在伊朗首都德黑兰举行的会议。

为尽快打败德日法西斯,早日结束战争,美国总统罗斯福、英国首相丘吉尔和苏联部长会议主席斯大林于 1943 年 11 月 28 日至 12 月 1 日在伊朗首都德黑兰举行了首次会晤,史称"德黑兰会议"。

会议的中心议题是开辟第二战场问题。三国首脑达成协议:进攻西欧的"霸王"战役和进攻法国南部的战役于 1944 年 5 月同时发动,登陆兵力将达 100 万人,苏联则承诺在同一时间向德军进攻,以配合盟军西线的行动。关于对日作战问题,苏联初步同意在欧洲战争结束后半年左右参加对日作战。作为交换,苏军可以进入中国不冻港大连,大连可以在国际监督下成为自由港。苏联的此项要求并未经过中国政府的批准,损害了中国的利益。

会议还就战后世界安排问题进行磋商。关于战后德国的处置问题和波兰边界问题,未达成具体协议。美英都主张分割德国,美国主张将德国一分为五,英国则主张将德国东南部与别的国家合并组成联邦。苏联对这一问题的态度比较慎重,斯大林认为应当摧毁的不是德国,而是"希特勒国家"。所以,斯大林主张,必须彻底肃清普鲁士的军国主义势力。会议对这一问题的讨论没有结果。

波兰问题也是德黑兰会议的重要议题之一。苏联 1939 年 9 月出兵占领的波兰领土,大致是 1795 年第三次瓜分波兰时沙俄政府所获取的版图。此外,还增加了东加里西亚和立陶宛大部分地区。英美政府一直认为,1939 年波兰领土的任何变更是不能接受的,而苏联政府则坚持1941 年 6 月德国入侵苏联前的领土不容更改。在 12 月 1 日的圆桌会议上,罗斯福断然拒绝。丘吉尔考虑到苏军在战场上已越出国境向西挺进,弄不好波兰将会完全落入苏联人手中,于是随机应变,改取主动迎合苏联的要求,提出将波兰边界西移至东起"寇松"线西迄奥得河之间,用德国的领土来补偿波兰在东部失去的疆域。丘吉尔这一提议的目的,是企图以此来满足苏联关于边界的要求,以换取对方承认英国在巴尔干半岛的利益。斯大林当然赞成丘吉尔的建议。罗斯福对丘吉尔的意见并未表示任何反对,只是要求在美国大选前切勿泄露,因为这一决定关系到600—700 万美籍波兰人的选票问题。就这样,美英苏少数几个大国为了各自的利益达成了协议,背着波兰人民作出了处置波兰领土的决定。

德黑兰会议还就战后国际组织问题交换了意见,并同意建立一个非地区的世界性的国际组织以维护战后的秩序与稳定。

会议于 1943 年 12 月 1 日结束。

81 二战中的日本是如何投降的?

随着太平洋战争形势对同盟国的日渐有利,同盟国加紧在对日问题上的协调。1943 年 11 月 22 日到 26 日,美、英、中三国首脑罗斯福、丘吉尔和蒋介石在开罗举行会议,讨论三国联合对日作战及中国收复失地问题。会后发表了《开罗宣言》,开罗会议通过的宣言是战后处理日本和远东问题的重要法律依据。继开罗会议后,1943 年 11 月 28 日到 12 月

1日苏、美、英三国又召开了德黑兰会议。会上,苏联答应在结束欧洲战争半年左右也参加对日作战。

1945年2月,苏、美、英三国首脑在雅尔塔会议期间又达成了一项关于在远东对日作战及处理战后问题的秘密协定。协议规定在德国投降及欧洲战事结束后两到三个月内苏联将参加对日作战。但苏联参战的前提是:外蒙古现状须予以维持;库页岛南部及邻近岛屿归还苏联;大连港国际化;旅顺仍恢复为苏联的海军基地;千岛群岛须交与苏联等。

而在太平洋战场上,美军占领了马里亚纳群岛后,美国就开始对日本本土进行轰炸。同时美军还继续加紧对日的登陆作战。1945年3月底,美军又将攻击目标指向冲绳岛。6月美军结束了冲绳战役,整个战役中,日军伤亡11万人,被俘9000人,损失飞机7830架,而美军也付出了4.93万人的伤亡,成为美军在太平洋战场牺牲最大的一次战役。但冲绳战役的胜利,打开了美军通向日本本土的门户,更加逼近了日本本土。

1945年7月在波茨坦会议期间,中、美、英三国以共同宣言的形式发表了《波茨坦公告》。《波茨坦公告》是一份敦促日本投降的文书,但日本对此迟迟不作理会,决心将战争打到底。于是,美国决定把7月16日刚刚试验成功的原子弹用于对日战争。1945年8月6日,美国向广岛投放了一颗原子弹,8月9日,又向长崎投下了一颗原子弹。就在美国向日本投放原子弹的同时,8月8日,苏联也根据雅尔塔会议协定对日宣战,苏联及蒙古人民共和国的军队分四路向关东军发起总攻,中国战区也开始大反攻。这些都加速了日本法西斯的灭亡。

1945年8月9日日本召开最高战争指导会议,铃木首相提出接受《波茨坦公告》。随即日本电请瑞典、瑞士将日本接受《波茨坦公告》的意见转达美、英、苏、中四国。8月12日,四国对日本接受《波茨坦公告》的照会发出复文,同盟国对日本所提的保留天皇制的问题没有提及,实际上等于承认了日本的投降条件。8月15日,天皇宣读的终点诏书录音向全国播出,日本政府向世界人民宣布了投降。日本发动的亚洲历史上规模最大的战争终于以其彻底失败而告终。

82 战后是如何处置日本的？

当同盟国对日战争还在进行的时候就已经初步确定了处理战后日本的各项政策。《开罗宣言》《波茨坦公告》成为指导同盟国战后处理日本问题的重要依据。这两个文件的主要内容有：同盟国对日战争的目的在于制止及惩罚日本的侵略，同盟国决不为自身图利，亦无拓展领土之意；战后必须解除日本武装，严惩战争罪犯，铲除日本军国主义，实现日本的民主化，尊重日本人民的基本权利，复兴和增强日本人民民主势力，使日本走上独立、民主、和平的道路；清除战争工业；日本支付战争赔偿；取消日本的殖民地，归还被日本窃取的中国领土以及以暴力所攫取的所有土地；使朝鲜自由独立等。

《波茨坦公告》还规定在上述目标达成以前，在日本成立倾向和平及负责的政府前，将由同盟国军队占领日本。由于同盟国对日作战基本上不在日本本土，这在客观上使同盟国对日本进行分区占领有一定的困难，因此美国力图对日本进行单独占领。日本战败后，苏联也曾想参加对日本本土的占领。1945 年 8 月 11 日，莫洛托夫向美国大使哈里曼建议在占领日本时，同盟国最高司令应设两人，并建议将苏联远东军最高司令华西列夫斯基元帅也任命为最高司令，与美方的麦克阿瑟并列。但这项建议遭到美方的拒绝。最后，同盟国同意由美国的麦克阿瑟将军担任同盟军最高统帅，并由中、美、苏三国各派高级将领一人参加同盟军最高统帅部。

1945 年 8 月 29 日，美国先遣部队空运到日本厚木机场，30 日，麦克阿瑟飞往日本上任，从此开始了美国对日本的单独占领。1945 年 12 月 26 日，在美、英、苏三国莫斯科外长会议上，美国同意成立两个同盟国对日机构，即远东委员会和同盟国对日管制委员会。远东委员会设于华盛顿，由美、苏、中、英、法、荷、加、澳、新、印、菲 11 国组成。同盟国对日管制委员会设于东京，由同盟军最高统帅部任主席，其职能只是咨询对日政策的执行。这两个机构的成立并未能改变美军单独占领日本的局面。

83 战后的日本是如何进行改革的？

　　第二次世界大战结束后，由美国占领当局主持，在日本政治、经济和教育等方面实行的"民主化"改革。改革从修改宪法开始。1945 年 10 月，盟军最高司令官 D. 麦克阿瑟指示日本政府修改 1889 年制定的《明治宪法》，1946 年 11 月 3 日公布新的《日本国宪法》，翌年 5 月 3 日正式实施。新宪法第 9 条规定日本永远放弃战争和战争手段。通过修改宪法，改革了日本的政治制度。

　　政治改革主要包括以下几个方面：① 改革天皇制：新宪法取消了天皇总揽国家一切统治权的权力。② 改革议会制：取消了贵族院，设众议院和参议院，两院均由 20 岁以上男女公民直接选举产生。其次，取消天皇以敕令、敕语立法的权利，排除天皇和军队对议会的控制和干涉。③ 改革内阁制：建立了议会制内阁，总理大臣由国会确定，一般由在众议院中占多数席位的政党总裁担任。④ 改革中央集权制，实行地方自治。⑤ 改革司法制度：一切司法权均归最高法院和下级法院。同时，扩大了司法机构的独立性，最高法院成为同国会、内阁鼎立的独立机构。⑥ 扩大民主权利：新宪法第 10 条至第 40 条规定了国民的义务和权利，特别是过去政治地位很低的妇女，从此也和男人一样享有选举权和被选举权。

　　1947 年 3 月 31 日日本政府发布《教育基本法》，改革中央集权的教育行政体制，实行与地方自治相适应的地方分权制，由民选的各级教育委员会负责当地教育行政及教员任免等事务。国民义务教育由 6 年延长为 9 年。通过教育开发"人才资源"，有力地推动了日本经济的发展。

　　日本投降后，作为日本经济非军事化和民主化的一项措施，盟军总司令部指令"解散财阀"。为防止日本垄断资本复活。美国占领当局指令日本政府于 1947 年 7 月 20 日发布《关于禁止私人垄断和保证公平交易的法律》，同年 12 月 18 日又发布《排除经济力量过度集中法》，禁止以卡特尔协定之类的形式进行垄断，并指定 325 家公司为经济力量过度集中的企业,令其分散化小。《禁止垄断法》对持有股票、兼任要职、合并企业、引进外资和国外新技术等都作了种种限制,以防止垄断财团复活。由于后来美国对日占领政策的转变,"解散财阀"工作进行得很不彻底。《禁止垄断法》后经数次修改,放宽了限制。尽管如此,"解散财阀"对战后日本经济的发展仍然产生了积极的影响。具有实际管理能力的中上层管理人员登上财界的领导岗位,建立了资本和经营相对分离的新体制,对改善经营管理起了较好作用。

由于战后空前的粮食危机,土地和粮食问题更加突出。因此,日本政府继 1945 年 12 月 28 日公布第一次《农地改革法》后,在盟军总司令部的敦促下,又于 1946 年 10 月 21 日发布了第二次《农地改革法》。基本上消灭了寄生地主及其土地所有制。

84 日本在二战后是如何发展成为世界经济大国的?

日本二战后的经济恢复工作到 40 年代末已基本结束了。1950 年 6 月朝鲜战争爆发后,它开始充当美国侵朝战争的军事基地和补给基地,接受大量的"特需"订货,带来国内的"消费景气"。从 50 年代中期开始,日本经济进入战后持续高速增长时期,1960 年国家经济实力上升到世界第五,1968 年以后跃居世界第二位,仅次于美国,并在企业经营规模、劳动生产率和资本装备率方面日渐逼近美国的水平。日本从一个战败国一跃成为世界经济大国。

战后的日本实行民主改革,推动其社会经济结构发生较大的变化,也对社会生产关系作了局部调整,从而将国民中蕴藏的劳动智慧和创造力激发释放出来,成为推动社会经济高速发展的基础动力。

战后国际形势的演变给日本的经济发展提供了良好的机遇。日本在宪法中被迫放弃战争权,以后又以允许美国驻军为代价,换取美国的"核保护伞",致使其军费开支相当微小,能够把大量的人力物力投入和平经济的发展。美国的扶持,使日本获得了经济发展所必需的资金和技术。

日本明治维新以后就一直非常重视教育,1872年政府颁布了全国统一的学制,强制推行小学义务教育。1947年又进行教育改革,将义务教育的范围扩大到初中。到50年代中期,全国25岁以上的人口中受教育率高达94%,70年代中期又基本普及了高中教育。在人才结构方面,政府根据不同时期经济结构的变化,调整教育重点。由于日本长期坚持"教育先行"的战略,为经济发展保证了人才资源。

日本政府利用国内外各种条件,确定了具有本国特色的发展道路。政府根据日本的特点,一方面采取引进国外先进技术的方针,另一方面确立"贸易立国"的战略,积极有效地开拓国际市场,扩大进出口贸易,加强资本输出。

长期坚持推行高积累、高投资和强化资本积累的政策,实现低成本高效益的运行机制,也是日本政府宏观调控政策的内容之一。高积累的基础是高剥削率、高储蓄率和低福利。战后日本工人的工资水平在西方发达国家中最低,而且增长速度远远低于劳动生产率。相反,受文化传统的影响,日本民众的家庭储蓄率(即家庭储蓄占家庭可支配收入的比例)在西方发达国家中却是最高的,由家庭储蓄形成的投资约占社会投资总额的1/3。此外,政府也进行巨额投资。私人投资和国家投资两者相加,使全国固定资本形成总额从1955年的17030亿日元猛增到1985年的875610亿日元,30年内增长50倍。资本的投资效率也一直高于欧美发达国家。在高效益的前提下,急剧增长的投资推动了日本经济迅速发展。

85 战后的朝鲜半岛是如何分裂的?

二战时期,在《开罗宣言》和《波茨坦公告》中,同盟国都曾承诺战后要帮助朝鲜独立。1945年12月的苏、美、英三国外长会议还决定由美苏的军事代表组成联合委员会,与朝鲜各民主党派和社会团体协商,组成临时民主政府,逐步实现朝鲜的独立和统一。但联合委员会没有达成任何协议。1947年9月,美国违反三国外长会议协定,单方面决定把朝鲜问题提交联合国大会讨论。11月第二届联大决定成立"联合国朝鲜临时委员会",由该委员会监督朝鲜于1948年5月前完成普选,组建统一政府,选举后三个月苏美军队撤退。这一决议遭到苏联的抵制,"联合国朝鲜临时委员会"则宣布在南朝鲜实行单独选举。

1948年5月10日,美国和李承晚集团在"联合国朝鲜临时委员会"的"监督"下在南朝鲜单独举行选举,产生了国民议会。7月20日,李承晚当选为总统。8月15日,南部朝鲜建立了以李承晚为首的"大韩民国政府"。

1948年6月,朝鲜劳动党在平壤召开反对南朝鲜单独选举的南北朝鲜民主党派和社会团体第二次代表大会,决定拒绝南朝鲜的"国民议会"及李承晚的政府。8月25日,北朝鲜人民选出了朝鲜最高人民会议。9月2日朝鲜最高人民会议第一次会议在平壤开幕。9月8日,会议通过了《朝鲜民主主义人民共和国宪法》,选举最高人民会议常任委员会,并任命金日成为首相。9月9日,朝鲜民主主义人民共和国在平壤正式宣告成立。

86 朝鲜战争是怎么回事?

随着大韩民国和朝鲜民主主义人民共和国的成立,朝鲜半岛出现了南北对抗的局势。

1950年5月李承晚在大选中惨败。6月7日,北朝鲜发起一场声势浩大的要求以普选争取国家和平统一的运动,南朝鲜面临严重的政治危机。

美国为了保障本国在远东的战略利益,保证将对李承晚集团的反共行动给予道义上和物质上的支持,并在1950年1月与李承晚签订"美韩联防互助协定"。1950年6月25日凌晨,韩国军队和朝鲜警备队在三八线附近发生冲突,半岛南北之间的战争终于爆发。

朝鲜民主主义人民共和国警备队打败了李承晚军队的进攻,朝鲜人民军进行大举反击。在战争开始后的两个月时间中,朝鲜人民军解放了南朝鲜 90％以上的地区和 92％的人口，李承晚的军队已被压缩到以釜山为中心的东南角狭小地区。

朝鲜战争爆发的当天晚上，美国即操纵联合国安理会（苏联缺席）通过谴责北朝鲜的决议，后来又通过了美国提出的"紧急制裁案"，为美国的侵朝战争披上了联合国的外衣。当日，美国总统杜鲁门就批准参谋长联席会议给麦克阿瑟的命令，决定出动美地面部队侵朝，轰炸"三八线"以北的所有军事目标，并命令美第七舰队开进台湾海峡。由于美军的大量投入，朝鲜战争形势发生很大变化，金日成命令人民军且战且退，实施战略退却，美军以优势兵力侵入汉城，到 9 月 30 日，南朝鲜军队越过"三八线"。随后，美军也进入朝鲜北部，平壤失守。美军和南朝鲜军队一路向北进犯。美军飞机不断侵犯中国东北领空，扫射轰炸我国城镇和乡村。使我国安全受到威胁。

面对日益扩大的战争，中国政府曾多次向美国提出抗议。但美国对中国的抗议置若罔闻。为"保家卫国"，应朝鲜政府的要求，中国人民志愿军入朝作战。从 1950 年 10 月 25 日到 1951 年 5 月 21 日，朝中两国军队发动五大战役，把美军赶到"三八线"附近，从根本上扭转了战局。此后，战争在"三八线"附近陷于胶着状态。1951 年 6 月 30 日，美国被迫接受朝鲜停战谈判。从此，朝鲜战争进入以谈对谈、以打对打、边谈边打的阶段。

直到 1953 年 7 月 27 日，以朝鲜人民军最高司令官金日成和中国人民志愿军司令员彭德怀为一方与"联合国军"部队司令克拉克为另一方，正式签署了朝鲜军事停战协定。至此，持续三年的朝鲜战争宣告结束。朝鲜战争后，南北朝鲜的分裂更趋稳定。

87 日内瓦会议是怎么回事？

1954 年 2 月 28 日，由苏联倡议，苏美英法四国外长在柏林会议上达成协议，定于同年 4 月举行日内瓦会议，讨论朝鲜问题和印度支那问题。除苏联、美国、法国、英国、中华人民共和国参加会议的全过程外，同这两个问题有关的其他国家也派代表分别参加各有关问题的讨论。日内瓦会议是中华人民共和国首次以五大国之一的地位和身份参加讨论国际问题的一次重要会议。

　　1954年4月26日，日内瓦会议开幕，首先讨论朝鲜问题。会议一开始，朝鲜外务相南日就提出了关于恢复朝鲜统一和组织全朝鲜自由选举的方案。周恩来外长表示完全支持南日外务相提出的方案。

　　由于与会各方对如何和平解决朝鲜问题存在着原则分歧，直到1954年6月15日仍难达成协议，朝鲜、中国、苏联再次提出一些有利于和平解决朝鲜问题的建议，以打破僵局，但美国带头反对。参加"联合国军"的那些国家的代表提出了使会议面临决裂的《十六国宣言》。

　　在此情况下，周恩来外长仍作了最后一次努力，指出美国要阻挠日内瓦会议就解决朝鲜和平问题达成任何协议。周恩来外长对协议案文提出如下建议："日内瓦与会国家达成协议，它们将继续努力，以期在建立统一、独立和民主的朝鲜国家的基础上达成和平解决朝鲜问题的协议。关于恢复适当的谈判时间和地点问题，将由有关国家另行商定。"

　　尽管这个声明为绝大多数与会者所接受，但由于美国代表不表示同意，而未能获得通过。这样，日内瓦会议关于朝鲜问题的讨论以未通过任何协议而结束。

　　日内瓦会议的后期，即从5月8日开始讨论印度支那问题，参加者有中、苏、英、法、美、越南民主共和国、越南共和国（即原南越）、老挝王国和柬埔寨王国。会议主要讨论了停战后一段时期内为越南交战双方的武装力量划分集结区，老挝和柬埔寨问题如何同越南问题区别对待，停战的监督和保证，印度支那三国的政治前途等问题。美国企图延长乃至扩大印度支那战争，虽然被迫同意参加会议，但始终没有放弃其直接插手印度支那战争的打算。

　　6月中旬，会议因各方分歧停滞不前。中国及时地折中了有关国家的意见，提出了解决老挝和柬埔寨问题的方案，得到了广泛的赞同。与会国就如何解决老挝和柬埔寨的停战问题达成了一些协议，使会议大大前进了一步。

7月21日,会议通过《日内瓦会议最后宣言》,实现了印度支那的停战,结束了法国在这个地区进行多年的殖民战争,确认了印支三国的民族权利,是印支三国人民争取独立过程中的重要里程碑。美国代表没有在会议最后宣言上签字,这为美国加紧干涉印度支那埋下了伏笔。

88 二战后美国是如何侵略越南的? 结果如何?

1961年,美国根据斯特利—泰勒计划,在南方大量建立"战略村",发动所谓特种战争。1962年4月,美驻越军援司令部成立,指挥南越傀儡军作战。南方人民在北方人民的支援下,积极开展游击战,变"战略村"为打击美、伪军的战斗村。1963年1月,在北村战斗中给敌以沉重打击,挫败了美国的战争计划。

1964年,美国开始执行两年内"平定"南越的约翰逊—麦克纳马拉计划。12月,南方军民在平也战役中取得胜利,美国的特种战争计划宣告破产。1964年8月,美国借口"北部湾事件"轰炸北越。翌年2月,对越南北方实施全面轰炸。随后其地面部队在岘港登陆,在南方直接承担作战任务。战争规模不断升级,战争样式发生变化,特种战争演变为局部战争。

侵越美军急剧增加,南朝鲜、澳大利亚、新西兰、菲律宾、泰国等相继被卷入战争。经过1965—1966年、1966—1967年两个旱季攻势,尤其是1968年的新春攻势,南方的游击战由农村发展到城市,与运动战相结合逐步取得战争主动权。

1968年3月,美国宣布部分停止对北方的轰炸,放弃战争升级政策。5月,越南民主共和国与美国在巴黎举行和谈,美国宣布无条件停止对北越的轰炸和炮击。1969年1月,巴黎会谈扩大为包括南方民族解放阵线和阮文绍傀儡集团在内的四方会谈。1969年7月,美国总统尼克松宣布,美军将逐步撤出南越,实现战争"越南化"。为挽回败局,达到体面撤军,美军和傀儡军对解放区加紧扫荡。

1970年,美军入侵柬埔寨,战争扩大到整个印度支那。1971年2、

3月间,美军和傀儡军4万余人,以坦克、装甲车突击和直升机机降战术,进攻九号公路越南溪山至老挝车邦地区,企图切断北方通往南方的战略补给线"胡志明小道"。越军集中5万兵力于公路南北两侧地区,以诱敌深入各个歼灭的战法,激战43天,歼敌2万余人。九号公路战役的胜利标志着美国的战争"越南化"政策遭到严重挫折。

1972年,南方军民在各战场发起全面战略反攻;美国恢复对北越的全面轰炸,并以水雷封锁北越港口。12月,出动上百架B—52型战略轰炸机,连续轰炸北越。越南人民顽强战斗,粉碎了美国的战争讹诈政策。1973年1月27日,交战各方在结束战争的巴黎协定上签字。3月,美地面作战部队撤离越南。

但美国在南方留下两万多军事顾问,继续推行战争越南化政策,支援阮文绍傀儡军蚕食解放区。1975年3、4月间,南方军民发动春季攻势,取得西原、顺化—岘港、胡志明三大战役的胜利。4月30日解放西贡,战争结束。

89 "蒙巴顿方案"是怎么回事?

英国虽然在二战中取得胜利,然而其国力在战争中严重受损,失去了其大国的地位。英国最大的殖民地英属印度的解体已经不可避免。然而在当时的印度,多数派印度教徒和少数派伊斯兰教徒之间的对立日益激化,强烈主张印度教徒和伊斯兰教徒的分离。甘地强烈反对这些分离思想,提倡实现印度统一,印度国民大会党也出于政教分离和世俗主义的立场而对因宗教的分离表示谨慎,印度共产党和印度民族主义者虽然也有各自的反应,但都未能阻止分裂的大势。

1947年6月4日,蒙巴顿声明将在这一年的8月15日通过将英属印度分为印度和巴基斯坦两个国家的方式来实现印度的独立(也包括印度高等文官、印度军、印度铁道的分割)。1947年印度独立法规定,英属印度分为印度和巴基斯坦两个新国家,两国在各自的宪法(印度宪法及巴基斯坦宪法)实施之前是英联邦的自治领(和加拿大及澳大利亚地位相同,在国际法上是独立国家)。

蒙巴顿宣称将实施分治到实际分治只有两个多月的时间。而伊斯兰教徒占多数的地区分别在英属印度东西两地也是严重的问题。因此,西部的旁遮普地区和东部的孟加拉地区被印度和巴基斯坦两国分割。旁遮普地区被分为旁遮普省和旁遮普邦(之后又分为哈里亚纳邦、喜马偕尔邦和昌迪加尔),孟加拉地区则被分为东巴基斯坦和西孟加拉邦。而划分界线的工作是由之前和印度毫无关系的一位伦敦律师西里尔·雷德克里夫担当的,因此这条分割线(分离独立后即是两国的国境)被称为雷德克里夫线。这条分割线直到独立当天才公布。孟加拉地区的划分接近 1905 年的孟加拉分割令,旁遮普地区由于过去并未进行过分割,发生了大规模的混乱。

在这两个地区,居住在印度教徒地区的伊斯兰教徒逃亡伊斯兰教徒地区,与之相反,伊斯兰教地区的印度教徒和锡克教徒逃往印度教徒地区,其中不少都是强制迁移因而沦为难民。在短时间内的大规模人口流动引发了大混乱,特别是在旁遮普地区,两教徒之间发生了难以计数的冲突、暴动、屠杀以及报复。据理查德·西蒙兹的研究,即使是最保守的估计,也有至少 50 万人在冲突中丧生,一千二百万人无家可归。在这时两者之间产生的不信任感和憎恶对之后的印巴关系都产生了影响。在加尔各答,由于甘地的努力,屠杀得到了抑制。

巴基斯坦在 1947 年 8 月 14 日宣布独立,印度则在 1947 年 8 月 15 日宣布独立。真纳成为巴基斯坦总督,贾瓦哈拉尔·尼赫鲁则成为新独立印度的总理。然而,实现独立的过程,以及独立后两国的历史都并不平坦。许多宗教移民在来到印度或巴基斯坦之后都面临融入当地社会的困难。不同宗教教徒之间的冲突和种族清洗仍有发生。

90 印度尼西亚在二战后是如何获得独立的?

二战期间,日本为了掠夺印尼的石油和原料,为了建立控制印度洋和中国南海的军事基地,打着"援助"的旗号侵入印尼。日本占领印尼后,一面以"三亚运动"从思想上奴化印尼人民;一面强化法西斯统治,对印尼人民进行压榨。对此,印尼人民开展多种形式的反抗斗争。印尼共产党领导人阿米尔·沙里佛丁在 1942 年建立的"反法西斯人民运动"(1943 年被取缔)、印尼共产党于 1944 年初创建的"自由印度尼西亚运动"以及由著名资产阶级民族运动活动家苏加诺领导的"民众力量中心"是日本占领时期抗日斗争的核心组织。1945 年日本投降后,在革命形势的推动和人民渴望独立的强大压力下,苏加诺、哈达以及各反法西斯进步组织的代表,于 8 月 17 日在雅加达举行会议,签署了独立宣言,宣布印尼独立。

独立宣言迅速传遍全国,各地纷纷举行示威游行,高呼"一日独立,永远独立"等口号。工人阶级和各阶层人民自己起来解除日军武装,占领工厂、电台,建立政权机构。印尼历史上著名的"八月革命"从此展开。18 日,各政党、各社团召开"印尼独立筹备委员会",通过共和国宪法,选举苏加诺、哈达为正、副总统,社会党人沙里尔为总理。10 月,所有政党被宣布为合法组织。以沙里尔为首的内阁诞生。八月革命结束了荷兰300 多年的殖民统治和日本 3 年多的占领。

但印度尼西亚共和国成立不久,遭到英国军队和荷兰军队的侵略。1945 年 11 月 10 日,1.5 万名装备落后的印尼武装部队在泗水镇与英军鏖战 15 天,给英军以重创。11 月 10 日后被印尼定为"英雄节"。在世界舆论的谴责下,英军不得不在 1946 年 10 月撤出印尼,但却把占领区交给荷兰殖民者。直到 1949 年 11 月 2 日,荷兰政府迫使印尼在海牙签订了《圆桌会议协定》。据此,印尼共和国 15 个邦共同组成印度尼西亚联邦共和国,参加荷印联邦,重新受到荷兰的控制。

1950 年 8 月 14 日,印尼联邦众议院通过了统一的印度尼西亚共和国临时宪法。8 月 15 日,统一的印度尼西亚共和国正式宣布成立,苏加诺为总统。1955 年 8 月,印尼政府废除与荷兰有关的外交、军事、文化合作协定,1956 年 3 月,印尼第一届普选产生的国会成立,阿里·沙斯特罗阿米佐约组阁,4 月 21 日废除圆桌会议协定。又经过斗争,于 1963 年 5 月10 日收复西伊里安,至此,印尼共和国的统一和领土完整得到实现。

91 缅甸是如何独立和发展的？

相传公元前 200 年骠人进入依洛瓦底江的上游地区，并掌控中国和印度之间的通商之路。之后孟族来到锡唐河流域，而在 849 年缅甸人接管骠河流域并建立蒲甘城。经历过蒲甘王朝、勃固王朝、阿瓦王朝、东吁王朝和缅甸最后的王朝贡榜王朝（雍笈牙创立，因此也称为雍笈牙王朝）。贡榜王朝不但统一全缅甸，也对外四处用兵扩张疆土。

英国和缅甸间的紧张局势在 1824 年至 1826 年以及 1852 年两次的英缅战争中达到高峰。英国在这两次的战争中均获得胜利，最后攻占勃固城并将此地称为下缅甸，并成立英属缅甸管理。在英国人进入缅甸后，上缅甸的经济也显著好转。国王明敦曾试图改革但失败。1885 年，法缅签订合作抗英的密约，使英国决心灭缅，英国发动并赢得第三次英缅战争。英国灭缅甸，将其并入大英帝国属下的印度，成为英属印度的一个省份，贡榜王朝灭亡。

1937 年，英国创建一套独特的缅甸宪法，同意缅人自治。缅甸脱离英属印度，成为大英帝国的缅甸本部（英属缅甸）。

1942 年 5 月，日本占领缅甸，成立以巴莫为首的缅甸傀儡政府。在日本的支持下，反对英国殖民政府、渴望独立的昂山将军组织了缅甸独立义勇军。

1942 年，昂山率军与日军一起参加了对英军及中国远征军的战斗，然后在日军支持下宣布缅甸从英国独立。1943 年，巴莫与昂山等人受邀访问日本，他们回国重组缅甸傀儡政府，昂山成为国防部长。1944 年，日军在战场节节败退，昂山开始支持美英的同盟国一方，并组织"反法西斯人民自由同盟"以对抗日军。1945 年，全缅抗日胜利，战后的缅甸仍受英国控制。

1962 年，军事将领奈温将军发动政变并成立以军事统治的政府，宣布要使缅甸成为社会主义国家。因为治理不当和腐败导致的经济严重萧条，缅甸政府于 1977 年开始寻求外援。1980 年代后期，缅甸已是全球最贫困国家之一。

1989 年 6 月 18 日,在苏貌将军掌政下,国内反政府活动仍旧持续四起,昂山的女儿昂山素季(1991 年诺贝尔和平奖得主)因公然批评奈温将军而在 1989 年 7 月 20 日遭到囚禁。虽然她曾在 1995 年获得释放,之后再次遭到软禁,直到 2010 年 11 月 13 日获释。

2005 年缅甸首都由仰光迁往内比都。2008 年,军政府宣布将在五月举办公民投票通过新宪法,并在 2010 年举行民主选举来成立新政府。

自从 2010 年结束了军政府统治,联邦巩固与发展党(简称"巩发党")执政以来所进行的一系列政治、经济等领域的改革措施。重要措施有政府释放被软禁超过 15 年的全国民主联盟领导人昂山素季并与她进行对话,大赦多名政治犯,建立国家人权委员会,颁布赋予劳工有组建工会和罢工等权利的劳动法,放松出版审查等内容。东南亚国家联盟成员国同意由缅甸主办 2014 年的东盟峰会。11 月中旬,昂山素季领导的全国民主联盟也被当局允许注册为合法政党,并参加了后来的议会补选。2011 年 12 月初,美国国务卿希拉里・克林顿访问缅甸,成为半个世纪以来首位访缅的美国高级官员。2013 年底,缅甸政府释放了所有被关押的政治犯。

2016 年 3 月 15 日,缅甸联邦议会进行总统选举,昂山素季好友、民盟资深党员吴廷觉以高票当选为缅甸半个多世纪以来首位非军人的民选总统,民盟钦族议员亨利班提育和原仰光省省长吴敏瑞当选为副总统。3 月 30 日,吴廷觉在联邦议会宣誓就职,4 月 1 日新政府正式履职,标志着半个多世纪的缅甸军政府统治结束。

92 菲律宾是如何独立和发展的?

十四世纪之前,菲律宾群岛上未形成国家,多以土著部落形式存在。据《吴时外国记》记载,最早到达菲律宾群岛的国家力量,是中国三国时期的东吴。

1390 年,苏门答腊岛移民米南加保人建立了菲律宾历史上第一个国家——苏禄苏丹国。首都位于和乐。1417年,苏禄群岛上的三位国王东王巴都葛叭哈喇、西王麻哈喇葛麻丁、峒王巴都葛叭喇卜率领家眷一行340人组成友好使团,前往中国进行友好访问,受到明永乐皇帝朱棣的隆重接待。

1450年,阿拉伯商人赛义德·艾布伯克尔在菲律宾南部建立了伊斯兰政权。

1521年,麦哲伦探险队于地理大发现首次环球航海时抵达菲律宾群岛。

1565年,宿雾岛为来自墨西哥的西班牙人所占领,此即西班牙统治菲律宾的开始。菲律宾之名,来自当时西班牙国王菲利普二世。1851年,西班牙侵占和乐岛,清朝与藩属国苏禄王国的交往中断。

1898年,爆发美西战争;6月12日菲律宾宣告独立,成立菲律宾共和国。之后西班牙战败,签署"巴黎和约",美国接收菲律宾,改由美国统治。1935年3月24日,建立菲律宾自治邦。

1942年日军控制菲律宾全境。随后,日本人成立了一个独立准备委员会负责起草宪法。

1943年10月14日,日本占领军扶植劳威尔成立了一个傀儡政权,史称菲律宾第二共和国(1943—1945年),正式名称为菲律宾共和国。第二次世界大战结束后,菲律宾再次沦为美国殖民地。1946年7月4日,美国同意菲律宾独立。菲律宾获得独立,但仍然保留了对美国的依附关系。此后,自由党和国民党轮流执政。

93 亚非会议是怎么回事?

第二次世界大战后,亚非地区的民族解放运动空前高涨,到1955年,已有十几个新独立的国家。为了巩固和推进民族独立运动,1954年3月,印度尼西亚总理沙斯特罗阿米佐约建议召开亚非会议。同年4月和12月,新独立的南亚五国:印度、印度尼西亚、缅甸、锡兰(斯里兰卡)和巴基斯坦的总理先后在锡兰科伦坡和印尼茂物举行会议,就召开亚非会议进行专门研究。茂物会议决定 1955 年 4 月在万隆召开亚非会议，邀请亚非国家的政府首脑或它们的代表参加。会议的目的和宗旨是：促进亚非各国之间的友好合作与睦邻关系；商讨与会国家社会、经济和文化的发展问题；研究有关民族主权、反对种族主义和殖民主义、促进世界和平等问题。会议决定邀请：中国、越南民主共和国、南越、阿富汗、柬埔寨、老挝、日本、菲律宾、泰国、尼泊尔、伊朗、也门、沙特阿拉伯、伊拉克、叙利亚、黎巴嫩、约旦、土耳其、埃及、苏丹、埃塞俄比亚、黄金海岸（加纳）、利比亚、利比里亚、中非联邦参加。被邀请的这些国家除中非联邦因"环境困难"不能与会外，其余国家都同意参加会议。

1955 年 4 月 18 日至 24 日亚非会议在万隆市隆重举行，有 29 个国家、340 名代表出席了会议。印度尼西亚总统苏加诺作了题为《让新亚洲和新非洲诞生吧》的长篇开幕致辞。会上，大多数代表的发言谴责新老殖民主义、帝国主义和种族主义，强调民族独立，各国和平共处和团结合作。因此，会议遭到帝国主义的竭力挑拨与破坏。

美国不是与会国，却派出 70 多人的"记者团"来到万隆，企图利用亚非国家社会制度的不同、意识形态的差异、殖民统治所造成的隔阂，制造分歧，破坏会议。某些国家的代表在美国的唆使和影响下，说什么亚非国家面临的问题不是反殖民主义，而是"共产主义威胁"和"颠覆活动"等，影射攻击中国，阴谋挑起争端，达到破坏会议的目的。中国代表团团长中国政府总理兼外交部部长周恩来，针对帝国主义的阴谋，在会议上提出"求同存异"的方针。他说，中国代表团是来求同而不是来求异的，这个求同的基础就是亚非绝大多数国家和人民自近代以来都曾经受过、并且现在仍在受着殖民主义所造成的灾难和痛苦。从解除殖民主义痛苦和灾难中找到共同基础，我们就很容易互相了解和尊重、互相同情和支持，而不是相互疑虑和恐惧，互相排斥和对立。周恩来的发言使会议取得极大成功。4 月 24 日，会议全体一致通过了最后公报。

亚非会议是亚非历史上第一次在没有西方殖民主义国家参加的情况下举行的国际会议。是二次大战后新兴政治力量登上国际关系舞台的重要标志，它宣布新独立的国家要求奉行独立自主、和平中立的外交，这种要求终于成为强大的国际政治潮流，随后又发展为非集团的不结盟运动,并形成第三世界力量。

94 不结盟运动是怎么回事?

"不结盟"一词最早可追溯到1954年印度总理尼赫鲁在斯里兰卡发表的一场演说中。

1956年,南斯拉夫总统铁托、埃及总统纳赛尔和印度总理尼赫鲁举行会谈,针对当时东西方两大军事集团严重对抗殃及广大中小国家的情况,提出了不结盟的主张。1961年9月,首次不结盟国家首脑会议在南斯拉夫首都贝尔格莱德举行,25个国家的代表出席了会议,不结盟运动正式形成。

自成立以来,不结盟运动奉行独立、自主和非集团的宗旨与原则,支持各国人民维护民族独立、捍卫国家主权以及发展民族经济和文化的斗争。

不结盟运动的成立是发展中国家走向联合自强的新开端,在支持和巩固成员国民族独立和经济发展、维护成员国权益等方面发挥了重要作用,成为国际社会的重要力量。

进入21世纪,世界格局发生了巨大变化,不结盟运动尝试对自身进行重新定义。在新形势下,不结盟运动着重强调维护世界和平与安全,推行平等、互不侵犯、多边主义等原则,并为来自不发达地区的成员国在国际谈判中争取权益。

不结盟运动不设总部,无常设机构,无成文章程。自1970年起,首脑会议会期制度化,每3年举行一次。不结盟运动各种会议均采取协商一致的原则。如有分歧,各成员国可采取书面形式向主席国正式提出保留意见,以示不受有关决议或文件的约束。

不结盟运动现有120个成员国、17个观察员国和10个观察员组织(2004年5月19日,塞浦路斯退出不结盟运动;2006年5月接纳其观察员国安提瓜和巴布达、多米尼加两国为新成员;2009年7月,阿根廷和世界和平理事会成为观察员)。它包括了近三分之二的联合国会员国,绝大部分是亚洲、非洲和拉丁美洲的发展中国家,人口总和占世界人口的55%左右,在国际社会具有广泛的代表性。中国一贯重视与不结盟运动的关系,在国际事务中与不结盟运动保持着良好的合作,并于1992年9月正式成为不结盟运动的观察员国。

95 什么是"七十七国集团"?

77国集团是一个经济组织,它是发展中国家为改变国际经济贸易中的被动地位,改善日益恶化的交往环境,为阻止发展中国家国际收支逆差不断扩大而建立起来的。

它的前身是75国集团,1963年第18届联合国大会讨论召开贸易和发展会议时,73个亚、非、拉国家和南斯拉夫、新西兰共同提出一个联合宣言,形成"75国集团"。后来肯尼亚、韩国、越南加入,新西兰宣布退出。因此形成77国集团。

1964年6月15日在日内瓦召开的第一届联合国贸易和发展会议上,发达国家和发展中国家在一些重大问题上产生尖锐分歧。77个发展中国家和地区联合起来,再次发表了《77国联合宣言》,要求建立新的、公正的国际经济秩序,并以此组成一个集团参加联合国贸易和发展会议的谈判,因而该集团被称为77国集团。

1967年,77国集团第一次部长级会议在阿尔及利亚举行,会议通过了该组织的宪章。截至2008年6月,77国集团有正式成员134个。

77国集团的产生是由于国际上的不平等经济秩序对发展中国家造成了严重损害,它反映了发展中国家联合起来维护自身利益的历史趋势。自成立以来,77国集团逐渐从设在日内瓦的贸发会议扩展到联合国其他一些机构。此外,在联合国的一些重要会议里也有77国集团。77国集团没有总部、秘书处等常设机构,也没有章程和预算,但由于成员国有着共同的利害关系,它们在同发达国家谈判时,往往能以"一个声音讲话"。每届联大和贸发会议召开前该集团通常要举行部长级会议,研究对策,统一步调。由于该集团协调行动,步调一致,在维护发展中国家独立和主权、建立国际经济新秩序，以及在国际经济领域的斗争中发挥了重大作用。

77 国集团是广大发展中国家的一个松散的磋商机制。议事时采取协商一致的原则作出决定。部长级会议是该组织的最高权力机构。主要出版物有《77 国集团通讯》等。

77 国集团成立后，主要致力于维护发展中国家民族独立和国家主权，争取经济利益，在一些涉及重大共同利益的问题上协调立场，发挥积极作用。77 国集团要求进一步加强团结与合作并强烈要求平等地参与国际经济事务的决定，强调在国际金融机构中加强协作与配合，对国际金融体制改革和建立多边贸易体制等提出具体主张。

77 国集团成立多年来，已成为发展中国家在国际经济组织中共同利益的代表。它在促进南南合作、推动南北对话、为维护自己的正当权益以及改变不合理的国际经济秩序进行了不懈的努力，并取得了可喜的成就，在联合国贸易和发展会议主持的谈判中达成了一系列对发展中国家有利的国际公约和协定。

96 什么是"南南合作"？

南南合作，即发展中国家间的经济技术合作（由于大部分发展中国家分布在南半球或北半球的南部，因而发展中国家间的经济技术合作被称为"南南合作"），是促进发展的国际多边合作不可或缺的重要组成部分，是发展中国家自力更生、谋求进步的重要渠道，也是确保发展中国家有效融入和参与世界经济的有效手段。南南合作是广大发展中国家基于共同的历史遭遇和独立后面临的共同任务而开展的相互之间的合作。

1955 年召开的万隆会议确定了南南合作"磋商"的原则，促进了原料生产国和输出国组织的建立，提出了在发展中国家间实施资金和技术合作，因此被认为是南南合作的开端。20 世纪 60 年代初形成的不结盟运动和 77 国集团是南南合作的两个最大的国际组织，它们通过的一系列纲领性文件，为南南合作规定了合作的领域、内容、方式与指导原则。

20世纪70年代至80年代末,发展中国家团结自救、合作自强的努力取得重大进展。西非经济共同体、拉丁美洲经济体系、南部非洲发展协会、海湾合作委员会、南亚区域合作联盟等发展中国家谋求经济合作,增强集体自力更生能力的区域性经济组织相继建立。1982年,首届南南合作会议在印度新德里召开,1983年和1989年先后在北京和吉隆坡召开南南合作会议,这三次会议是南南合作的重要里程碑。南南合作的实质,是面对不平等的南北经济关系,实行联合自强,共同发展。

2015年9月26日,中华人民共和国主席习近平和联合国秘书长潘基文在纽约联合国总部共同主持召开南南合作圆桌会。会议是在联合国发展峰会举行期间和2015年后发展议程刚刚通过的重要时刻举办的一次重要会议。孟加拉国、贝宁、丹麦、厄瓜多尔、埃及、印尼、马来西亚、尼泊尔、尼日利亚、巴基斯坦、萨摩亚、南非、乌干达、赞比亚等国领导人,巴西、哈萨克斯坦、马尔代夫、沙特、津巴布韦等国元首代表,以及联合国开发计划署、世界银行、国际货币基金组织、世界贸易组织、联合国粮农组织、金砖国家新开发银行、联合国亚太经社会等国际组织负责人出席会议。

97 以色列是何时建立的?

1948年5月14日,犹太民族的新国家——以色列国宣告成立。

从公元19世纪末到20世纪30年代,在西方,对犹太人的暴行不时发生。俄国沙皇颁布残酷的"五月法令",驱赶住在城镇的犹太人,强迫犹太妇女出示娼妓标志。他甚至将日俄战争的失败也归罪于犹太人。希特勒统治时期,犹太人被迫在集中营服苦役,在德国占领区的900万犹太人,整整有600万惨遭杀戮。

苦难的生活,唤起了犹太人对故园的思念。他们把摆脱痛苦遭遇的希望寄托在重返耶路撒冷的梦想之上。1901年,犹太复国主义组织设立了民族基金会,在巴勒斯坦购置土地,组织输送移民。

可是犹太人希望进入的巴勒斯坦,是一个土地少,沙漠、荒山面积大,淡水资源奇缺的地区。而且,在犹太人流散之前、流散期间和之后的很长一段时间,就有迦南人的后代、古腓力斯丁人的后代和阿拉伯人在这块土地上居住。他们后来大多数都信奉伊斯兰教。随着犹太移民源源不断地涌入,阿拉伯人看到:犹太人成了种植园、葡萄园主,而巴勒斯坦农民则沦为廉价的帮工。于是,一种怨恨情绪在潜滋暗长。

1929年8月23日清晨,当犹太人排成一列纵队,穿过耶路撒冷的街道,虔诚地向神圣的祷告墙走去时,数以百计的信奉伊斯兰教的阿拉伯人包围了他们,于是,发生了自十字军东征以来耶路撒冷最激烈的械斗。

这次骚乱成了巴勒斯坦民众反抗犹太复国主义的开端,也刺激了犹太人获得这块土地的决心,使来自欧洲的犹太移民数量大增。

第二次世界大战后,犹太复国主义者开始寻求美国的支持。1944年11月26日,联大召开第二届会议,通过了《关于巴勒斯坦将来分治问题的决议》,决定两个月后成立阿拉伯国和犹太国,耶路撒冷及其郊区实行国际化。

1948年5月14日深夜,在以色列国宣告成立后11分钟,远在西半球的美国就宣布承认新成立的以色列国。

98 历次中东战争为什么爆发?

1948年5月14日,以色列国建立。次日,埃及、约旦、伊拉克、叙利亚和黎巴嫩五国出兵巴勒斯坦,第一次中东战争爆发。结果,阿方失败,以色列趁机占领了巴勒斯坦80%的土地,并不断侵犯阿拉伯国家,使阿以矛盾更加激化。

1956年7月,埃及总统纳赛尔宣布了关于苏伊士运河国有化的法令。为了破坏这一行动,英、法、以三国在伦敦制定了入侵埃及的计划。1956年10月29日晚,以色列出兵向西奈半岛发动全面进攻,第二次中东战争爆发。英、法、以的侵略行径遭到了全世界人民的谴责,美、苏两国也从各自利益出发反对战争。1956年联合国大会紧急会议通过决议,要求英、法、以军队撤出埃及,埃及终于实现了苏伊士运河国有化。

第三次中东战争爆发于1967年6月5日,也称作"六五战争"或"六天战争"。这是以色列在美国的支持下对埃及、约旦和叙利亚发动的一次闪电战。以军在几天内占领了整个西奈半岛、耶路撒冷、约旦河西岸全部地区、戈兰高地的一些地区。6 月 8 日,联合国安理会下令停火,阿拉伯国家因战败而被迫接受停火协议。第三次中东战争以后,中东地区出现了"不战不和"的局面。以色列继续占领着大片阿拉伯人的领土,巴勒斯坦难民仍然流浪在外。

1970 年萨达特出任埃及总统后,决定打破"不战不和"的僵局,经过认真准备后,埃及、叙利亚和巴勒斯坦在犹太教的赎罪日对以军发动突袭,因此,第四次中东战争又名"斋月战争"或"赎罪日战争"。1973 年 9 月,埃及、叙利亚、约旦三国协调军事行动后,对以色列发动战争,最后由于美、苏的威逼最终停火。第四次中东战争沉重打击了以色列,但也给阿拉伯国家造成重大损失,阿拉伯国家收复失地的愿望仍没有实现。

第五次中东战争即以色列入侵黎巴嫩战争。1982 年 6 月 6 日,以色列以其驻英大使遇刺为借口,悍然出兵入侵黎巴嫩,占领巴勒斯坦解放组织总部所在地贝鲁特西区,以色列军对巴勒斯坦难民营的无辜平民进行血腥屠杀,激起了世界公愤。1984 年 11 月,在联合国主持下以色列被迫同意与黎巴嫩进行撤军谈判,同意在 1985 年 6 月 1 日以前撤出在黎巴嫩的所有以色列军队。但仍在与以色列接壤的黎南部边境地区保留一个 8 到 10 公里的"安全地带"。

进入 20 世纪 90 年代,在国际社会的斡旋下,巴、以双方通过谈判的方式使中东的和平进程明显加快,1991 年双方接受"以土地换和平"的原则,使阿以问题进入新阶段。但 1999 年 9 月,巴、以双方的斗争愈演愈烈,双方冲突不断升级,甚至双方的领导人也成为对方武力打击的目标。巴、以究竟能否建立和平、平等的国际关系,这需要两国的努力和国际社会的斡旋。

99 "法塔赫"是个什么组织?

法塔赫是巴勒斯坦民族解放运动的简称。法塔赫于 1956 年开始筹建,1959年在科威特正式成立。1963年在阿尔及利亚设立第一个办事处。

1965年1月1日,"法塔赫"打响武装反对以色列占领的第一枪,标志着巴解组织进入了武装抵抗以色列的新阶段。"法塔赫"主张在整个"巴勒斯坦土地上建立一个以耶路撒冷为首都的民主国家",坚持武装斗争是实现这一目标的"唯一方式"。

随着军事力量迅速发展壮大,"法塔赫"在巴勒斯坦人民中的威望日益提高,并受到阿拉伯国家的重视和支持。在1969年2月举行的第五届巴勒斯坦全国委员会会议上,"法塔赫"获得33个席位,约占总席位的1/3,阿拉法特也当选为巴解组织执委会主席。从此,"法塔赫"开始左右巴解组织的内外政策,它所坚持的路线、方针、政策代表着巴解内外政策的主流,同时也逐渐为巴勒斯坦其他组织所接受。

1982年夏天,法塔赫于以色列入侵黎巴嫩之后做出决定,将总部从贝鲁特迁至突尼斯,总部下设约旦、叙利亚和黎巴嫩地区委员会。

20世纪80年代后,随着中东形势的变化和中东和平进程的发展,"法塔赫"在巴勒斯坦问题上的立场逐渐趋于温和、务实,主张承认以色列的存在,并在"以土地换和平"的原则基础上和平解决阿以冲突。

2006年1月,长期主导巴政坛的"法塔赫"在巴勒斯坦立法委员会选举中失利。

2011年5月4日,"法塔赫"在埃及首都开罗同伊斯兰抵抗运动(哈马斯)以及独立政治人物在内的13个派别的代表签署和解协议。巴勒斯坦各派系是经过18个月的冗长谈判后,才达成和解协议的。该协议的签署结束了"法塔赫"同"哈马斯"之间长达四年的对立状态,目的是统一约旦河西岸和加沙地带的两个对立政府。按照协议,"法塔赫"与"哈马斯"将组建过渡政府,然后在一年内举行总统和议会选举。

100 两伊战争是怎么回事?

两伊战争又称为第一次波斯湾战争,伊朗称为伊拉克入侵战争、神圣抗战、或伊朗革命战争,伊拉克称为萨达姆的卡迪西亚,是发生在伊朗和伊拉克之间的一场长达 8 年的边境战争。

历史上,两国为边境交界处的阿拉伯河的主权而产生争议。1980 年 9 月 22 日,伊拉克为这块有争议的河流,借口抵御"伊斯兰革命",悍然向伊朗发动军事进攻。不久,战局发生转变,1982 年之后,伊朗侵占了伊拉克的领土,从而引发了旷日持久的两伊战争,战争长达 8 年,成为继越南战争后持续时间最长的一次战争。整个战争进程可分为:第一阶段,伊拉克进攻,伊朗防御;第二阶段伊朗由战略相持转为战略反攻,伊拉克丧失战场主动权;第三阶段伊朗进攻,伊拉克防御。第四阶段伊拉克实施短暂的反攻,夺回大部分失地。

伊拉克从苏联获得了外交和军事上的巨大支持。阿拉伯国家主要是科威特和沙特阿拉伯,向其提供了经济援助。另外,美国也偏向伊拉克,向其提供武器和经济援助。自 1985 年起,美国在出售给伊拉克武器的同时也出售给伊朗。这引发了后来里根政府的伊朗门事件。

这场战争进行得十分惨烈。战争中伊朗常常使用类似于一战中的人海战术攻击。伊拉克使用了包括塔崩毒剂在内的化学武器。尽管伊拉克率先挑起战争和使用化学武器,国际社会对其并没有施加太大的压力。

1982 年 6 月,伊朗发动的一系列反攻夺回了伊拉克在战争初期占领的土地。伊拉克鉴于可能被彻底打败,向伊朗提出休战的建议。此时,伊朗试图打垮伊拉克政权,因此拒绝了这一建议。这样导致战争又进行了六年。

为使两伊战争尽快结束,联合国安理会于 1987 年 7 月 20 日通过了要求两伊立即停火的第 598 号决议。次日,伊拉克表示欢迎联合国决议,并决定暂停袭击伊朗海上目标,以示诚意。但伊朗没有表态,直到 1988 年 7 月 18 日才宣布接受第 598 号决议。从两伊战争停火后的第 5 天 即 8 月 25 日开始,在联合国秘书长主持下,两伊外长举行了多次会谈,但谈判毫无结果。1990 年伊拉克入侵科威特、海湾危机爆发后,伊朗利用危机逼使伊拉克最终接受了伊朗的和平条件,承认伊朗对阿拉伯河的一半主权,并从伊朗领土撤出了军队。

历时8年的两伊战争，结果两败俱伤。两国军费开支近2000亿美元，经济损失达5400亿美元，双方的综合国力因此受到很大的削弱。

(101) 海湾战争是怎么回事？

在1980年到1988年的两伊战争期间，伊拉克欠下了一些阿拉伯国家的债，其中欠科威特的债务为140亿美元。伊拉克希望石油输出国家组织（OPEC）降低石油产量，上涨石油价格，获利后偿还债务。但科威特提高了其产量，造成油价下降，希望以此来迫使伊拉克解决它们之间的边境争执。

1990年7月末伊拉克与科威特之间的谈判停止，伊拉克在科威特边境大量驻军。伊拉克武装侵占科威特，引发了海湾危机，成为海湾战争的直接导火索

1990年8月1日，美国总统布什谴责伊拉克的行动是“赤裸裸的侵略”，并宣布冻结伊拉克和科威特在美国的所有资产。

1990年8月2日凌晨1时（科威特时间），在空军、海军、两栖作战部队和特种作战部队的密切支援和配合下，伊拉克共和国卫队的三个师越过科威特边境，向科威特发起了突然进攻。伊军占领了科威特全境。伊拉克总统萨达姆宣布吞并科威特，将其划为伊拉克的“第19个省”，并称它“永远是伊拉克不可分割的一部分”。

1990年8月2日，联合国安理会就以14票赞成，0票反对（也门未出席），通过了谴责伊拉克违反联合国宪章，要求其撤军的第660号决议。联合国安理会先后通过了11个谴责和制裁伊拉克的决议，以及1个授权对伊拉克动武的决议（678号）。这些决议，使伊拉克在政治、经济、军事和外交等方面处于极端孤立的地位。

1990年8月3日美苏达成共识，并发表《联合声明》，要求伊拉克“无条件地从科威特撤军”，“充分恢复科威特的主权、合法政权和领土完整”。这与美国对伊拉克的政策目标完全一致。同时，苏联停止了对伊拉克的武器供应与军事援助。

1990 年 8 月 6 日联合国安理会通过第 661 号决议对伊拉克施加经济制裁。

1990 年 8 月 4 日,美国决定向海湾派遣部队。8 月 7 日,布什总统正式签署了"沙漠盾牌"行动计划。美军第 82 空降师的 1 个旅约 2300 人作为先头部队乘飞机从北卡罗来纳州的布拉格堡基地起飞,前往沙特。经协商在多国部队最高层成立了协调性作战指挥机构。

1991 年 1 月 9 日,美国国务卿贝克和伊拉克外长阿齐兹在日内瓦举行战前最后一次会晤,但是,双方都认为没有妥协余地,会谈没有取得结果。

1991 年 1 月 17 日当地时间凌晨 2 时,在伊拉克拒不执行安理会第 678 号决议情况下,多国部队航空兵空袭伊拉克,发起"沙漠风暴"行动,海湾战争爆发。1991 年 2 月,多国部队逐渐取得了压倒性的优势,消灭了伊拉克在科威特的驻军。

1991 年 2 月 15 日,伊拉克宣布愿意接受安理会第 660 号决议,有条件地从科威特撤军。

1991 年 2 月 22 日,苏联进一步提出伊拉克撤军方案:停火一天后开始撤军,在 21 天内撤完。但和平建议后被美国拒绝。

1991 年 2 月 24 日当地时间 4 时,多国部队发起地面进攻。1991 年 2 月 26 日,萨达姆宣布接受停火,伊军迅即崩溃。28 日晨 8 时,多国部队宣布停止进攻,历时 100 小时的地面战役至此结束。

1991 年 2 月 28 日达成停战协议,海湾战争结束。

102 "亚洲四小龙"是指哪些国家和地区?

"亚洲四小龙"是指从 20 世纪 60 年代开始,亚洲的英治香港、中国台湾、新加坡共和国和大韩民国,推行出口导向型战略,重点发展劳动密集型的加工产业,在短时间内实现了经济的腾飞,一跃成为发达富裕的地区和国家。

1998 年爆发亚洲金融危机,不少国家陷入衰退。这四个成功发展且位于东亚和东南亚的经济体,其极为成功的经济发展过程和经验使其安然度过危机,是发展经济学研究的典型例子。它们利用西方发达国家向发展中国家转移劳动密集型产业的机会,吸引外国大量的资金和技术,迅速走上发展道路,成为东亚和东南亚地区的经济火车头之一,国际社会普遍皆视亚洲四小龙为发达国家及地区。

香港现今是中华人民共和国特别行政区,繁华的国际化大都市。1842 年至 1997 年,香港是英国的殖民地;1997 年 7 月 1 日,中国对香港恢复行使主权。香港是国际重要的金融、服务业及航运中心,也是继纽约、伦敦之后的世界第三大金融中心。香港是中西文化交融的地方,同时为全球最安全、富裕、繁荣和生活高水平的城市之一,有"东方之珠"、"美食天堂"和"购物天堂"等美誉。香港把华人的智慧与西方的优势合二为一,以廉洁的政府、良好的治安、自由的经济体系以及完善的法治闻名于世,特别回归中国后,得益于开放的内陆往港的旅游业,大大增加了收入,解决金融风暴下的失业率,使其在原四小龙之中其他三地受冲击带来的持续不振的情况下,而独竖一帆。

大韩民国,简称韩国。位于东北亚,是一个新兴的发达国家。自60 年代以来,韩国政府实行了"出口主导型"开发经济战略,推动了本国经济的飞速发展,在短短几十年里,一跃成为中等发达国家,缔造了令世界瞩目的"汉江奇迹"。

新加坡是东南亚的一个岛国,也是一个城市国家。该国位于马来半岛南端,毗邻马六甲海峡南口,其南面有新加坡海峡与印尼相隔,北面有柔佛海峡与马来西亚相望,并以长堤相连于新马之间。新加坡是全球最为富裕的国家之一,其经济模式被称作为"国家资本主义",并以稳定的政局、廉洁高效的政府而著称。新加坡是亚洲最重要的金融、服务和航运中心。根据 2014 最新期全球金融中心指数的排名,新加坡是继纽约、伦敦和香港之后的世界第四大金融中心。新加坡在城市保洁方面成效显著,绿化效果良好,走在新加坡,犹如徜徉于绿叶红花之海,故有"花园城市"之美称。

台湾是中国地区,台湾扼西太平洋航道的中心,是中国大陆与太平洋地区各国海上联系的重要交通枢纽。台湾在经贸方面以高科技产业赚取外汇优先，于1970和1980年代经济发展迅速，于90年代跻身发达地区之列；无论人均所得或人类发展指数均与世界其他先进国家及地区齐平。

另有“亚洲四小虎”则是指泰国、马来西亚联邦、菲律宾和印度尼西亚四个亚洲新兴的国家，其经济在20世纪90年代都像20世纪80年代的亚洲四小龙一样突飞猛进，因而得名。

103 中亚是指哪些国家和地区？

中亚这个概念最早由德国地理学家亚历山大·冯·洪堡于1843年提出，其所包含的范围存在多种界定。范围最狭窄的界定来自苏联官方的定义，即仅指其下属的五个加盟共和国哈萨克、吉尔吉斯、乌兹别克、塔吉克、土克曼。苏联时期，这一界定在国际上也广泛使用，但实际上阿富汗也广义上属于中亚范畴。

在苏联解体后，已经独立的吉尔吉斯斯坦、乌兹别克斯坦、塔吉克斯坦和土克曼斯坦的领导人在塔什干举行会议，宣布中亚地区应当包括哈萨克斯坦在内。从此之后，中亚五国成了中亚最为普遍接受的界定。

而按照联合国教科文组织在苏联解体之前不久根据气候和风俗作出的定义，中亚的概念要广泛许多。其应当包括蒙古，中国西藏、新疆和内蒙古西部，伊朗东北部的古利斯坦省、北霍拉桑省、霍拉桑省，阿富汗，巴基斯坦的开伯尔、普赫图赫瓦省和旁遮普省，巴控克什米尔(包括吉尔吉特、巴尔蒂斯坦和自由克什米尔)，印度的旁遮普邦，印度控制的拉达克，印控克什米尔，俄罗斯中东部南方有泰加林分布的区域，以及从苏联独立的五个斯坦国家。

另一个变通的界定方法是根据种族划分，即突厥人、东伊朗人居住的地区。这些区域包括中国的新疆、俄国西伯利亚南部生活着突厥民族的区域、从苏联独立的几个斯坦国家以及阿富汗突厥斯坦。此外还包括阿富汗斯坦、巴基斯坦北部和克什米尔山谷，以及中国西藏和印控拉达克。在这一概念下，上述地区的绝大部分居民都属于当地原住民。

104 "塔利班"是什么组织?

塔利班(意即"伊斯兰教的学生",也意译为神学士),是发源于阿富汗坎大哈地区的伊斯兰原教旨主义运动组织。塔利班,在波斯语中是学生的意思,它的大部分成员是阿富汗难民营伊斯兰学校的学生,故又称伊斯兰学生军。

世界上最早知道塔利班是在 1994 年 11 月,当时他们保护一支试图打开巴基斯坦与中亚贸易的车队而一举成功,从此登上历史舞台。

成立之初,塔利班总共只有 800 人,因此许多人对其并不重视。但是这个派别高举铲除军阀、重建国家的旗帜,且因为纪律严明而作战勇敢,并提出反对腐败、恢复商业的主张,因此深得阿富汗平民的支持,实力急剧膨胀,发展成为一支拥有近 3 万人、数百辆坦克和几十架喷气式战斗机的队伍。

1995 年 5 月与 6 月间,塔利班发动了代号为"进军喀布尔"的战役,很快控制了阿富汗近 40% 的地区。塔利班乘胜向喀布尔发起全面攻击。同一年的 9 月 26 日,占领了电台、电视台与总统府。此时,塔利班已经全面控制了首都,之后并控制了包括首都喀布尔在内的全国 90% 以上的领土,而反塔利班联盟中唯一具有与塔利班正面对抗能力的,只剩下马苏德一派。

掌权后的塔利班声称要建立世界上最纯洁的伊斯兰国家,但执政以来对国家重建并无明显建树。经济每况愈下,疾病流行,使它得到的支持度逐渐下降。

自 1996 年至 2001 年,塔利班在阿富汗建立全国性政权,正式名称为阿富汗伊斯兰酋长国。由于它在阿富汗实施独裁专制和政教合一政策,因此仅被巴基斯坦、阿拉伯联合酋长国和沙特阿拉伯三个国家承认是代表阿富汗的合法政府,它曾经为乌萨马·本·拉登提供庇护。在事件发生之前,塔利班政权一直得到美国政府的扶持。就在 9·11 事件发生前夕,美国政府还给予塔利班当权的阿富汗 4300 万美元的援助。

2001年"9·11"事件后,在美国军事打击下,塔利班政权垮台,一些残余转入山区。此后其长期隐藏于山区中,从2006年开始通过鸦片东山再起,并从北约手中夺回阿富汗南部地区。2007年因绑架并杀害韩国人质再次闻名。

2011年5月中旬,阿富汗情报官员证实毛拉·穆罕默德·奥马尔已在巴基斯坦被击毙。2011年5月23日,塔利班发言人予以否认。

2010年5月28日,巴基斯坦两座清真寺遭自杀式炸弹袭击,导致56人死亡,一百多人遭绑架,有媒体称塔利班组织宣称对此事负责。当时美国等西方国家认定塔利班为恐怖组织。

105 世界上最严重的毒气泄漏悲剧发生在哪个国家?

印度博帕尔灾难是历史上最严重的工业化学事故,影响巨大。1984年12月3日凌晨,印度中央邦首府博帕尔市的美国联合碳化物公司属下的联合碳化物(印度)有限公司设于贫民区附近的一所农药厂发生氰化物泄漏,引发了严重的后果。

博帕尔农药厂是美国联合碳化物公司于1969年在印度博帕尔市建起来的,用于生产西维因、滴灭威等农药。制造这些农药的原料是一种叫作异氰酸甲酯(MIC)的剧毒液体。这种液体很容易挥发,沸点为39.6℃,只要有极少量短时间停留在空气中,就会使人感到眼睛疼痛,若浓度稍大,就会使人窒息。二战期间德国法西斯正是用这种毒气杀害过大批关在集中营的犹太人。在博帕尔农药厂,这种令人毛骨悚然的剧毒化合物被冷却贮存在一个地下不锈钢储藏罐里,达45吨之多。

12月2日晚,博帕尔农药厂工人发现异氰酸甲酯的储槽压力上升,午夜零时56分,液态异氰酸甲酯以气态从出现漏缝的保安阀中溢出,并迅速向四周扩散。毒气的泄漏犹如打开了潘多拉的魔盒。虽然农药厂在毒气泄漏后几分钟就关闭了设备,但已有30吨毒气化作浓重的烟雾以5千米/小时的速度迅速四处弥漫,很快就笼罩了25平方公里的地区,数百人在睡梦中就被悄然夺走了性命,几天之内有25000多人毙命。

至 1984 年底,该地区有 2 万多人死亡,20 万人受到波及,附近的 3000 头牲畜也未能幸免于难。在侥幸逃生的受害者中,孕妇大多流产或产下死婴,有 5 万人可能永久失明或终身残疾,余生将苦日无尽。

事发后的救助也不能说是成功的,当时唯一一所参加救治的省级医院是海密达医院。该医院的萨特帕西医生对 2 万多具受难者的尸体进行了尸体解剖,结果表明"从气体中毒者的尸体中我们可以找到至少 27 种有害的化学物质,而这些化学物质只可能来源于他们所吸入的有毒气体。然而,公司却没有提供任何信息说明该气体含有这些化学成分。"

美国联合碳化物公司在 1989 年向印度政府支付了 4.7 亿美元的赔偿金,该公司在 1999 年被陶氏化学收购。陶氏化学在 2009 年博帕尔泄漏事件 25 周年时曾表示,联合碳化物公司已经做了所有能做的事情来帮助受害者和他们的家人,称印度政府有责任向当地居民提供干净的饮用水和医疗服务。

2009 年进行的一项环境检测显示,在当年爆炸工厂的周围依然有明显的化学残留物,这些有毒物质污染了地下水和土壤,导致当地很多人生病。因为毒气泄漏失去工作能力或者患上慢性病的受害者当年获得了 1000 到 2000 美元不等的赔偿,但是还有很多受害者一分钱都没有拿到。

印度总理辛格在泄漏事件 25 周年纪念活动中称这起悲剧"一直折磨着所有印度人的良心",承诺要继续解决当地饮用水遭污染问题。

106 日本福岛核泄漏是怎么回事?

2011 年 3 月 11 日,日本福岛第一核电站 1 号反应堆所在建筑物爆炸后,日本政府 13 日承认,在大地震中受损的福岛第一核电站 2 号机组可能正在发生"事故",2 号机组的高温核燃料正在发生"泄漏事故"。该核电站的 3 号机组反应堆面临遭遇外部氢气爆炸风险。2011 年 3 月 13 日,共有 21 万人紧急疏散到安全地带。

据日本 13 日消息,日本东北电力公司称,设置在宫城县女川核电站的放射线监视装置 13 日监测数据显示,女川核电站周边附近空气中放射性物质的含量已经超过日本《核能灾害对策特别措施法》所规定基准的 4 倍。

据日本气象厅称,由于福岛第一核电站 1 号机组发生泄漏后,当地吹南风,女川核电站监测到的放射线很有可能是福岛核电站泄漏出的放射性物质。还没有迹象显示宫城县女川核电站也发生了泄漏事故。

日本核能安全保安院称,即使周边有了 4 倍的辐射量超标,也不会影响居民的健康,暂未着手安排疏散计划。

据日本时事社报道,福岛第一核电站的运营商东京电力公司称,该公司计划将 11500 吨含有放射性物质的污染水倒入大海,以释放存储空间,使发生核泄漏事故的福岛第一核电站能够存放浓度更高的污染水。

东京电力公司发言人表示,这些准备倾倒入海的水仅含有微量的放射性物质。日本内阁官房长官枝野幸男在电视新闻发布会上说:"作为安全措施,我们将不得不把受到放射性物质污染的水排入海洋,除此之外我们别无选择。"

据报道,福岛第一核电站二号机组的含高浓度辐射物质积水 4 月 2 日确认已通过混凝土墙壁的裂缝渗出反应堆,直接流入太平洋。东京电力公司决定从 4 月 3 日下午开始使用能够吸收水分的特殊材料,阻止高辐射污水继续排放进大海。但据日本媒体报道,这一措施收效不大,流入大海的污水流量并没有明显减少。

据日本广播协会电视台 4 月 12 日报道,日本经济产业省原子能安全保安院决定将福岛第一核电站核泄漏事故等级提高至 7 级。这使日本核泄漏事故等级与苏联切尔诺贝利核电站核泄漏事故等级相同。

107 亚洲太平洋经济合作组织是如何成立的?

亚太经合作组织诞生于全球冷战结束的年代。20 世纪 80 年代末,随着冷战的结束,国际形势日趋缓和,经济全球化、贸易投资自由化和区域集团化的趋势渐成为潮流。同时,亚洲地区在世界经济中的比重也明显上升。

1989年1月,澳大利亚总理波比·霍克访问韩国时在汉城(今首尔)倡议召开"亚洲及太平洋国家部长级会议"。

1989年11月6日至7日,12个创始会员国在澳大利亚堪培拉举行首届"亚洲太平洋经济合作部长级会议"。

1991年11月12日至14日,第三届部长级会议在韩国汉城(今首尔)举行并通过《汉城宣言》,正式确定亚太经合的宗旨目标、工作范围、运作方式、参与形式、组织架构、亚太经合前景。亚太经合的目标是为本区域人民普遍福祉持续推动区域成长与发展;促进经济互补性,鼓励货物、服务、资本、技术的流通;发展并加快开放及多边的贸易体系;减少贸易与投资壁垒。这次会议也正式将中国、中国香港、中华台北三个经济体同时纳入亚太经合会。

1992年9月10日至11日,第四届部长级会议在泰国曼谷召开,确定将亚太经合秘书处设于新加坡,并确立亚太经合运作基金的预算规则。

美 洲 篇

❶ "美洲"的名称是如何得来的?

美洲的全名叫"亚美利加洲"。它的名称是怎样来的呢?这得从15世纪末至16世纪初,欧洲人开辟了通往印度和美洲的航路,从而发现美洲新大陆这件事说起。

美洲大陆最初的居民是印第安人。16世纪初,那里还很落后,有的刚进入封建公国,有的正停留在部族社会阶段。而这时的一些西欧国家,资本主义已经萌芽。新兴的资产阶级渴求从海外掠夺财富,特别是去寻找黄金,于是产生了开辟新航路的探险活动。意大利热那亚人哥伦布在西班牙国王的支持下,从1492年至1504年,四次西航到美洲。他陆续发现了牙买加、波多黎各、多米尼加等岛屿和土地,并见到了中美洲的洪都拉斯和巴拿马,甚至到达南美大陆此岸的俄利诺科河口。哥伦布的探险结果,在世界历史上习惯地被称为"地理大发现"或"发现新大陆"。哥伦布一直以为自己到达的是印度,所以称当地人"Indians",意为"印度人"。

差不多就在哥伦布探险航行的同一时间,有一个叫亚美利哥的人,于1497—1504年间,也先后三次航行到哥伦布所"发现"的南美洲北部。经过实地考察,他证明了这块土地不是古老的亚洲,而是一块"新大陆"或"新发现大陆"。

亚美利哥返回欧洲后,绘制一幅最新地图,并出版一本传诵很广的游记:《海上旅行故事集》。该书断定这个地方并不是印度,而是新的"大陆"。后人便用他的名字给新大陆命名,从而在历史学和地理学上出现了亚美利加洲这个名称。为区别印度人,也将当地居民改称为"印第安人"。

❷ 印第安人来源于何处?

"印第安人"这一称呼本是欧洲人对美洲土著的统称,后来通行于世界。

公元 1492 年,意大利人哥伦布航行至美洲时,误以为此处为印度,因此将此地的土著称作"印度人"。后人发现了哥伦布的错误,但碍于此称呼已经普及,所以英语等欧洲语言称印第安人为"西印度人",称真正的印度人为"东印度人",以作区别。

汉语直接将"西印度人"这个单词翻译成"印第安人"或"印地安人",免去了混淆的麻烦。

印第安人的祖先是由亚洲跨越白令海峡到达美洲的,亚洲的蒙古利亚人种与美洲人土著印第安人的祖先有渊源关系。

蒙古国专家认为,以狩猎为生的蒙古人带着石器,经过当时还是陆地的白令海峡或阿留申群岛,最先到达美洲大陆。

俄罗斯和美国的许多学者都认为,亚洲人最先在约 25000 年前到达美洲大陆,其中一种可能是亚洲的狩猎者从当时还是陆地的白令海峡进入美洲,另一种可能是经海路到达美洲大陆。

关于印第安人的祖先移入美洲的时间以及路线,学界还有另一些说法。不管哪一种说法是正确的,但有一点可以肯定,就是移民绝对不是一次,而是分批陆续到达美洲的,然后又经过长期的不断迁移与推进,最终散布到美洲全境。美洲大陆辽阔的地域、丰富的资源以及宜人的气候使得印第安人的祖先在美洲居住下来。随着人类生物体的进化以及社会经济的发展,分批迁入的印第安人由北而南在美洲各地建立起各种生活和社会制度,创造了大量的物质、文化财富。但是美洲印第安人并不是一个统一的民族,他们进入美洲的时间不同,背景各异,受地理环境、自然条件等各方面的影响,逐渐形成了许多不同语言、不同习俗、不同文化的部落团体。

印第安人从美洲北部向南移居到拉美,创造了拉美地区的物质文明和精神生活。具有代表性的玛雅文化、托尔特克和阿兹特克文化、印加文化,是世界古代文明的重要组成部分,为世界文化的发展作出了独特的贡献。

❸ 什么是玛雅文明？

玛雅文明因印第安玛雅人而得名,是美洲印第安玛雅人在与亚、非、欧古代文明隔绝的条件下,独立创造的伟大文明,是分布于现今墨西哥东南部、危地马拉、洪都拉斯、萨尔瓦多和伯利兹国家的丛林文明。其遗址主要分布在墨西哥、危地马拉和洪都拉斯等地。玛雅文明诞生于公元前10世纪,分为前古典期、古典期和后古典期三个时期,其中公元3至9世纪为其鼎盛时期。

虽然处于新石器时代,却在天文学、数学、农业、艺术及文字等方面都有极高成就。与印加帝国及阿兹特克帝国并列为美洲三大文明(阿兹特克帝国与玛雅文明位于中美洲;印加帝国位于南美洲安第斯山一带)

玛雅文明的建筑工程达到世界最高水平,能对坚固的石料进行雕镂加工。通过长期观测天象,已经掌握日食周期和日、月、金星的运动规律;雕刻、彩陶、壁画有很高艺术价值,被称为“美洲的希腊”。

玛雅人笃信宗教,文化生活富于宗教色彩。他们崇拜太阳神、雨神、五谷神、死神、战神、风神、玉米神等。太阳神居于诸神之上,被尊为上帝的化身。此外,行祖先崇拜,相信灵魂不灭。

玛雅人的历法可以维持到4亿年以后,计算的太阳年与金星年的差数可以精确到小数点以后的4位数字,有自己的文字——用800个符号和图形组成的象形文字,词汇量多达3万个。有精美绝伦的雕刻、绘画和艺术。

让人们百思不得其解的是,作为世界上唯一一个诞生于热带丛林而不是大河流域的古代文明,玛雅文明与奇迹般地崛起和发展一样,其衰亡和消失充满神秘色彩。公元8世纪玛雅人放弃了高度发达的文明,大举迁移。创建的每个中心城市都终止新的建筑,城市被完全放弃,繁华的大城市变得荒芜。玛雅文明一夜之间消失于美洲的热带丛林中。

到 11 世纪后期,玛雅文明虽然得到了部分复兴,然而,相对于全盛时期,其辉煌早已不比往昔。从墨西哥高原南下的托尔特人和剩下的玛雅人相融合,在尤卡坦半岛继续发展玛雅文化。现今仍有三百万现代玛雅人居住在尤卡坦半岛地区,很多人至今仍然能说玛雅语系的语言。

公元 1502 年,哥伦布最后一次远航美洲,距离第一次发现"新大陆"刚好 10 年。船在洪都拉斯湾靠岸,哥伦布和船员踏上久违的葱茏陆地。在当地的市场上,一种制作精美的来自"玛雅"的陶盆吸引了他。从此,"玛雅"这个神奇的名字第一次传入欧洲。随着资本主义海外扩张的血腥行动,玛雅文明最后被西班牙殖民者彻底摧毁。

19 世纪 30 年代,美国人约翰·斯蒂芬斯在洪都拉斯的热带丛林中首次发现了玛雅古文明遗址。从此以后,世界各国的考古学家在中美洲的丛林和荒原上又发现了许多处被弃的玛雅古代城市遗迹。

❹ 什么是"阿兹特克文明"?

阿兹特克文化是中美洲古老印第安文明的一部分,史料记载的历史开始于 12 世纪中叶。他们在墨西哥的平原和高地上辗转徘徊了两个世纪。

阿兹特克族是北方贫瘠而居无定所的狩猎民族,后来侵入墨西哥谷地,征服了原有的居民托尔特克人。

约在公元 1276 年阿兹特克族进入墨西哥谷地,入住查普尔特佩克。而由于他们的好战本性,不断地侵扰邻近部落,使他们的邻居们愤怒不已。于是邻近部落联合起来进行了一次讨伐。战争的结果是阿兹特克人战败,他们的大部分被俘,小部分人逃到小岛上。被俘的阿兹特克人被带到由托尔特克人的后裔组成的王朝库尔华坎,在库尔华坎的酋长科克斯科克斯的监视下生活。后来由于在库尔华坎的一次战役中立功而声誉猛增。约公元 1325 年,这些阿兹特克人迁往特斯科科湖中的一个小岛上居住,与以前逃至此的人汇合。后来这个小岛发展成特诺奇蒂特兰城。一座巨大的人工岛,现在墨西哥城的中心。

阿兹特克国有比较发达的农业,主要作物有玉米、豆类、南瓜、马铃薯、棉花、龙舌兰等,其中龙舌兰是其特产。手工业相当发达。

阿兹特克人真正的发展应该开始于他们的第四代首领伊兹柯阿特尔(1426—1440),而蒙特祖玛·伊尔维卡米纳(即蒙特祖玛一世)则巩固了阿兹特克人的统治。在阿哈雅卡特尔(1449—1481)、提佐克(1481—1485)、阿维索特尔(1486—1502)、蒙特祖玛二世(1502—1520)的统治下,阿兹特克的统治范围不断扩大。

1519 年,由科尔特斯领导的西班牙侵略军发动了对特诺奇蒂特兰的征服战争。根据西班牙人的记载,蒙特祖玛二世被自己的人民用石头砸死;而根据印第安人的历史,他是被西班牙人勒死的。蒙特祖玛二世死后,西班牙人意识到危险已经逼近,他们决定在当晚突围。这一夜,有1000 多名西班牙人和数量更多的土著人战死,后人称其为"凄惨之夜"。

西班牙人狼狈逃跑之后,特诺奇蒂特兰却没有获得平静,入侵者带来的天花肆虐了这座城市,城中不断有人死去。库伊特拉华克继承王位,但一个月后就死于天花。最后一位酋长是库奥赫特莫克,他组织了特诺奇蒂特兰的保卫战,四年后被西班牙人绞死。

⑤ 什么是印加文明?

印加文明是南美洲古代印第安人文明。印加为其最高统治者的尊号,意为太阳之子。15 世纪起势力强盛,极盛时期的疆界以今秘鲁和玻利维亚为中心,北抵哥伦比亚和厄瓜多尔,南达智利中部和阿根廷北部,首都在秘鲁南部的库斯科。16 世纪初由于内乱日趋衰落,1532 年被西班牙殖民者灭亡。"印加"一词的本来含义是"首领"或"大王"的意思,是塔万廷苏龙的最高统治者。西班牙人到来后,简单地以"印加"一词指称这个国家及其居民,至今已是约定俗成了。

印加帝国享有"美洲的罗马"之称,它以有一套完整的国家体系而闻名于世。印加国是一个奴隶制国家,奴隶主阶级包括印加王、王室贵族、高级官吏和祭司。

印加国本名叫"塔万廷苏龙",意为四方之地,首都是库斯科。全国按方位分为四大行政区,名叫:"苏龙",它们是:西北方位叫钦查苏龙,包括厄瓜多尔、秘鲁北部和中部;西南方位叫库蒂苏龙,包括秘鲁南部和智利北部;东北方位叫安蒂苏龙,包括东部森林和乌卡亚利河一带;东南方位叫科亚苏龙,面积最大,包括现今玻利维亚大部国土,阿根廷西北山区和半个智利。

为了维护自己的统治,印加王建立了以中央集权为中心的政治制度,他以库斯科为中心,通过各级官吏,牢牢地控制着全国。

根据考古发掘,当时印加帝国有青铜器皿和刀、镰、斧等劳动工具,其冶炼铸造技术相当精巧。印加人也有发达的农业灌溉系统,绵延的驿道,成熟的造酒工艺等。考古学家大都认为印加人的建筑技术、医学、织布和染色技巧相当发达。

传说印加在亡国前共历 13 个统治者,15 世纪初第八代王维拉科查(? 年至 1437 年在位)时,印加人的势力在安第斯山地区逐渐强大。第九代王帕查库蒂(1438 年至 1471 年在位)征服秘鲁高原的大部 。其子托帕·印加·尤潘基(1471 年至 1493 年在位)征服奇穆文化地区(今厄瓜多尔),后又扩张到秘鲁南部沿海地区。十一代王瓦伊纳·卡帕克(1493 年至 1525 年在位)时 ,印加人征服整个安第斯地区,建立起强盛的国家,在他的统治下,帝国达到顶峰。

1531 年,瓦伊纳·卡帕克死后,长子瓦斯卡尔与异母弟阿塔瓦尔帕为争夺王位而发生内战,双方伤亡极大,加之瘟疫流行,国家元气大伤。

1532 年,西班牙殖民主义者 F. 皮萨罗侵入印加帝国,诱捕并处死国王阿塔瓦尔帕,立曼科·卡帕克二世为印加王。1536 年,曼科·卡帕克二世发动反对西班牙人的起义,1537 年被镇压。但其他起义者的反侵略斗争一直延续到 1572 年。

❻ 为什么称美国以南的美洲地区为"拉丁美洲"?

拉丁美洲,是指美国以南的美洲地区,包括墨西哥、中美洲、西印度群岛和南美洲。主要是印欧混血种人和黑白混血种人,次为黑人、印第安人和白种人。

印第安人是南美洲文明的开拓者。16世纪初,葡萄牙人、西班牙人开始进入。葡萄牙占了巴西,西班牙统治了除巴西以外的南美广大地区。16世纪末,英国人、法国人和荷兰人经过激烈争夺,分割了圭亚那地区和近海一些岛屿。从此,全洲进入了长达300年的殖民统治时期。

西班牙先后在南美洲建立了秘鲁(包括秘鲁和智利)、新格拉纳达(包括哥伦比亚、厄瓜多尔和委内瑞拉)和拉普拉塔(包括阿根廷、玻利维亚、巴拉圭和乌拉圭)3个总督辖区,葡萄牙在巴西建立了总督区。统治者用暴力推行各种奴役制度,强迫原住民在种植园或矿场作无偿劳动,大肆掠夺南美洲的土地和金银财富。印第安人的家园被破坏,古文明遭摧毁,人口锐减。为补充劳动力的不足,殖民者又从非洲贩入大量黑奴。宗主国实行重商主义政策,强迫美洲人民专门生产一、二种能在国际市场牟取暴利的农矿产品,形成单一产品制,导致社会经济畸形发展。西班牙、葡萄牙等国的社会制度、风俗习惯、宗教信仰以及文化传统,随移民大批涌入,传播到南美各地,西、葡语取代印第安语,成为普遍使用的正式语言。

就居民的语言而论,拉丁语和英语占统治地位。由于拉丁语和英语都隶属拉丁语系。因此美国以南的众多国家被称为拉丁美洲国家,这个地区被称为拉丁美洲。

⑦ 哥伦布是何时发现新大陆的?

克里斯托弗·哥伦布不是西班牙人,他出生在意大利的热那亚,20多岁后移居到葡萄牙。当时,西欧各国正在寻觅新航路。哥伦布阅读过马可·波罗的《东方见闻录》,对富庶的东方早已产生了深厚的兴趣,于是他向葡萄牙国王提出了向西航行的大胆建议,但没有被采纳。

公元1492年8月3日,哥伦布在西班牙国王资助下,率领一支由三只帆船和87名水手组成的远航队,从西班牙南端的巴罗斯港出发。

他们经过 70 天的艰苦航行,渡过大西洋,于 10 月 12 日半夜两点发现了陆地。当时,舰队所有人员都兴奋异常。哥伦布命令从船上放下几只小船,自己身着海军上将礼服,带领两位船长、一位公证人和王室的监官一起登岸。哥伦布在岸上升起西班牙国旗,并以西班牙国王的名义,宣布这个岛屿为西班牙的领土。这个第一次被发现的地方就是今天加勒比海中巴哈马群岛中华特林岛。哥伦布把这个岛定名为"圣萨尔瓦多",即基督教所谓"救世主"之意。哥伦布当时误认为这个地方便是印度的一部分。10 月 12 日这个日子,后来被定为拉丁美洲的"诞生"纪念日。

随后哥伦布由这个地方继续向南航行,又到达古巴和海地。公元 1493 年 3 月 15 日,哥伦布返回西班牙。此后,他又三次西航,先后发现了牙买加、波多黎各等加勒比海中的其他重要岛屿以及巴拿马和南美洲东海岸的俄利诺科河口等处。但是,哥伦布直到 1506 年 5 月临死时为止,始终相信他所发现的地方就是印度。因此,安的列斯群岛和巴哈马群岛一带,至今仍被称为西印度。

哥伦布虽然没有到达他向往的东方,但他的远航意外地开辟了从欧洲横渡大西洋到达美洲的新航路,发现了当时欧洲人还不知道的美洲新大陆,证实了地球是圆的,具有重大的科学价值。

❽ 亚马逊河是如何得名的?

亚马逊河是世界上流量最大的河。它从秘鲁境内安第斯山麓起源,横穿整个南美大陆,径直注入大西洋,全长 6480 千米。亚马逊河的得名,追溯到 16 世纪。

公元 1541 年,西班牙殖民者弗朗西斯科·奥雷利亚纳率领一支探险队,对亚马逊河进行全面考察。他们起航之后,由于大河两岸森林密布,猛兽出没,渺无人迹,带来的食品吃光后便无法补充,他们随时面临着饥饿的严重威胁。正当他们一筹莫展之际,他们发现附近有一个印第安人的村庄,便停船在这里上岸。上岸后,他们疯狂地抢劫村里的粮食,与手持大刀、长矛和弓箭的印第安人发生了激战。印第安人勇敢不屈的行动,使奥雷利亚纳和其他殖民者惊恐万分,尤其是那些强悍的印第安人妇女,更给他们留下了深刻的印象。奥雷利亚纳想起了希腊神话中的一个名叫亚马逊的女人王国,这个王国位于黑海高加索一带,王国里的妇女英勇善战,尤精骑射。由此,奥雷利亚纳便把乘船航行过的这条世界上最长的河取名为亚马逊,并流传下来,没用至今。

还有人说亚马逊来源于印第安语,在印第安语中,称大潮为"亚马逊奴"。由于海潮可以沿亚马逊河上溯到 1000 多千米,潮头又高,所以印第安人以大潮称呼亚马逊河。

⑨ 葡萄牙是如何征服巴西的?

葡萄牙在航海、开拓殖民事业方面,并不比西班牙逊色,甚至着手得更早一些。不过,葡萄牙早期获得的成功,主要在东方。

但是葡萄牙人对于美洲也并没有置身事外。1500 年的 3 月,葡萄牙航海家加布拉尔率领了一支包括十三艘小帆船舰队,在绕道好望角去印度的途中,因进入东南信风带,被吹到了南美洲的巴西海岸。4 月 22 日,他在今天的巴伊亚以南二百英里处一个名叫塞古罗港的海岸登陆,竖立了一个刻有葡萄牙王室徽章的十字架,表示这块新发现的地区已属葡萄牙王室,并把这块土地取名"圣十字地"。加布拉尔在这个新发现的地方没有久停。他派了一只船回葡萄牙报告已发现一个大岛,自己仍继续向印度航行。后来葡萄牙国王又于 1501 年、1503 年、1516 年,先后派遣远征队勘察这块新发现的领土。不过,这个时期,在巴西留居的主要是一些葡萄牙的流放罪犯、犹太人和因船只沉没而活下来的以及由各种原因被遗弃的水手等。这些人大多以印第安人妇女为妻,靠贩运巴西木过活,也有一些人从事农业。其中又以犹太人所起作用较为重要。因为在发现和征服初期,葡萄牙人一般都不愿意去巴西,而犹太人因在国内受压迫,所以去的较多。葡萄牙国王曾把采伐巴西木的专利权授给一个犹太贵族多年。但在最初的三十年间,葡萄牙人在巴西的进展速度很慢。

这主要是由于当时葡萄牙本身很小,只有一百五十万人口,没有足够力量从事更多的征服活动。同时,葡萄牙已经拥有了一个富裕的东方,而巴西又没有发现象阿兹特克和印加那样多金的"大帝国",很难引起葡萄牙人足够的注意。

1530 年,葡萄牙国王若奥三世派大贵族马丁·苏沙率领五艘船和四百名移民带着牲畜、甘蔗和少数非洲黑奴向巴西进发。1531 年 1 月,苏沙到达巴伊亚海岸,他驱逐了驻在伯南布哥的法国人。1532 年 1 月,他在圣维森特建立了葡萄牙人在巴西的第一个永久的殖民地。他把土地分给葡萄牙移民。移民们种植甘蔗、小麦、大麦、葡萄以及原印第安人所产的玉米、参茨等作物。圣维森特很快就繁荣起来了。

苏沙的部队继续向内地扩张。1534 年,他又建立了皮腊提宁加城,即后来的圣保罗。苏沙的远征,第一次确定了葡萄牙殖民地同西班牙各属地之间的事实上的分界线。葡萄牙在巴西殖民统治的基础也就从此奠定了。

在征服过程中,葡萄牙采用了与西班牙同样的殖民方式,短期内把广大的巴西整个地区,完全吞食吞并了。

⑩大西洋奴隶贸易是怎样进行的?

由于奴隶贸易主要在大西洋东西两岸进行,所以"大西洋奴隶贸易"由此得名。它大体上经过三个发展阶段:

第一阶段,公元 15 世纪至 17 世纪中叶。在这一阶段中,最早侵入非洲的是葡萄牙、西班牙和荷兰等国。此时的奴隶贸易多由私人出面,由国家支持而经营。他们的重要贸易据点和军事要地均设在大西洋两岸。哥伦布发现新大陆之前,掳走的黑人还不多,在 1000 人左右。但是随着北美殖民地的开发和对印第安人的大批屠杀,美洲迫切需要大批的劳动力,从此,贩卖黑奴的规模越来越大。截至公元 16 世纪中叶,每年大约有一万名黑人从非洲西海岸输入美洲。

第二阶段,公元 17 世纪—18 世纪中叶。这一阶段是"大西洋奴隶贸易"的高潮时期。在此期间,欧洲海运发达的国家都蜂拥来到非洲西部海岸,参加奴隶贩运,并成立了众多的奴隶专卖公司,建立起组织严密的贩奴系统,而且动用正规军队以保障其垄断贸易的利益。到公元18世纪80年代中叶,从非洲运出的黑奴平均每年近一万人。

第三阶段,从公元18世纪下半期—19世纪下半叶。欧洲废奴运动蓬勃兴起,导致大西洋奴隶贸易日趋衰落,并于公元19世纪下半叶才基本停止。

万恶的奴隶贸易使大批黑人丧生,给非洲人民带来了深重的灾难。

在对长达数百年之久的大西洋奴隶贸易中黑奴的数量进行分析之后,世界各国的历史学家作出了各种不同的估计。著名美国黑人历史学家杜波伊斯估计,至少有1000万黑人被送到美洲。同时他认为,每送到美洲一个黑人,至少会有五个黑人死于陆海运输途中。这样算来非洲丧生的黑人在6000万左右。再加上公元17世纪至19世纪阿拉伯人的贩奴人数,杜波伊斯认为,奴隶贸易使非洲丧失了至少一亿人。

美国的柯廷教授1969年在对奴隶贸易进行分析和较细致的研究后,重新作出了估计。他认为公元1415年至1870年,大西洋奴隶贸易中运到美洲的奴隶有956万余人,而且不包括猎奴时和转送途中死亡的人数。

⑪ "五月花"号船与美利坚民族的形成有什么关系?

公元17世纪初,英国兴起海外股份公司,这些公司在海外从事贸易和殖民活动。其中,有一个伦敦公司,准备在北美的弗吉尼亚地区建立殖民地。公元1606年圣诞节期间,伦敦公司的三艘帆船载着120名男性移民离开泰晤士河,驶往弗吉尼亚。移民在弗吉尼亚詹姆士河口建立了一个居民点,以当时英国国王詹姆士一世的名字命名为詹姆士敦。

弗吉尼亚殖民地的管理机构是由一名总督和一个十三人的参事会组成的地方政府。公元1619年总督根据公司指示,召集一个代议制的议会。议会有权制定地方法规,但不能违背英国法律,还须经设在英国的公司批准。公元 1619 年的弗吉尼亚议会成为新世界最早的一个代议制机构。从那时起,民治政体尽管受到限制或遭到挫折,却一直成为英属殖民地和后来的美利坚合众国的一项基本原则,也为法制建设开辟了道路。

另一个为美国奠定基业的是普利茅斯殖民地。普利茅斯的建立与弗吉尼亚不同,它不是由公司创建的,而是由一群清教徒创建的。公元 1629 年,一群在荷兰流亡了 10 年的清教徒决定移居美洲。弗吉尼亚总督同意他们迁入。但他们乘坐"五月花"号漂洋过海,到达北美时,却发现他们的登陆地点不在弗吉尼亚辖区内。他们虽然只有 101 人,但为了防止内争,团结一致战胜困难建立新的家园,就按照组织教会的契约原则,在船上共同订立了一项公约,后人称这项公约为《五月花号公约》。他们登岸后,建立了普利茅斯殖民地。根据公约精神,召开全体居民大会,选出一名总督和几名助理,任期一年,由他们负责市镇公共事务。这种按照多数人的意志管理国家的制度,就是民主政治,这也是《五月花号公约》的意义所在。正因为如此,它与公元 1619 年的弗吉尼亚议会一起,并称为美国政治制度的两大基石。

由于弗吉尼亚和普利茅斯拓殖的成功,诱使英国的一些社会显贵和富有的商人纷纷涌向北美,开发新的殖民地。到公元 18 世纪初,英国人在北美大西洋沿岸地区共建立了十三块殖民地。这十三个殖民地分为北、中、南三个地区。北部殖民地亦称新英格兰,造船业、商业及海运业发达。南部殖民地经济以农业为主。中部殖民地自然条件介于南北之间,所以工商业和农业并举。

北美殖民地的居民与在封建桎梏下生活的英国人大不相同,他们追求平等,向往自由,即有个人主义的奋斗,又有团队互助的精神,他们已变成一个新的民族 ——美利坚民族。

⑫ 什么是"波士顿倾茶事件"？▼

英国在取得对法国的"七年战争"胜利后,为转嫁战争军费负担,掠夺殖民地的各种资源,加强了对北美殖民地的控制与压榨。

1765年3月22日,英国议会通过了《印花税法》,许多殖民地开始开展抵制英货的运动,直到1766年3月,英国议会在进行了一场辩论后,最后同意撤销《印花税法》。

1767年1月,英国议会在财政大臣查尔斯·唐森德的建议下,通过了一个新的税收法案《唐森德税法》,北美殖民地因为该法案再次开展大规模抵制英货,英国因此向殖民地地区派遣了大量的军队,但由于军纪不严,严重滋扰当地居民的日常生活,英国士兵与城市居民的关系日益恶化。

1770年3月5日,驻扎在波士顿的英军以保护执行关税条例的英国官员为由,向进行抗议的一群当地民众开枪,结果打死五人,伤六人,这就是美国历史上著名的"波士顿惨案"。

1773年,英国政府为倾销东印度公司的积存茶叶,通过《救济东印度公司条例》。该条例给予东印度公司到北美殖民地销售积压茶叶的专利权,免缴高额的进口关税,只征收轻微的茶税。条例明令禁止殖民地贩卖"私茶"。

1773年11月,有7艘大型商船前往殖民地,四艘开往波士顿,其他三艘分别前往纽约、查理斯顿和费城,然而纽约和费城两地的茶商拒绝接货,这两艘商船不得不开回英国。

1773年11月28日,东印度公司的第一艘茶叶商船"达特茅斯号"先停靠在波士顿附近由英军驻守的威廉要塞,后来在格里芬码头卸下除茶叶以外的其他货物。

1773年12月16日,波士顿8000多人集会抗议。当天晚上,在塞缪尔·亚当斯和约翰·汉考克的领导下,60名"自由之子"化装成印第安人上了茶船,将东印度公司三条船上的342箱茶叶全部倾倒入海。

波士顿倾茶事件以后,英国政府认为这是对殖民当局正常统治的恶意挑衅,为压制殖民地民众的反抗,1774年3月英国议会通过了惩罚性的法令,即《波士顿港口法》《马萨诸塞政府法》《司法法》和《驻营法》。这四项法令通称"强制法令",规定英军可强行进驻殖民地民宅搜查,取消马萨诸塞的自治地位,封闭北美最大的港口波士顿港。这些法令明显地剥夺了殖民地人民的政治和司法权利,激起了他们的联合反抗,直接导致了召开第一届大陆会议并拟就呈交英皇的请愿书和抵制英货的法案。1775 年 4 月 19 日,北美独立战争在莱克星顿打响了第一枪。

⑬《独立宣言》有哪些主要内容?

《独立宣言》是一份于 1776 年 7 月 4 日由托马斯·杰斐逊起草,并由其他 13 个殖民地代表签署的最初声明美国从英国独立的文件。

《独立宣言》包括三个部分:

在第一部分中,《独立宣言》阐述的政治哲学主要是自由和民主内容。包括人人平等,天赋人权等等,以及政府的组成和社会契约等内容。并且,对于英国政府的行为,从哲学的角度给予了抨击。

这主要得益于启蒙思想的传播。殖民地比较宽松的社会民主气氛,给启蒙思想的传播提供了外部的社会条件,殖民地人民渴求自由、进取精神是启蒙思想传播的内在动力。到独立战争前夕,启蒙思想已经深入到人民群众之中。一切的政治宣言,都要从哲学和文化中找到依据,《独立宣言》也是这样。在为革命斗争阐述理论依据的同时,这部分内容也是在对广大的人民做出动员。

在第二部分中,《独立宣言》列举了共 29 款事例,来证明乔治三世和整个英国政府对于北美殖民地的迫害。

其中,有 15 款是有关立法和司法方面的。这说明,法律方面的相关权利是北美殖民地所争取的最为主要的权利。法律在西方社会具有无可比拟的权威性,而北美殖民地的人民绝大多数都是来自英国本土和欧洲国家的。在社会生活中,法律的神圣性和权威性也深入到每个人的内心。所以立法权和司法权被摆在了最重要的位置上。由此也可以看出,北美殖民地人们此前曾经进行了许多形式相对温和的斗争。但是,英国国王和政府的镇压不断加强。最终,形式温和的斗争被暴力革命所取代。

《独立宣言》第二部分的其余条款,涉及了其他的方面。包括经济和军事等各个方面对于殖民地的迫害。

在第三部分中,《独立宣言》郑重地立誓,宣布美国的独立。宣誓的誓词,以基督教和契约理论作为依据。体现出了北美殖民地人民已经在语言、宗教信仰、社会思想的基础上,达到了同一。崭新的美利坚民族已经宣告诞生。

尽管满篇都是关于自由的宣言,但有一句话的地位远比其他重要,"当大量出现滥用权利,巧取豪夺,始终追求同一目标,表明政府企图把人民置于专制暴政之下时,他们有权利、有义务抛弃这样的政府,为他们以后的安全提供新的守卫"。

⑭ 美国"开国三杰"是指哪三人?

在美国独立战争中,大陆军总司令华盛顿、《独立宣言》的起草人杰弗逊和杰出的外交家富兰克林,各在不同的方面为祖国的独立作出了突出贡献,因而被誉为"开国三杰"。

乔治·华盛顿(1732—1799)生于美国弗吉尼亚的威克弗尔德庄园。他是一位富有的种植园主之子。1751 年,19 岁 的他进行了一生中唯一一次出国旅行,不幸感染了天花,却也由此获得了对天花的免疫力。次年,华盛顿继承了另一笔可观的财产,包括哥哥的维农山庄。在"七年战争"中曾率军对法作战,表现出非凡的军事才能。英国的"魁北克法案"使他丧失了几万英亩的土地,促使他走上了反抗英国当局的道路。1774年,华盛顿被选为弗吉尼亚州的代表前往参加第一届大陆会议。1776年,华盛顿穿着军服出席第二届大陆会议,会议一致推选他来统率大陆军,指挥美国独立战争。战争胜利后,华盛顿就解散了他的军队,交出了军权,辞去了司令一职。

托马斯·杰弗逊(1743—1826)出生于富足兴旺的种植园主之家。青年时代深受欧洲启蒙思想的影响,因而成为资产阶级民主派的代表人物。1769 年杰斐逊当选为弗吉尼亚议会议员,1773 年与帕特里克·亨利等人成立弗吉尼亚通讯委员会,进行反英斗争。1774 年,杰斐逊于弗吉尼亚的城镇自治议会中执法。并写下《英属美州民权概观》,引领弗吉尼亚地方议会走向国会。1775 年,他作为弗吉尼亚州的代表出席了第二届大陆会议。1776 年 6 月被大陆会议推举为《独立宣言》起草委员会主席,执笔起草了著名的《独立宣言》。1776 年 9 月,杰斐逊回到弗吉尼亚,并被选入新成立的弗吉尼亚州代表议会。杰斐逊于 1779 年至 1781 年年间任弗吉尼亚州州长,在 1780 年以州长的身份监督弗吉尼亚州治由威廉斯堡迁移至里士满。他不断在威廉与玛丽学院中呼吁教育改革,包括全国首创由学生自治的荣誉法则。1779 年,在杰斐逊的指示下,威廉与玛丽学院委任乔治·威勒为美国各大学中首位法学教授。因对改革的进程不满,杰斐逊后来创立了弗吉尼亚大学,是美国第一所与宗教学说完全无关的高等学院。1805 年 3 月 4 日,杰斐逊再次当选美国总统,并签署法律禁止从国外输入奴隶。

本杰明·富兰克林(1706—1790)(又译班哲明·富兰克林、班杰明·富兰克林),出生于美国马萨诸塞州波士顿。是杰出的外交家及发明家。本杰明·富兰克林曾经进行多项关于电的实验,并且发明了避雷针,最早提出电荷守恒定律。他还发明了双焦点眼镜、蛙鞋等等。本杰明·富兰克林被选为英国皇家学会院士,是美国首位邮政局长。他是美国独立战争时重要的领导人之一,从 1757 年到 1775 年他多次作为北美殖民地代表到英国谈判。独立战争爆发后,他还参加了第二届大陆会议以及《独立宣言》的起草工作。1776 年,富兰克林被派到法国任代表美国的专员,一直至 1785 年。本杰明·富兰克林出使法国十分成功,取得对初生美国来说非常重要的法、美军事同盟,以及谈判签订了 1783 年的《1783 年巴黎条约》。1787 年,已经退休的本杰明·富兰克林出席了修改美国宪法的会议,成为唯一同时签署美国三项最重要法案文件的建国先贤。这三份文件分别是:《独立宣言》,《1783 年巴黎条约》,以及 1787年的《美国宪法》。在这一年,富兰克林捐款修建了以他命名的富兰克林·马歇尔大学。他从法国回国不久后即明确反对奴隶制,并组织了反对奴役黑人的运动,成为反对蓄奴的先驱。

⑮ 美国是在什么情况下制定 1787 年宪法的?

在美国独立战争结束后,13 个殖民地地区根据《邦联条例》,首次成立了以大陆会议为形式的松散的中央政府。在这种体制下,大陆会议没有征税权,同时由于缺乏全国性的行政和司法机构,国会只能依靠各个州的地方政府(各地政府之间往往缺乏协作)来实施其指定的法律。同时,国会对于各州之间的关税也无权介入。

由于条例规定只有所有州的一致同意才能修改《邦联条例》,而且各州对于中央政府非常不重视,经常不派员参加中央会议,因此国会经常因为表决人数不足而被迫休会。

1786 年 9 月,5 个州的行政长官在安那波利斯举行会议,讨论如何修改《邦联条例》以促进各州之间的通商往来。会后他们邀请各州的代表来到费城进一步讨论发展联邦政府的事宜。在激烈的辩论之后,邦联国会在 1787 年 2 月 21 日批准了修订《邦联条例》的方案。除罗得岛州之外的 12 个州都接受了邀请,并派代表参加 1787 年 5 月在费城举行的会议。

最初的决议案写明了这次会议的目的是起草《邦联条例》的修正案,但是会议最终决定重新起草一部宪法。费城制宪会议代表投票同意采用秘密会议的方式,并且同意新的法案需要获得 13 个州中的 9 个州的批准才能生效。有人批评说这是对会议权限和现行法律的逾越。但是对于邦联体制下的政府极度不满的会议代表全体一致同意将宪法草案交付各州表决。

宪法原文由序言和 7 条正文组成。这 7 条分别为:规定立法权属于美国国会,并规定了国会的组成;行政权属于美国总统,以及规定总统产生的办法;司法权属于美国联邦最高法院,并规定最高法院的组成;各州的相互关系和义务;宪法修正案提出和通过的程序;联邦宪法和按照宪法制定的法律为全国最高法律;本宪法经 9 个州制宪会议批准后生效 。

这部宪法表明,美国在世界上第一次创造出既不同于英国君主立宪制的民主共和制,也不同于议会内阁制的总统制,使美国成为一个具有全国统一的中央政权的联邦制国家。这种政治体制和国家结构形式后来为许多国家所仿效。该部宪法也为日后许多国家的成文宪法的制定提供了成功的典范。

1787 年 9 月 17 日,该宪法草案在费城召开的美国制宪会议上获得批准,并在此后不久被当时美国拥有的 13 个州的特别会议所批准。根据这部宪法,美国成为一个由各个拥有主权的州所组成的联邦国家,同时也有一个联邦政府来为联邦的运作而服务。从此联邦体制取代了基于《邦联条例》而存在的较为松散的邦联体制。

直到 1789 年,独立战争胜利后的 6 年,法定建国日的 13 年后,美国宪法的前一部分才被通过,美国政府才开始工作。正是这一年,法国大革命爆发,法国人攻下了巴士底监狱。西方世界为之震动,把法国革命看作是平等自由的先驱。而在当时人们都不屑一顾的北美大陆,一个民主的制度,一个自由的国家已经悄悄地建立起来了。

16 拉丁美洲为什么会爆发独立运动?

西班牙和葡萄牙在将拉丁美洲劫为殖民地后,从 15 世纪末开始,通过政治、军事、经济和宗教机构,对拉丁美洲人民和资源进行残酷地剥削和掠夺。西班牙掠去了约 250 万公斤的黄金和 1 亿公斤的白银。葡萄牙从巴西运走至少有价值 6 亿美元的黄金和 3 亿美元的金刚石。

教会是拉丁美洲统治者在美洲的重要支柱。拉丁美洲统治者刚踏上美洲的土地,教会就接踵而来。它与统治机构紧密结合在一起,共同镇压和剥削美洲人民。19 世纪初,墨西哥教会拥有的财产占全国不动产的二分之一,占全国耕地的三分之一。

为获取黄金,统治者对当地人民进行了绝灭人性的屠杀。据记载,在墨西哥和秘鲁矿井的周围终年躺满着美洲人的尸体。大规模的屠杀很快使西印度群岛上的居民几乎绝迹,这种现象接着在其他地区也出现了。有人估计在西班牙人入侵后 12 年,墨西哥的印第安人便被屠杀了好几百万。西班牙殖民者为了补充劳动力,又从非洲输入黑人供他们驱使。300多年间,被贩运来的黑人奴隶,最低限度也有约1000万人。

十八世纪以来,欧洲资产阶级启蒙运动以及西欧、北美资产阶级革命思想的影响,提高了拉美人民的民族意识,是促进独立战争爆发的又一重要因素。十八世纪下半期,在殖民地出现了一批资产阶级知识分子,他们通过翻译欧洲启蒙思想家的著作或创办刊物等方式,广泛传播资产阶级革命思想,并组织了各种秘密团体。资产阶级革命思想的传播和秘密革命组织的出现,为独立战争作了思想和组织准备。

最后,十八世纪末十九世纪初,法国、西班牙、葡萄牙爆发的资产阶级革命和拿破仑战争造成欧洲的动荡局势以及西、葡两国统治力量的进一步削弱,为拉美人民的独立运动提供了有利的外部条件。于是,在民族矛盾日益激化的情况下,拉丁美洲人民掀起了一场规模巨大的民族独立战争。

⑰ 海地黑人奴隶起义是如何取胜的?

海地岛于1492年为哥伦布发现,随即沦为西班牙的领土。1697年,海地岛的西部转归法国所有,东部仍属于西班牙。白人只有4万左右,最底层的50万黑人奴隶一向受到最残酷的压迫。

1790年10月,圣多明哥混血种人领袖奥热领导700名混血种人和自由黑人为争取公民权,在海地角附近发动武装起义,因未发动黑人奴隶参加,很快即被镇压。次年3月,奥热被殖民当局杀害。奥热领导的武装起义揭开了海地革命的序幕。

1791年8月22日,圣多明各奴隶举行武装起义。10月,杜桑·卢维图尔率领1000余名奴隶加入起义军,革命烈火迅即燃遍海地北部。与此同时,混血种人起义军领袖安德烈·里高德领导混血种人和黑人奴隶在海地岛西部的米勒巴莱起义,反对法国殖民统治。

1793年春,伊斯帕尼奥拉岛东部的西班牙殖民当局勾结英国殖民军,乘机入侵伊斯帕尼奥拉岛西部。杜桑·卢维图尔等领导起义军先后加入西班牙军,联合攻打法军,占领圣多明各北部的大片土地。起义军要求西班牙废除占领区的奴隶制度,遭到拒绝。法国雅各宾派执政后,宣布废除圣多明各的奴隶制。

1794年5月6日,杜桑·卢维图尔转而同法军联合,将西班牙军逐出圣多明各北部,并宣布废除占领区奴隶制度。1796年杜桑·卢维图尔被任命为法军的副总督。

1798年起义军向盘踞在圣多明各西部的英军发动进攻,直逼太子港,赶走英国干涉军。同时,杜桑·卢维图尔还率领起义军进逼法国殖民首府海地角,迫使法国总督和特派员离开海地,使海地基本上摆脱了法国的殖民统治。1799年到1800年,起义军先后镇压圣多明各北部、西部和南部种植园主的分裂活动,占领累凯城。

到这时候,忙于欧洲战争的法国无法再进行干预,起义队伍事实上已经控制了整个海地岛的局势。1801年,起义军把西班牙人从海地岛的东部清除了出去,解放了整个岛屿。

1801年12月,拿破仑·波拿巴任命查尔斯·勒克莱尔为法国远征军司令,率领54艘战舰组成的舰队和3万名士兵远征圣多明各。在起义军失利的情况下,杜桑·卢维图尔被迫与法军议和。但勒克莱尔设计诱骗杜桑·卢维图尔,并将杜桑·卢维图尔逮捕并押送到法国,使其死于狱中。

1803年11月18日,杜桑·卢维图尔的战友德萨林攻陷法军最后一个堡垒佛悌埃斯,法军被迫投降。11月29日,圣多明各正式公布《独立宣言》。1804年1月1日,德萨林在戈纳伊夫正式宣布圣多明各独立,并将圣多明各改为印第安人的传统名称——海地。德萨林任终身总统。海地革命经过十三年的战争,在1804年建立了美洲第一个黑人政权。

⑱ 西属拉丁美洲独立战争经过如何?

1810年北起墨西哥,南到阿根廷,到处树起独立大旗,拉丁美洲(西属美洲,又称为西班牙美洲地区)大陆的独立战争如火如荼地开展起来。

战争有三个中心,即墨西哥、委内瑞拉和智利。

1810年9月16日,在墨西哥北部的一个偏远村落多洛雷斯,教士伊达尔哥领导几千名墨西哥人揭竿而起,发出了"独立万岁!美洲万岁!打倒坏政府"的怒吼。这就是历史上著名的"多洛雷斯呼声"。但在1811年伊达尔哥被西班牙殖民军俘虏并处死,墨西哥独立运动走向低潮。

南美北部的独立运动是以委内瑞拉为中心的。这个地区的革命运动以及整个南美的解放战争都是和西蒙·玻利瓦尔的名字分不开的。西蒙·玻利瓦尔(1783—1830)出生在加拉加斯一个克利奥尔人大地主家庭,从小就深受启蒙主义的熏陶。后来他又漫游欧洲,足迹遍及西班牙、意大利和法国。玻利瓦尔经辗转回到委内瑞拉,经过他领导的一系列战斗,委内瑞拉第二共和国终于诞生了。但是玻利瓦尔并没有能巩固自己的基地,得到增援的拉美统治者军迫使他放弃加拉加斯,委内瑞拉第二共和国又被扼杀。

但玻利瓦尔并没有就此放弃斗争,而是从挫折中总结了经验和教训。1816年12月,玻利瓦尔带着一批勇士在委内瑞拉重新登陆,他随即宣布解放奴隶。

接着玻利瓦尔建立起军事基地,并扩建了自己的队伍。于1819年8月初,他的军队同拉美统治军在波耶加展开激烈的战斗,取得了胜利,然后挥师直捣波哥大并占领该地。1819年12月,大哥伦比亚共和国宣告成立(1830年又分为委内瑞拉、哥伦比亚和厄瓜多尔),玻利瓦尔被选为这个共和国的总统和最高统帅。

1821年初,玻利瓦尔利用西班牙国内发生革命的有利局势并经过充分的准备,再次越过安第斯山,进兵委内瑞拉的北部,并迎来了厄瓜多尔全境的解放。就在玻利瓦尔连年征战的时候,圣马丁在南美南部接连获胜的捷报也频频传来。南北两路对西班牙军实现了夹攻!

1817年初,圣马丁带着他的远征军(其中三分之一是黑人)开始了翻越安第斯山的壮举。1818年4月5日在沃依金斯为首的爱国军的协助下,他们在智利首都圣地亚哥大败敌军,1818年智利宣告独立。

1820年8月,圣马丁为了不让敌人有喘息的机会,率军从智利经海上前往秘鲁。北上军队顺利登陆,占领秘鲁总督区首府利马。1821 年 7 月,秘鲁独立,圣马丁被授予共和国"保护者"的称号。

1822 年 7 月下旬,南美独立战争的两雄玻利瓦尔和圣马丁终于在瓜亚基尔港会面。后圣马丁隐退。玻利瓦尔率领的委内瑞拉和哥伦比亚军 6000 人进入秘鲁境内与玻利瓦尔的军队合并。1823 年 12 月 9 日,在阿亚库巧展开了"一次最终保证了西属南美洲独立的会战",玻利瓦尔的战友苏克雷以少胜多。1825 年秘鲁获得解放,为了纪念玻利瓦尔,改名玻利维亚。

1820 年西班牙发生革命,墨西哥政局出现了生机,在 1821 年宣布了墨西哥的独立。独立之后,墨西哥人民尊称伊达尔哥为"墨西哥之父",他发出"多洛雷斯呼声"的那一天被定为国庆日。

在墨西哥的革命影响下,中美洲其他一些地区纷纷宣布独立,并在 1823 年成立"中美联合省"。1822 年,巴西脱离葡萄牙统治而独立。

1826 年 1 月 23 日,西班牙国旗在秘鲁的卡亚俄港黯然下降。300 多年的黑暗统治结束了,拉丁美洲大陆领土取得独立。

⑲ 巴西是如何摆脱葡萄牙而独立的?

18 世纪末 19 世纪初,巴西人民开展了反抗葡萄牙殖民统治、争取民族独立的斗争。1789 年,在美国独立战争和法国大革命的影响下,蒂拉登特斯在米纳斯吉拉斯领导反对殖民统治的活动,揭开了独立运动的序幕。

1807 年拿破仑一世军队侵入葡萄牙后,摄政王若昂亲王率领王室逃到里约热内卢,直接统治巴西。1815 年,若昂亲王宣布成立葡萄牙-巴西-阿尔加维联合王国。并于 1816 年继承王位,称若昂六世。1817 年,伯南布哥举行反对殖民主义和君主制度的起义,独立运动进入新阶段。1820 年,葡萄牙发生资产阶级革命。若昂六世于次年返回葡萄牙,留下王子佩德罗作巴西摄政王。

1822 年 1 月 9 日,佩德罗声明拒绝执行葡萄牙议会取消了巴西自由贸易权利,并要求佩德罗回国的命令,留驻巴西,建立了以自由派领袖博尼法西奥为首相的新政府,并颁布召开制宪会议的法令。同年 7 月,葡萄牙议会否决了巴西建立独立国家的要求,宣布摄政王只是巴西的临时行政首脑,其大臣应由里斯本任命,巴西制宪会议为非法。9 月 7 日,佩德罗于巡视途中在圣保罗城附近的伊皮兰加小溪畔接到葡萄牙议会的上述决议,当即拔出宝剑,激动地宣布独立。这一天被定为巴西独立日。12 月 1 日,佩德罗加冕为皇帝,称佩德罗一世,巴西成为立宪帝国。

1825 年,葡萄牙正式承认巴西独立。1888 年,巴西帝国废除了奴隶制。第二年,帝制垮台,巴西成立了联邦共和国。1891 年,第一部宪法制定,定国名为巴西合众国,1969 年国名又改为巴西联邦共和国。

⑳ 什么是"门罗主义"?

1815 年至 1820 年间,何塞·德·圣马丁引领阿根廷、智利与秘鲁走向独立;而大哥伦比亚共和国的西蒙·玻利瓦尔则领导自己的国家走出殖民主义。这些新成立的共和国期望获得美国承认,而美国国内许多人也认可这种想法。

但詹姆斯·门罗总统与其国务卿约翰·昆西·亚当斯不愿在胜负未卜下冒国际战争之险。英国则在维护君主制度与渴求新市场之间摇摆不定。对英国而言,整个拉丁美洲是个比美国更大的市场。当法俄两国提议与大英帝国共同协助西班牙收回其位于新大陆的殖民地时,遭英国拒绝。

美国当时正与西班牙就《亚当斯—欧尼斯条约》进行交涉。条约生效后,门罗政府开始扩大承认这些位于拉丁美洲的新共和国。阿根廷、智利、秘鲁、与哥伦比亚于 1822 年皆获美国承认。

1823 年,法国请求西班牙重新扶持波旁王朝执政。两国交好的消息令当时的英国政府将法国逐出新大陆的努力前功尽弃。而法国将因此于美洲大陆再度得势。

英国外交大臣乔治·坎宁提议英美两国联手戒备法西两国的干涉。

托马斯·杰斐逊与詹姆斯·麦迪逊鼓励门罗接受此议,但约翰·昆西·亚当斯抱持怀疑态度,亚当斯当时也顾虑着俄罗斯与墨西哥两国插手英美两国皆声称为其领土的俄勒冈。

在 1823 年 11 月 7 日所举行的内阁会议上,亚当斯反对坎宁之议,亚当斯于会议中力战各方,终于说服全体内阁采用独立政策。

1823 年,美国总统门罗向国会提出咨文,宣称:“今后欧洲任何列强不得把美洲大陆已经独立自由的国家当作将来殖民的对象。”他又称,美国不干涉欧洲列强的内部事务,也不容许欧洲列强干预美洲的事务。这项咨文就是通常所说的“门罗宣言”。它包含的原则就是通常所说的“门罗主义”。是美国对外扩张政策的重要标志。

在随后的历史中,门罗主义成为美国外交的重要基础。当时美洲的国际环境和美国实力的弱小使美国外交的决策者在处理拉美独立问题时面临严峻考验,门罗主义以平和的语言宣告美国开始作为大国在国际舞台发挥作用。

㉑ 什么是西进运动?

西进运动是指美国东部居民向西部地区迁移和进行开发的群众性运动,始于 18 世纪末,终于 19 世纪末 20 世纪初。

英国政府为了把殖民地人民限制在能够控制的地方,于 1763 年颁布了禁止移民越过阿巴拉契亚山脉以西的公告令。而美国独立战争粉碎了这一规定。

1783 年英美议定的和平解决方案中,英国把阿巴拉契亚山以西至密西西比河这一大片印第安人所有的土地,开放给了美国。

1830 年 5 月,美国第七任总统安德鲁·杰克逊通过了《印第安人迁移法》,把印第安人迁到密西西比河以西。这之后,派军队把印第安人押送出密西西比河以东地区,殖民事业在这一地区迅速发展。“旧西南部”(包括今肯塔基、田纳西、亚拉巴马、密苏里、密西西比、阿肯色、路易斯安那诸州)的土地,主要被种植园奴隶主占有,成为棉花的主要产地。“旧西北部"(包括今俄亥俄、印第安纳、伊利诺伊、密歇根、威斯康星诸州)的殖民开发,是由于 1785 年通过的土地条例(按低价出售公有土地)和 1787 年《西北准州地区条例》而迅速开展的。

1803 年,美国乘法皇拿破仑忙于应付欧洲战争之际,从法国手中以 1500 万美元价格购买了称为路易斯安那的广大地区(面积约为 83 万平方英里)。

1810 年和 1819 年美国从西班牙手中夺得佛罗里达。

1846 年,又强迫英国订约,把美国北部北纬 49 度的国界线一直延伸到大西洋沿岸,排挤走了这个地区的英国人。

1846 年和 1853 年,美墨战争爆发,胜利后购买了墨西哥的大片国土,总计约 95 万平方英里。

到 1853 年,美国已把它的国境线推进到太平洋沿岸,国土面积达 303 万平方英里(约 785 万平方公里),比宣布独立时的版图增加 7 倍多。

密西西比河以西的人口在 1840 年以前还极稀少,40 年代移民开始多起来,特别是 1848 年加利福尼亚发现金矿,对西部的开发是一大推动。1850 年以后,这个地区的移民和经济发展,在美国发展中居于重要地位。

此外,美国还继续向西扩张到与它本土不相毗连的地区。1867 年以 720 万美元的代价从沙俄购买了阿拉斯加,其面积等于美国原来的 13 州的 2 倍;1894 年,美国在檀香山推翻夏威夷王国,1898 年爆发美西战争后,又兼并了夏威夷群岛。

广大的西部土地并入美国,使美国成为幅员辽阔、自然资源丰富的国家,具有发展经济的极优越的自然条件。它大大扩大了耕地面积,而且地处宜耕的气候带,使农业迅速发展起来;西部的开拓,带动了大规模铁路的建筑和大批移民的流入,使美国形成了广大的国内市场。

22 你知道美国国旗的演变过程吗?

公元 1775 年,莱克星顿枪声揭开了美国独立战争的序幕,北美十三块殖民地的人民纷纷拿起武器与英国殖民军展开了激烈的斗争。各种战旗也随之应运而出。其中比较著名的有"邦克山旗"、"罗德岛旗"等。

公元1775年12月,根据第二届大陆会议一小组委员会的提议,大陆会议决定各殖民地和军队采用一面统一的旗帜"大联合旗"。该旗旗底是13道红白相间的条纹,红色为七道,白色为六道,代表十三个殖民地;旗帜左上角饰以缩小了的英国国旗"米字旗"图案。这面旗帜的产生,既表明了十三个殖民地联合起来的愿望,同时又反映出当时各殖民地仍然承认英国的宗主国地位。公元1775年12月3日,这面"大联合旗"在大陆军"埃尔福雷德"号军舰上首次升起。

在1776年6月第二届大陆会议上,乔治·华盛顿等提出了一项建议并得到会议通过:把原"大联合旗"上的英国国旗图案撤除,代之以象征光明和独立的一颗六角星,这样就产生了美国历史上第一面星条旗。

第二届大陆会议开会期间,乔治·华盛顿等来到费城一家室内装潢商店,请女主人贝特西·罗斯(她的前夫是个民兵,1776年在战争中牺牲)缝制一面旗帜。罗斯夫人看了华盛顿带来的设计草图后建议将图上的六角星改为五角星。

1777年6月14日,第二届大陆会议正式做出决定:以该星条旗(亦称"贝特西·罗斯旗")为美利坚合众国的国旗。其样式为:旗底仍是13道红白相间的条纹,旗帜左上角镶一蓝色长方形,上缀13颗白色五角星组成一个环形,两者均代表当时的十三个州。这样美国国旗——星条旗正式诞生了。6月14日这一天也因此成为美国的"国旗日"。

公元1777年9月11日,大陆军在勃兰蒂瓦恩战役中第一次使用了这面国旗。公元1787年9月,这面星条旗又第一次被悬挂在美国船只上远航国外。

由于公元1777年6月14日大陆会议关于国旗问题的决议未对星条旗上13颗星的排列图案作出统一的规定,因此,各州在使用这面星条旗时,13颗星的排列图案也就各自不同。公元1783年,独立战争胜利结束后,随之而来的是美国开始大规模侵略扩张,其星条旗上的图案也就再次发生变化。

公元1791年到1792年,佛蒙特州及肯塔基州先后加入联邦。公元

1794年1月,美国联邦会议为此做出决议:在星条旗上增加两道条纹,旗角上增加两颗星,以代表这两个新加入联邦的州。从此随着美国领土的日益扩张,每有一新州加入联邦,便相应地在星条旗上增加一道条纹和一颗星地,这成为一个惯例。到1817年,星条旗上的条纹与星数已分别增至20。

1818年4月4日,美国国会通过了一项由纽约州众议员安特·维德沃夫提出的国旗修改方案,规定:从此之后,国旗的条纹数重新恢复到原先的十三道并固定下来,以纪念赢得独立战争胜利的最早的十三个州;旗角上的白色小星数则与州的数目相等,以后每接纳一个新的州加入联邦,即于此后的7月4日国庆节那天在星条旗上相应地增加一颗星。这样,1959年夏威夷州加入联邦后,美国星条旗上的星数即在1960年7月4日增至五十颗。

㉓ 哪次战争使美国彻底摆脱了英国的控制和干涉?

美国与英国之间发生于1812至1815年的战争,又称为第二次独立战争,是美国独立后第一次对外战争。

美国独立战争结束后,英美之间的主权之争并未停止。作为英国殖民地的加拿大,人口稀少,防御松懈。美国欲向北扩张,并且期待加拿大居民将美国军队视为解放者。

1807年英国又屡在海上袭击美国商船,美国被迫颁布《禁运令》。1811年春,英国策动印第安人在美国西北部边疆发动战争。同年,美、英海军又发生冲突,英军被击败。

1812年6月18日,詹姆斯·麦迪逊总统向国会发表演讲后,国会投票宣战。

1812年,英国在加拿大的正规军只有5,004人,辅以加拿大民兵。战争期间,英国对拿破仑的战争结束后才将大批战舰调往美国海域。

美国方面也未做好战争准备。1812年,陆军正规部队只有不到12,000兵员。开战后,虽然美国国会批准扩军至35,000人,但是士兵多为志愿兵,而且民众不热衷行伍,极度缺乏受过正规训练的军官,部队战斗力不足。

英国拥有当时世界最强的海军力量。1812 年,英国皇家海军在美洲水域部署了 97 艘军舰。成立后不到二十年的美国海军仅有 22 艘军舰,大部分为护卫舰,而且比皇家海军的同类军舰笨重。

然而在战争初期,美国海军取得了一系列胜利,俘获大量英国船只,甚至包括三艘皇家海军战舰。于是英国派遣大量舰艇,对美国港口进行更为严厉的封锁,使英国可以从容地将大量陆军部队运送到美国海岸,一个重要战果是英国陆军于 1814 年 8 月 24 日攻占了美国首都华盛顿特区,并且焚烧了总统官邸,史称"华盛顿大火"。

1814 年 12 月 24 日,两国外交官员在比利时城市根特签署和约,正式停战。但是因为当年交通不便,和约的消息没有及时到达新奥尔良。1814 年 12 月至 1815 年 1 月间安得鲁·杰克逊将军指挥军队在路易斯安那州的新奥尔良战斗中击毙了英军指挥官爱德华·白金汉少将,取得的重大胜利,成为闻名全国的英雄,且在日后登上总统宝座。

1815 年 2 月 17 日,麦迪逊总统签署了《根特条约》,使之于次日生效。

英美战争为美国彻底摆脱英国的控制和干涉,独立自主地发展资本主义创造了条件。战争的最重要结果是使美国以北的英属北美殖民地于 1867 年联合为加拿大联邦。

24 你听说过美国的西点军校吗?

西点军校是美国第一所军事学校,位于纽约州西点(哈德逊河西岸)。

早在 1776 年,大陆会议就授权一个委员会计划建立一所军事学院,华盛顿、诺克斯和约翰·亚当斯都渴望消除美国在战时依赖外国工兵和炮兵的状况,极力主张建立一个致力于战争艺术与科学教育的机构,但出于对欧洲职业军官和极权主义的恐惧,这个计划一直未能实现,只是于 1794 年开始在西点要塞的工兵和炮兵中设立了学员军衔。美国第三任总统托马斯·杰弗逊,在看到建立一所军事学院可以作为促进国内工程与科学学习的手段后,改变了原来的反对立场。1801 年 9 月 21 日,杰弗逊总统下令对那些学员开展正规指导,1802 年 3 月 16 日,国会批准了总统的行动,并授权在西点建立由国会控制的工兵军团和一个军事学院。随后,总统在担保那些到军校学习的人将代表民主社会后,签署法案成立"美国军事学院",这一天标志着西点的诞生,首任校长由美国著名政治家和科学家本杰明·富兰克林的外孙乔纳森·威廉姆斯担任,当时只有 10 名学员和 7 名军官。

西点在 1812 年战争前后分别得到重组和扩建,设施得到加强,课程得到扩展,学员录取被固定下来,并建立了一个监事会,1816 年 9 月,学员第一次穿上了灰色制服。

1817 年 7 月,"西点之父"西尔维纳斯·萨耶尔上校,在从西点毕业仅仅 9 年后,成为这所苦苦挣扎中的学校的校长,在战争部长卡尔霍恩的支持下,他建立了严格的纪律,强调荣誉和正直,组建学员司令部,将西点学员组织成战术单位,规范和扩充课程,引进了新教学方法,使西点成为美国第一流工程学校,当他 1833 年离开学校时,西点已经能够与欧洲同行相匹敌。萨耶尔将土木工程设置为学校主要课程,整个 19 世纪前 50 年,西点毕业生修建了美国大部分初始的铁路线、桥梁、港口和公路。

南北战争之后,美国开始建立其他工科学校,西点军校的课程开始扩展到土木工程之外领域。在第一次世界大战中,美国远征军总司令约翰·丁·潘兴将军(美国第一个五星上将),以及参战的 38 个军、师指挥官中的 34 个指挥官,都是西点毕业生。

第一次世界大战后,1903 届毕业学员道格拉斯·麦克阿瑟出任西点校长。他提出了"应着眼于不断变化的世界,着眼于复杂的未来,着眼于军事技术和装备的不断现代化"的原则,大大开阔了美国军事教育事业的视野,使美国军事教育实践开始由面向国内问题转向世界性问题,把传统的西点军校带进了现代化的 20 世纪。

据 1993 年统计,美国陆军中有超过 40% 的将军是西点军校的毕业生。

㉕ 美国是何时迁都华盛顿的？

美国的诞生，通常从 1776 年《独立宣言》签署算起，但当时还在与英国兵戎相见，直到 1783 年，英国签订和约承认了美国，北美殖民地赢得了独立，"首都应该建在哪里"才提上了议事日程。

在美国人的观念中，议会在哪里，哪里就是首都。那时美国还没有总统，实际上也没有议会，只有议会的前身，叫"大陆会议"，后来改称"邦联议会"。直到 1789 年，邦联议会才让位于国会。

议会也好，国会也罢，总得有个能安定下来讨论大政方针的会议厅。1783 年之前，议会设在位于宾夕法尼亚州的费城，有两次因为英军逼近而不得不颠沛流离；1783 年，美国与英国仗打完了，议会竟还得迁来迁去，使得首都也流动了 17 个春秋。

费城是北美殖民地人民闹革命起家的发源地，18 世纪中期，费城的人口超过百年老城波士顿，成了北美第一大城市——不过这个"第一大城市"按照今天的标准来看，简直太寒酸了——区区 2.8 万人。而且就在这年轻的美利坚合众国草创之初，3.3 万人口的纽约后来居上，夺走了榜首地位。议会在费城并不安宁，许多在独立战争中有功劳的民兵涌来请愿，要求补发军饷；邦联议员们要求宾夕法尼亚州议会下令，让当地的国民后备队来保驾护航，宾夕法尼亚州议会却不买账，后备队也不愿弹压民兵。混乱中，只好第三次从费城迁都，议员们来到 70 公里之外的新泽西州普林斯顿。普林斯顿就这样当了 4 个月的首都。

议会随后迁到了纽约，于是纽约成了首都，而且是美国第一个法定的首都——议员们在这里办了几件建国头等大事：通过了宪法；举办了乔治·华盛顿的总统就职典礼；美国第一个最高法院在附近设立；1789 年 3 月 4 日，两院制的美国国会成立，邦联议会功成身退⋯⋯三权分立的政治架构总算搭起来了。

不过，纽约只当了一年首都。1790 年，国会又迁回费城，费城再次成了美国首都，1790 年国会选定了新的首都地址。新址确定在南北方的天然分界线——波多马克河畔,由河两岸的弗吉尼亚州和马里兰州各捐出一部分土地,作为首都的永久性用地。定名为哥伦比亚特区,不属于任何一州,只对联邦国会负责。华盛顿总统建议未来的都城叫"联邦市"。不过,1791 年 9 月 9 日,国会决议将之命名为"华盛顿"。

1792 年 10 月 13 日,华盛顿选定的总统官邸白宫举行奠基仪式。1793 年 9 月 18 日,联邦国会大厦举行奠基仪式。

经过 10 年建设,1800 年 11 月,美国政府正式定都华盛顿。华盛顿成为世界上少有的专门建为政府驻地和国际都会的首都城市之一。

㉖ 美国内战的经过如何?

1860 年主张废除奴隶制的共和党人林肯当选总统,南方奴隶主发动叛乱,南方蓄奴州纷纷独立。南方 7 州退出联邦,于 1861 年 2 月组成"美利坚诸州联盟",定都里士满,戴维斯任总统。同年 4 月 12 日至 14 日,南方邦联军先发制人攻占萨姆特要塞,内战爆发。

美国内战大体分为两个阶段和东西两大战场。

1861 年 4 月至 1862 年 9 月是"有限战争"阶段。双方都集中兵力于东战场为争夺对方首都而展开激战。南方军队统帅是杰出军事家罗伯特·李,他根据双方力量悬殊的状况,制定了以攻为守的战略,集中兵力寻歼北军主力,迫使北方签订城下之盟。而北方对战争准备不足,又采取了所谓的"大蛇计划",把兵力分散在 8000 英里长的战线上,加上同情奴隶主的指挥官麦克莱兰采取消极战术,使北军连连受挫。

1862 年 9 月 22 日,林肯发表预备性的解放宣言。宣布:假如在 1863 年 1 月 1 日以前南方叛乱者不放下武器,叛乱诸州的奴隶将从那一天起获得自由。消息传到南方后,成千上万的奴隶逃往北方。

战争从 1862 年 9 月进入了"革命战争阶段"。

林肯政府还实行一系列革命措施和政策:

1862 年至 1863 年实行武装黑人的政策。因此,成千上万黑人报名参加北方军队,其中主要是南方逃亡奴隶。

1862 年 5 月颁布的《宅地法》规定：一切忠于联邦的成年人，只要交付 10 美元的登记费，就可以在西部领取 64.74 公顷土地，在土地上耕种 5 年后就可以成为这块土地的所有者。

林肯政府严厉镇压反革命分子，清洗军队中南方代理人。

1863 年开始实行征兵法，以代替募兵制，增强了北方的兵力。

1863 年 7 月 1 日两军在葛底斯堡展开决战，7 月 3 日南军被击败。成为内战的转折点，战场上的主动权转到北方军队手中。

1864 年 9 月，谢尔曼将军指挥的北军一举攻下亚特兰大，两个月后开始著名的"向海洋进军"，在进军中彻底摧毁了敌人的各种军事设施，沉重地打击了敌人的经济力量，使南方经济陷于瘫痪。在东线，格兰特将军统率北军把敌军驱逼到叛乱"首都"里士满附近。

1865 年初，奴隶纷纷逃亡，种植园经济濒于瓦解。1865 年 4 月 9 日，李的部队陷入北方军队的重围之中，被迫向格兰特请降。南北战争终止，美国恢复统一。

㉗ 什么是"黑船事件"？

黑船事件是指 1853 年美国以炮舰威逼日本打开国门的事件。

1853 年（嘉永六年）七月，美国东印度舰队司令马修·培里将军，率领四艘军舰开到江户湾口，以武力威胁幕府开国。舰队中的黑色近代铁甲军舰，为日本人生平第一次见到。培里赠给幕府显示工业文明的火车机车模型和电报机，而幕府却只能用力士搬运回赠的大米来展示实力。培里来航令日本人震惊，深切感受到日本与外国的巨大差距。日本人称这次事件为"黑船来航"。

由于这四艘军舰合共有六十三门大炮，而当时日本在江户湾的海防炮射程及火力可与这四艘军舰相比的大约只有二十门，在不开国就开火的威吓下，幕府不敢拒绝开国的要求，但又恐怕接受培里带来的国书后，会受到全国的抨击，于是当时幕府的首席老中（江户幕府的职名）阿部正弘藉口要得到天皇的批准方可接受条约，并约定培里下一年春天给予答复。

1854 年(嘉永七年)二月十三日,培里再次率领舰队来到日本,这次一共有七艘军舰,而且舰队一直深入江户湾内,到达横滨附近才停船,面对培里的强硬姿势,幕府只好接受开国的要求了。于是双方在横滨签定了《日美亲善条约》,也是日本与西方列强的第一个不平等条约。其他西方列强跟随着美国,纷纷向日本提出通商的要求,于是英国、俄国、荷兰等西方列强都与日本签定了亲善条约。日本被迫结束锁国时代,幕藩体制也随之瓦解。

㉘ 你知道世界上最廉价成交的土地吗?

美国扩大的领土大部分是买来的,价格之便宜,情节之离奇,简直就像天方夜谭。

密西西比河是独立后的美国经济命脉之一,美国全年的产品有将近一半要由密西西比河的新奥尔良港出口。鉴于欧洲大陆用 200 万美元把属于路易斯安娜的新奥尔良港从法国手中购买过来。经过国会批准后,杰弗逊派特使前往巴黎商购新奥尔良港。正当美国使者与法国外交大臣塔利朗会谈时,法国皇帝拿破仑突然闯了进来,他表示法国愿意出售属于法国的整个路易斯安娜,并请美国开价,这是美国人始料不及的。杰弗逊在确信这是拿破仑的正式决定后,指示美国特使即刻洽谈购买,经过双方讨价还价,公元 1803 年 5 月 2 日,美法双方达成协议,美国仅以 1500 万美元就买下了整个路易斯安娜地区,这块面积相当于 4 个法国,包括现在美国十三个州 214.45 万平方公里的土地,每英亩只合两便士。20 天后拿破仑便签字批准了这个决议。

这成全了美国,美国不仅得到梦寐以求的新奥尔良港,而且密西西比河也成了内河。

1867 年,美国又以 720 万美元的代价从俄国购得阿拉斯加。

早期欧洲列强瓜分美洲新大陆时,唯独俄罗斯帝国插不上手。彼得大帝很不甘心,1725 年,彼得大帝命令丹麦航海家维图斯·白令为俄国探险。在阿拉斯加南部登陆成功。从此后,俄国商人、探险家接踵而来,并在这里建立了殖民机构"俄罗斯美国贸易公司"。

1856 年,俄国在战争中败于土耳其,国军空虚,财源枯竭,于是沙皇想到可以出卖阿拉斯加获得一笔钱财,弥补国内经济开支的不足。那时美国正值爆发南北战争,手头也很拮据,买地不很积极。但俄国后来又在同英法的克里米亚战争中惨败,财政经济更加困难。亚历山大二世急于卖掉阿拉斯加。

1867 年 3 月 29 日,俄国驻美大使斯捷克尔男爵不顾礼节,深夜求见美国国务卿威廉·西沃德。经过讨价还价,终于以 700 万美元外加 20 万手续费成交。720 万美元买下 151.9 万平方公里的土地,平均每英亩土地只值两美分。阿拉斯加成了世界上最廉价成交的土地。

现今,这个占美国国土面积六分之一的第一大州,成了美国重要的军事基地,其战略价值是用金钱也无法计算的。

㉙ 美西战争是怎么回事?

美西战争是 1898 年,美国为夺取西班牙属地古巴、波多黎各和菲律宾而发动的战争,是列强重新瓜分殖民地的第一次帝国主义战争。

19 世纪末,美国垄断资本财团迫切需要开辟新的市场、投资场所和原料产地,于是各种宣传机器大造对外扩张的舆论。而此时的整个世界已为老牌殖民大国瓜分完毕。

美国想重新瓜分世界殖民地,但因力量有限,还无力同英法等国相抗衡,只有老朽帝国西班牙是个好目标。美国决定首先拿西班牙开刀,夺取几个西班牙殖民地,以便控制中美洲和加勒比地区,并取得向远东和亚洲扩张的基地。

这时,西属殖民地人民的斗争也给美国创造了有利环境。菲律宾和古巴先后爆发了反对西班牙殖民统治的武装起义。菲律宾起义军已解放了全国大部分地区,包围了马尼拉。古巴起义军则牵制了西班牙的20 万大军。

1898 年 2 月 15 日,美国军舰缅因号在古巴哈瓦那港爆炸沉没。爆炸激起了美国报刊强烈反响和国内民众的愤怒。3 月 27 日,美国通过驻西班牙公使提出要求西班牙在古巴停火和取消集中营法等条件。西班牙为了避免对美作战,宣布休战。但美国国会发布决议:承认古巴独立,要求西班牙撤出古巴。同时授予总统使用武力的权力,并宣告美国无意兼并古巴。

4 月 22 日,美国海军封锁古巴港口。诺希维尔号军舰捕获到一艘西班牙商船。4 月 24 日,西班牙向美国宣战。次日,美国宣战。

战争在古巴、波多黎各和菲律宾同时进行。开战后,美海军部副部长西奥多·罗斯福辞去职位,组建志愿军第一志愿骑兵团前往参战。

在古巴,西奥多·罗斯福率第一志愿骑兵团(即莽骑兵)节节获胜,击败了西班牙在古巴的陆军一部,从而让战争的陆上形势对美国有利。

在菲律宾,美国海军准将乔治·杜威的舰队在马尼拉湾战役中占领马尼拉。同时,从香港出发的美国舰队歼灭了驻守在菲律宾马尼拉港的西班牙舰队。西班牙加勒比海舰队在古巴圣地亚哥港被美国彻底摧毁,圣地亚哥市投降。两国于 12 月 10 日在法国巴黎签订《巴黎和约》。根据和约,西班牙全部放弃古巴,将波多黎各和关岛等殖民地割让给美国,并以 2000 万美元的代价,把菲律宾的主权转让给美国。

㉚ 美国的"大棒政策"和"金元外交"是怎么回事?

美西战争后,美国成了新兴的世界强国,它在国际舞台上的地位也日益提高。美国获得古巴、波多黎各等地,加强了它对加勒比海地区的控制。英国于 1901 年与美国签订《海约翰—庞斯福特条约》,承认美国有权在中美洲单独开凿运河和进行管理,并于 1902 年将它在加勒比海的舰队撤走,实际上,将这一海域的制海权交给了美国。随着美国在这一地区的经济和战略利益的增长,美国借欧洲列强对拉美国家武力索债之机,大肆进行武装干涉,竭力谋取在这一地区的优势地位。

继麦金莱上台的西奥多·罗斯福总统(人称老罗斯福,昵称泰迪,

1858—1919。于 1901 年至 1909 年任美国第 26 任总统）就是推行帝国主义干涉政策的代表人物。他多次对加勒比海国家进行粗暴的干涉，并公然鼓吹在与任何国家进行谈判交涉时都应以武力作为后盾。1900 年，西奥多·罗斯福在一次讲演中说，他总是喜欢这一西非谚语："说话要温和一些，但要携带一根大棒，你就会成功。"后来，人们用这句话生动地将他在执政期间所推行的帝国主义侵略政策概括为"大棒政策"或"大棒外交"。

美国从威廉·霍华德·塔夫脱总统（1857——1930。于 1909 年至 1913 年任美国第 27 任总统）提出的鼓励和支持银行家扩大海外投资，以实现向外扩张的外交政策。西奥多·罗斯福总统实行的"大棒政策"遭到世界各国，特别是拉丁美洲人民的反对，故塔夫脱鼓吹积极的经济扩张政策。塔夫脱提出"用金元代替枪弹"，他们主张运用外交政策推动和保护美国银行家的海外投资，特别是对拉丁美洲加勒比海地区和中国扩大投资，在这些地区排挤和取代其他帝国主义国家。

事实上，金元并没有完全取代枪弹，而只是枪弹的补充。二者常常交替使用或同时使用。当它的经济侵略遭到抵制，金元外交不灵时，便代之以"大棒"，实行武力干涉或军事占领。如 1903 年武力夺取了巴拿马运河区；通过奴役性贷款，逐步控制了圣多明各、洪都拉斯、尼加拉瓜的经济命脉，干涉了各国内政，逐步把中美洲各国变成了自己的殖民地或附属国，把加勒比海变成了自己的"内湖"，建立了在西半球的霸权。

㉛ 什么是"泛美联盟"？

泛美联盟是指 1889 年以后由美国控制的一系列美洲国家会议逐渐形成的国际组织。最初目的是抵御欧洲的殖民侵略。

19 世纪初期刚获得独立的拉美各国要求建立泛美联盟，抵御欧洲的殖民侵略。为了独霸西半球，美国利用门罗主义，接过"泛美主义"旗帜，于 1889 年 10 月至 1890 年 4 月在华盛顿召开由 18 个国家参加的第 1 次美洲国家国际会议（即泛美会议）。成立"美洲共和国国际联盟"，设常设机构"美洲各国商务局",由美国国务卿直接领导,是为泛美联盟的前身。开始仅是促进美洲各国经济联系的组织。

1901 年召开第 2 次泛美会议,将"美洲各国商务局"改组为"美洲各国国际事务局",成为一个超国家权力的政治组织,美国从而攫取了调停美洲各国争端的仲裁权。1910 年第 4 次泛美会议把"美洲共和国国际联盟"改名为"美洲共和国联盟"。并将"美洲各国国际事务局"改组为"泛美联盟"。主要领导人都由美国人担任。由于美国加紧对加勒比海地区进行侵略和干涉,1928 年第 6 次泛美会议谴责了美国的侵略活动,宣布美洲各国一律平等。1933 年 F. D. 罗斯福执政后提出"睦邻政策",在一定程度上改善了同拉美各国的关系。

1938 年召开第 8 次泛美会议,通过共同防卫法西斯侵略和维护不干涉原则的宣言,决议建立"泛美外交部部长协商会议"以加强西半球的联防工作。

第二次世界大战后,美国加强对拉丁美洲国家全面控制。1947 年同拉美国家签署《泛美互助条约》,建立军事同盟,确立了美国的盟主地位。1948 年第 9 次泛美会议上建立"美洲国家组织",原来的"泛美联盟"改组为它的秘书处。1970 年"美洲国家组织"设立秘书处代替"泛美联盟"。

其宗旨是加强本大陆的和平与安全;保障成员国之间和平解决争端;在成员国遭到侵略时,组织声援行动;谋求解决成员国间的政治、经济、法律问题,促进各国经济、社会、文化的合作;控制常规武器;加速美洲国家一体化进程。

㉜ 美国的"两党制"是如何确立的?

两党制是美国政治制度中的一个重要组成部分。美国两大政党的产生主要追溯到联邦政府成立初期。早在第一届联邦政府时期,就出现了以财政部长汉密尔顿为首的"联邦党"和以国务卿杰弗逊为首的"共和党",他们分别代表资产阶级保守派和民主派,在观点上存有原则分歧。

到十九世纪初期,联邦党逐渐衰亡,出现了共和党一党专权的时期。

二十年代,共和党又分裂为民主党和辉格党,直到五十年代初,两党交替执政,但民主党占有很大优势。

到内战前夕围绕奴隶制的存废问题,两党又发生了大分化、大改组,重新形成了代表北方资产阶级利益的共和党和代表南方奴隶主利益的民主党。在内战中共和党战胜了民主党。但在内战后,随着资本主义经济的发展和垄断资本的形成,两大政党之间的差别日益缩小,都为垄断资本所操纵,成为垄断资本实行统治的工具。这样到十九世纪晚期,美国终于确立了"两党制度"。

两党制度实质上是垄断资本家实行专政的工具。垄断资本通过提供经费、操纵选举等方式支配着轮流执政的两大政党,驱使它们为垄断资本利益效劳。但两党按照宪法的规定,遵循选举的程序,定期轮流执政,在很大程度上保障了资产阶级内部的民主;通过选举获胜上台的政党为了维持长期统治,也不能不在一定程度上履行竞选时的诺言。

33 独立后的拉丁美洲大地产制为何进一步扩大?

大地产制是在西班牙殖民统治拉丁美洲时期强占印第安人土地的基础上形成的,其表现形式是大庄园制。以大地产主占有大批土地为特征。西班牙1720年宣布取消拉丁美洲殖民地的委托监护制,葡属巴西的葡萄牙殖民者亦逐渐把自己的封地变为世袭财产,在此基础上,拉丁美洲开始形成新的大地产制,即大庄园制和种植园制,从而形成独立的政治、经济和宗教的综合体。

19世纪初拉丁美洲各国独立后,取得政权的大地主更加为所欲为地掠夺印第安村社的土地;在独立战争中出现的大批将军和新官僚,得到大片的土地赏赐,在旧有的土生白人地主之外,又增加了一批新的地主;战争中一部分教会地产被拍卖,转入世俗大庄园主手中;而外国资本的大量渗入,又使外国公司直接控制大片土地;外国垄断资本大力发展单一种植业,促进印第安人聚居区的瓦解,导致广大村社印第安人进一步丧失土地并负债,被迫为大地主和外国公司劳动。这些原因使拉丁美洲的大庄园制有新的发展。

19世纪后期起,资本主义生产关系在拉美农业中的影响不断增长,英、美、德、法等国资本家大量购买拉丁美洲各国的土地,发展起资本主义的大土地所有制。许多庄园把土地出租给佃农耕种,以债役雇农直接经营种植业的庄园逐渐减少。

第二次世界大战后,许多拉丁美洲国家民族民主运动不断高涨,农民反对大庄园制和要求土地的斗争加剧。在实行了土地改革的国家,大庄园的土地已经缩小。越来越多的大庄园更普遍地采用资本主义的生产和经营方式,使传统的大庄园逐步变成资本主义的农场,但农业中的封建因素在很多国家仍广泛存在。

大地产制使单一作物制继续发展,造成经济的畸形发展和对外国资本主义市场的严重依赖,成为西方资本主义国家的农业附庸。

㉞ 什么是"考迪罗主义"?

考迪罗主义是独立后的拉美各国普遍出现的一种政治统治形式。"考迪罗"来自西班牙语,原指割据一方的军事首领,后引申为军事独裁者。考迪罗主义是指那些以暴力夺取政权,并以暴力维护其反动统治的独裁者专制制度。在不同时期,不同国家的考迪罗独裁又各有其特点。

考迪罗最早产生于拉美独立战争时期。19世纪初,在拉美各地争取独立的斗争中,先后涌现出一批军事领袖,他们曾为推翻统治、争取独立做过不同程度的贡献。独立后,这些军事领袖和各地强有力的地主集团首领,成为拉美新独立国家或某一地区的独裁统治者,这些人便是拉美的第一代考迪罗。

19世纪中叶,第一代考迪罗逐渐退出政治舞台,另一批军官和地方集团首领通过"选举"或政变等方式登上政治舞台,成为新一代的考迪罗。

考迪罗制是拉美特有的独裁制度,其特点是军阀、地主和教会相结合的"三元寡头"统治。考迪罗既不同于世袭的封建国王或大地主,又不同于英、美、法通过选举上台的总统和首相,考迪罗大多是通过所谓"革命"实为政变而取得政权的。总的说来,考迪罗的"革命"并未促成经济和政治的基本变革,并没有触动大地产制度。

拉美各国产生考迪罗制的主要原因是:长期被殖民统治而造成的经济落后和强大的地方分离主义势力;拉美国家独立后继续盛行的大庄园制和大种植园制,土地高度集中,大地主为自身的利益而争权夺利;代表保守势力的强大的教会的存在;欧洲列强势力的渗透和干涉等。尽管有一些考迪罗标榜自己为"自由派",实行了一些发展经济的措施,但是,从总体来看,考迪罗制是阻碍拉美进步的主要障碍之一。

㉟巴拿马运河是如何开凿的?

早在 15 世纪,征服墨西哥的西班牙人瓦斯科·科尔特斯就提出过修建运河的主张,但他未指明适合开凿的地点,后来,在瓦斯科·努涅里·巴尔沃亚征服巴拿马之后,1523 年,西班牙国王查理一世(即神圣罗马帝国的查理五世)明确提出了开凿一条中美洲运河的主张。

1534 年,西班牙国王卡洛斯一世下令对巴拿马地峡进行勘查,西班牙人沿着山脊用鹅卵石铺出了一条穿越地峡的驿道,算是为开凿作了准备。

从 18 世纪开始,西班牙殖民政府陆续派员勘查了四个备选地点:墨西哥南部的特万特佩克地峡;哥伦比亚西北部的阿特拉托河附近的某个地点;尼加拉瓜地峡;巴拿马地峡。

然而到 1814 年,当西班牙终于决定开凿运河时,拉美独立战争的爆发却打乱了整个计划。1823 年,由危地马拉、萨尔瓦多、洪都拉斯、尼加拉瓜和哥斯达黎加五国组成的中美洲联邦共和国成立,它正式向美国提出了援建运河的请求,次年 6 月,拉美自由之父西蒙·玻利瓦尔在巴拿马召开的国际会议上,将中美洲运河的开凿正式提上了日程。在拟议的四个开凿地点中,巴拿马地峡以最窄(61 公里)、尼加拉瓜地峡以有尼加拉瓜湖和圣胡安河可资利用,逐渐成为众望所归。在经济上,开凿运河的好处不言而喻，随着大西洋和太平洋之间的航运日益发达，一条更为便捷的航路显然会带来很多好处，如果运河开通，利物浦至旧金山的航程缩短 43％，而纽约至悉尼的航程也缩短 28％，意义非凡。

下令开凿巴拿马运河的是美国第二十六任总统西奥多·罗斯福，这是他任内的主要功绩，他也因此被美国人民雕入总统山。

巴拿马运河由美国建成，自 1914 年通航至 1979 年间一直由美国独自掌控。不过，在 1979 年运河的控制权转交给巴拿马运河委员会（由美国和巴拿马共和国共同组成的一个联合机构），并于 1999 年 12 月 31 日正式将全部控制权交给巴拿马。

36 墨西哥资产阶级革命是怎么回事？

墨西哥革命是指发生在 1910 年至 1917 年墨西哥的革命。

墨西哥在争得独立建立共和国后，政局一直不稳定。各派政治力量为争夺统治权而形成两大政党。两党之间的尖锐斗争导致墨西哥一再发生军事政变和叛乱。动乱的政局影响了社会经济的发展，削弱了国力，便利了西方列强的入侵。

1876 年，由美国支持的反动军官迪亚斯（1830—1915）发动政变，取得了墨西哥总统职位。

1910 年，墨西哥总统大选，马德罗参加竞选，他提出保护民族工业、反对独裁、建立宪政国家等口号，被投入监狱。迪亚斯再度当选总统。马德罗越狱后，号召人民起义，推翻迪亚斯政权，把土地分给农民。

马德罗的号召得到了南北两支农民武装的支持。在北部，比利亚领导的农民武装击败了政府军，并同马德罗会合。在南部，由萨帕塔领导的农民武装也占领了大片地区，并向首都墨西哥城进军。

1911 年 5 月，在南北两支农民军的夹击和首都人民反对浪潮的压力下，迪亚斯被迫下台，逃往欧洲大陆。

马德罗上台后，并未实现他解决农民土地问题的诺言，还下令解散农民武装。军官韦尔塔发动政变，捕杀了马德罗，自任为总统。但这次政变再次激起人民的愤怒,南北两支农民武装又开始同新的反动政权作战。代表资产阶级和自由派地主利益的卡兰沙(1959—1920)也组织了护宪军投入战斗。1913年夏,比利亚的农民武装同卡兰沙的军队一起同韦尔塔作战。

1914年4月,美国总统伍德罗·威尔逊派军舰侵犯墨西哥湾。墨西哥工人武装、农民武装和护宪军结合起来,于这年7月推翻了韦尔塔的反动统治,卡兰沙夺取了政权。11月,美国干涉军被迫撤走。

卡兰沙掌握政权后,拒绝萨帕塔和比利亚提出的社会改革要求,国内阶级矛盾激化,进一步发展成了大规模内战。

1914年12月,萨帕塔和比利亚农民军开进首都。不久卡兰沙部将奥夫雷贡与世界工人之家达成协议,编组红色大队,控制了首都局势。1915年4月,比利亚在塞拉亚战败。

为了巩固政权,卡兰沙实行了一些社会改革,于1915年颁布了土地法令,1916年召开了立宪会议,1917年2月完成新宪法的制定。

37 1917年墨西哥宪法有哪些主要内容?

1917年墨西哥宪法是当时世界上最民主、最进步的资产阶级宪法。该宪法充分体现资产阶级民主原则。

1916年12月,宪政主义元首卡兰沙在蓬勃发展的农民运动推动下,在克雷塔罗城召开制宪会议。参加会议的除地主、资产阶级保守势力代表外,还有如穆希卡和莫利纳·思利克斯等激进派代表。制宪会议虽把萨帕塔派和比利亚派排斥在外,但在起草宪法时不能不考虑到当时农民斗争的巨大压力。1917年2月5日,新宪法通过。

宪法对共和国政府体制作了规定,设置总统一人,由直接民选产生,任期4年,不得连任。国会由两院组成,每州选举两名参议员组成参议院,参议员任期4年。众议员按人口比例直接选出,任期两年。凡年满21岁、有合法职业的男子,均有选举权。禁止教会占有产业,教堂、修道院等建筑物均归国有,教会不得享有法律上的特权,州议会有权限定辖区内神甫的最高额,禁止教会干涉世俗事务等。特别值得重视的是第27条关于土地所有权问题和第123条关于劳工问题的规定。申明国家是土地、河流、矿藏的所有者,有权限制外国人利用墨西哥的土地、河流、矿藏资源,有权在必要时分割大地产,收回迪亚斯统治时期出卖给外国人的土地,剥夺教会和股份公司的土地,把大地产分配给村镇,转让给中小农户使用和经营。实行八小时劳动制,每周六天工作日,确定最低工资,实行女工和童工保护制,劳工有组织工会和罢工的权利等。

38 美国是在什么情况下参加一战的?

第一次世界大战爆发后,美国采取了"中立"政策,没有立即参战。美国总统威尔逊还宣布:"美国要在思想上和行动上同样做到不偏不倚"。其实,美国在大战爆发之时,没有做好战争准备,而且国内人民反战情绪也十分高涨,另外,美国垄断集团认为在"中立"的名义下,既可以同交战双方做生意,牟取暴利;又可利用其他列强忙于厮杀之机,夺取商品市场和原料产地。最后,美国同交战双方均有矛盾,不愿任何一方获胜,而期两败俱伤,由自己收拾残局,以攫取世界霸权。

美国初期的"中立",为垄断资本带来了好处。在"中立"的幌子下,美国垄断资本向交战双方出售军火和其他物资。这不仅使资本家的腰包极度膨胀起来,也刺激了国内工农业生产的发展和对外贸易的剧增,使美国由债务国变成了债权国。

战争期间,由于英国封锁了德国的港口,阻塞了美、德贸易的道路,从而使美国同协约国的贸易日益频繁,美国成了协约国军火和粮食的主要供应者,并且给协约国的贷款达一百亿美元,因而协约国的成败对于美国的借款和经济上的繁荣密切相关。而协约国在1917年初的处境极为不妙,英法兵力损失惨重,经济极度困难;俄国爆发了二月革命,有可能退出战争,从而削弱协约国,导致协约国的失败,维护既得利益的欲望促使美国不得不参战。

经过几年的厮杀,战争的双方都已精疲力尽,正是坐收渔翁之利的好时机。

英法在战争中的削弱和德国在战争中暴露的野心,也使美国认为德国是比英国更加危险的劲敌。同时,英俄失败定会加强日本在远东的势力,将来德国有可能同日本联合起来在远东和太平洋地区与美国抗衡。加之,1917 年,德国决定实行"无限制潜艇战",宣布今后一切驶向协约国港口的船只,不论属于交战国还是中立国,不加警告,一律攻击。这就直接妨碍了美国的贸易活动,造成两国关系日益恶化。

最后,经过几年的扩军备战,美国已完成了战争的准备。威尔逊也再次当选为总统,参战时机已经成熟。德国的"无限制潜艇战"又造成美国似乎是"被迫参战",使美国统治集团找到了进行战争动员和对德宣战的借口。这样在 1917 年 4 月 6 日,美国正式对德宣战,12 月 7 日,又对奥匈帝国宣战。

39 威尔逊的"十四点和平原则"主要有哪些内容?

美国提出十四点和平原则,又称十四点计划,美国总统伍德罗·威尔逊为结束第一次世界大战提出的纲领。1918 年 1 月 8 日,美国总统威尔逊在国会发表演说时提出并分致各国。

一战期间,美国利用各交战国特别是协约国迫切需要军事物资的机会大发战争横财。从 1914 年到 1919 年,美国资本输出高达一百三十二亿美元,由战前的债务国一跃而成为头号债权国,连十七个欧洲国家也向他举借一百多亿美元的外债。世界黄金储备总额 40% 都集中在美国,它取代英国成为世界金融中心。

战争结束后,美国凭借经济优势力图实现其称霸世界的野心。

1918 年 1 月 8 日,威尔逊发表了十四点和平原则,首次论述了关于成立国际联盟的想法。这个联盟的指定目标应该是保证各大小国家的领土完整以及他们的政治独立。其主要内容有:公开订立和平条约,无秘密外交;无论战时与和平时期,公海航行绝对自由;取消国家间的经济障碍并建立贸易平等条约;充分互相保证,各国军备必须减少至保证本国内部安全的最低水平;调整对殖民地的要求,平等对待殖民地人民;德国撤出俄国,调整俄国问题;德军撤出比利时,恢复比利时之独立性;德军撤出法国,阿尔萨斯—洛林也还法国;根据民族性原则,重新调整意大利边界;奥匈各族自治,允许独立;同盟国撤出罗马尼亚、塞尔维亚和黑山;奥斯曼帝国的民族自决;恢复波兰之独立性;成立国际联盟以维持世界和平。

威尔逊打算凭十四点原则结束这场战争和实现一个所有国家共享的、公正的和平。

为了开巴黎和会,他在巴黎待了 6 个月,这也使得他成为首位在任内出访欧洲的美国总统。和会期间,他不倦地推销他的计划,最终实现了在凡尔赛条约中加入了关于创建国际联盟的章节。

尽管他为创建国联所作的努力使威尔逊获得了 1919 年诺贝尔和平奖,但他没能在入盟一事上赢得参议院的支持。美国此后从未加入国联。

㊵ 华盛顿体系是如何形成的?

一战中,日本乘西欧列强无暇东顾,扩大了在中国的侵略势力,《凡尔赛和约》又进一步加强了日本在远东的地位。在巴黎和会上未捞到多少实惠的美国,不甘心于自己的失利,便把主攻方向移到远东和太平洋地区。美日矛盾日益尖锐。

1921 年 8 月 21 日,美国总统哈定正式邀请英法意日中五国参加华盛顿会议。荷兰、比利时和葡萄牙或因在远东和太平洋地区有属地,或与中国有经济关系,也要求参加会议。1921 年 11 月 12 日九国华盛顿会议正式召开,到 1922 年 2 月 6 日结束。

会议有两个主要议题,一是限制海军军备问题,二是远东和太平洋问题。会议实际上是在美、英、日三国操纵下进行的。会议期间和结束时,与会国签订了一系列条约、协定和决议案,其中主要有:

四国条约全称《关于太平洋区域岛屿属地和领地的条约》。由美、英、日、法四国于 1921 年 12 月 13 日签署。条约规定四国相互尊重彼此在太平洋区域内岛屿属地和领地的权利。条约生效后,英日 1911 年的同盟协定应予终止。1922 年 2 月 6 日会议结束时，四国还签订了一个补充条约，规定有关"岛屿属地"和"岛屿领地"的概念对日本只适用于库页岛南部、日本从中国夺取的台湾澎湖列岛以及由日本委任统治的各岛。

五国条约全称《限制海军军备条约》。由美、英、日、法、意五国于 1922 年 2 月 6 日签署。规定五国主力舰总吨位限额按比例为 5∶5∶3∶1.75∶1.75。《五国条约》的签订是列强在海上实力对比问题上暂时妥协的结果，它使美国在海军军备上取得了与英国相等的地位，从而标志着英国海上霸权的终结。

九国条约全称《九国关于中国事件应适用各原则及政策之条约》。由与会国于 1922 年 2 月 6 日签署。规定缔约各国尊重中国的主权与独立及领土与行政的完整；维持各国在中国全境工商业机会均等的原则；各国不得在中国谋取特殊权利而损害友邦人民的权利，不得鼓励有害友邦安全的举动；除中国外，各国不得谋取或赞助其本国人民谋求在中国任何指定区域内获取专利或优越权。

中国代表在会上提出的关于取消领事裁判权、撤退外国军警、关税自主、取消租借地和势力范围等合理要求均遭列强拒绝。该条约的实质是确认帝国主义列强在中国实行的"门户开放、机会均等"原则，它结束了第一次世界大战爆发后日本在中国占有的优势地位，使中国再次成为列强共同宰割的对象。

华盛顿会议所形成的华盛顿体系，是凡尔赛体系的继续和补充。它暂时调整了第一次世界大战后帝国主义列强在远东、太平洋地区的关系，承认了美国的优势地位，使日本受到一定的抑制，而且使中国回归到几个帝国主义国家共同支配的局面。

41 什么是"柯立芝繁荣"？

第一次世界大战后，美国的经济得到了飞速的发展。这一时期，恰巧在总统柯立芝任期之内，所以美国这一时期的经济繁荣又被称为"柯立芝繁荣"。

第一次世界大战给美国的经济发展提供了机遇。战争初期,美国利用"中立"的有利地位,利用交战双方对军需物资的大量需求,充当双方的兵工厂,迅速扩大军工生产和重工生产;此外,美国还在战争期间对英法贷款,并乘欧洲交战国在世界市场上竞争力减弱的良机,扩大工农业生产,进行商品输出。

战争结束时,美国已从战前一个资本输入国变为资本输出国,由债务国变成债权国。到1924年,美国掌握的黄金总额已达世界黄金储存量的1/2,控制了国际金融市场,战后资本主义世界的金融中心由英国移到了美国。这就大大加强了美国在资本主义世界中的地位,为更新生产设备,扩大生产规模,迅速发展生产提供了雄厚的资金,从而为经济繁荣奠定了基础。

战争结束后,美国靠在战争中积累下来的雄厚资金,并随着一些新技术的突破,出现了一个更新生产设备、扩大生产规模以及采用新技术的热潮。

美国垄断资产阶级还以加强工业部门的科学研究工作来推动经济的发展。战后,美国大企业都建立了自己的科研机构,1927年据208个公司的报告,它们用于科学研究的经费总数近1200万美元。工业部门科学研究工作的加强,推动了新技术在工业生产中的应用,促进了经济的迅速发展。

战后,美国凭借其在一战中扩张起来的经济实力和欧洲各国战后经济尚未恢复之机,以及西欧各国在财政上对美国的依赖,夺取大量新的海外市场,实行资本和商品输出。在夺取新的海外市场的同时,也注重扩大国内市场。

美国在第一次世界大战后经过1920年中至1921年末短期经济萧条后,经济开始复苏,并逐渐趋于繁荣,其时间从1923年直到1929年,每年生产率增长近4%。这一时期,美国工业生产增长近一倍。国民总收入由1919年的650.9亿美元增至1929年的828.1亿美元。人均收入从1919年的620美元增至1929年的681美元。美国这次经济繁荣的主要表现在工业生产的膨胀,特别是汽车、电气工业、建筑业和钢铁工业生产的高涨。

到 1929 年,美国在资本主义世界工业生产的比重已达 48.5%,超过了当时英、法、德三国所占比重总和,以致柯立芝总统声称,美国人民已达到了"人类历史上罕见的幸福境界"。

㊷ 1929 到 1933 年经济大危机有何影响?

1929 到 1933 年经济大危机是资本主义经济史上最持久、最深刻、最严重的周期性世界经济危机。首先爆发于美国。

第一次世界大战后,战胜国召开了巴黎和会和华盛顿会议,建立了凡尔赛—华盛顿体系,暂时调整了帝国主义国家之间的关系,20 世纪 20 年代资本主义世界处于相对稳定时期,进入飞速发展的黄金十年。

1929 年 10 月 24 日星期四美国纽约股市的大暴跌,成为此次大危机的导火线。

这次危机使工业生产大幅度下降。危机时期,资本主义世界工业生产下降 37.2%,其中美国下降 40.6%,法国下降 28.4%,英国下降 16%,日本下降 8.4%。主要国家的生产退回到 20 世纪初或 19 世纪末的水平。

企业大批破产,工人大量失业,经济损失严重。危机时期,倒闭的企业数,美国达 14 万家(另外还有近 1 万家银行),德国为 6 万家,英国为 3.2 万家。资本主义世界的全失业工人超过 3000 万,加上半失业者,则达 4000 万至 4500 万。1932 年,按完全失业工人计算的失业率,德国为 43.8%,美国为 32%,英国为 22%。由于股价暴跌和生产停工而遭受的经济损失达 2600 亿美元,超过第一次世界大战造成的损失。

世界商品市场急剧萎缩,关税战、贸易战加剧。美国于 1930 年将应税进口商品平均税率提高到 53.2%;英国从 1932 年起实行帝国特惠制;德国限制进口量;法国实行进口配额制。结果,1929 年至 1933 年间资本主义世界贸易额缩小 2/3,退到 1919 年的水平。

世界货币秩序遭到破坏,金本位制崩溃。1931 年 7 月,德国实行外汇管制;同年 9 月,英国率先放弃金本位制,英镑汇率自由浮动,与黄金脱钩;美国于 1933 年限制黄金出口和私人拥有黄金,实行美元贬值;法国于 1933 年筹组金集团,失败后于 1936 年也放弃了金本位制。

到 20 世纪 30 年代中,几乎所有国家都放弃了金本位制,逐渐形成英镑区、美元区和法郎区,统一的资本主义世界货币体系瓦解了。

30 年代大危机对资本主义世界经济是个沉重的打击。世界工业生产直到 1936 年才恢复到 1928 年水平。帝国主义国家之间的矛盾,帝国主义国家与殖民地、半殖民地之间的矛盾大大激化了。

㊸ 罗斯福是如何当选为美国总统的?

正当美国垄断资产阶级高唱"繁荣"赞歌的时候,1929 年 10 月底,纽约证券交易所股票市场崩溃,随之经济危机爆发,席卷了全国各个经济部门。危机期间,美国约有十四万家工厂倒闭,工业生产下降 53.8%,对外贸易缩减四分之三,失业工人一千七百万,一百多万农民破产。劳动人民饥寒交迫,流离失所,用破烂铁皮木板搭成的所谓"胡佛小屋"和"胡佛村"比比皆是,对升斗小民漫不经心的胡佛,被称为"饥饿总统",成千上万的愤怒和绝望的人群涌上街头,举行游行示威和集会。1932 年春,二十万第一次世界大战的退伍士兵,从全国各地向华盛顿举行"饥饿进军",要求政府发给早已许诺给他们的补助金,结果被镇压,当场死伤五十多人。这就是美国历史上臭名昭著的"血腥的星期四大屠杀"。

当美国挣扎在经济危机的深坑里无法自拔之际,"三 K 党"和"美国军团"等法西斯组织趁机大肆活动,要求在美国建立法西斯专政。美国主要统治集团则企图在现存统治形式下,寻求摆脱困境的办法。1932 年 11 月美国进行总统选举,民主党总统候选人罗斯福在竞选中提出保证"为美国人民实行新政",呼吁选民让他"试试看"。结果罗斯福以四百七十二比五十九选举人票的绝对多数,击败胡佛,当选美国第三十二任总统,并于 1933 年 3 月 4 日就任。

44 罗斯福"新政"主要有哪些内容？有何影响？

罗斯福针对当时的实际，顺应广大人民群众的意志，大刀阔斧地实施了一系列旨在克服危机的政策措施，历史上被称为"新政"，新政的主要内容可以用"三 R"来概括，即复兴（Recovery）、救济（Relief）、改革（Reform）。

为了求得美国人民对政府的支持，缓解经济萧条，美国总统富兰克林·罗斯福利用炉边谈话节目通过收音机向美国人民进行宣传。他的谈话不仅鼓舞了美国人民，坚定了人民的信心，而且也宣传了他的货币及社会改革的基本主张，从而赢得了人们的理解和尊敬。对美国政府度过艰难，缓和危机起到了较大作用。

罗斯福新政的主要措施包括：

整顿银行与金融系，下令银行休业整顿，逐步恢复银行的信用，并放弃金本位制，使美元贬值以刺激出口。

复兴工业或称对工业的调整（中心措施）：通过《国家工业复兴法》与蓝鹰行动来防止盲目竞争引起的生产过剩；根据《国家工业复兴法》，各工业企业制定本行业的公平经营规章，确定各企业的生产规模、价格水平、市场分配、工资标准和工作日时数等，以防止出现盲目竞争引起的生产过剩，从而加强了政府对资本主义工业生产的控制与调节，有所缓和阶级矛盾。

调整农业政策：给减耕减产的农户发放经济补贴（农民缩减大片耕地，屠宰大批牲畜，由政府付款补贴），提高并稳定农产品价格。推行"以工代赈"（最重要的一条措施）。

大力兴建公共工程，增加就业，缓和社会危机和阶级矛盾，刺激消费和生产。

政府还建立社会保障体系，通过了《社会保障法》，使退休工人可以得到养老金和保险，失业者可以得到保险金，子女年幼的母亲、残疾人可以得到补助。

建立急救救济署,为人民发放救济金。

新政的主要措施实施结果:"应当指出,罗斯福新政措施是总统权力全面扩张,终于逐步建立了以总统为中心的三权分立的新格局。他是总统职权体制化的开拓者。"

到 1939 年,罗斯福总统实施的新政取得了巨大的成功。从 1935 年开始,美国几乎所有的经济指标都稳步回升,摆脱了法西斯主义对民主制度的威胁,使危机中的美国避免出现激烈的社会动荡,为后来美国参加反法西斯战争创造了有利的环境和条件,并在很大程度上决定了二战以后美国社会经济的发展方向。

㊺什么是罗斯福的"睦邻政策"?

美国第 32 届总统 F. D. 罗斯福执行新政时期,对拉丁美洲推行的外交政策。

早在柯立芝政府后期,罗斯福就主张改善对拉美的政策。胡佛政府对拉美虽仍然实行武装干涉政策,但不得不做些睦邻的姿态。

罗斯福就任后正式提出:"在对外政策方面,我认为我国应该奉行睦邻政策。"1936 年底在泛美特别会议上,美国正式承认放弃武装干涉政策。其内容包括:不干涉拉美国家内政;撤回在拉美各国驻军;订立互惠贸易协定;对拉美各国实行经济援助。同时,罗斯福政府先后废除了干涉古巴的普拉特修正案;取消派军队去墨西哥的权利;从海地撤军;放弃干涉巴拿马和多米尼加的权利;同古巴等十多个拉美国家订立了互惠贸易协定等。

美国基本上放弃直接武装干涉,主要是拉美人民长期斗争的胜利,有利于他们后来的反美斗争。而美国和拉美关系的改善,也有利于第二次世界大战期间西半球国家反法西斯统一战线的形成和美国在政治经济上控制拉丁美洲。事实上,美国并未停止对拉美各国的控制、干涉和颠覆活动,不过手段更为隐蔽而已。

㊸什么是"曼哈顿计划"?

美国陆军部于 1942 年 6 月开始实施利用核裂变反应来研制原子弹的计划,亦称曼哈顿计划。

1937 年 2 月,纳粹德国开始执行了"铀计划"。1941 年末,珍珠港事件后,美国参加了二次大战,与纳粹德国宣战。一些美国科学家提议要先于纳粹德国制造出原子弹。

在参谋长联席会议主席马歇尔的支持下,美国军方同意按原 S—1 委员会(负责铀研究的一个机构)的建议,开始建设 4 种分别采用不同方法的铀同位素分离工厂和其他的研制、生产基地。军队把整个计划取名为"代用材料发展实验室",指派美国军事工程部的马歇尔上校负责全部行动。后来政府战时办公室和军队高层领导决定,领导修建美国国防部大楼五角大楼的格罗夫斯上校接替马歇尔上校。

格罗夫斯在上任后不到 48 小时内就成功地把计划的优先权升为最高级,并选定田纳西州的橡树岭作为铀同位素分离工厂基地。因为马歇尔上校的总办公室最初设在纽约城,他们决定把新管区的名称命名为"曼哈顿"。于是,"曼哈顿工程区(或简称为曼工区)"就这样诞生了。美国整个核研究计划不久后取名为"曼哈顿计划"。

罗斯福总统赋予这一计划以"高于一切行动的特别优先权"。"曼哈顿"计划规模大得惊人。由于当时还不知道分裂铀 235 的 3 种方法哪种最好,只得用 3 种方法同时进行裂变工作。这项复杂的工程成了美国科学的熔炉,在"曼哈顿"工程管理区内,汇集了以奥本·海默为首的一大批来自世界各国的科学家。科学家人数之多简直难以想象,在某些部门,带博士头衔的人甚至比一般工作人员还要多,而且其中不乏诺贝尔奖得主。"曼哈顿"工程在顶峰时期曾经起用了 53.9 万人,总耗资高达 25 亿美元。这是在此之前任何一次武器实验所无法比拟的。

曼哈顿计划的最终目标是赶在战争结束以前造出原子弹。1945 年 7 月 15 日凌晨 5 点 30 分,世界上第一颗原子弹在新墨西哥州阿拉莫戈多的一片沙漠地带爆炸(因试验场名字,又叫三位一体爆炸)试验成功。8月6日和9日,美国分别在日本的广岛和长崎投下了原子弹。随着苏联军队出兵我国东北,日本天皇于15日宣布无条件投降,第二次世界大战结束了。

47 国际反法西斯联盟是如何建立的?

德意日轴心国家的侵略,促进了反法西斯联盟的成立。波兰灭亡后,美国担心希特勒的过分强大会成为自己的危险对手,决心帮助英国。法国投降后,美国总统罗斯福于1940年12月发表谈话,表示要进一步支援英国。1941年3月,美国国会通过租借法,授权总统用出售、转让、交换或租借的方式把军用品提供给"对美国国防至关重要"的国家。这样,美国虽未参战,实际已同英国结成同盟。

1941年6月,德国入侵苏联后,英美宣布支持苏联。7月,苏联同英国签订了关于在对德战争中共同行动的协定。接着,又和捷克斯洛伐克和波兰流亡政府签订了类似协定。1941年7月3日,斯大林发表广播演说,表明苏联卫国战争"将同各国人民争取他们的独立、民主自由的斗争汇合在一起",结成"统一战线"。

1941年8月14日,罗斯福和丘吉尔在大西洋纽芬兰海面的一艘军舰上举行会谈,发表了关于对德作战目的和战后和平的宣言,即《大西洋宪章》,表达了共同反对纳粹暴政、重建和平的决心。

1941年9月29日,在莫斯科召开了苏美英三国会议,签订了英美向苏提供飞机坦克等军用物资和贷款、苏联向英美提供原料的协议。

珍珠港事件后,美国正式参战,中国也向德意宣战。其他一些国家也向轴心国家宣战。1941年12月22日,美英首脑倡议所有对轴心国家作战的国家签署一项同盟宣言。美国提出的宣言草案,经与英苏磋商修改后,用急电发给各盟国。

1942年1月1日,26个国家在华盛顿签署了《联合国家宣言》,宣言表示赞成《大西洋宪章》的宗旨和原则,强调战胜共同敌人的重要性;签字国保证用自己的全部军事和经济资源与德意日法西斯国家作战,与盟国合作,不单独同敌人缔结停战协定或和约;将在战胜法西斯主义的斗争中给予物质上援助和贡献的其他国家可加入本宣言。宣言的签署和发表,标志着国际反法西斯同盟正式建立。它团结了可能团结的力量,最大限度地孤立了法西斯侵略势力,对于最后战胜法西斯国家起了决定性作用。

到 1945 年 8 月 15 日第二次世界大战结束时,加入同盟的共达 52 个国家。

㊽联合国是怎样建立的?

"联合国"这一名称是由美国总统富兰克林·D·罗斯福设想出来的,该名称于 1942 年 1 月 1 日发布《联合国家宣言》时首次使用。

1941 年 8 月 14 日,美国总统罗斯福和英国首相丘吉尔提出一系列国际合作维持世界和平与安全的原则。这份文件签署于威尔士亲王号战列舰上的一次会议中,"在大西洋的某个地方",被称为《大西洋宪章》。

1942 年 1 月 1 日,26 个反对轴心国的同盟国家代表在华盛顿会面,签署了《联合国家宣言》,以表示对《大西洋宪章》的赞成。这份文件第一次正式采用了罗斯福总统提出的"联合国"说法。

1943 年 10 月 30 日在莫斯科签署的宣言中,苏联、英国、美国和中国政府号召尽早建立一个维护世界和平与安全的国际机构。在 1943 年 12 月 1 日的德黑兰会议上,来自美国、苏联、和英国的领袖再次确认了这个目标。

1944 年 9 月 21 日至 1944 年 10 月 7 日,在华盛顿特区一座名为敦巴顿橡树园举行的会议上,联合国蓝图第一次被描绘出来。经从 1944 年 9 月 21 日持续至 10 月 7 日的两阶段会议后,美国、英国、苏联和中国就建立一个世界组织的目标、结构和功能达成了一致。

1945 年 2 月 11 日,在雅尔塔举行的后续会议上,罗斯福、丘吉尔和斯大林宣告了他们建立"一个国际机构维持世界和平与安全"的决心。

　　1945 年 4 月 25 日,来自 50 个国家的代表齐聚旧金山,参加联合国家国际组织大会。代表们起草了有 111 个条款的《宪章》,该宪章草案于 6 月 25 日在旧金山歌剧院获得全票通过。次日,代表们在赫伯斯特剧院签署了宪章。

　　1945 年 10 月 24 日,经安理会五个常任理事国和大多数签署国的批准,《联合国宪章》正式生效,联合国正式成立。

　　联合国的宗旨是:维持世界各地和平;发展国家之间的友好关系;帮助各国共同努力,改善贫困人民的生活,战胜饥饿、疾病和扫除文盲,并鼓励尊重彼此的权利和自由;促进国际合作等。这反映了各国人民维护世界和平、争取主权平等、反对侵略战争的愿望。

㊾ 你知道“布雷顿森林体系”吗?

　　布雷顿森林货币体系是指二战后以美元为中心的国际货币体系。

　　1944 年 7 月 1 日,44 个国家或政府的经济特使在美国新罕布什尔州的布雷顿森林召开了联合国货币金融会议(简称布雷顿森林会议),商讨战后的世界贸易格局。经过 3 周的讨论,会议通过了以“怀特计划”为基础制订的《国际货币基金协定》和《国际复兴开发银行协定》,确立了以美元为中心的国际货币体系,即布雷顿森林体系。

　　1945 年 12 月 27 日,参加布雷顿森林会议的诸国中的 22 国代表在《布雷顿森林协定》上签字,正式成立国际货币基金组织(简称 IMF)和世界银行(简称 WB)。两机构自 1947 年 11 月 15 日起成为联合国的常设专门机构。中国是这两个机构的创始国之一,1980 年,中华人民共和国在这两个机构中的合法席位先后恢复。

　　20 世纪 70 年代初,在日本、西欧崛起的同时,美国经济实力相对削弱,无力承担稳定美元汇率的责任,贸易保护主义抬头,相继两次宣布美元贬值。各国纷纷放弃本国货币与美元的固定汇率,采取浮动汇率制。以美元为中心的国际货币体系瓦解,美元地位下降。欧洲各国的许多人一度拒收美元。在伦敦,一位来自纽约的旅客说:“这里的银行、旅馆、商店都一样,他们看到我们手里的美元时流露出的神情,好像这些美元成了病菌携带物一般。"在巴黎,出租车上挂着"不再接受美元"的牌子,甚至乞丐也在自己帽子上写着"不要美元"。美元失去霸主地位,但迄今为止仍然是最重要的国际货币。

50 什么是"杜鲁门主义"？

第二次世界大战后,德、意、日三个法西斯国家遭到了彻底失败,而英、法的力量也严重削弱,只有美国依仗其在战争中发展起来的经济、军事实力,在资本主义世界取得了统治地位。

同时,苏联作为第二次世界大战主要战胜国,在世界上亦占据了一席之地。星条旗与镰刀锤子旗同时飘扬。

1947年3月12日,美国总统H.S.杜鲁门在致国会的关于援助希腊和土耳其的咨文中,提出以"遏制共产主义"作为国家政治意识形态和对外政策的指导思想。后这一指导思想被称之为杜鲁门主义。咨文阐明援助希腊、土耳其的直接原因,是美国要接替英国,填补东地中海的真空;并指出任何国家的人民革命运动和民族解放运动,都"危害着国际和平的基础和美国的安全"。宣称世界已分为两个敌对的营垒,一边是"极权政体",一边是"自由国家",每个国家都面临着两种不同生活方式的抉择;因而宣布"美国的政策必须是支持那些正在抵抗武装的少数人或外来压力的征服企图的自由民族",即美国要承担"自由世界"守护神的使命,充当世界宪兵的角色。杜鲁门还认为如果丧失希腊,就会立刻危及土耳其和整个中东,"影响不仅远及东方,而且远及西方"。也就是说,咨文初步阐述了多米诺骨牌理论,认为如果丧失希腊,就会立刻危及土耳其和整个中东,其影响将不仅是东方,还将殃及西方的民主制度。这就是多米诺骨牌理论的早期说法。因此,他要求国会立即采取果断行动,向希腊和土耳其提供4亿美元的军事援助。1947年5月22日,杜鲁门正式签署《援助希、土法案》。根据该法案,1947—1950年,美国援助希、土两国6.59亿美元。由美国出钱出枪,重新武装和改编希腊政府军队。

1949年,在美军军官指挥下扑灭了希腊人民革命。

杜鲁门主义是美国对外政策的重大转折点。它与美国当时实行的马歇尔计划共同构成美国对外政策的基础,标志着美苏在二战中的同盟关系的结束及冷战的开始,也标志着美国作为战后第一大国的世界霸主地位的确立。在此后长达30年的时间内,杜鲁门主义一直作为美国对外政策的基本原则并起着支配性作用。

51 什么是"麦卡锡主义"?

麦卡锡主义是1950—1954年间起因于美国参议员麦卡锡的美国国内反共、反民主的典型代表,它恶意诽谤、肆意迫害疑似共产党和民主进步人士甚至有不同意见的人,有"美国文革"之称。

二战结束后的美国,战争的阴影还没有消失,冷战的恐怖气氛又接踵而至。美国一方面在国际上与苏联对抗,另一方面在国内害怕共产主义起义。

1945年3月11日美国总统罗斯福在世的时候,美国联邦调查局借口当年1月26日出版的《美亚》杂志上有一篇文章与他们掌握的一份秘密材料在内容上相似,伙同战略情报局的特工人员一起闯进了《美亚》杂志编辑部,并声称"从办公室搜出1700多份机密级和其他密级的政府文件"。事后查明,《美亚》杂志所使用的文件是谢伟思私人保存的发自延安的报告副本,并非什么"绝密文件"。

1950年2月9日是美国第十六任总统林肯的诞辰纪念日,麦卡锡决定在这一天"把炮弹打向国务院"。他从华盛顿飞往西弗吉尼亚州的惠林,在俄亥俄县的共和党妇女俱乐部发表了题为"国务院里的共产党"的演讲,声称在他手中,有"一份205人的名单","这些人全都是共产党和间谍网的成员"。1950年2月11日,麦卡锡特地打电话给总统杜鲁门和国务卿艾奇逊,要求他们对他的演讲公开表态。

朝鲜战争爆发后,麦卡锡更是借口杜鲁门政府中有人暗中"私通苏联"、"出卖了蒋介石集团"、"帮了共产主义的忙",将民主党执政的20年称为"叛国 20 年",并将锋头直指杜鲁门政府。1951 年 6 月 14 日,麦卡锡借口杜鲁门撤换朝鲜战争中的美方总司令麦克阿瑟,在国务院发表了平生最长的一次演说,直接指责杜鲁门政府的乔治·马歇尔将军。1951 年冬天,在麦卡锡的无端指责和谩骂中,马歇尔不得不主动辞职,回弗吉尼亚州里斯堡农场养老。

从 1953 年起,麦卡锡将魔掌逐渐伸向外交领域。在此影响下,美国国内一些城市和学校的图书馆也纷纷查禁甚至焚毁"任何可疑的书籍和杂志"。

在"麦卡锡主义"最猖獗的时期,美国国务院、国防部、重要的国防工厂、美国之音、美国政府印刷局等要害部门都未能逃脱麦卡锡非美活动调查小组委员会的清查。同时,美国的左翼力量也受到空前的打击。

在 1954 年的"陆军—麦卡锡听证会"上,麦卡锡遭遇了他的"滑铁卢"。陆军部公布了麦卡锡的种种越权和违法行为,揭开了麦卡锡调查活动的黑幕。1954 年 12 月 1 日,在全国上下的一片声讨声中,美国国会参议院通过决议,对麦卡锡进行谴责。

52 美国发动侵越战争结果如何?

美国侵略越南战争(1961—1973)简称越战,又称第二次印度支那战争,为越南共和国(南越)及美国对抗共产主义的越南民主共和国及"越南南方民族解放阵线"(又称越共)的一场战争。越战是二战以后美国参战人数最多、影响最重大的战争。

1945 年日本投降以后,胡志明宣布越南独立。法国不甘心失去昔日的殖民地越南、老挝和柬埔寨,就卷土重来。1954 年,中、美、英、法和印度支那三国达成日内瓦协议,在法国承认印度支那三国民族权利的基础上,恢复印度支那和平。法国撤走后,美国乘机插手,在越南南方扶植了它的傀儡政府——吴庭艳政权,并向南越提供军事援助,派遣顾问,为南越建立起拥有三十万人的军队。

1961 年 5 月,美国破坏了"日内瓦协议",发动了反对越南人民的"特种战争”。

在越南南方人民的顽强反击下，美国的“特种战争”惨遭失败。美国于1964年8月又制造了北部湾事件，把侵略战火扩大到北方。1965年3月美国在岘港登陆，从而把侵略战争升级为以美军为主的“局部战争”。越南人民奋起抵抗，使“局部战争”遭到破产。

1969年起，美国开始推行“战争越南化”政策。结果，美伪集团在战场上遭到更加惨重的失败，被迫于1973年1月27日在巴黎签订《关于越南结束战争、恢复和平的协定》(简称《巴黎协定》)。美国撤出越南南方以后，阮文绍政权破坏《巴黎协定》，拒绝实现民族和睦，蚕食越南南方解放区。1975年春，越南北方军队和南方人民武装发动了著名的春季攻势，经过西原、顺化—岘港、西贡三大战役，击溃了南越军队，4月30日解放西贡，5月1日，解放整个越南南方，彻底摧毁南越伪政权。至此，越南人民坚持十四年之久的抗美救国战争胜利结束。1976年7月越南完成南北统一。

(53) 什么是“尼克松主义”？

尼克松主义是尼克松总统制订的收缩美国全球义务，调整国际关系的外交新方针。20世纪60年代中期，美苏冷战加剧，第二世界力量增长，尤其是第三世界崛起，美国陷入越南战争，并且国内多种危机迸发，尼克松主义应运而生。

1967年10月，尼克松在《外交季刊》上发表的《越南战争之后的亚洲》一文，表明这个主义的萌芽。尼克松主义实质上是美国霸权地位衰落的产物和表现。

1969年7月25日，他出访亚洲途经关岛，宣布对亚洲的新政策。其要点是：越战结束后，美国仍将发挥重要作用，并恪守业已承担的条约义务。但除非受到核大国的威胁，美国将鼓励其亚洲盟友自己承担国内安全和军事防务的责任，而美国则避免卷入越南式的战争。集体安全是美国支持其盟友对付国内或核大国的威胁所谋求的一个目标。这一亚洲政策被称为"关岛主义"。以后,尼克松在历年的国情咨文中,进而把这一政策延伸为全球政策,以及处理与其盟友全面关系的总方针。1970年他把这个主义归结为美国与其全球盟友之间的"伙伴关系"(包括军事、政治和经济等方面);并指出,其中心点是,美国将不再承担保卫世界自由国家的全部责任。

1971和1973年,尼克松又宣布,此主义代表美国对全世界的基本立场,是美国对待其全球主要盟国的方针的中心。狭义上,这个主义只限于美国调整其海外义务,以及与其盟友的关系;广义上,还包括对中苏政策的总方针,即"实力"加"谈判"。

尼克松在1970年的国情咨文中,就提出以"伙伴关系、实力和谈判"为三大支柱的"新和平战略",并指出后两点是对共产党国家政策的两个方面。一些高级官员直接把上述"三大支柱"称为"尼克松主义"。这个主义是尼克松政府多极均势外交的指南,在其任内,美军退出了越南战场,改善了中美关系,把战略重点转向苏联,从而调整了美国的国际地位。它是美国战后对外政策的一次重大调整,标志着从杜鲁门主义开始的冷战、遏制政策的结束,成为以后几届政府外交政策的出发点。

54 水门事件是怎么回事?

水门事件或者水门丑闻,是美国历史上最不光彩的政治丑闻事件之一。

水门大厦地处华盛顿特区西北区泼托马克河畔,由一家五星级饭店、一座高级办公楼和两座豪华公寓楼组成。大厦正门入口处,有一个人工小型瀑布飞流直下,水花飘舞飞扬,使整个建筑群有了"水门"的美称。

1972年6月17日晚上,美国民主党总部的一位工作人员离开水门大厦后,偶然回头看了看自己的办公室,他惊异地发现,已经熄了灯的办公室里有几条光柱在晃动。他马上回到水门大厦,把疑点告诉了保安人员。保安人员立即搜查了有关的房间,抓到五个戴着医用外科手套、形迹可疑的男子,其中一人名字叫詹姆斯·麦科德,自称是前中央情报局雇员。其实,他是尼克松总统竞选连任委员会负责安全工作的头头,奉命到水门大厦民主党总部安装窃听设备。第二天,《华盛顿邮报》在头版显著位置报道了这一事件。

尼克松总统于 6 月 22 日声明白宫与这一事件毫无关系。与此同时,总统助手约翰·迪安、白宫办公室主任博比·霍尔德曼、总统国内事务助理约翰·埃利希曼却在幕后进行大量掩盖活动。到 1973 年 3 月,水门事件被告之一麦科德向法官承认,证人提供的是伪证,这样争取总统连任委员会与白宫均卷入水门事件。4 月 17 日,尼克松被迫声明要对水门事件重新调查。

但在随后对这一案件的继续调查中,尼克松政府里的许多人被陆续揭发出来,并直接涉及尼克松本人,从而引发了严重的宪法危机。

1973 年 10 月,特别检察官考克斯对总统尼克松的调查进入关键时刻,前者要求尼克松交出与水门事件有关的证据。

1973 年 10 月 31 日,美国众议院决定由该院司法委员会负责调查、搜集尼克松的罪证,为弹劾尼克松作准备。1974 年 6 月 25 日,司法委员会决定公布与弹劾尼克松有关的全部证据。7 月底,司法委员会陆续通过了三项弹劾尼克松的条款。尼克松于 8 月 8 日 11 点 35 分致信国务卿基辛格宣布将于次日辞职,从而成为美国历史上首位辞职的总统。

55 古巴是如何走上社会主义道路的?

古巴位于加勒比海西北部,是西印度群岛中最大的岛国。1492 年古巴被哥伦布所发现,此后,沦为西班牙的殖民地。19 世纪,古巴人民为争取独立和解放,进行了第 1 次独立战争(1868—1878)和第 2 次独立战争(1895—1898)。19 世纪后期,美国资本主义迅速发展,美国资本控制了古巴的制糖、烟草、造船等工业部门。为了维护在古巴的经济利益,美国在古巴第 2 次独立战争即将取得最后胜利的时刻,以"援助"古巴独立为名,进行武装干涉。

1952 年 3 月,巴蒂斯塔在美国政府支持下,夺取政权。巴蒂斯塔上台后,当年即解散议会,废除 1940 年以来带有资产阶级进步性质的宪法,制定了"宪法条例"和反劳工法。次年,宣布古巴人民社会党为"非法"。1954 年,又宣布禁止罢工和群众集会。

巴蒂斯塔的独裁统治激化了古巴国内矛盾,引起了人民的强烈反抗。1953 年 7 月 26 日,菲德尔·卡斯特罗率领一批革命者(165 人)攻打圣地亚哥德古巴市郊蒙卡达兵营,以便夺取武器武装人民,开展广泛的解放运动。此举未能成功,许多革命者牺牲。菲德尔·卡斯特罗等幸存者被捕入狱。菲德尔·卡斯特罗被判以 15 年徒刑。而国内出现了名为"7·26 运动"的新的有组织的政治运动,提出了进行武装斗争反对暴政的问题。

鉴于全国爆发了要求特赦政治犯的人民运动,巴蒂斯塔于 1954 年 11 月总统选举前夕释放了攻打蒙卡达的参加者。菲德尔·卡斯特罗因大赦获释后,返回了哈瓦那。1955 年,菲德尔·卡斯特罗与其弟劳尔·卡斯特罗迁居墨西哥,他们在那里组织了一支革命部队,并遇见了拉美游击战理论创始人之一格瓦拉。

1956 年 11 月 25 日晚,菲德尔·卡斯特罗率领有 82 名成员的古巴革命队伍,向古巴进发。卡斯特罗的革命远征队伍一上岸,就遭到巴蒂斯塔军队的围剿。只有 12 人突出重围,进入马埃斯特腊山区,在马埃斯特腊山区建立革命根据地,开展游击战。

1957 年 3 月 13 日,哈瓦那大学学生联合会主席安东尼奥·埃切维里亚率领一部分爱国青年攻打巴蒂斯塔总统府,大学生运动自此得名为"3·13 革命指导委员会"。

至 1958 年初,游击队发展到 2000 多人,菲德尔·卡斯特罗把游击队改编为起义军。

1958 年下半年,古巴革命战争进入一个新的阶段。1959 年 1 月,起义军开进首都哈瓦那,政府军投降,人民革命战争取得了胜利。

1959 年 1 月 3 日,在圣地亚哥成立临时革命政府,由乌鲁亚蒂任临时总统,卡斯特罗任武装部队司令。这个政府不批准革命者拟制的法律。2 月,革命力量迫使这个政府辞职,由菲德尔·卡斯特罗担任革命政府总理,由多尔蒂科斯任总统。革命政府主要是以菲德尔·卡斯特罗为首的"7·26 运动"所领导的革命力量为中心的政权,包括不同倾向的反对巴蒂斯塔的各党派人物。

1961 年,菲德尔·卡斯特罗宣布古巴革命是社会主义性质的革命。同年,"7·26 运动"与人民社会党、"3·13 革命指导委员会"合并为古巴革命统一组织。1965 年,革命统一组织改名为古巴共产党。古巴革命战争的胜利,使古巴的历史翻开了新的一页。

56 什么是"猪湾事件"?

猪湾事件,或称吉隆滩之战,是 1961 年 4 月 17 日,在中央情报局的协助下逃亡美国的古巴人在古巴西南海岸猪湾(猪猡湾、科奇诺斯湾),向菲德尔·卡斯特罗领导的古巴革命政府发动的一次失败的入侵。

1959 年 1 月卡斯特罗领导的古巴人民推翻了美国长期扶植的巴蒂斯塔政府,建立新的革命政权。从那之后,卡斯特罗就成为美国的头号敌人。美国政府担心距离美国海岸只有 100 多公里的古巴将成为苏联人威胁美国的滩头堡,一直企图颠覆卡斯特罗领导的古巴新政权。

从 1960 年起,美国中央情报局就开始在美国的佛罗里达州和多米尼加、危地马拉、洪都拉斯纠集古巴流亡分子,随时准备登陆古巴,推翻卡斯特罗革命政权,计划代号为"十字军行动"。对这个计划来说猪湾似乎是一个理想的地点:它位于一个沼泽地(萨帕塔半岛)的边上,古巴政府要对它进行军事攻击有一定的难度。1961 年 4 月 14 日当选不久的肯尼迪总统在与五角大楼和中央情报局官员的联席会议上批准了计划,但作为美军最高统帅他决定将不投入美军。

1961 年 4 月 15 日美国以轰炸古巴机场作为准备。这些飞机被涂上古巴的标记来造成反政府起义的假象。5 架美国飞机被古巴飞机击落。1961 年 4 月 17 日,一支由约 1500 多人组成的美国雇佣军在两名美国中央情报局官员指挥下突袭古巴,他们在美国飞机和美国海军军舰的直接掩护下在古巴中部拉斯维利亚斯省南部登陆,占领了长滩和吉隆滩,并继续向北推进。古巴军队和民兵与入侵的美国雇佣军展开作战,入侵者的两条运送弹药的船被古巴军队击沉。

三天后入侵军被消灭,1000 多人被俘,约 90 人阵亡。被俘的人受公开审判。一些人在 1963 年通过与美国交换紧急需要的药品、食品和农业机械返回美国。

肯尼迪不顾中央情报局的反对,下令中止这次行动。对于被俘房的流亡分子,古巴政府取消了他们的公民身份,并以此为人质向美国政府索取了 6,200 万比索的药品与婴儿食品。这也是美国政府历史上第一次支付战争赔款。

57 "古巴导弹危机"是怎么回事?

1962 年,加勒比海地区发生了一场震惊世界的古巴导弹危机。这是冷战期间美苏两大国之间最激烈的一次对抗。

1959 年 6 月,古巴新政府的领导成员发生很大变动,政府重要部门绝大多数被主张实行激进政策的人所掌握。美国政府担心控制不了古巴,于是就对古巴新政权产生了怨恨和不满,企图逼新政府就范。但是古巴新政府的领导人很有骨气,并不屈服于美国的压力。这就导致了美国与古巴关系的日益恶化。

1961 年 1 月 5 日,美国竟然宣布同古巴断绝外交关系。同时,从经济上开始对古巴进行制裁,把一个完全依靠生产和销售糖类来维持国计民生的国家严密地封锁起来,企图通过卡断经济命脉来扼杀年轻的古巴共和国。

在受到美国的强大压力时,卡斯特罗不得不向苏联寻求援助。苏联当时对古巴的处境表现出异乎寻常的关切,是出于同美国争夺霸权的需要,想在拉丁美洲找一个立足点。古巴的求援,正是赫鲁晓夫求之不得的事情。

赫鲁晓夫坚决主张把导弹运进古巴,1962 年,苏联政府批准了赫鲁晓夫的计划,赫鲁晓夫在 7 月 3 日和 8 日参加了与劳尔·卡斯特罗的会谈,达成秘密协议。苏联决定在古巴部署中程导弹。经过伪装的第一批武器是在 7 月下旬用商船运抵古巴的。

直到 1962 年 9 月 2 日,苏联才公开宣布,根据苏古两国达成的协议,苏联将向古巴供应武器和提供技术专家。此时,苏联的武器和专家的运输计划已基本完成。

1962 年 8 月,美国发现了苏联设在古巴的导弹发射场。1962 年 10 月 22 日晚上 7 点,肯尼迪向美国和全世界发表广播讲话,通告了苏联在古巴部署核导弹的事实,宣布武装封锁古巴,要求苏联在联合国的监督下撤走已经部署在古巴的进攻性武器。

从 1962 年 10 月 23 日至 27 日,局势紧张到几乎"难以忍受的程度",核战争的阴影笼罩着整个加勒比海上空,整个世界危在旦夕。

此时,在全世界所有的美国核部队和常规部队都已经奉命准备随时行动,一支庞大的入侵部队也聚集在佛罗里达。双方剑拔弩张,战争一触即发。

赫鲁晓夫选择了妥协。1962 年 11 月 11 日,苏联部署在古巴的 42 枚导弹全部撤走。肯尼迪同时宣布取消对古巴的海上封锁。

58 最早登上月球的是谁?

在六十年代的美国载人航天活动中,最为辉煌的成就莫过于阿波罗载人登月飞行。

早在六十年代初,美国宇航局提出了"阿波罗登月计划"。经过八年的艰苦努力,连续发射 10 艘不载人的阿波罗飞船之后,终于在 1969 年 7 月 16 日发射成功载人登月的阿波罗 11 号飞船。

阿波罗飞船由指令舱、服务舱和登月舱三部分组成,每次载三名宇航员,登月飞行结束后,返回地球的只有指令舱和三名宇航员。在载人登月的探索过程中,阿波罗 1 号至 10 号进行了多次不载人、载人的近地轨道飞行试验或登月预演。1969 年 7 月 16 日,"阿波罗—11"号飞船经过长途跋涉,进入月球轨道,人类首次登月行动开始了。

船长阿姆斯特朗首先登上舱门平台,面对陌生的月球世界凝视几分钟后,挪动右脚,一步三停地爬下扶梯。5 米高的 9 级台阶,他整整花了

3 分钟！随后,他的左脚小心翼翼地触及月面,而右脚仍然停留在台阶上。当他发现左脚陷入月面很少时,才鼓起勇气将右脚踏上月面。这时的阿姆斯特朗感慨万千:"对一个人来说这是一小步,但对人类来说却是一个飞跃!"18 分钟后,宇航员奥尔德林也踏上月面,他俩穿着宇航服在月面上幽灵似的"游动"、跳跃、拍摄月面景色、收集月岩和月壤、安装仪器、进行实验和向地面控制中心发回探测信息。

活动结束后,阿姆斯特朗和奥尔德林乘上登月舱飞离月面,升入月球轨道,与由科林斯驾驶的、在月球轨道上等候的指挥舱会合对接。3 名宇航员共乘指挥舱返回地球,在太平洋降落。整个飞行历时 8 天 3 小时 18 分钟,在月面停留 21 小时 18 分钟。时间虽然短暂,却是一次历史性的壮举。

59 "普韦布洛号事件"是怎么回事?

1968 年 1 月 11 日拂晓,"普韦布洛"号(美国当时最先进的电子侦察船,有 83 名船员)从日本佐世保港悄然出发。经过 5 天的航行,"普韦布洛"号到达第一个预定侦察海域——朝鲜清津港的外海。

经过十几天的侦查,美舰获取了朝鲜大量电子信号。1 月 23 日中午时分,侦查船船长布克接到报告,说一艘朝鲜猎潜舰正快速逼近,他当即赶到信号台。朝方要求停船检查,但布克置之不理,指挥船只逃跑,但由于遭到朝鲜鱼雷艇的拦截,船速极慢。

布克于是下令破坏船上的电子设备、销毁机密文件。但美国海军根本没有应付此类突发情况的预案。看到美舰不停船,还销毁罪证。朝鲜鱼雷艇立即开火,当即打死船员一名。面对这种形势,所有的美方人员都傻眼了。

为了阻止美国人破坏船只,朝鲜舰艇立即组织武装人员和十多名水兵登上"普韦布洛"号,结果发现船上只有小部分设备和文件被破坏,大量有价值的航海日志和无线电情报等重要文件均完好无损。于是,朝鲜水兵将"普韦布洛"号所有船员蒙上双眼,反捆起来,并操纵"普韦布洛"

号驶向朝鲜的元山港。随后,美国船员被押往平壤。

"普韦布洛"号落入朝鲜之手的消息震惊了整个美国。随后,美国政府使出其惯用的武力威胁手段,加大了在朝鲜半岛的军力部署,将轰炸机和 F－4、F－105 等数百架战斗机调到韩国乌山和群山等空军基地。

面对美国的大兵压境,朝鲜做出了强烈反应。朝鲜人民军最高司令官金日成命令朝鲜人民军、工农赤卫队和全体人民做好一切战斗准备。1968 年 2 月 8 日,朝鲜通过媒体发出警告:朝鲜将"以报复来回答报复,以全面战争回答全面战争!"半岛局势一触即发。

1968 年 12 月 23 日,美国政府承认其电子侦察船侵入朝鲜领海,并发表书面声明进行道歉。同日,朝鲜外务省发表声明,称鉴于美国"普韦布洛"号船员"坦白供认"其侵犯朝鲜领海的罪行并一再请求宽恕,而且美国已于当天向朝鲜"赔礼道歉",朝鲜政府宣布没收该船以及船上所有的设备和武器,将全部船员驱逐出境。同一天,朝鲜把"普韦布洛"号上的 82 名被俘船员以及一具死亡船员的尸体在板门店移交给了美方。至此,历时 11 个月的"普韦布洛"号间谍船事件终于结束。

60 安第斯集团成立的目的是什么?

安第斯集团是安第斯国家共同体(简称 CAN),因成员国均系安第斯山麓国家,又称安第斯条约组织。

1969 年 5 月,秘鲁、玻利维亚、厄瓜多尔、哥伦比亚和智利政府的代表在哥伦比亚的卡塔赫纳城举行会议,讨论小地区经济一体化问题,当月 26 日在波哥大签署了《小地区一体化协定》,后称《卡塔赫纳协定》。1973 年 2 月 13 日,委内瑞拉加入。1976 年 10 月 30 日,智利退出。

1992 年 9 月,秘鲁中止对伙伴国承担经济义务。1994 年 5 月,5 国达成了于 1995 年 1 月 1 日建成安第斯自由贸易区。1995 年 9 月 5 日,安第斯集团总统理事会第七次会议决定建立安第斯一体化体系。1996 年 1 月,秘鲁政府宣布全面加入安第斯一体化体系,承担成员国所有义务。1996 年 3 月 9 日,易为现名。2006 年 4 月,委内瑞拉因秘鲁和哥伦比亚与美国签订自由贸易协定而退出该组织。故现在只有哥伦比亚、秘鲁、玻利维亚和厄瓜多尔 4 个国家。巴拿马和墨西哥为长期观察员,智利被接受为伙伴成员国,但还不是正式成员国。智利、阿根廷、巴西、巴拉圭和乌拉圭为联系国。现在巴拿马亦有意加入 CAN。

其宗旨是充分利用本地区的资源,促进成员国之间平衡和协调发展,取消成员国之间的关税壁垒,组成共同市场,加速经济一体化进程。该组织规定,对玻利维亚和厄瓜多尔给予优惠待遇。

61 人民圣殿教成员为什么集体自杀?

1978 年 11 月 18 日,913 名人民圣殿教成员在南美洲圭亚那琼斯敦集体自杀。这件骇人听闻的琼斯敦惨案震惊了全世界。人民圣殿教创始人是吉姆·琼斯牧师。

吉姆·琼斯生于 1931 年,1953 年在印第安纳波利斯创立了一个小教会。琼斯曾参与其他基督教会的活动,但其后他的教派越来越偏离正统的基督教。琼斯的教派在印第安纳波利斯及加州的三个城市以帮助贫民而略有名声,他们设立免费饭堂、日间托儿所、老年人诊所及提供其他社会服务。

1971 年,琼斯在旧金山和洛杉矶开设新的人民圣殿。1974 年,他向圭亚那政府租了 1554 公顷的土地,派教徒在那里建所谓农村公社,让教徒在荒野丛林过脱离社会现实的生活。

1976 年,美国《新西方》杂志向公众揭露人民圣殿教的实质,指责琼斯腐败、好虐成性、具有不良性生活行为,致使琼斯在美国无法立足,率1200 名信徒来到圭亚那的农村公社,并将其取名琼斯敦。

此后,琼斯没收信徒的护照和几百万美元,以敲诈、殴打和处死等方法威胁和操纵其信徒,并预演集体自杀仪式。1978 年 11 月 14 日,美国加利福尼亚州众议员李奥·瑞安率新闻记者到琼斯敦调查一些信徒被吊死的事件,了解到许多令人难以置信的事实,决定向美国公众揭露这一切。11 月 18 日,瑞安和新闻记者及一些叛离者准备自琼斯敦附近简易机场离开时,琼斯命令将这群人暗杀。

琼斯自知罪责难逃,于是在 1978 年 11 月 18 日当晚胁迫追随者与他一起自杀。琼斯命令他的信众饮下掺有氰化物的果汁,那些抗拒这命令的人被射杀、勒死或被注射氰化物。琼斯的尸体被发现在头上有一处枪伤,体内亦有高剂量的药物。一名信众的录音机更录下了整个恐怖的过程:琼斯毁灭性格的演说、部分信众疯狂的呼号、为孩子求情的母亲、随着信众毒发而渐渐转弱的赞美歌歌声与最后的死寂。

第二天,圭亚那部队赶到琼斯敦,得知死亡信徒 913 人,其中 176 名儿童。11 月 29 日,所有死亡信徒的遗体全部运回美国。

62 什么是"星球大战计划"?

反弹道导弹防御系统之战略防御计划,俗称星球大战计划。这项计划于 1984 年由美国总统 R. 里根批准实施。

按照计划,从 1984 年财政年度到 1989 年财政年度将用 250 亿美元来研究先进的反弹道导弹系统的关键技术和验证可能的方案,以便到 90 年代初决定是否和如何发展这种系统。这个计划的目标是建立一个多层次、多手段的反弹道导弹的综合防御系统。这个系统针对弹道式导弹弹道的助推段、末助推段、中段和再入段分四层拦截。主要的武器是天基定向能武器(如氟化氢化学激光器、核能、X 射线激光器、带天基反射镜的准分子激光器、中性粒子束武器)和动能武器(非核拦截弹和超高速电磁炮等)。这种反弹道导弹的综合防御系统是继阿波罗登月工程后又一项重大的系统工程。

计划由"洲际弹道导弹防御计划"和"反卫星计划"两部分组成。其预算高达 1 万多亿美元。拦截系统由天基侦察卫星、天基反导弹卫星组成第一道防线,用常规弹头或定向武器攻击在发射和穿越大气层阶段的战略导弹;由陆基或舰载激光武器摧毁穿出大气层的分离弹头;由天基定向武器、电磁动能武器或陆基或舰载激光武器攻击在再入大气层前阶段飞行的核弹头;用反导导弹、动能武器、粒子束等武器摧毁重返大气层后的"漏网之鱼"。经过上述 4 道防线,可以确保对来袭核弹的 99％摧毁率。同时在核战争发生时,以反卫星武器摧毁敌方的军用卫星,打击削弱敌方的监视、预警、通信、导航能力。

随着美国中央情报局冷战密件的曝光,"星球大战"计划被证实是一场彻底的骗局,一时间舆论哗然。大多数人开始相信,"星球大战"计划只是美国政府为了拖垮苏联而采取的一种宣传手段而已。但五角大楼声称,它没有实施,是因为存在技术缺陷。

63 "伊朗门事件"是怎么回事?

伊朗门事件是,美国向伊朗秘密出售武器一事被揭露,从而造成里根政府严重政治危机的事件,因人们把它与尼克松水门事件相比,故名伊朗门事件。

1984 年至 1985 年上半年,西方国家驻黎巴嫩的外交人员、记者、教师等纷纷被绑架,其中有 7 名美国公民。美国为使人质获释曾做过许多努力。起初,它想通过叙利亚同绑架人质的伊斯兰圣战者组织接触。但伊斯兰圣战者组织提出了在美国看来难以做到的苛刻条件:除非美国帮助释放被关押在以色列、法国和科威特等地的黎巴嫩战俘,否则决不释放美国人质。圣战者组织甚至扬言,人质将被逐个处决。他们果然于 1985 年下半年处决了巴克利。后来,美国发现真正控制该组织的是伊朗的伊斯兰解放运动。于是,美国便派中间人暗地试探,看看伊朗有没有反应。

时任中央情报局局长的威廉・卡西从一个以色列人那里获悉,正处于两伊战争的伊朗急需武器装备,特别是美式飞机的零部件和反坦克、地对空导弹。而伊朗同真主党关系密切,如果能够向伊朗提供军火,让其从中发挥影响,则有可能促使真主党释放美国人质。同时,还可以改善不断恶化的美伊关系,减缓伊拉克在海湾地区的扩张。这一计划得到里根的国家安全事务助理麦克法兰支持并被命名为麦克法兰计划,而美国总统里根很可能知道这一计划并予以同意。由于伊朗为美国的敌人,美国国会禁止向其出售武器,所以所有的武器出售都是秘密通过第三方进行的。

1985 年 9 月,由国家安全委员会政治军事处副处长诺思中校执行麦克法兰计划,经由以色列牵线搭桥,装载着美式装备的飞机停入了伊朗机场。9 月 15 日,被绑架的美国律师本杰明·韦尔获得释放。计划成功之后,几个负责人决定继续交易,促使更多的美国人质被释放。截至伊朗门事件爆发,美国共向伊朗进行 6 次军火销售,3 名人质因此释放。

1986 年 11 月 2 日,一家黎巴嫩杂志《帆船》揭露了 6 月间麦克法兰前往伊朗活动的事件。伊朗议长证实了这一报道,伊朗门事件就此暴露。1987 年开始,美国参议院、众议院的两个特别调查委员成立,经过接近一年的调查,两个委员会在 11 月 18 日结束使命。

1989 年 3 月 16 日,负责调查"伊朗门"事件的独立检察官经过 15 个月的调查,对诺思提出起诉。起诉书指控诺思在"伊朗门"事件上犯有私自篡改、转移、销毁文件,妨碍国会调查等 12 项罪名。

1989 年 7 月 5 日。华盛顿联邦地区法院作出宣判,判处诺思 3 年徒刑,缓期执行,处以罚金 15 万美元。此外,要求诺思从事 1200 小时的无偿公务活动,负责执行一项帮助青少年防止吸毒的计划,并禁止诺思担任公职。1990 年 6 月,波因德克斯特也被定有罪。

64 美国航天史上最惨重的事故是哪次?

1986 年 1 月 28 日,卡纳维拉尔角上空万里无云。在离发射现场 6.4 km 的看台上,聚集了 1000 多名观众,其中有 19 名中学生代表,他们既是来观看航天飞机发射的,又是来欢送他们心爱的老师麦考利夫。

1984 年,航天局宣布将邀请一位教师参加航天飞行,计划在太空为全国中小学生讲授两节有关太空和飞行的科普课,学生还可以通过专线向麦考利芙提问。麦考利芙就是从 11000 多名教师中精心挑选出来的。

挑战者号航天飞机在顺利上升 50 秒钟时,地面曾有人发现航天飞机右侧固体助推器侧部冒出一丝丝黑烟,这个现象没有引起人们的注意。第 73 秒时,高度 16600 米,航天飞机突然闪出一团亮光,外挂燃料箱凌空爆炸,航天飞机被炸得粉碎,与地面的通讯猝然中断,监控中心屏幕上的数据陡然全部消失。挑战者号变成了一团大火,两枚失去控制的固体助推火箭脱离火球,成 V 字形喷着火焰向前飞去,眼看要掉入人口稠密的陆地,航天中心负责安全的军官比林格眼疾手快,在第 100 秒时,通过遥控装置将它们引爆了。

挑战者号失事了! 爆炸后的碎片在发射东南方 30 公里处散落了 1 小时之久,价值 12 亿美元的航天飞机,顷刻化为乌有,七名机组人员全部遇难。全世界为此震惊,各国领导人纷纷致电表示哀悼。

这次灾难性事故导致美国的航天飞机飞行计划被冻结了长达 32 个月之久。在此期间,美国总统罗纳德·里根委派罗杰斯委员会对该事故进行调查。罗杰斯委员会发现,美国国家航空航天局(NASA)的组织文化与决策过程中的缺陷与错误是导致这次事件的关键因素。NASA 的管理层事前已经知道承包商莫顿·塞奥科公司设计的固体火箭助推器存在潜在的缺陷,但未能提出改进意见。他们也忽视了工程师对于在低温下进行发射的危险性发出的警告,并未能充分地将这些技术隐患报告给他们的上级。

65 洛克比空难是怎么回事?

1988 年 12 月 21 日,泛美航空 103 次班机从联邦德国法兰克福途经伦敦飞往纽约。下午 7 时 03 分,当客机飞抵苏格兰洛克比小镇上空时,一个行李箱突然爆炸,将机身炸出个窟窿,机上 259 名乘客及机组人员全部丧生,其中 189 人为美国人。其余 11 人在洛克比地面被波及丧生。

美国联邦调查局探员及技术人员立即赶到失事现场洛克比,寻找生还者。联邦调查局化验室的专家也赶到苏格兰与当地警察一起进行搜索证据,调查空难原因。

专家看到现场情形之后,马上就判断出飞机是由于炸弹爆炸才坠毁的。因为调查人员在现场找到一块不全的飞机机舱,上面有许多凹下去的地方,这就表明机舱当时曾受到威力强大的爆炸物品的冲击。专家们据此断定出飞机是由于在空中爆炸而坠毁的。

经过近一周的努力,专家们认定,炸弹首先是在一块标号为AVF4141的金属托盘中爆炸的,而这个金属托盘正是钉在机舱装行李的地方。

爆破专家还在其他的金属托盘残骸上发现了一块小塑胶片,经过仔细观察,他们确认这块塑胶片是日本制造东芝牌收录机上的线路板。经过模拟试验,联邦调查局得出了进一步的结论:炸药就藏在这种便携式收录机中。接着,专家们又从一小片烧得几近炭黑的脆纸片上隐约看到了英文和阿拉伯文书写的说明书字样。这表明,这台收录机是在中东销售的。

根据一条条的线索,调查小组查出与炸弹放在同一手提箱的衣服都是在马耳他岛的一家玛丽斯服装店购买的。联邦调查局终于查到了那个在玛丽斯服装店购物顾客的姓名:艾巴戴尔·麦格拉希,并发现麦格拉希是在 1988 年 12 月 20 日下午五点半去买衣服的,和他一起同去的还有当地的利比亚阿拉伯航空公司驻马耳他办事处主任拉曼·费马。探员们还查获了一本至关重要的日记,其内容证明了正是费马利用职务之便将麦格拉希的爆炸箱送上泛美航空公司的波音 747 飞机的。

1991 年 11 月美英两国通过意大利驻利比亚大使馆向利比亚递交了对艾巴戴尔·麦格拉希和拉曼·费马的起诉书和通缉令。但是利比亚政府虽然拘留了两名嫌疑犯,却拒绝把他们引渡到美国交给联邦调查局。

经过国际社会的不懈调停,美国、英国和利比亚终于就洛克比空难的审理地点、方式和程序等问题达成一致,同意按照苏格兰法律,由苏格兰法官组成的特别法庭在荷兰开庭审理此案。

洛克比空难安最终在 2001 年 1 月 31 日进行了最后的审判。法庭判处被告艾巴戴尔·麦格拉希因策划炸毁美国泛美航空公司 103 航班,犯有杀人罪,判处其终身监禁;另一名被告拉曼·费马无罪释放。

66 美苏为什么要签订《中导条约》?

1987 年 12 月 8 日,美苏首脑在华盛顿签署了历史上第一个销毁核武器的国际条约——《苏美两国消除中程和中短程导弹条约》,简称《中导条约》。

二战后,苏联与美国为了争霸世界,展开了一轮军备竞赛,特别是核武器竞赛,他们拥有的各种核武器已经足够把人类毁灭数十次。可是,古巴导弹危机的爆发,使苏美深切地感受到:核战争不会有胜者,核战争绝对不能打。

于是,苏、美开始寻求限制和终止核武器竞赛的办法。经过反复的讨价还价,双方签署了一些限制核武器的协定和条约。可是由于双方的目的都是保持和发展自己的优势,限制和削弱对方,所以这些协定和条约只限制核武器的数量,对质量没有实际意义上的限制,反而促进双方加紧研制更先进的核武器。

1981 年 11 月,美、苏在日内瓦开始了限制中程导弹的正式谈判。双方为了本国利益,各执己见,互不相让,争论非常激烈。

美国总统里根提出了"零点方案":如果苏联拆除它在欧洲和亚洲的 SS-4、SS-5 短程导弹和 SS-20 中程导弹,那么美方将撤销在西欧部署中程导弹的计划,从而使双方在欧洲的中程导弹均为零。这样美国不用吹灰之力,就能全数摧毁对手千百枚已经实战部署的导弹。

苏联领导人勃列日涅夫也抛出"冻结现状方案"和"分阶段裁减方案",力图阻止美国部署新式导弹,并把对方进一步推向劣势。

在六轮谈判中,尽管双方抛出一个又一个方案和建议,但由于立场不同,分歧严重,谈判最终不欢而散。

1983 年底,美国不顾西欧民众的反对,把一个个中程导弹运往西欧。苏联针锋相对,加快了在东欧部署中短程导弹的步伐。核武战争一触即发。

1985 年,苏联领导人戈尔巴乔夫上台后,面对严峻的形势,调整了外交政策,强调在核时代"全人类利益高于一切",试图缓和美、苏之间紧张对抗。

这年11月,戈尔巴乔夫前往日内瓦,与里根举行了第一次首脑会晤,这次会晤,打破了苏美关系僵局,促进了苏美中导和谈。

经过长时间的谈判,苏美终于在互相让步的基础上,达成了"全球双零点方案",同意销毁各自拥有的所有中程核导弹和短程核导弹。

1987年12月8日,戈尔巴乔夫和里根在美国白宫的东厅正式签署了《苏美两国消除中程和中短程导弹条约》,简称《中导条约》。根据条约,苏、美双方要在三年内销毁全球二千六百一十一枚已经部署和尚未部署的中短程导弹,其中美国八百五十九枚,苏联一千七百五十二枚。

尽管这个条约销毁的导弹数量只占苏美两国核武器极小的一部分,但它让世界人民看到了和平和稳定的希望。

67 哪次谈判促使世界贸易组织正式诞生?

1986年9月,由全世界117个国家和地区的代表在乌拉圭城市埃斯特角开始举行谈判。"乌拉圭回合"贸易谈判是在国际贸易形势日趋恶化的背景下召开的。

自"东京回合"以来,西方国家贸易严重失衡,部分发展中国家债务负担日益严重,初级产品价格长期低落,加上各发达国家普遍采取形形色色的非关税壁垒的贸易保护主义措施,严重阻碍了世界贸易的进一步发展。

"乌拉圭回合"共有十五个议题,议题中以纺织品与服装、保护知识产权、改善投资措施特别是农产品贸易等问题争议最多。按预期计划,至1990年12月7日进行最后磋商,签署有关国际贸易规定的协议文本。但直到最后,美国与欧共体诸国在农产品补贴问题上立场针锋相对,双方始终无意作出实质性让步,农产品谈判终于破裂。

农产品谈判的失败阻碍了其他议题的进展。但在各方努力下,终于在 1993 年 12 月 15 日,随着关贸总协定总干事萨瑟兰手中的木槌的落下而宣告"乌拉圭回合"谈判胜利结束。

1994 年 4 月 15 日,各参加方在摩洛哥城市马拉喀什举行的部长级会议,正式签署最后文本。最后文本在 1995 年 1 月 1 日生效,世界贸易组织正式诞生。

68 什么是"北美自由贸易区"?

北美自由贸易区(NAFTA)是由美国、加拿大和墨西哥 3 国组成。《北美自由贸易协定》于 1992 年 8 月 12 日达成一致意见,并于同年 12 月 17 日由三国领导人分别在各自国家正式签署。1994 年 1 月 1 日,协定正式生效,北美自由贸易区宣布成立。

北美自由贸易区是一个以美国为核心的南北区域性经济组织。美国不仅是北美自由贸易区的倡导者,而且是该自由贸易区的主导国,它在贸易区的运行中占据绝对的主导和支配地位。从贸易区内部的实力来看,美国占有 2/3 的人口和 90 % 的经济实力,加拿大则仅有 7 % 的人口和 8 % 的经济实力,墨西哥虽拥有近 26 % 的人口,但经济实力则不到 2 %。美、加、墨三国按工业化程度和发展水平分属三个不同的层次:美国属于第一个层次,加拿大属于第二个层次,二者均是发达的工业化国家;墨西哥则是第三个层次,为新兴的工业化国家。因此,无论从经济实力、工业化程度和发展水平等方面相比,美国都处于绝对的优势地位,自然对加拿大和墨西哥具有很强的制约力。

北美自由贸易区给美国在双边贸易、直接投资、技术转让及第三产业诸领域内提供控制和渗透加拿大和墨西哥的机会,从而在贸易区对内外事务上拥有了绝对的发言权。因而,从根本上说,北美自由贸易区的建立更多地体现出了美国的战略意图。但是,在另一方面,北美自由贸易区又给加拿大和墨西哥提供了难得的进入美国市场的机会,对于促进这两个国家的经济发展具有非常重要的作用,三国联合起来在国际贸易中的地位也随之大为增强。因此,北美自由贸易区在很大程度上是双赢的选择和结果。

当前,世界各国都非常重视通过建立和发展自由贸易区来为自己国家的经济发展服务,而自由贸易区的产生和发展也有着深刻的原因和独特的作用。

69 "9.11"事件是怎么回事?

"9·11事件"(又称"911"、"9·11恐怖袭击事件"),是2001年9月11日发生在美国本土的一起系列恐怖袭击事件。

2001年9月11日上午,两架被恐怖分子劫持的民航客机分别撞向美国纽约世界贸易中心一号楼和世界贸易中心二号楼,两座建筑在遭到攻击后相继倒塌,世界贸易中心其余5座建筑物也受震而坍塌损毁;9时许,另一架被劫持的客机撞向位于华盛顿的美国国防部五角大楼,五角大楼局部结构损坏并坍塌。

事件发生后,全美各地的军队均进入最高戒备状态。虽然塔利班发表声明称恐怖事件与本·拉登无关,但美国政府仍然认定本·拉登是恐怖袭击事件头号嫌犯。作为对这次袭击的回应,美国发动了"反恐战争",入侵阿富汗以消灭藏匿基地组织恐怖分子的塔利班,并通过了美国爱国者法案。2001年10月7日美国总统乔治·沃克·布什宣布开始对阿富汗发动军事进攻。

"911"事件是发生在美国本土的最为严重的恐怖攻击行动,遇难者总数高达2996人。对于此次事件的财产损失各方统计不一,联合国发表报告称此次恐怖袭击对美经济损失达2000亿美元,相当于当年生产总值的2%。此次事件对全球经济所造成的损害甚至达到1万亿美元左右。

"9.11"事件是进入21世纪以来在国际安全领域发生的最重大的事件。这是一起典型的恐怖主义行为。恐怖和反恐怖是进入21世纪以后的新型战争。这种战争辨不清敌人,找不准战场,因此给国际安全领域带来了一连串新问题。

"9.11"事件是世界历史的一个转折点。此后,非传统安全问题日益突出,世界安全形势更为复杂多变。由于这些方面的影响,世界主要国家都将重新调整自己的安全战略,国际关系也会出现新的变化。

⑦ 什么是《美国爱国者法案》?

美国爱国者法案(USA PATRIOT Act),2001年10月26日由美国总统乔治·沃克·布什签署颁布的国会法案。

这个法案以防止恐怖主义的目的扩张了美国警察机关的权限。根据法案的内容,警察机关有权搜索电话、电子邮件通讯、医疗、财务和其他种类的记录;减少对于美国本土外国情报单位的限制;扩张美国财政部长的权限以控制、管理金融方面的流通活动,特别是针对与外国人士或政治体有关的金融活动;并加强警察和移民管理单位对于居留、驱逐被怀疑与恐怖主义有关的外籍人士的权力。这个法案也延伸了恐怖主义的定义,包括国内恐怖主义,扩大了警察机关可管理的活动范围。

这个影响深远的立法所激起的争论也使人们对它在反恐中所具有的影响和重要性充满了困惑与疑问。

毋庸置疑,很少有美国人真正了解法案的大部分具体内容及其在自由社会中的意蕴。2001年9月11日袭击世贸中心和五角大楼的事件,促使国会做出独特的反应,通过了一系列范围广泛的法律,扩大了执法和司法权力。引起人们特别关注的是,法案要求公共和私营组织提供与国土安全相关的信息,而这种做法被认为践踏和侵犯了隐私权。

在民权主义者看来,《美国爱国者法案》是对民主自由的直接伤害。媒体广泛披露了一些案件,在这些案件中,斗志昂扬的警察对一些个人和组织造成了伤害。在伊拉克和阿富汗的冲突相当程度上使人们担心恐怖分子还会再度袭击美国本土。在很多人看来,这种担心助长了政府对国土安全问题的本能反应。

《美国爱国者法案》的铁杆支持者则认为,应当采取一切必要的措施保护美国公民不受他们所说的穆斯林激进分子的威胁。如果这意味着放弃公民自由,允许普遍的秘密调查,也应当接受下来。多数美国人处于争论双方的中间地带,他们认为在动荡的世界加强国土安全确有必要,但所采取的措施必须适当,要以美国的立国之本为基础。

欧 洲 篇

① 你知道欧洲最早的人类吗？

目前考古学界通过考古发现，认为最早的欧洲人是在法国道格纳发现的克罗马农人。

1868 年在法国多尔多涅区的莱塞济附近的克罗马农山洞的裂隙中发现了人类化石。骨骼至少属于 5 个个体，其中 4 具是成年(2 具男性和 2 具女性)1 具是小孩。保存最好的是属于大约 50 岁左右 1 个老年个体。与人类化石一起发现的还有大量的石器和海生贝壳，其上有打穿了的孔洞。

据认定，他们的体质形态基本上和现代人相同：下颌明显突出，颚深，臼齿窝深，头部已经发达到没有猿类形状的遗留。其特征是额高而穹，颅顶高而宽大，脑圆而丰满，脑容量平均为 1660 毫升，在现代人平均脑容量之上，这有可能暗示克罗马农人的总体智力水平在现代欧洲人之上。克罗马农人头骨的特点是长头与宽脸相结合，眼眶低矮成角形，鼻梁较高，狭窄的鼻子在脸平面上显得特别突出。

克罗马农人属于晚期智人，其生活年代可能是 2 万至 3 万年前。他的文化属晚期旧石器文化的奥瑞纳文化中期，由于他们是这阶段的最早被发现的完整的人化石，所以人们也用"克罗马农"这名称来统称欧洲的晚期智人化石。

❷ 什么是爱琴文明?

　　爱琴文明即克里特—迈锡尼文明,是公元前二十世纪至公元前十二世纪间的爱琴海区域的最古老的文明。十九世纪七十年代到二十世纪初由德国考古学家谢里曼和英国考古学家伊文斯等发现。

　　克里特文明是以克里特岛为中心的希腊文明,时间约在公元前二十世纪至十四世纪之间,属于青铜器文化。当时已有文字,约在公元前十六世纪以前出现了线形文字 A,这种文字尚未释读;公元前 1450 年左右又出现线形文字 B,这种文字在 1952 年已被英国学者文特里斯释读。

　　迈锡尼文明是以迈锡尼、太林斯等希腊城邦为中心的古希腊文明,时间约在公元前十五到十二世纪之间,属于青铜文明。传统认为,公元前 1500 年左右阿卡亚人创造了这一文明。学术界又以公元前 1400 年为界,把迈锡尼文明分为早晚两期。早期时已出现了迈锡尼太林斯、派罗斯等城邦。其王宫建筑宏伟壮丽,有坚固城墙护卫的城池,出现了规模宏大圆顶墓葬。其工艺品较克里特岛的更精美。前 1450 年左右可能还取得了克诺索斯的统治权。到公元前 1400 年前后进入晚期,即迈锡尼文明的全盛时期。

　　到公元前 1200 年左右,由于内部阶级矛盾激化,统治机制受到削弱,加之参加长达 10 年的远征特洛伊战争,更使迈锡尼各邦殚精竭虑。不久多利亚人南下,给迈锡尼各邦以致命打击,从此这一文明消失在希腊历史的地平线下。目前人们已经发现了很多迈锡尼人的文物。

❸ 特洛伊战争是怎么回事?

　　希腊神话中时常提到特洛伊战争,整个故事是以荷马史诗《伊利亚特》为中心,加上索福克勒斯的悲剧《埃阿斯》《菲洛克忒忒斯》,欧律庇德斯的悲剧《伊菲格涅娅在奥利斯》《安特罗玛克》《赫库芭》,维吉尔的史诗

《伊尼德》、奥维德的长诗《古代名媛》等多部著作而成,故事详细地描述了特洛伊战争的情况。

据《荷马史诗》记载,希腊第一美人海伦被特洛伊王子帕里斯诱拐后,海伦的丈夫斯巴达国王美内劳斯立志报仇。其兄迈锡尼王阿伽门农拔刀相助,提出自任统帅、组建希腊联军远征特洛伊的计划。公元前12世纪,联军从落拉米斯的奥立斯扬帆出港,开始远征小亚细亚名城特洛伊。希腊联军与特洛伊的战争旷日持久,互有胜负。到第10年时,联军攻下了一个特洛伊小镇。在按惯例分财富和美女时,阿伽门农把美女克莱西丝据为己有并拒绝其父一位阿波罗神庙祭司)用钱赎女的请求,从而触怒了太阳神阿波罗。他降下瘟疫,使希腊联军遭受灭顶之灾。阿伽门农被迫放弃克莱西丝,却又去抢夺已分给主将阿奇里斯的美女布莱西斯,致使统帅与主将之间严重不合。最后阿伽门农采纳了奥德修斯提出的"木马计",攻陷了特洛伊,抢回了海伦,并把特洛伊城夷为平地,胜利班师。

据近代考古材料证实,联军远征特洛伊城基本是历史的真实事件,但战争的起因并不像《荷马史诗》所描绘的那样,实际上很可能是希腊城邦向外殖民过程中发生的一场战争。

④ 古希腊的奥林匹克运动是如何兴起的?

奥林匹克运动会起源于古希腊,因举办地点在奥林匹克而得名。传说古代奥运会是由众神之王宙斯所创始的。

希腊雅典位于欧洲南部巴尔干半岛南端,在半岛上的阿尔菲斯河之滨,克罗菲斯山麓,属于伊林斯地区的奥林匹亚村,被认为是诸神聚居之所。因此在这里建筑了宙斯神庙,其附近被称为阿尔齐斯神域。当时每年七、八月间,各城邦都要来此祭祀宙斯。除献纳祭品、举行仪式外,竞技运动也被列为一种祭神活动。每四年一次的闰年扩大祭祀,后来形成制度,这就是奥运会每四年举行一次的由来。每四年一次的古代奥运会周期,被称作"奥林匹亚德"。当然神话并非历史。

事实上,古代奥运会所以在古希腊出现,是由地理环境,经济生活方式、文化习俗、宗教信仰、价值观念、审美观点等多种历史文化因素铸造成的一个客观历史现象。一般历史学家都认为,从公元前 776 年开始,竞技表演以比赛形式出现,因而人们通常把这作为古代奥林匹克运动会的起始年代。从公元前 776 年到公元 394 年罗马皇帝狄奥多西下令禁止,共举行了 293 届奥运会,历时 1170 年。

在希腊人的心目中,这个运动会是神圣的,因此运动会期间不准有战事。如已开战的城邦,也必须停战。如果有违反者,以渎神罪罚以重金。

古代奥林匹克运动的举行,打破了城邦封闭的格局,促进了城邦间友好的交往。同时,奥运会给获胜者的极高荣誉,刺激了希腊人积极参加身体锻炼,于是追求形体的健美成为时尚,提高了希腊民族身体素质。大会期间商品的交流,生产技艺的切磋,也促进了希腊工商业的发展和进步。

⑤ 希腊大殖民时代是指什么时代?

希腊大殖民指的是公元前 8—6 世纪希腊人大规模的对外移民运动。

公元前 8 世纪以前,希腊人已开始向外移民。破产者被迫去海外寻求土地,有的因贵族内部斗争失败而仓皇出逃,有的因自然灾害而背井离乡,也有的手工业者和商人要到海外寻求销售市场和工业原料。总之,各种原因使希腊形成了向海外殖民的大浪潮。

这一殖民运动的范围极广,西至今意大利、法国和西班牙,南到埃及、利比亚,东至小亚细亚和黑海周围一带,东北到爱琴海诸岛及黑海入口附近地区。一批殖民城市如西诺普、拜占庭、库科涅、诺克拉、麦加拉、丘米等如雨后春笋,遍布这一广阔领域。

殖民者新建的殖民地"子邦"对于殖民"母邦"而言,一般可享有独立地位,但在经济上与母邦有着较密切的联系,并保持了母邦的风俗习惯和宗教信仰。殖民运动同时促进了希腊的阶级分化和奴隶制城邦的建设和发展。

希腊大殖民运动是希腊人对殖民地居民的侵略行为,在地中海地区成为与腓尼基人争夺势力范围的强大对手。但希腊人的这一运动扩大了希腊的影响,传播了希腊文明,同时吸收了世界各地的先进文化,促进了希腊世界政治、经济和文化的发展。

⑥ 希波战争是怎么回事?

波斯是古代西亚一个奴隶制国家,它是通过征服而发展起来的大帝国。到大流士统治时期(前522—前486年),波斯已成为世界古代史上第一个横跨欧、亚、非三洲的大帝国。

波斯帝国早有西侵野心,决定出兵希腊。他首先运用外交攻势,离间希腊诸城邦的关系。然后公元前492年夏,波斯王大流士一世出动陆、海军共2万5千人,渡过赫勒斯滂海峡沿色雷斯海岸向希腊推进,但其舰船在阿托斯海角遭飓风大部覆灭,陆上也受到色雷斯人的袭击,被迫撤退。

公元前490年春,大流士一世派约5万(包括近400艘战船)第二次远征希腊。首先攻占并破坏了埃雷特里亚城,在距雅典东北约40公里的马拉松平原登陆。雅典一面紧急动员全体雅典公民赴马拉松应战,一面派人往斯巴达求援。雅典前赴波斯军的着陆地点——马拉松平原与之决战。交战初期,雅典军两侧精锐合围中路波斯军,波斯陆军被完全击败。由海路偷袭雅典的波斯海军,亦不能打败雅典海军。波斯军只得撤退。在马拉松大战获胜后,一位名叫斐力庇第斯的士兵跑回雅典传信,因为极速跑了42.193公里,报捷后便倒地身亡,而这亦是马拉松长跑的来源。

公元前480年春,接任的波斯王薛西斯一世亲率百万大军再度进兵希腊。希腊各城邦也结盟起来,共抗波斯。斯巴达王李奥尼达率军在温泉关一战中全军覆灭。波斯海军进入狭窄的萨拉米斯海峡,该湾甚为狭窄,波斯的巨型战舰不能自由行驶,遭受重大损失,薛西斯一世深恐后路被切断,仓皇败逃回国。其陆军退至北希腊。

前479年8月,波斯王派大军再度进攻希腊,结果波斯军大败,只得再次撤回东方。波斯人的第三次远征以失败告终。

公元前449年,希腊海军在塞浦路斯岛东岸的萨拉米斯城附近重创波斯军,至此双方同意媾和。雅典派代表到波斯首都苏萨谈判并签订了《卡里阿斯和约》。希波战争宣告结束。

❼ 伯罗奔尼撒战争是怎么回事?

伯罗奔尼撒战争是以雅典为首的提洛同盟与以斯巴达为首的伯罗奔尼撒联盟之间的一场战争。

提洛同盟是希波战争中由希腊的自由城市自愿成立的一个同盟。希波战争50年后,这个同盟已经退化,成为雅典保持和加强其在爱琴海霸权的工具。斯巴达领导下的伯罗奔尼撒联盟,是提洛同盟的霸权的对抗者。

前430年代,在希腊世界的边缘,其后发生的一系列事件最后引导了战争的爆发。战争第一阶段(公元前431—前421),雅典在伯里克利的领导之下,凭借强大的海军,采取陆地上防御在海上进攻的策略。而斯巴达在阿基达摩斯二世的领导之下,凭借它令人畏惧的战士,于公元前425年洗劫了阿提卡。两个强邦侧重点不同的军事力量导致了战争第一阶段的僵持局面。

伯里克利的继任者克里昂继续推行雅典的帝国主义政策。公元前424年,他率军在斯法特克里亚岛附近的海战中取得了对斯巴达的重大胜利。克里昂于公元前422年在安菲波利斯阵亡之后,和平谈判才变得可能。

雅典的主和派在尼西阿斯的领导下掌握的权力,并且于公元前421年与斯巴达签订了《尼西阿斯和约》。根据该合约,双方恢复了战前的疆界。不过,双方的盟邦仍然冲突不断。

公元前 415 年,战争进入了一个新的阶段,冲突的舞台移到了西西里。但是到了公元前 413 年,战事又回到了阿提卡。斯巴达与波斯结盟后,在波斯大批黄金的资助下,斯巴达开始建立自己的舰队,雅典的处境变得危险起来。公元前 407 年雅典海军在诺提乌姆的战败表明,强大的雅典在军事上和财政上已经枯竭了。公元前 405 年,在羊河之役中,强大的雅典海军惨败。斯巴达的海军司令莱山德成功地封锁了雅典,并迫使其投降。霸权均势被改变了,斯巴达此刻成为希腊世界的霸主。

几乎所有希腊的城邦参加了这场战争,其战场几乎涉及了整个当时希腊语世界。在现代研究中也有人称这场战争为"古代世界大战"。

❽ 什么是提洛同盟?

希波战争期间,公元前 478 年以雅典为首的一些希腊城邦结成的军事同盟。因盟址及金库曾设在提洛岛,故称"提洛同盟",也称"第一次雅典海上同盟"。同盟初期的宗旨是以集体力量解放遭受波斯奴役的希腊城邦和防御波斯再次入侵。最初入盟的主要是小亚细亚和爱琴海诸岛的希腊城邦,后来增至约 200 个。入盟各邦可以保持原有的政体,同盟事务由在提洛岛召开的同盟会议决定,按入盟城邦实力大小各出一定数量的舰船、兵员和盟捐。

从公元前 5 世纪 60 年代起,雅典逐渐将提洛同盟变为它控制和剥削盟国的工具,变成事实上的盟主。因而史书中亦常称提洛同盟为"雅典霸国"或"雅典帝国"。公元前 454 年同盟金库迁至雅典。公元前 449 年希波战争结束后,盟捐成为雅典强令缴纳并随意用于本国需要的贡款。雅典向盟国派出大批军事殖民者,严厉镇压宣布退盟的城邦,强令盟国的重要案件交雅典审理,规定盟国采用雅典的铸币,支持建立亲雅典的民主政体。在伯罗奔尼撒战争期间,雅典更要求盟国增派援军和任意增加盟捐。斯巴达则利用盟国的不满,支持它们反对雅典,脱离提洛同盟。公元前 404 年,战败的雅典根据与斯巴达签订的和约,被迫解散提洛同盟。

9 罗马共和国是怎样建立的?

关于罗马的起源众说纷纭,这是由许多因素造成的。

根据历史传说,早在公元前 10 世纪,在亚平宁半岛的台伯河出海口附近,就出现了许多村落。它们经过几个世纪的联合、归并,逐渐在台伯河的左岸形成了聚集点,因为那里非常适合种植作物,而且离海比较近。公元前 753 年,罗马人的祖先伊特鲁尼亚人就在台伯河畔的帕拉丁山岗上围起城墙,开辟广场,罗马城的雏形出现了。那时,罗马的原始社会开始解体,奴隶和奴隶主两大阶级逐渐形成。

大约在公元前 510 年,罗马不再产生国王,而是建立了奴隶制共和国,并选出两名执政官来处理政事。执政官既是罗马的统治者和法官,又是罗马军队的统帅,在罗马享有崇高的荣誉和地位。但是,只有贵族才能担任执政官,许多平民因欠债无力偿还而沦为债务奴隶,这使得贵族和平民的矛盾日益尖锐。

为了争取政治权利,摆脱贵族欺压的处境,从公元前 5 世纪初开始,罗马的平民进行了长达 200 年的斗争。斗争的结果是,平民获得政治权利,设置了保民官。债务奴隶制度被取消,平民分到了土地。当然,在罗马真正能够担任高级官职的,不过是少数富裕的平民。因为担任高级官职没有报酬,所以穷人根本没有能力竞选和维持任职。而罗马的奴隶主由于不能再奴役本国平民,此后便走上了大规模剥削外族奴隶的道路。

10 汉尼拔为何被称为"最有名的军事家"?

汉尼拔(约公元前 247 年－前 183 年)是迦太基历史上最有名的军事家。他的父亲哈米尔卡·巴卡曾经是迦太基的著名将领。汉尼拔出生在这样的家庭中,从小就受到了良好教育和军事训练。早在第一次布匿战争中,哈米尔卡·巴卡就是迦太基在西班牙地区的指挥官。那次战争后,汉尼拔随父亲去了西班牙,并在公元前 221 年担任了西班牙地区的迦太基军队统帅。

在第一次布匿战争中,迦太基战败,这使汉尼拔对罗马充满了仇恨,立誓要向罗马复仇。公元前 219 年,汉尼拔率军攻占了罗马在西班牙的同盟城市萨贡托。公元前 218 年,汉尼拔率领步、骑兵约六万人,战象数十头,从新迦太基城出发,穿过高卢南部地区,翻越阿尔卑斯山,远征罗马。这次远征之旅创造了世界军事史上的奇迹,第二次布匿战争也因此而爆发。当汉尼拔的大军出其不意地出现在山南高卢时,整个罗马都惊呆了。迦太基人击退了罗马人的阻击,绕过重兵设防的阵地向罗马挺进。公元前 217 年 6 月,汉尼拔指挥军队在特拉西梅诺湖之战中几乎全歼罗马军团。公元前 216 年,汉尼拔攻占了罗马的重要粮仓坎尼。罗马为了夺回坎尼,派出 8 万多军队,和 5 万多迦太基军队展开了一场激烈的大战。结果,汉尼拔通过巧妙布阵,大败罗马军队,坎尼之战也成为世界军事史上以少胜多的经典战例。

罗马在遭到汉尼拔的重大打击后,开始采用拖延迂回战术,消耗迦太基人,并使汉尼拔处于孤军无援的境地。公元前 204 年,罗马军队在北非登陆,汉尼拔奉命回国救援,但在随后的扎马之战中被罗马军队击败,迦太基被迫求和。

汉尼拔后来曾流亡叙利亚,又辗转逃到小亚细亚,但在罗马人的追捕下于公元前 183 年自杀,结束了充满传奇的一生。

⑪ 罗马的十二铜表法是如何产生的?

十二铜表法也叫十二表法,是古罗马国家立法的纪念碑,也是最早的罗马法文献。

公元前五世纪时,罗马的法律还是习惯法,它的解释权操在贵族法官手里。法官利用这个权利为贵族谋利益。平民要求制定成文法,经过长期的斗争,公元前 454 年,罗马元老院被迫承认人民大会制定法典的决议,至公元前 451 年制定法律十表。公元前 449 年,贵族被迫成立十人委员会(十人团)制定和公布了成文法。这就是著名的《十二表法》。因各表系由青铜铸成,故习惯上称作《十二铜表法》。

在《十二铜表法》的条文中,主要可以归纳为三点:一是自由民在"私法"范围上平等,主要体现在契约缔结及财产私有的一些条款上;二是限制了贵族的司法专制、特权,"有了成文法典判定惩罚就可以不再依靠贵族的记忆力。"量刑定罪都有章可循;三是体现了一定的奴隶制民主,如规定"以后凡人民会议的所有决定都应具有法律效力。"

这些法律条文后经森图里亚会议批准,公布于罗马广场。这是古罗马第一部成文法典。公元前390年,高卢人入侵罗马,在战火中铜表全部被毁,原文散佚,只能从其他古代著作中略见梗概。

十二铜表法基本上仍是按旧有习惯法制定,还是维护贵族奴隶主的利益,但它对奴隶主私有制、家长制、继承、债务和刑法、诉讼程序等方面都作了规定,限制了贵族法官随心所欲地解释法律的权力。《十二铜表法》是罗马第一部成文法,限制了贵族的特权,打破其对法律垄断,一定程度上保护了平民的利益,是平民的胜利。

⑫ 斯巴达克起义是怎么回事?

斯巴达克是色雷斯(今保加利亚)人,在一次反抗罗马侵略的战争中被俘,被卖到卡普亚城的一个角斗士训练所当了角斗士。在他的策划下,二百多个角斗士密谋逃亡。后因事情泄露,只有七十八人得到逃脱。起义者逃到了维苏威火山,在此建立了营地。起义队伍很快发展到一万人,他们四处袭击邻近的奴隶主庄园,震动了整个坎佩尼亚地区。

起义军迅速扩大到七万人,并且屡败罗马军队。正在这时,起义军内部发生了分裂。斯巴达克主张挥师北上,翻过阿尔卑斯山,让奴隶们返回故乡;起义军另一个首领克利克苏斯则主张进军罗马。由于意见的分歧,克利克苏斯便带领三万余人离开主力,于公元前72年在卡普亚的加尔干诺山附近被罗马军队击溃。斯巴达克率军北上,胜利抵达阿尔卑斯山脚下,但斯巴达克没有翻越阿尔卑斯山,而是率领十二万大军回师南下。

起义军的南下,使罗马奴隶主感到惊恐不安,元老院任命大奴隶主克拉苏为镇压起义军的援军统帅。在公元前71年的整个夏季,克拉苏在与斯巴达克的作战中,却是连遭败北。斯巴达克率领大军赶到意大利南端的布鲁提亚,打算渡海到西西里去。但由于海盗失信,没有提供船只,因而渡海未成。克拉苏企图把起义军围困在此地。在一个风雪交加的夜晚,斯巴达克率军突破了敌人的防御工事,打算从布伦迪辛港渡海到希腊去。这时,在进军路线问题上起义军内部又发生了意见分歧,一部分又从大部队中分裂出去。在起义军未到达布伦迪辛港时,由卢库鲁率领的一支从东方归来的罗马军队在布伦迪辛港登陆。斯巴达克得知这一消息后,便立即回头与克拉苏作战,以免两支敌军汇合。在决战中,斯巴达克身先士卒,一直奋战到死。起义军也都英勇奋战,前仆后继,几万人倒战场之上。

⓭ 什么是"三头政治"?

"三头政治"又称"三雄政治",罗马共和国末期先后各由三个权势人物结成的两次政治同盟,是罗马从共和向帝制过渡的统治形式,实质上是三人的集体独裁。

公元前60年,在罗马拥有巨大势力和影响的恺撒、庞培、克拉苏三人秘密结盟,通过各种手段左右老兵、流氓无产者、在职官员,共同控制罗马政权,史称"前三头政治"。

按三头协议,恺撒任公元前59年执政官,任内设法通过分配土地给退役老兵并降低包税人租金等有利于庞培、克拉苏以及他们的支持者的法令,任满后出任山南高卢总督5年。

公元前56年,三人在卢卡会晤,决定恺撒续任高卢总督5年;庞培、克拉苏任公元前55年执政官,任满后分任西班牙、叙利亚总督各5年。

公元前53年,克拉苏在侵略帕提亚的战争中败亡(见帕提亚帝国)。庞培与恺撒矛盾激化,双方于公元前49年开战,恺撒占领罗马。次年庞培兵败被杀。前三头政治以恺撒建立独裁统治告终。

恺撒于公元前44年被刺身亡,罗马内战再起。

公元前43年,恺撒派的屋大维、安东尼和雷必达三人公开结盟,由元老院授予共同统治国家5年的权力,史称"后三头政治"。

三头发布《公敌宣告》,剪除政敌,于公元前42年在巴尔干半岛击溃以布鲁图和喀西约·龙基纳为首的共和派军队。公元前40年,划分势力范围:屋大维辖意大利及高卢和西班牙,安东尼统治东部地区,雷必达治理非洲。

公元前36年屋大维剥夺雷必达兵权。

公元前31年,屋大维打败安东尼,安东尼于次年自杀,后三头政治告终。屋大维成为罗马的唯一主宰,建立帝制,罗马帝国确立。

🄐 罗马帝国是如何建立的?

罗马共和国末期,是一个动荡的年代。公元前44年,恺撒遇刺身亡,遗嘱指定屋大维为其继承人。时年19岁,身在希腊阿波罗尼亚军中的屋大维得知消息后,立即行军回到罗马。此时的罗马正掌握在谋杀恺撒的共和派元老布鲁图与卡西乌斯手中。于是,屋大维设法与恺撒的同僚马克·安东尼、雷必达结盟,史称后三头同盟。接着,三人开始清理元老院异端,百余名元老和上千名骑士被杀。

此后,安东尼与屋大维率军追击已经逃往东方的布鲁图与卡西乌斯。公元前42年,布鲁图与卡西乌斯在菲利比战役中兵败自杀。屋大维返回罗马,安东尼则前往埃及,在那里,他与恺撒的情人,埃及托勒密王朝女王克利奥帕特拉七世(埃及艳后)结盟。至此,罗马西属屋大维,东属安东尼。安东尼忙于东方帕提亚战事,并始终和埃及女王保持亲密关系。

于是,屋大维在罗马广结人心,巩固权力,同时中伤安东尼,称其反叛罗马,甘愿做一个埃及人。双方矛盾日益激烈。终于,公元前32年,屋大维向安东尼宣战。

公元前 31 年 9 月,安东尼和埃及女王的联军,在希腊的亚克兴角与屋大维交战,史称亚克兴海战。结果,安东尼惨败,与女王逃回埃及。公元前 30 年,屋大维入侵埃及,安东尼和女王先后自杀,而女王与恺撒的私生子恺撒里昂被处死,托勒密王朝灭亡。至此,埃及成为罗马的一个行省。

公元前 27 年,屋大维巧妙运用政治手腕,一面对外宣称卸除一切大权,恢复共和制;一面又装作迫于元老院和公民的请求,接受与共和制度完全违背的绝对权力,成为首席元老(即元首,元首制由此而来)、最高执政官、终身执政官、终身保民官、大祭司长等,自称"第一公民"、最高统帅(或译作"凯旋将军"、"大元帅"),并获得了元老院授予的"奥古斯都"(意为"神圣的")和"祖国之父"的称号(以后的皇帝也有这些头衔)。屋大维的这场精彩演出宣告了罗马帝国的建立。

⑮ 公元纪年是如何来的?

公元纪年是国际公用的纪年体系,以传说中的耶稣基督生年为公历元年。

在公元 1 世纪的巴勒斯坦,由于罗马帝国的强权统治,贫民和奴隶们渐渐产生了一种悲观消极的情绪,希望能有个"救世主"(古希腊语为"基督")来拯救他们脱离苦难。传说这个救世主就是耶稣。他许诺穷人死后可升入天堂,而富人要入天堂"比骆驼穿针孔还难"。

因为这种传说很能拨动精神苦闷的下层人民的心弦,于是基督教便逐渐从巴勒斯坦传播开来。这引起了罗马统治者不安。传说他们把耶稣钉死在十字架上,但第三天耶稣又从坟墓中复活并升上天堂。基督教徒把这些传说和耶稣的言行用文字记录下来,编成了《新约圣经》。

由于这时的基督教预言罗马帝国的残酷统治即将崩溃,因而遭到统治者的多次镇压。但到了君士坦丁统治时期(306—337),统治者看到民心所向。为了更好地控制民众,一反过去的做法而采用怀柔政策,将基督教宣布为国教,从而使基督教变成了他们的政治工具。

在这之前,各国基督徒计算时间都保持着各自的地方特点,显然很不利于交往、传教。到了公元 6 世纪,建立一个统一的记录时间的体系就显得越来越有必要了。基督徒们便开始尝试使用救世主耶稣纪年,当时有个罗马修道士乔尼西宣称,基督降生已有 254 年了——据一些史学家推测,乔尼西可能是根据《新约圣经》中的传说推算出来的。在书上记载,耶稣是在 3 月 25 日复活的,这是个星期日,于是乔尼西就在自己编的那本计算复活节日期的表格中向后搜寻 3 月 25 日是复活节的那一年,查得是在 38 年后,因为耶稣是 500 多年前的人,所以上推 532 年。当时所采用的纪年——戴克里先纪年为 241 年,那么耶稣纪年的纪元就应该是戴克里先纪元前 253 年 3 月 25 日。《新约圣经》上还说,耶稣复活时为 30 岁,所以再上推 30 年,耶稣降生就是在当时戴克里先纪年的纪元前 283 年。这也就是我们今天仍在使用的公元纪元的元年。

16 圣诞节是怎么来的?

圣诞节指的是纪念基督耶稣诞生的日子,可是基督教的创始人耶稣本人就是一个谜。根据《圣经》中的《新约全书》的记载,当年巴勒斯坦的拿撒勒城住着一个名叫玛利亚的圣女,因被圣灵感孕,后来在耶路撒冷附近的伯利恒的一座马棚里生下耶稣,但是书中并没有记载耶稣诞生的确切时间。现今通用的公历纪年,就是以所谓耶稣诞生之年为公元元年。

既然圣诞节是为了纪念救世主的诞生,但为什么圣诞节要互赠礼物呢?据《圣经》上说,在耶稣诞生之际,有三位从遥远的东方赶来祝贺的哲学家给圣婴带来了礼物。后来人们也纷纷效仿这种做法,表达祝福之意,特别是在圣诞节前夜给孩子们送礼物就成了理所当然的事情。而三位远道而来的哲学家也没有被人们遗忘。圣诞节期间,人们常用粉笔在家里写上可保平安的字符。这个字符中有"K"、"M"、"B"三个大写字母,分别代表三位哲学家的名字。

为什么又要弄一棵圣诞树放在家里呢?西方流行着不同的说法。

据教会解释说,这种习俗源自16世纪宗教改革时期。马丁·路德是当时德意志宗教改革运动的倡导者。有一年的圣诞之夜,他从一个小城回家,在路上发现山林的夜景格外美丽。回到家后,他在家中摆放了一棵点缀着烛光的小树,这就是圣诞树的最早起源。

还有一个流传颇广的民间传说。据说,圣诞节那天,一个心地善良的农夫热情地招待了一个无家可归的流浪儿。那个孩子在临走时折了一根树枝插在地上,不一会儿树枝就长成了一棵大树。孩子指着那棵树说"每年的今天,让礼物挂满枝头,答谢那些好心人。"此后,人们就有了摆放圣诞树的习惯。

现今多数历史学家认为圣诞节有可能来源于罗马帝国时期的民间传统节日——太阳神节。公元4世纪前,罗马人以冬至为祭奠太阳神的节日,因为从这一天起,黑夜开始变短,白昼则开始延长,意味着太阳赐给人们的光明和温暖与日俱增。另外,当时罗马流行来自波斯的密特拉教,该教主神太阳神的诞辰就是12月25日。可能基督教借用太阳神节为圣诞节,既可以表示耶稣降生即太阳的再生,又可以通过民间传统节日来吸引更多的教徒。当然,这依然只是推测,最后的结论仍需专家们的进一步研究。

⑰ 罗马帝国是如何衰亡的?

公元1—2世纪,是罗马帝国最强盛的时期,当时它成为雄踞于地中海一带不可一世的大帝国。

到了罗马帝国末期,奴隶制的生产关系已成了束缚生产力发展的桎梏。罗马的奴隶制经济出现了危机:农业、手工业衰落了;商业凋敝了;城市萧条了。在经济危机的同时,政局也呈现出混乱的局面;中央政权瘫痪;皇帝更换频繁;各军团各行省争立自己的首领为帝,以致在公元253年到268年间竟出现了"三十僭主"。戴克里先(284—305)和君士坦丁(306—337)虽采取了一些维护奴隶主的措施,但却无法挽救罗马奴隶制的灭亡。

与经济危机和政局混乱并行的是阶级斗争的激烈化。自进入公元三世纪以来,奴隶、隶农起义就不断发生。如三世纪在高卢地区爆发的"巴高达"运动,四世纪在北非爆发的"阿哥尼斯特"运动,都断断续续地坚持斗争到五世纪。

公元 395 年,罗马帝国终于分裂为东西两部分,即以君士坦丁堡为首都的东罗马帝国和以罗马为首都的西罗马帝国。罗马帝国的没落已呈现无可挽回之势。罗马帝国分裂以后,西罗马帝国内的奴隶、隶农起义更是不断发生。

正在罗马帝国陷入一片混乱之际,新的危机又出现了:居住在多瑙河、莱茵河一带的"蛮族"日耳曼人各部落,以及来自伏尔加河的匈奴人纷纷进入罗马帝国境内。他们和罗马帝国的起义者联合起来,占领罗马的港口,断绝罗马城内的粮食供应,以摧枯拉朽之势打击着这个风雨飘摇中的庞大帝国统治。公元 476 年,西罗马帝国年仅 6 岁的末代皇帝罗慕洛·奥古斯都被日耳曼雇佣军首领奥多亚克所废黜。罗马,这个曾经称霸地中海的奴隶制大帝国,终于在奴隶起义和外族入侵的双重打击下轰然倒塌。欧洲的古典奴隶制由此而终结。从此,在西欧、北非的广大土地上开始了封建社会的历史。

⑱日耳曼人的民族大迁徙是怎么回事?

376 年春,西欧民族的另一支西哥特人遭到匈奴人袭击,他们得到罗马皇帝的恩准,以"同盟者"身份,渡过多瑙河,移居巴尔干半岛北部的色雷斯,是为民族大迁徙的开始。

395 年狄奥多西一世死,罗马帝国分裂;西哥特人在阿拉里克(395年至 410 年在位)统率下重起反抗,南下希腊,西进意大利,并联合匈奴人攻陷罗马。418 年以图鲁斯为中心建立西哥特王国。继西哥特人之后涌入罗马帝国的是西欧民族的苏维汇人、汪达尔人和非西欧民族的匈奴人和阿兰人。406 年底,他们在美因茨越过莱茵河,经高卢,于 409 年秋进入西班牙。

西哥特人侵入西班牙后,苏维汇人被迫退居伊比利亚半岛西北角,建立苏维汇王国;汪达尔人和阿兰人则由盖塞里克(428年至477年在位)率领,联合部分匈人于429年渡过直布罗陀海峡进入北非。439年攻陷迦太基,建立汪达尔—阿兰王国。随后,汪达尔人又征服西西里西部、科西嘉岛、撒丁岛和巴利阿利群岛。455年,攻陷罗马城,大肆焚掠,全城文物毁坏殆尽。毁灭文化的"汪达尔主义"由此而得名。

紧接着越过莱茵河涌入罗马帝国的是西欧民族中的勃艮第人和法兰克人。5世纪初,占据高卢。451年,曾协助罗马人和西哥特人击退匈奴人的首领(国王)阿提拉的进犯。

约457年,勃艮第人在高卢东南部建立勃艮第王国,定都里昂。

486年法兰克人在克洛维(481年至511年在位)统率下,联合匈奴人在苏瓦松击败罗马军队,占据高卢北部,建立法兰克王国。5世纪中期,匈奴人在阿提拉率领下,横扫欧洲直达莱茵河,给没落的罗马帝国以沉重打击。6世纪起,法兰克王国西南逐西哥特(507年),东南并勃艮第(534年),占有高卢全境,逐渐成为西欧早期诸王国中力量最强的国家。

继勃艮第人、法兰克人之后,5世纪中叶,西欧民族中的盎格鲁—撒克逊等各部落在匈奴人的强大压力下横渡北海进入不列颠。在粉碎当地凯尔特人的顽强抵抗后,占据该岛的东部和南部,建立许多小王国。7世纪初,合并为7个王国。

476年禁卫军将领西哥特人奥多亚克(476年至493年在位)废西罗马末帝罗慕洛·奥古斯都,西罗马帝国遂亡。488年,东哥特人在狄奥多里克(493年至526年在位)的率领下联合匈奴人大举入侵意大利。493年,狄奥多里克诱杀奥多亚克,征服意大利,建立东哥特王国,定都拉文纳。

最后移居罗马帝国的西欧民族是伦巴德人。568年,住在潘诺尼亚的伦巴德人在阿尔博因(约565年至572年在位)统率下,联合匈奴人打败拜占庭,占领北部意大利,建立伦巴德王国,建都拉文纳,是为民族大迁徙的终结。

历时约2个世纪的西欧民族大迁徙,摧毁了罗马奴隶制帝国,建立了西欧诸封建王国的雏形。

19 法兰克王国是怎样兴起的?

因法兰克王国的创立者克洛维出身于墨洛温家族,所以法兰克王国又被称为"墨洛温王朝"(481－751)。墨洛温王朝时期的法兰克是当时欧洲最强大的国家。

克洛维死后,法兰克陷入割据混战的状态(511－714),致使墨洛温王朝的国王大权落入宫相手中。国王成了不理朝政、坐着牛车游乡串村的"懒王"。宫相成为国家的实际操纵者。

公元678年,奥斯特拉西亚的宫相赫里斯塔尔·丕平战胜了他的对手,成为全国唯一的宫相。丕平死后,其子查理·马特继任父职,法兰克王国进入了宫相查理·马特的采邑制改革阶段(714－741)。在改革中,骑士制度脱颖而出,法兰克的军事力量得以加强,为加洛林王朝取代墨洛温王朝奠定了政治、军事基础。

公元741年,查理·马特将宫相职权传给自己的儿子矮子丕平(丕平三世)。公元751年,矮子丕平勾结罗马教廷,召开法兰克人议会,将墨洛温王朝最后一个"懒王"关进修道院,通过"劝进"和"选举"的形式自立为王。从此法兰克王国的历史进入加洛林王朝时期(751－897)。该王朝在查理曼(又译查理)统治时期(768——814),通过开疆拓土,形成了一个版图广大、民族众多的帝国,历史上称为查理曼帝国。

20 为什么称查理曼为欧洲之父?

查理曼生于公元742年。他的父亲矮子丕平(丕平三世)则是加洛林王朝的开国君主。公元768年矮子丕平去世,查理曼和他的弟弟卡洛曼按其父遗嘱平分了法兰克王国。卡洛曼在苏瓦松即位,查理曼亦在努瓦永即位。771年12月,卡洛曼去世后,其领土被查理合并。查理曼被法兰克人拥戴为唯一的国王,年仅29岁。

查理曼即位后，为了扩大王国的版图、掠夺财富和劳力，开始了大规模的扩张战争。查理曼对外作战历时最久、规模最大的要数与萨克森人的战争了。从公元722年开始的这场战争延续了32年之久，最终击败了萨克森人的抵抗，占领了莱茵河以东的广大地区。查理曼在位47年，一共进行大小50多次战争，以辉煌的武功建立起一个雄踞中西欧的庞大帝国，其版图与昔日的西罗马帝国已不相上下。

查理曼大帝在被征服的广大地区内表现了杰出的行政管理才能。在中央行政方面，他指派专人掌管财务、文书、军事、司法和宗教等事务，其职责类似后来的各部大臣。在地方行政方面，他把帝国划分为许多伯爵领地，赐予地方封建主以采邑，赋予他们征收税金、动员劳役、维持治安、战时召集军队指挥作战等权力。一些教会主教和修道院院长也领有封地，并拥有类似的地方行政权。最初这些教俗封建主由查理曼任免，后来变成终身职位乃至世袭，从而开创了中世纪欧洲社会王权、教权和贵族权并立的特殊模式。

查理曼也十分注重文化教育的发展。他下令建立一批学校以培养人才，还督促教会和修道院担负起教育的责任。他扶持古典著作的整理和研究，使不少珍贵的古籍得以保存。他礼聘欧洲各地的著名学者前来讲学。由于这些努力，帝国范围内一度被湮没的文化重新走向繁荣。被后人称为"加洛林文艺复兴"。

公元814年，查理曼大帝以72岁的高龄病逝于帝国首都阿亨。他所拓展的帝国在公元843年被他的三个孙子瓜分，这就是后来的法兰西、德意志和意大利三个国家的雏形。由此，查理曼大帝被后人称为"欧洲之父"。

㉑ 什么是凡尔登条约？

凡尔登条约是分割查理曼帝国的条约。843年8月，加洛林王朝皇帝"虔诚者"路易一世的3个儿子在凡尔登（位于今法国东北部）签订了这一分割国土的条约。这一条约是查理曼帝国瓦解的第一阶段，预示近代西欧国家的形成。

皇帝虔诚者路易一世(查理大帝之子)曾经安排由第一个妻子所生的三个儿子继承产业。但从829年起,他又想把大部分领地分给第二个妻子所生的小儿子(即日后的秃头查理二世),从而引起长子的数次造反。

840年路易一世死后,其长子洛泰尔即位。翌年,路易一世的另两个儿子日耳曼人路易和秃头查理结成联盟,反对洛泰尔,展开内战。

842年,洛泰尔战败求和。次年,三方签订该条约。

根据条约,加洛林帝国一分为三。洛泰尔仍承袭帝号,并分得意大利中部和北部以及莱茵河和阿尔卑斯山以西、埃斯科(斯海尔德)河、默兹河、索恩河和罗讷河以东地区,称中法兰克王国;日耳曼人路易分得莱茵河以东地区,称东法兰克王国;秃头查理分得洛泰尔领地以西地区,称西法兰克王国。

凡尔登条约奠定了法兰西、意大利王国和德意志第一帝国三个国家疆域的基础。

中法兰克王国夹在东西法兰克中间的地带,由于种种原因没有形成一个牢固的政治实体。在此后的历史中,其疆域一直是法兰西、奥地利争夺的对象,最后法国得到了大部分土地,德意志神圣罗马帝国则保留了莱茵河左岸地区,1861年撒丁王国统一意大利成立新的意大利王国。

瓜分剩下的部分构成后来的瑞士、比利时、荷兰和卢森堡的领土。查理曼帝国的瓦解奠定了近代西欧诸国的基础。

22 教皇国是如何形成的?

西罗马灭亡后,其原有领土陷入无主状态,在这种情况下,意大利的基督教会组织起来,在罗马主教的治理下,逐渐成为意大利中部地区事实上的世俗统治者。

公元6世纪后,教皇国的雏形开始出现,但是查士丁尼大帝统治下的拜占庭帝国对意大利展开了一系列征服活动,破坏了教皇国的政治和经济基础。伦巴底人将拜占庭势力逐出意大利。虽然此时的罗马主教在名义上还要臣服于拜占庭皇帝,但是罗马教会的相对独立使得罗马主教有资本与君士坦丁堡主教和拜占庭皇帝相抗衡,罗马主教格里高利二世甚至开除了拜占庭皇帝利奥三世的教籍。

至公元 7 世纪,随着拜占庭帝国的衰落,罗马教会作为意大利最大的土地所有者,再度对拜占庭势力所不及的罗马城周围地区展开统治,转而集中攻打亚平宁半岛北部以拉文纳城为核心的拜占庭总督辖区。

728 年,伦巴底国王路易特普兰德将拉丁地区的一些乡村和城镇捐献给罗马主教,这些土地成为教皇国的立国基石。

751 年,拜占庭在意大利的领土最终全部沦丧于伦巴底人之手。罗马地区(此时已经发展为罗马公国)彻底切断了和拜占庭帝国的联系。教皇通过向法兰克人领袖"矮子"丕平大献殷勤,从而解除了伦巴底人的威胁。教皇采取了一系列向丕平示好的行动,包括批准后者废黜墨洛温王朝末代国王而自立为王。

作为回报,丕平率军在 754 年进入意大利。在此后的两年中,他平定了意大利中部和北部的许多地方。丕平两次率军进入意大利迫使伦巴底国王投降,把夺自拜占庭的原拉文纳总督区的地方交给教皇及其继任者进行统治。于是出现了教皇国。

㉓ 什么是汉萨同盟?

汉萨同盟是德意志北部城市之间形成的商业、政治联盟。汉萨一词,德文意为"公所"或者"会馆"。13 世纪逐渐形成,14 世纪达到兴盛。

从 12 世纪起,北德意志商人为了同英国、佛兰德进行贸易,曾组织过"科隆汉萨"和"汉堡汉萨"。约在 12 世纪中叶至 13 世纪中叶,德意志莱茵河流域的贸易活跃,对外贸易重心逐渐扩大到波罗的海地区。13 世纪 80 年代,莱茵地区各商人组织互相合作以维护共同的利益,并与律贝克及其他控制波罗的海贸易的北德城市结成同盟,以御防劫匪和海盗,确保贸易安全。

"汉萨同盟"一名首次出现于 1344 年,最初是共享特权的商业联盟"商人汉萨"。1356 年商人汉萨发展为城市汉萨,加入者包括绝大多数北德沿海城市,律贝克、汉堡和不来梅是其核心,后来加入者有科隆、但泽和柯尼斯堡。1358 年,波罗的海东岸的里加等城亦加入汉萨同盟。同盟垄断东欧、北欧同西欧的中介贸易。同盟商人也通过意大利商人经营东方产品,如香料及贵重纺织品等。1367 年,加盟的 77 个城市的代表在科隆举行首次会议。同盟设有最高议会和最高法院,入盟城市必须遵守同盟权力机关的决定。各城有公共的财政和海军,有权对外进行外交、宣战、媾和、缔约等。1368—1370 年,汉萨同盟的联合舰队击败丹麦,迫使丹麦签订《斯特拉尔松德和约》。该和约的签订致使汉萨同盟拥有北欧政治同盟的性质,扩大了汉萨同盟对波罗的海、北海的贸易以及对斯堪的纳维亚政治的控制。汉萨同盟进入鼎盛时期,结盟城市多达 160 多个,同盟在各地享有商业优惠,在伦敦、诺夫哥罗德、布鲁日、卑尔根等地均设有商站。同盟各城市的政权为城市贵族和大商人控制。14 世纪末至 15 世纪初,曾发生行会起义,但遭镇压。同盟在组织上较为松弛,既无宪法,也无成文的制度和执行机构。

15 世纪中叶以后,由于英国、尼德兰、瑞典的工商业日益发展,立陶宛、波兰联合后逐步强盛(见立陶宛大公国)。莫斯科公国征服诺夫哥罗德后关闭汉萨同盟在该城的商站,尤其是新航路的开辟,导致商业中心的转移,汉萨同盟渐失优势。德意志内部,勃兰登堡、普鲁士地位的上升,使汉萨同盟进一步削弱。汉萨同盟于 1669 年在吕贝克举行最后一次会议,只有 6 个城市参加。此后,同盟即告解体。

㉔十字军为什么要进行东征?

十字军东征是一系列在罗马天主教教宗的准许下进行的、持续近200 年的、有名的宗教性军事行动,由西欧的封建领主和骑士,对地中海东岸的国家,以收复阿拉伯入侵占领的土地名义发动的战争。

7 世纪,伊斯兰教在阿拉伯半岛兴起,迅速向阿拉伯半岛以外的地区扩张,中东的历史格局从此发生巨变。

在 7 世纪的剩余时间里,阿拉伯人不可阻挡地向北方和西方驱进。阿拉伯军队于 711 年渡过直布罗陀海峡,并击败了西哥特人;次年扩张至伊比利亚半岛中部(今西班牙);到 8 世纪 30 年代,在欧洲西面,以北非柏柏尔人为主的穆斯林征服者挺进到法兰克王国的心脏地带,在 732 年的图尔战役中被查理·马特挫败,其在西欧的扩张步伐遂被遏止。

基督徒、教会和大地主丧失了他们的土地,而这些土地被收归于伊斯兰国家国库、寺院以及他们的高层官员所有;当地民众经常遭受骚扰、殴打及谋杀;阿拉伯人的政府所收的土地税和人头税,比过去拜占庭帝国所征的有过之而无不及。

10 世纪,拜占庭收复了周边一些失地,但未收复耶路撒冷。909 年,伊斯兰教什叶派首领在突尼斯以法蒂玛和阿里的后裔自居,自称哈里发,是为法蒂玛王朝(中国史书称"绿衣大食"),建都马赫迪亚(969 年迁至开罗)。

1009 年,西方对穆斯林态度发生了巨变,第六任埃及法蒂玛王朝哈里发哈基姆下令摧毁包括圣墓教堂在内的所有耶路撒冷基督教教堂和犹太会堂,加深了对非穆斯林的迫害。基督教徒到耶路撒冷朝圣的路被封。在近东,朝圣者受新入主西亚的突厥军人穆斯林侮辱的消息传至西欧,基督教与伊斯兰教互相对立气氛更加严重。

1039 年,在埃及,哈基姆的继任者收受了巨大的财物后才允许拜占庭重建圣墓教堂,双方关系再次和平。随后,朝圣者被允许往来于圣地,同时突厥穆斯林统治者们也认识到朝圣者之于增加财源的重要性。但是期间对异教的迫害并未中止。然而,破坏已经造成,后来的塞尔柱人(另一支入主西亚的突厥人)加剧了基督教世界的忧虑。

㉕ 十字军东征的经过如何? 结果如何?

十字军东征共计有八次。

第一次(1096—1099),是唯一一次胜利的东征。参加的约有 10 万人。1099 年 7 月 15 日占领耶路撒冷,进城后使用武力伤害了 7000 余人,接着按欧洲国家模式,在地中海沿岸所占地区建立若干封建国家。

第二次(1147—1149),是在法国国王路易七世和"神圣罗马帝国"皇帝、德意志国王康拉德三世率领下进行的。塞尔柱突厥人于 1144 年占领爱德沙是这次远征的起因。出动较早的德意志十字军在小亚细亚被土耳其人击败。法国十字军攻占大马士革的企图也落了空,故这次远征未达到任何目的。

第三次(1189—1192),是在"神圣罗马帝国"皇帝红胡子腓特烈一世、法国国王奥古斯都腓力二世和英国国王理查一世率领下进行的。腓特烈率其部队,沿上次远征的陆路穿越拜占庭。法国人和英国人由海路向巴勒斯坦挺进,途中占领了西西里岛。由于十字军内部矛盾重重,此次远征也没有达到目的。于 1192 年与埃及苏丹萨拉丁签订和约。据此和约,从提尔(今苏尔)到雅法的沿海狭长地带归耶路撒冷王国所有,耶路撒冷仍然留在穆斯林手中。

前三次十字军东征导致拜占庭人与拉丁人关系恶化,拜占庭人对西方人的仇恨使得西方更加想要征服拜占庭。

第四次(1202—1204)由教宗英诺森三世发动。目的本是要攻占穆斯林所控制的埃及,作日后行动的基地。大战过后,威尼斯占去拜占庭帝国八分之三的领土(包括爱琴海、亚得里亚海沿岸许多港口和克里特岛)。而十字军则以君士坦丁堡为中心建立了拉丁帝国和两个附庸于君士坦丁堡的拉丁帝国的国家,分别是雅典公国和亚该亚公国。

第五次(1217—1221)。1213 年 4 月 19 日,教皇英诺森三世要求信徒组建一支新十字军。不过,此教令得不到欧洲的君主们支持。第五次十字军战争终告失败。

第六次(1228—1229),是在"神圣罗马帝国"皇帝腓特烈二世率领下进行的,这次远征使耶路撒冷在 1229 年暂回到基督教徒手中,但 1244 年又被穆斯林夺回。

第七次(1248—1254),由法国国王路易九世发动。结果,路易九世的弟弟阿图瓦伯爵被杀,路易九世被俘。1250 年,法国以大笔赎金赎回路易九世。但直到 1254 年,路易九世和他的士兵才得以被释放回国。

第八次(1270年)由法国国王路易九世领导,进军突尼斯。十字军在突尼斯登陆不久,路上发生传染病。路易九世染病身亡,路易九世的儿子兼继承人腓力三世马上下令撤退。此次十字军东征以撤退收场。

至此,十字军东征时代基本完结了。

26 英国国王为什么都喜欢在自己的名字前面加上一些称号?

英国国王都喜欢在自己的名字前面加上一些称号,用来表示自己的权威至高无上。

公元1066年,英王爱德华死后无嗣,法国大封建主诺曼底公爵威廉借口他的表舅爱德华生前曾答应让他继承英国王位,在教皇支持下渡海征服了英国,当上了英国国王,建立了英国第一个封建王朝——诺曼底王朝。他同时又以法王附庸的身份领有诺曼底。他的称号为"蒙上帝恩赐的英格兰国王、诺曼底公爵威廉一世",诺曼底王朝到公元1154年告终。

公元1154年亨利二世加冕为英王,建立金雀花王朝。其父是法国安茹伯爵,母亲是英王亨利一世之女。他于公元1150年成为诺曼底公爵,公元1151年继任安茹伯爵,公元1152年通过联姻,又领有阿奎丹等地。他继英国王位后,属地跨英、法两国,因此在他的称号中又加入了阿奎丹公爵和安茹伯爵两个爵位。到约翰(亨利二世幼子)为英王时,爱尔兰被英国控制,所以他的称号又增加了"爱尔兰领主"的内容,其全称为"蒙上帝恩赐的英格兰国王、爱尔兰领主、诺曼底和阿奎丹公爵、安茹伯爵"。

公元1327年,年仅15岁的爱德华三世继位,其母是法王查理四世的妹妹。公元1328年查理四世去世无子,爱德华三世就想以外甥的身份继承法国王位,于是他把称号定为"蒙上帝恩赐的英格兰和法兰西国王、爱尔兰领主爱德华三世"。公元1337年,他为了实现真正吞并法国的目的,成为名副其实的法王,挑起了英法"百年战争"。尽管百年战争以英国的失败而告终,但在以后的三个多世纪中,英王都一直在自己的称号中保留着"法兰西国王"的称号。

公元 16 世纪上半叶,亨利八世在位,他是都铎王朝建立者亨利七世之子。为了加强专制王权,扩大国库财源,他以教皇不准其与王后西班牙公主凯莎琳离婚为理由,于公元 1534 年促使国会通过了《至尊法案》,同教皇决裂,自上而下实行宗教改革,建立英国国教。从他开始,英王称号又增加了"信仰的保护者"的头衔。另外,亨利八世为了炫耀自己,还把"爱尔兰领主"改为"爱尔兰国王"。这样,他的称号就成了"蒙上帝恩赐的英格兰、法兰西和爱尔兰国王,信仰的保护者"。

公元 1603 年,女王伊丽莎白一世死后王统中断,他的远亲苏格兰国王詹姆士登上英国王位,称詹姆士一世,开始斯图亚特王朝统治,苏格兰和英格兰共戴一主,为此他的称号又多了"苏格兰国王"的新内容。公元 1625 年查理一世即位,他把称号改为"蒙上帝恩赐的大不列颠、法兰西和爱尔兰国王,信仰的保护者"。1640 年英国资产阶级革命爆发,到公元 1649 年查理一世被押上刑场处死。英国宣布为资产阶级和新贵族专政的共和国,英王称号一度消失。

公元 1660 年 5 月流亡法国的查理二世被迎立为英王,斯图亚特王朝复辟,国王称号又得以恢复。查理二世指望在法国援助下在英国恢复专制,才把"法兰西国王"的虚名从英王称号中正式取消。公元 1801 年英国与爱尔兰签订同盟条约,成立"大不列颠及爱尔兰联合王国"。当时乔治三世获得了"蒙上帝恩赐的大不列颠及爱尔兰联合王国国王,信仰的保护者"的新称号。

自公元 1837 年到 1901 年在位的维多利亚女王。她统治时期,迅速对外扩张,建立了庞大的殖民体系,并于公元 1849 年侵占了整个印度。公元 1876 年英国首相狄士累利宣布维多利亚为"印度女皇",英王称号又增加了新内容。1902 年爱德华七世加冕为英王时,他号称为"蒙上帝恩赐的大不列颠及爱尔兰联合王国和所有不列颠海外自治领的国王、信仰的保护者,印度皇帝"。

第一次世界大战爆发后,英国殖民体系开始动摇,爱尔兰民族独立运动日趋高涨,英政府被迫于 1921 年 12 月同爱尔兰签订条约,允许爱尔兰南部 26 个郡成立"自治邦",享有自治权,北部 6 个郡划归英国。这样,英国国名改为"大不列颠及北爱尔兰联合王国",国王的称号也相应改变。

1931 年"英联邦"成立,英海外自治领成为英联邦内的独立成员,与英国具有平等地位。英王称号中"海外自治领的国王"的内容只好去掉。第二次世界大战后,亚、非、拉民族独立运动蓬勃发展,1947 年印度宣布独立,英王称号又取消了"印度皇帝"的内容。

今天的英王是伊丽莎白二世,她于 1952 年 2 月 6 日登上宝座。她的称号是"蒙上帝恩赐的大不列颠及北爱尔兰联合王国和她的其他领与领土的女王、英联邦元首、信仰的保护者伊丽莎白二世"。

综上可见,英王称号的变化,在一定程度上反映了英国的盛衰。

㉗ 什么是《自由大宪章》?

《自由大宪章》是英国封建专制时期宪法性文件之一,于 1215 年 6 月 15 日,英国封建贵族和城市平民胁迫约翰王在兰尼米德草原签署,习称《大宪章》。

这个文件共有三十六条,主要内容有:保障教会选举教职人员的自由;保护贵族和骑士的领地继承权,国王不得违例征收领地继承税;未经由贵族、教士和骑士组成的"王国大会议"的同意,国王不得向直属附庸征派补助金和盾牌钱;取消国王干涉封建主法庭从事司法审判的权利;未经同级贵族的判决,国王不得任意逮捕或监禁任何自由人或没收他们的财产。此外,少数条款涉及城市,如确认城市已享有的权利、保护商业自由、统一度量衡等。

《自由大宪章》是对王权的限定,国王如违背之,由 25 名贵族组成委员会有权对国王使用武力。

《自由大宪章》乃英国宪政之母,而英国宪政乃世界宪政之母。王权与贵族权、王权与基督教神权之间既依赖又排斥、既对抗又妥协的关系支撑起英国的"有限王权"封建制;它与西欧及东方的"绝对王权"之间的"权力差"就构成了自由与权利、宪政与法治成长、壮大的出发点。正是在集权与封建、自由与专制、法治与人治的抗衡与妥协中,才孕育出了一种以自由为动力、以分权为基础、以民主为形式、以法治为保障的新型政治形态。

《自由大宪章》的发展历程昭示了缔造现代社会制度的三个基本原则:一是以自由保障自由的原则。自由是人类向上提升的最终动力源泉,自由缔造民主、平等、分权、宪政与法治而不是相反。二是以分权保障自由的原则。分权是自由与权利发展的要求,在分权未确立的地方便没有自由与权利,也就不可能有民主与宪政,因为在一个高度集权的专制社会中不可能形成真正合意基础上的政治性、公法性契约。三是以法治保障自由原则。自由民主不是指"让多数人统治少数人",更不是指"让民众直接当家作主",而是指"每一个人能够自己统治自己";宪政不是指"有宪法的政治",而是指"法律下的政治"。

《自由大宪章》后来成为近代资产阶级建立法治的重要依据之一。

28 英国国会是如何产生的?

《自由大宪章》签署后,英王约翰和他的后继者亨利三世(1216—1271)均无诚意执行宪章中的规定,引起了社会各阶层的不满,甚至导致了内战的发生。1264 年,勒斯特伯爵西门·德·孟福尔领导的由骑士、市民、自由农民和一部分封建诸侯组成的军队击败了国王的军队,并且俘虏了国王。孟福尔成了英国的实际统治者。为了使骑士和市民参与政权,以便巩固自己的统治基础,孟福尔于 1265 年召开了一次会议,除一部分大诸侯参加外,每郡都有两名骑士代表和每个城市都有两名市民代表参加。这就是英国国会的开端。

借封建主内战之机,农民纷纷袭击封建主的庄园,拒绝负担封建义务,这使得封建主极为恐惧,他们又离开孟福尔而与国王联合。1265 年8 月,孟福尔的军队被国王和诸侯的联军所击败,孟福尔被杀,英王的权力又得到恢复。1295 年,英王爱德华一世(1271—1307)为筹备经费又召开国会,与会人员的成分和 1265 年的会议一样。此后,国会经常召开。

最初,国会的主要权力是批准税收,到十四世纪时就有了颁布法律和审判政治案件的权力。1343 年,国会分为上院和下院,上院是贵族院,由教俗大封建主组成;下院是平民院,由骑士和市民代表组成。这种国会制度的形式一直延续到现在。

29 英法百年战争是怎么回事?

百年战争是指英国和法国,以及后来加入的勃艮第,于 1337 年至 1453 年间的战争,是世界最长的战争,断断续续进行了长达 116 年。

战争可分为四个阶段。

1337 年到 1360 年为第一阶段。这一阶段中,英法主要争夺佛兰德斯和基恩。

1337 年 11 月英王爱德华三世率军进攻法国,战争开始。1348 年,黑死病横扫整个欧洲,两国停战十年。1356 年 9 月,普瓦提埃之战,法军大败,法王约翰二世(1350—1364 年在位)及众臣被俘,英借此向法国索取巨额赎金。1360 年,法国被迫签订极不平等的布勒丁尼和约,割让出卢瓦尔河以南至比利牛斯山脉的全部领土。此外,法王还需支付 300 万金币的补偿款,作为条件,爱德华放弃法国王位。

1364 年到 1396 年为战争的第二阶段。

1364 年,法国王子查理继位,称查理五世(1364—1380 年在位),为了夺回失地,改编军队,整顿税制,紧张备战。查理五世用雇佣步兵取代部分骑士民团,并建立了野战炮兵和新的舰队。1369 年起连续发动攻势,欲夺回被侵占的领土,在蒙铁尔战役等多场战役中大败英军。1380 年,英军已退守沿海区域。1396 年双方缔结二十年停战协定。

1415 年到 1422 年为战争的第三阶段。

1415 年 8 月,英王亨利五世(1413 —1422 年在位)趁查理六世(1380—1422 年在位)即位后法国统治阶级发生内讧之机,领兵进攻法国,英军于阿金库尔战役大败法军。10 月,与勃艮第公爵结盟,占领法国北部,法王查理六世无力抵抗。1420 年 5 月 21 日英、法在特鲁瓦签订几乎亡国的特鲁瓦条约。英王亨利五世成为法国摄政王,有权承继查理六世死后的法国王位。法国已沦为英法联合王国的一部分。1422年,英法的亨利五世和查理六世同年去世,两方新王亨利六世和查理七世为争夺法国王位,再度交火。

1424年到1453年是战争的第四阶段。

1428年10月,英军和勃艮第派包围了奥尔良达半年之久,法军严重不利。1429年4月27日,法国王太子授予贞德以"战争总指挥"的头衔,命她率领3000—4000名士气高昂的法军向奥尔良进发。5月8日,被英军包围209天的奥尔良终于解了围。奥尔良战役的胜利,扭转了法国在整个战争中的危难局面,从此战争朝着有利于法国的方向发展。1430年在康边城附近的战斗中,贞德被封建主以4万法郎卖给了英国人。1431年5月31日,贞德备受酷刑之后在卢昂城被活活烧死,她的骨灰被投到塞纳河中。死时,贞德还不满20岁。

贞德之死激起法国的民族义愤。同时由于勃艮第背弃英王,重新与法联合,促使法军转入大反攻。法国相继收复加莱除外的全部领土。

1458年,法军攻陷加莱,英国失去在欧洲大陆最后一个据点。

法国取得战争的胜利,战争胜利使法国完成民族统一,更为其日后在欧洲大陆扩张打下基础。英国几乎丧失所有的法国领地,但也使英格兰的民族主义兴起。之后英格兰对欧洲大陆推行"大陆均势"政策,转往海外发展,成为全球最大的帝国。

30 红白玫瑰战争是怎么回事?

红白玫瑰战争指英国兰开斯特王朝和约克王朝的支持者之间的内战。

两个家族都是金雀花王朝皇族分支,英王爱德华三世后裔。玫瑰战争不是当时所用的名字,它来源于两个皇族所选的家徽,兰开斯特的红玫瑰和约克的白玫瑰。

在英法百年战争中,英国的各封建贵族都建立有自己的武装。在这百年战争之后,英国内部各封建贵族利用自己手中握有的武装,企图掌握国家的最高统治权。经过一番分化组合,贵族分为两个集团,分别参加到金雀花王朝后裔的两个王室家族内部的斗争。

1454 年 12 月,约克公爵理查在宫廷斗争中失利后,勾结沃里克伯爵等大贵族,起兵反对兰开斯特家族出身的国王亨利六世,内战爆发。1455 年 5 月 22 日,理查率军在圣奥尔本斯击败兰开斯特家族军队,控制了宫廷,称护国公。1459 年 10 月 12 日,亨利六世率军在卢德福桥战胜约克家族军队,理查和沃里克伯爵逃亡法国。次年 6 月,沃里克伯爵和理查之子爱德华率军杀回英国,攻占伦敦,俘获国王,理查被宣布为王位继承人。但亨利六世王后玛格丽特不甘失败,于 12 月 30 日率军突袭杀死理查。理查之子爱德华继承约克公爵封号后,于 1461 年 2 月 2 日率军打败兰开斯特军,3 月 4 日废亨利六世,自己登上英国王位,称爱德华四世,建约克王朝。此后,爱德华四世率军彻底打败兰开斯特军。玛格丽特逃往苏格兰。战争暂时告一段落。

战争第二阶段是由约克家族内讧开始的。沃里克伯爵在建立约克王朝的斗争中立下汗马功劳,并大权在握,企图控制国王爱德华四世,双方矛盾日益激化。1469 年,沃里克伯爵煽动叛乱,打败国王军队。不久,国王发动反击,沃里克伯爵逃亡法国,与宿敌玛格丽特结盟,于 1470 年 9 月打回英国,废黜爱德华四世,恢复亨利六世王位。爱德华逃亡佛兰德,于 1471 年 3 月率德国和佛兰德雇佣军返英,于 5 月 4 日在蒂克斯伯里歼灭兰开斯特军余部,俘玛格丽特,处死亨利六世。此后,约克王朝进入 12 年和平昌盛时期。

1483 年,爱德华四世去世,年仅 13 岁的爱德华五世即位。不久皇叔理查篡位,称查理三世,约克家族众叛亲离。1485 年 8 月,兰开斯特家族远亲亨利·都铎率法国雇佣军打回英国,重整兰开斯特旧部,于 8 月 22 日率军杀死理查三世。玫瑰战争至此结束。亨利·都铎即位,称亨利七世,建都铎王朝。为缓和政治紧张局势,他同爱德华四世的长女伊丽莎白(约克家族的继承人)结婚后,将原两大家族合为一个家族。

31 中世纪的德国为什么叫作"神圣罗马帝国"?

德国在中世纪时并不叫德国,而是叫"神圣罗马帝国"。

公元 814 年,被称为"罗马人的皇帝"的查理曼帝国国王查理大帝去世。30 年后,他的三个孙子在凡尔登缔结了三分帝国的和约。莱茵河以东地区划归日耳曼路易,称东法兰克王国。

东法兰克王国的统治地区包括萨克森、法兰克尼亚、巴伐利亚、士瓦本和图林根五个公国。公元 919 年,萨克森公爵亨利一世取得了东法兰克王国的政权,正式建立了德意志王国,开始了萨克森王朝在德意志的统治。他先后占领了西法兰克王国的洛林公国以及易北河以东的勃兰登堡,在易北河口建立了什列斯维希边区。

公元 951 年,萨克森王朝的鄂图一世侵占了意大利北部的伦巴底和布尔戈尼。公元 961 年,他又出兵帮助教皇约翰十二镇压了反抗教皇的运动。为了报答鄂图一世,教皇于公元 962 年加冕他为皇帝,并宣布新帝国为"神圣罗马帝国"。其疆域包括现在的德国、意大利、捷克、荷兰、奥地利、比利时、瑞士等国的大部分地区。

神圣罗马帝国虽然疆域辽阔,即始终没有形成一个统一的中央集权的国家。公元 1024 年,萨克森王朝的统治终结了。法兰克尼亚王朝兴起。但也正是从此开始,神圣罗马帝国皇帝的权力逐渐衰落。

32 什么是黄金诏书?

神圣罗马帝国皇帝查理四世(1347 年至 1378 年在位)于 1356 年颁布的帝国基本法,又名金玺诏书,因诏书上盖有黄金印玺,故名黄金诏书。

其主要的内容是确定皇帝选举法和规定诸侯权限等。1356 年 1 月和 12 月分别在纽伦堡和梅斯的帝国议会上公布。金玺诏书除序言外,共31章。规定：皇帝由当时权势最大的7个选帝侯（圣职选帝侯：美因茨、科隆、特里尔三大主教；世俗选帝侯：波希米亚王、莱茵的巴拉丁伯爵、萨克森公爵和勃兰登堡的边地伯爵），在法兰克福城选举产生。选举会议由美因茨大主教召集并主持；帝位加冕礼在亚琛举行；德意志国王即是神圣罗马帝国皇帝，不再需要罗马教皇的承认。还规定世俗选帝侯由长子继承、男性相续，领地不可分割。选帝侯在其领地内政治独立，拥有征税、铸币、盐、铁矿开采等国家主权，以及独立的、不准臣民上诉的最高司法裁判权；未经特别许可，不准城市结盟；不准封臣反抗领主。选帝侯拥有监督帝国的新的职权。

金玺诏书从法律上确定了德意志侯国的分立体制，是侯国实行君主体制的法律根据。它进一步削弱了皇权，加剧了德意志的政治分裂。1806年神圣罗马帝国灭亡后，此诏书失去意义。黄金诏书的原件今保存在维也纳国立图书馆。

❸❸ 卡诺沙之辱是怎么回事？

教皇格列高利七世作为克吕尼改革派，在任内早期就试图推行改革，从当时的枢机主教团和神圣罗马帝国手中夺取教职授权。1056年，年仅六岁的亨利四世登上神圣罗马帝国皇位，罗马教廷趁着皇帝年幼，于1059年4月13日颁布著名的教皇选举法，规定封建领主不再拥有干预教皇选举和任命治下红衣主教团的权力。国王亨利四世与教皇争权夺利，斗争日益激烈，发展到了势不两立的地步。亨利想摆脱罗马教廷的控制，教皇则想把亨利所有的自主权都剥夺殆尽。

于是格列高利七世发布敕令，废黜德皇亨利四世，革除其教籍，解除臣民对他的效忠誓约。与此同时德国国内以公爵鲁道夫为首闹独立的一些诸侯宣称，倘若亨利四世不能得到教皇的宽恕，他们将不承认他的君主地位。亨利还要面对萨克森人的复叛和国内的克吕尼运动，被革除教籍使他成为了众矢之的。

在这种内忧外患的严峻形势下，亨利四世被迫妥协，于1077年

1月,决定冒着严寒前往卡诺莎觐见教皇,恳求他撤回开除教籍的敕令。经过漫长而艰难的跋涉之后,他们终于到达卡诺莎城堡。亨利四世此举已是极尽卑微,但教皇却紧闭城堡大门,迟迟不让亨利进入。据说亨利一家在雪地站了三天三夜(也有一说,亨利一行人大多数时间其实都待在山下的村庄中等待教皇的赦免),教皇才同意亨利四世进来见他,给予亨利四世一个额头吻表示原谅,这就是"卡诺莎之辱"。此后,"卡诺莎之辱"在西方世界成为屈辱投降的代名词。

亨利恢复教籍保住帝位返回德国后,集中精力整治内部。格列高利七世认识到情况有变,于1080年再次对亨利四世处以绝罚,开除其教籍。亨利亦再度宣布废黜教皇,并任命一名敌对教皇克莱芒三世,随即率大军挥戈南下进军罗马(1084年),准备以武力洗刷"卡诺莎之辱"。亨利四世成功地占领了罗马,在那里由伪教皇克莱芒三世加冕为神圣罗马帝国皇帝。格列高利七世在孤独中客死意大利南部的萨莱诺(1085年)。二十一年后,亨利四世在他的王位上死去。但教皇与国王的权力之争并没有结束,双方的继承者仍然各不相让,斗争又持续了十多年。1122年,在德意志西部的沃尔姆斯城,罗马教皇和德意志国王共同签署了《沃尔姆斯协定》:德意志境内的主教将不再由皇帝直接任命,而是在有皇帝或他的代表出席的情况下,由教士自己选举产生;主教的政治权力由皇帝授予,宗教权力由教皇授予。

34 查士丁尼统治时的东罗马帝国是怎样的?

查士丁尼一世(全名为弗拉维·伯多禄·塞巴提乌斯·查士丁尼,约483—565),东罗马帝国(拜占庭帝国)皇帝(527—565),史称查士丁尼大帝。

他在位期间多次发动对外战争,征服北非汪达尔王国、意大利东哥特王国,使东罗马帝国的领土扩大。

公元526年2月13日,查士丁尼大帝颁布一项敕令,任命特里布尼厄斯组织一个由10名法学家组成的委员会,主席由"圣宫廷"的前司法长官约翰担任。委员会有权力用现存的所有资料，并可加以增删、修订，随后把这些敕令分别标上发布皇帝的名号，以及施行的对象与日期，再按内容分类，按时间先后排列。

这部《敕法汇集》在公元 529 年颁布施行，也就是著名的《查士丁尼法典》。查士丁尼法典来源于罗马法。《查士丁尼法典》等四部法典（总称《民法大全》），为罗马法的重要典籍，对后世法律影响很大。534 年《查士丁尼法典》修改后再度颁布。

查士丁尼一世是古罗马时代末期最重要的一位统治者，也是一名野心家：在他统治期间拜占庭帝国经过多年的浴血奋战，终于重新控制了许多西罗马帝国从前的土地，包括意大利、西班牙、法国和北非等重要的行省，使地中海再度成为罗马的内海，同时灭亡了许多日耳曼蛮族在西罗马废墟上建立的王国，结束了他们对于罗马的和平长期以来的威胁。

在东方，他与罗马的历史旧敌—波斯的萨珊王朝（旧罗马时代称帕提亚帝国）也进行过多次战争。

他的统治期一般被看作是历史上从古典时期转化为希腊化时代的东罗马帝国的重要过渡期，也被认为是最后一个属于真正罗马人的时代。在他去世后，尽管拜占庭在马其顿王朝治下再度繁荣过一次，但再也没有能像他统治的时代一样成为让整个欧洲惧怕的真正意义上的帝国。

35 拜占庭帝国兴衰如何？

公元 395 年，罗马帝国一分为二，西罗马帝国急剧败落，走向灭亡，在其废墟上建立起许多新的欧洲国家。东罗马帝国即拜占庭帝国以君士坦丁堡为首都，抵抗住风雨，前后维持了千年之久。

拜占庭帝国建国时，版图包括巴尔干半岛、小亚细亚、美索不达米亚西部、叙利亚、巴勒斯坦、埃及以及地中海各个岛屿，地跨欧、亚、非三大洲。拜占庭地处东西方交通要道，经济较为发达，社会环境比西部相对安定,保持了国家机器的完整性,并逐步走向封建社会。

拜占庭封建化的背景是频繁的对外战争。查士丁尼当政时期(527
—565),拜占庭疯狂向西扩张,倾力举兵西进。公元 533 年,拜占庭帝国
的铁蹄踏进汪达尔王国。公元 535 年,又移兵意大利,向东哥特王国进
攻,受到东哥特人民的奋力抵抗。拜占庭军队在意大利艰难作战 20 年,
终将东哥特王国消灭,但自己也损失惨重。东哥特的战争还没有结束,
拜占庭大军又踏上远征西班牙的西哥特王国的征程,并将西班牙东南部
以及科西嘉岛、撒丁岛和巴利阿里群岛占领。至此,查士丁尼的西征才
算结束。他死后,不仅他的扩张事业难以为继,就是已有的局面也难以
维持。公元 568 年,拜占庭军队被赶到意大利南部。

公元 12 世纪末,塞尔柱突厥人入侵,拜占庭无力抵抗,向罗马教皇
发出救援信,于是西方国家发动了臭名昭著的"十字军东征"。拜占庭引
狼入室,元气大伤。此后,拜占庭帝国仅剩下海峡弹丸之地。公元
1453 年,奥斯曼土耳其最终将君士坦丁堡攻陷,拜占庭帝国灭亡。

㊱ 十六、十七世纪的沙俄是如何对外扩张的?

十六世纪初,俄罗斯还是一个偏于东欧一隅的小国家,只是后来经
过了一系列侵略扩张,才变成了一个横跨欧亚两洲的大帝国。

沙俄的对外扩张是从伊凡四世就开始了,他把侵略的矛头指向了
西、南、东三个方向。

向西,他企图征服波罗的海沿岸,夺取出海口,于是与立窝尼亚骑士
团、波兰、瑞典、立陶宛、丹麦等进行了长达二十五年(1558—1583)的立
窝尼亚战争,但其野心并未得逞。十七世纪下半期兼并了乌克兰和白俄
罗斯的一部分。

向南,1552 年灭掉了喀山汗国,1556 年又吞并了阿斯特拉罕汗国,
打开了从俄罗斯到黑海的通路。其后又侵入高加索地区。

向东,从十六世纪中期开始,便以步步为营的方式向西伯利亚侵入,
到 1598 年侵吞了西西伯利亚,然后又继续东侵,并以"探险队"等形式进

行"地理发现",到 1639 年就侵占了西伯利亚的大部分土地。十七世纪中期以后,沙俄侵略者开始侵袭我国黑龙江一带,并且强占了黑龙江以北、乌苏里江以东的我国大片领土,还于 1650 年侵占了我国达斡尔族人的驻地雅克萨城。侵略者践踏我国领土,残害我国边民,犯下了滔天罪行。在侵略军头领雅科夫的指使下,侵略者曾野蛮地吃掉我边民五十多人。1651 年 6 月,侵略军头领哈巴罗夫曾命令侵略军杀死伊古达尔城的我国居民六百六十一人(皆为男子),掠走儿童一百一十八人,妇女二百四十三人,并把剩下的老弱居民全部投入火中烧死。侵略者的残暴罪行激起我国边民的强烈反抗,清政府也派军击敌。我国军民多次击败侵略军,并于 1685 年 6 月收复了雅克萨城。1689 年,中俄双方在平等的基础上签订了《尼布楚条约》。条约中明确规定了黑龙江以北、乌苏里江以东一百多万平方公里的土地属于中国领土。

㊲ 新航路开辟的经过如何?

新航路的开辟大体经过了三个阶段:

第一阶段是开通了欧洲通往印度的新航路。

最先探寻通往东方新航路的是葡萄牙人。1415 年葡萄牙人侵入非洲西北海岸的休达城,1445 年到达了佛德角。1487 年,巴托罗缪·迪亚士到达非洲最南端的好望角。1497 年 7 月 8 日,达·伽马率领一支包括四艘帆船、160 名水手的远航队从里斯本出发,11 月到达好望角,次年 3 月 1 日抵达非洲东岸的莫桑比克,然后由阿拉伯人领航,于 1498 年 5 月 20 日抵达印度西部的卡利库特城,开辟了欧洲通往印度的新航路。达·伽马于 1499 年 9 月返航里斯本,他们带回大量的宝石、象牙、香料等,获纯利达航行费用的六十多倍。

第二阶段是哥伦布抵达美洲。

1492 年,意大利的哥伦布在西班牙国王的资助下,于 8 月 3 日率领八十八名水手,三艘帆船,从西班牙南端的巴罗斯港出发,向西南方向的西属加纳利群岛驶去。9 月 8 日离开加纳利群岛后继续西行。10 月

12日到达巴哈马群岛中的一个小岛(今华特林岛),然后又继续南航。10月28日到达古巴,12月7日到达海地。哥伦布在海地建立了殖民据点,留下三十九人驻守,他自己率领两只小船,于1493年3月15日返抵巴罗斯。以后哥伦布又进行三次西航,到达南美洲海岸和中美洲的洪都拉斯等地。

第三阶段是麦哲伦的环球航行。

麦哲伦是葡萄牙的没落贵族,曾向葡萄牙国王提出过远航计划,但遭到拒绝,后来便侨居西班牙。1519年9月20日,麦哲伦根据西班牙政府的命令,率五艘旧船和二百六十五名船员,从西班牙塞维利亚城的外港圣卢卡尔港出发,向加纳利群岛驶进。10月3日离开加纳利群岛,然后,又西渡大西洋,沿着南美洲海岸继续南下。1520年10月21日到达美洲南端的海峡(后来命名为"麦哲伦海峡"),然后驶往"南海"。因"南海"风平浪静,所以麦哲伦和他的水手们把它称之为"太平洋"。1521年3月6日,麦哲伦船队到达菲律宾群岛,因干涉岛上内讧,麦哲伦于4月27日被杀。他的同伴继续航行,于11月8日到达摩鹿加群岛中的帝多利岛。剩下的唯一的船只"维多利亚"号满载香料,于12月12日启程西航。它经过印度洋,绕过非洲好望角,于1522年9月6日回到西班牙。参加这次远航的水手,生还者仅十八人。这次远航证明了地圆说,对以后科学的发展具有重大的意义。

㊳ 英国的圈地运动是怎么回事?

在14、15世纪农奴制解体过程中,英国新兴的资产阶级和新贵族通过暴力把农民从土地上赶走,强占农民份地及公有地,剥夺农民的土地使用权和所有权,限制或取消原有的共同耕地权和畜牧权,把强占的土地圈占起来,变成私有的大牧场、大农场。这就是英国历史上的"圈地运动"。在欧洲,英国的圈地运动最为典型,规模也最大。封建制度时期,英国就已存在大规模圈地运动。

15世纪末以后,随着新航路的开辟,世界商路从地中海沿岸转移到大西洋沿岸,英国正处在大西洋航运的中心线上,对外贸易大大发展,羊毛出口和毛纺织业兴旺发达,羊毛价格不断上涨,养殖业成为获利丰厚的事业。于是在工商业发达的英国东南部农村,地主首先开始圈占土地,最初贵族地主只圈占公有土地,后来又圈占小佃农的租地和公簿持有农的份地。此后一些贵族也加入圈地行列。许多小农的土地被圈占,农民不得不远走他乡到处流浪。

16、17 世纪,英国工场手工业得到发展,城市兴起,对农产品的需求大增,圈地运动进一步高涨,特别是 1688 年以后,英国政府制定大量的立法公开支持圈地,使圈地运动以合法的形式进行,规模更大,据不完全统计,通过这些圈地,英国有六百多万英亩土地被圈占。

贵族地主为了生产更多的肉类和粮食供应城市,扩大投资,改善土地的生产能力,加速进行圈地,出现圈地建立大农场的热潮。资产阶级革命胜利后,资本主义英国的统治阶级为加快圈地运动以获得巨额财产,但又不想付出代价,就通过法律对"神圣的财产权"进行最无耻的凌辱。

18 世纪,他们通过《公有地围圈法》,这样,出现更大规模用暴力把农民共同使用的公有地(农民对公有地有使用权,而西方法律中使用权也是一种财产权)强行夺走、然后据为私有的圈地运动。仅"1801 年到1831 年农村居民被夺走 350 多万英亩公有地,农村居民却未得到过一文钱的补偿。"通过此种"私有化",大量农民的财产权——土地使用权被强行剥夺,农民同自己的生存资料分离,失去生存保障,被迫成为劳动力市场上的无产者,靠出卖自身劳动力才能生存,即只有"自由"地服从雇佣劳动制度和接受资产阶级剥削才能生存。资本主义生产关系所必需的能被雇佣的劳动力,在圈地运动中大量产生了。地主圈占大片土地后,或自己雇工经营农场,或者租给租地农场主经营。资本主义农场大量出现,表示在农业中也大量出现资本主义生产关系。直到 1845 年,英国的圈地运动才逐渐结束。

㊴ 文艺复兴是怎么回事？

文艺复兴是盛行于 14 世纪到 17 世纪的一场欧洲思想文化运动。

文艺复兴最先在意大利各城市兴起，以后扩展到西欧各国，于 16 世纪达到顶峰，带来一段科学与艺术革命时期，揭开了近代欧洲历史的序幕，被认为是中古时代和近代的分界。文艺复兴是西欧近代三大思想解放运动（文艺复兴、宗教改革与启蒙运动）之一。

在近代早期，意大利并非一个统一的政治实体，而是由一些城邦和领地组成：控制着南部的拿波里王国，位于中部的佛罗伦萨共和国和教皇国，分别位于北部和西部的热那亚与米兰，以及位于东部的威尼斯。并且许多意大利城市就建立在古罗马建筑的废墟之上；从表面上看，这就将文艺复兴的古典性及其发祥于罗马帝国心脏地带的事实联系在了一起。

11 世纪后，随着经济的复苏与发展、城市的兴起与生活水平的提高，人们逐渐改变了以往对现实生活的悲观绝望态度，开始追求世俗人生的乐趣，而这些倾向是与天主教的主张相违背的。在 14 世纪城市经济繁荣的意大利，最先出现了对天主教文化的反抗。

尽管受到教廷与神圣罗马帝国的牵制，但这些城市共和国依旧不懈地追求着自由的理念。当地有很多人都在极力维护自由，例如马泰奥·帕尔米耶里（1406 年－1475 年）不仅歌颂了佛罗伦萨艺术、雕塑及建筑方面的天才艺术家，还对"同时在佛罗伦萨出现的道德、社会及政治哲学的繁荣"发出了赞美之辞。

当时意大利的市民和世俗知识分子，一方面极度厌恶天主教的神权地位及其虚伪的禁欲主义，另一方面由于没有成熟的文化体系取代天主教文化，于是他们借助复兴古代希腊、罗马文化的形式来表达自己的文化主张，这就是所谓的"文艺复兴"。

㊵ 布鲁诺为什么会被烧死?

在科学发展史上,虽然没有真刀实枪的两军对垒,但确有人为真理献出了宝贵的生命。布鲁诺(1548－1600)就是一个为科学献身的天文学家。

布鲁诺出生在意大利的一个贫苦家庭,15 岁进修道院,在那里他读了很多书。24 岁成为牧师,并获得哲学博士学位。此后,他逐渐对宗教产生怀疑。他大胆地批判《圣经》,因而冒犯了罗马教廷,只好逃出意大利,到法国、英国等地广泛宣传哥白尼的日心说,批判托勒密的地心说,并且发展了日心说。他认为宇宙是无限的,在太阳以外,还有无数个类似的恒星系统。太阳不过是一个恒星系统的中心,而不是整个宇宙的中心。太阳也不是不动的,它相对于其他恒星的位置也在变化。在太阳系中还存在当时未发现的行星,太阳和星球均绕轴自转。他还提出了其他星球上有人居住的思想,自然定律统一的思想等等,其中许多为后来天文学发现所证实,对科学和宇宙观的发展起了重大作用。

由于布鲁诺广泛宣传他的先进哲学思想,引起了罗马宗教裁判所的恐惧和仇恨。公元 1592 年,罗马教廷采用欺骗手段,把他骗回意大利,并立即逮捕。刽子手们使尽了种种威胁利诱手段,想让布鲁诺屈服,但他坚贞不屈地说"我半步也不退让"。经过 8 年的折磨,他被处以火刑。公元 1600 年 2 月 17 日,布鲁诺被烧死在罗马的鲜花广场上。在生命的最后时刻,他面对行刑的刽子手,庄严宣布:"你们对我宣读判词,比我听到判词还要恐惧!"

公元 1889 年,人们在布鲁诺殉难的鲜花广场上竖立起他的铜像,永远纪念这位为科学献身的勇士。

㊶尼德兰革命是怎样爆发的?

"尼德兰"一词的原意为"低地"。"尼德兰"原来是指莱茵河、马斯河、斯凯尔特河下游及北海沿岸一带,包括现在的荷兰、比利时、卢森堡和法国东北部的一部分地势低的地区。不过,这里所说的尼德兰,专指今天的荷兰。

尼德兰原属神圣罗马帝国,公元 1463 年正式建国。公元 16 世纪初归属西班牙。

十六世纪时的尼德兰由西班牙国王委派的总督进行统治。西班牙的统治者对尼德兰进行横征暴敛。1550 年,查理一世(1516-1556)时期颁布的"血腥敕令"规定,凡是新教徒和被控为新教徒者,"男的杀头,女的活埋"。腓力二世(1556-1598 年)上台后,除加紧对尼德兰的政治控制外,还干扰和破坏尼德兰的经济。使得尼德兰许多工场倒闭,成千上万的人失业,阶级矛盾和民族矛盾空前激化。

1566 年 4 月 5 日,奥兰治·威廉亲王等不满西班牙统治的贵族组成的"贵族同盟"向西班牙总督递交了请愿书,提出了废除"血腥敕令"等要求,同时也表示仍效忠西班牙国王,但遭到了西班牙总督的拒绝。这激起了尼德兰人的民族情绪。

1566 年 8 月 11 日,弗兰德尔的一些城市发动了起义。他们把斗争的矛头首先指向天主教会。革命运动迫使西班牙统治者作了一些让步,贵族和资产阶级接受了西班牙统治者的"让步",使各地人民的起义遭到了镇压。

1567 年 8 月,西班牙国王派遣的新总督阿尔发率一万八千名军队开进尼德兰,对尼德兰人进行了残酷的镇压,在一年左右的时间里,就处死了八千多人。还增加各种税收,使尼德兰的许多手工工场破产。南方的一些手工业者、手工工场工人和农民等,组成森林游击队(称"森林乞丐"),出其不意地袭击敌人。北方荷兰、西兰等地的水手、渔民和码头工人组成海上游击队(称"海上乞丐"),袭击敌人的船只和海上据点。

1527 年 7 月,荷兰、西兰等省先后从西班牙的统治下解放出来。在 7 月 19 日到 23 日召开的乌特勒支北方各省的会议上,威廉被推选为总督。1573 年底,北方七省脱离西班牙而独立。此后,西班牙虽派兵去镇压北方的起义,但均遭到沉重打击。

1576 年 9 月,布鲁塞尔人民控制了西班牙占领军的总部,接着,南方的许多城市也都发动了起义,革命中心转移到了南方。1579 年 1 月,北方各省和南方的部分城市成立了"乌特勒支同盟",宣布北方七省为不可分的联盟,实行度量衡和货币的统一等。1581 年 7 月,北方七省宣布成立联省共和国,废除腓力二世。1585 年,南方又恢复了西班牙的统治。1609 年,西班牙与北方缔结了十二年休战协定,实际上承认了联省共和国,即荷兰共和国的独立。

㊷ 西班牙的无敌舰队为什么会覆灭?

公元 16 世纪的西班牙是世界上头号殖民强国,其势力遍布亚、非、欧、美四大洲、

随着资本主义经济的迅速发展,对外贸易和殖民掠夺范围日益扩大,英国经常与西班牙殖民地进行走私贸易,拦劫西班牙运送金银的船队,袭击西班牙的殖民据点。英国的海盗活动,成了西班牙的心腹之患。

公元 1568 年,因国内发生政变而逃到英国的马利被英国女王伊丽莎白关了起来。马利被囚后,反对伊丽莎白的英国天主教上层分子,马上掀起暴动,想救出马利,并拥立她为英国女王。支持利用马利的不仅有罗马教皇,而且有西班牙的国王腓力二世。后来,英国以"阴谋叛乱"的罪名,将马利处死。

马利的死,是对欧洲天主教会的一次严重打击,教皇立即发布诏书,号召天主教徒讨伐英国,西班牙国王腓力二世首先响应。为了进攻英国,公元 1587 年,腓力二世花费巨资,装备了一支庞大的舰队,命名为"最幸运的无敌舰队"。

这只舰队共有舰船 130 余艘,其中 65 艘大型运输船。舰队总共三

万多人，其中水手和炮手八千人，步兵两万三千人。腓力二世决心凭借这支强大的舰队征服英国。而英国当时的大型战舰只有 20 余艘，舰队作战人员约九千人。

公元 1588 年 7 月 22 日，两支舰队在英吉利海峡接战。"无敌舰队"迅速列成半月队形，全速逼近。他们企图利用旧式的接舷战术钩住英舰，但英舰不让"无敌舰队"靠近，并时常侧过船身发炮。交战期间，英国还封锁尼德兰海面，使西班牙军队无法救援。在英军的猛攻下，"无敌舰队"顿时陷入一片混乱，首尾不能照应。最后，"无敌舰队"在损失五艘大型主力战舰后，失去了战斗力，不敢再战，只好绕道苏格兰和爱尔兰返回西班牙。公元 1588 年 10 月，"无敌舰队"回到西班牙时，仅存 43 艘残破舰船，几乎全军覆没。

从此，西班牙日益走向衰落。

❹❸ 意大利战争是哪个国家发动的？

意大利经济上的发达和政治上的分裂，激起了法国君主的贪欲，并为其入侵提供了可乘之机。公元 1491 年 9 月，法王查理八世率军越过阿尔卑斯山，侵入意大利。由北往南横扫意大利全境。次年 2 月占领那不勒斯王国，公元 1495 年 5 月，查理八世加冕为那不勒斯国王。

查理八世的胜利激起意大利各国的反对，于是阿拉冈国王斐迪南以西西里国王的名义联合教皇亚历山大六世、德国皇帝马克西米连一世以及威尼斯等，结成威尼斯同盟共同反对法国。

公元 1496 年，那不勒斯在阿拉冈的援助下恢复了国家，法国的侵略果实化为乌有。

法王路易十二继位后，采取外交手段拆散了威尼斯同盟。公元 1499 年，法国侵占了米兰。公元 1500 年，法国与西班牙共同瓜分了那不勒斯。公元 1504 年，法国被西班牙赶出那不勒斯，退守米兰，形成两个入侵国家南北对峙的局面。

法王弗兰西斯一世上台后，于公元 1515 年马林雅诺战役中打败瑞士,成为米兰公爵,从而切断的德国和西班牙的联系。弗兰西斯一世和查理五世(西班牙国王,神圣罗马帝国皇帝)在意大利进行了四次战争。

公元1525年,双方在巴威亚爆发激战,结果法王被俘,法王以放弃米兰为代价才得以赎身。

公元1527年5月,查理五世派兵攻入罗马。公元1529年缔结和约规定,法国放弃对意大利的主权要求。公元1535年为处理米兰公爵继承权问题,双方又启战端,结果法国失败。

弗兰西斯一世之子亨利二世即位后,竭力支持德国诸侯反对皇帝,并取得凡尔登、麦茨、士尔三个主教区。到公元1559年,意大利战争结束,双方缔结和约。

㊹ 十七世纪的荷兰为什么被称为"海上马车夫"?

在17世纪,欧洲的资本主义经济得到较大发展,各国之间的贸易往来日益增多。当时的世界贸易通道主要在海上,船在当时就像陆路运输的马车一样,船就是海上的马车,哪个国家掌握了海上的马车,它就是海上的马车夫。

15~16世纪时,荷兰的造船业居世界首位。仅在首都阿姆斯特丹就有上百家造船厂,全国可以同时开工建造几百艘船。荷兰的造船技术是世界上最先进的,船的造价比英国低1/3到1/2。欧洲许多国家都到荷兰订购船只。

荷兰的商船吨位占当时欧洲总吨位的3/4,拥有1.5万艘商船,几乎垄断了海上贸易。挪威的木材、丹麦的鱼类、波兰的粮食、俄国的毛皮、东南亚的香料、印度的棉纺织品、中国的丝绸和瓷器等等,大都由荷兰商船转运,经荷兰商人转手销售。当时的阿姆斯特丹是国际贸易的中心,港内经常有2000多艘商船停泊。

最鼎盛时期,荷兰的海军舰只几乎达英法两国海军的两倍。它们在世界各大洋游弋,保护本国商船,并从事海外殖民掠夺。

在亚洲,1595年荷兰人首次绕过好望角,到达印度、爪哇。不久,荷兰舰队便在爪哇和马六甲海峡两次打败葡萄牙舰队,并且不断追捕、抢劫中国商船,垄断了东方贸易。1602 年,荷兰成立东印度公司,专门控制这一地区的贸易,还一度侵占我国的澎湖、台湾。

在美洲,荷兰于 1621 年成立西印度公司,把持西北非洲与美洲之间的贸易,并在北美侵占了一块殖民地,建立了以新阿姆斯特丹(即今纽约)为中心的新荷兰。

在非洲,荷兰在东西方交通的咽喉,南非的好望角,修筑要塞、营建殖民地,在那里开辟种植园,保证过往船只的淡水、粮食的供应。

由此可见,"海上马车夫"这个绰号形象说明了 17 世纪的荷兰在商业、海洋和殖民掠夺各方面所拥有的霸权。

但是,"海上马车夫"的好景不长。从 17 世纪中叶,英荷便在各大海洋展开了海上争霸战,后来,法国也参与进来。法荷战争席卷了荷兰本土,最终以荷兰的惨败而告终。荷兰从此一蹶不振。

45 什么是光荣革命?

光荣革命,1688 年,英国资产阶级和新贵族发动的推翻詹姆士二世的统治、防止天主教复辟的非暴力政变。这场革命没有发生流血冲突,因此历史学家将其称之为"光荣革命"。

1685 年詹姆斯二世全然不顾国内外的普遍反对,违背以前政府制定的关于禁止天主教徒担任公职的"宣誓条例",委任天主教徒到军队里任职。此后进而任命更多的天主教徒到政府部门、教会、大学去担任重要职务。

1687 年 4 月和 1688 年 4 月先后发布两个"宽容宣言",给予包括天主教徒在内的所有非国教教徒以信教自由,并命令英国国教会的主教在各主教区的教坛上宣读,引起英国国教会主教们的普遍反对。同时詹姆斯二世残酷迫害清教徒。还向英国工商业主要竞争者——法国靠拢,严重危害了资产阶级和新贵族的利益。

1688 年 6 月 20 日,詹姆士得子。其信仰英国国教的女儿玛丽没有希望继承王位。为防止天主教徒承袭王位,资产阶级和新贵族决定推翻詹姆斯二世的统治。由辉格党和托利党的 7 位名人出面邀请詹姆斯二世的女婿、荷兰执政奥兰治亲王威廉来英国,保护英国的宗教、自由和财产。信奉新教的威廉接受邀请,并于 9 月 30 日发布宣言,要求恢复他的妻子玛丽,即詹姆斯二世第一个妻子所生的长女的继承权。

1688 年 11 月 1 日威廉率领 1.5 万人在托尔湾登陆。后经威廉同意,詹姆斯二世逃亡法国。

1688 年 12 月威廉兵不血刃进入伦敦。

1689 年 1 月在伦敦召开的议会全体会议上,宣布詹姆斯二世逊位,由威廉和玛丽共同统治英国,称威廉三世和玛丽二世。同时议会向威廉提出一个《权利宣言》。宣言谴责詹姆斯二世破坏法律的行为;指出以后国王未经议会同意不能停止任何法律效力;不经议会同意不能征收赋税;天主教徒不能担任国王,国王不能与天主教徒结婚等。威廉接受宣言中提出的要求。宣言于当年 10 月经议会正式批准定为法律,即《权利法案》。奠定了国王统而不治的宪政基础,国家权力由君主逐渐转移到议会。

君主立宪制政体即起源于这次光荣革命。

46 什么是三角贸易?

16 世纪开始的"黑三角贸易"即奴隶贸易,欧洲奴隶贩子从本国出发装载盐、布匹、朗姆酒等,在非洲换成奴隶沿着所谓的"中央航路"通过大西洋,在美洲换成糖、烟草和稻米等返航。在欧洲西部、非洲的几内亚湾附近、美洲西印度群岛之间,航线大致构成三角形状,由于被贩运的是黑色人种,故又称"黑三角贸易"。历时 400 年之久。

15 世纪末随着哥伦布发现美洲新大陆,欧洲美洲之间开辟了新航线。那时候,商业在发展,贸易在扩大,从世界范围来看,欧亚两洲商贸发达,对于西欧、北欧的国家来说,亚洲无疑是千里之遥,而美洲、非洲则近得多,这便为"黑三角贸易"提供有利因素。

于是,葡萄牙、西班牙、英国、法国等国开始殖民扩张。他们在美洲创建种植园,开发金银矿,由于需要大量的廉价劳动力,在利润的驱使下,殖民者于是将贪婪的目光投向未开发的非洲大陆,开始了罪恶的奴隶贸易。

根据资料记载,1562年英国的约翰一霍金斯爵士从塞拉利昂装运奴隶,在海地换取兽皮和糖,在返航之后成为朴次茅斯最富裕的人。由于利润高得惊人,所以伊丽莎白女王和枢密院官员也对他的第二次航行进行投资。他遵循前次的步骤满载一船白银而回,成为英国最富裕的人。

正是由于政府对奴隶贸易的默许,使得奴隶贸易越发猖獗。欧洲殖民国家无不参与。一些欧洲人看着有利可图,也纷纷加入这个行列。因此,三角贸易由此展开了。

当时,欧洲殖民国家的资本主义发展迅速,大量的产品决定了他们能够以此交换黑人。运奴船顺着洋流到达非洲,一是加那利寒流,加那利寒流位于非洲西北岸,属于补偿流;二是几内亚暖流,几内亚暖流沿非洲几内亚湾岸流动,也是补偿流。奴隶贩子到达非洲后,用价值很低的商品与黑人部落的酋长交换年轻力壮的黑人。尚处于野蛮愚昧状态下的黑人部落及其部落首领,在奴隶贩子的挑拨离间、威迫利诱下,使黑人就像商品一般被奴隶贩子收购。

47 你知道凡尔赛宫吗?

1624年,法王路易十三以1万里弗尔的价格买下面积达117法亩的凡尔赛宫原址附近的森林、荒地和沼泽地区并修建一座两层红砖楼房,作为狩猎行宫。当时的凡尔赛行宫仅拥有26个房间,一层为家具储藏室和兵器库,二楼为国王办公室、寝室、接见室、藏衣室、随从人员卧室等房间。

1660年,法王路易十四参观财政大臣富盖的沃子爵城堡,为其房屋与花园的宏伟壮丽所折服,当时王室在巴黎郊外的行宫等无一可以与其相比。于是,路易十四以贪污罪将富盖投入巴士底狱,并命令沃子爵城堡的设计师勒诺特和著名建筑师勒沃为其设计新的行宫。

1664 年路易十四决定以路易十三在凡尔赛的狩猎行宫为基础建造新宫殿,并为此征购了 6.7 平方公里的土地。1667 年,勒诺特设计凡尔赛花园及喷泉,勒沃在狩猎行宫的西、北、南三面添建新宫殿,将原来的狩猎行宫包围起来。原行宫的东立面被保留下来作为主要入口,修建了大理石庭院。1674 年,建筑师孟莎从勒沃手中接管了凡尔赛宫工程,他增建了宫殿的南北两翼、教堂、橘园和大小马厩等附属建筑,并在宫前修建了三条放射状大道。

1682 年 5 月 6 日,路易十四宣布将法兰西宫廷从巴黎迁往凡尔赛。1688 年,凡尔赛宫主体部分建筑工程完工。1710 年,整个凡尔赛宫殿和花园的建设全部完成并旋即成为欧洲最大、最雄伟、最豪华的宫殿建筑和法国乃至欧洲的贵族活动中心、艺术中心和文化时尚的发源地。当修建完成后,总共有 1300 多间房,整个宫殿显得巨大无比。

法王路易十五和路易十六时期又修建了小特里亚农宫和瑞士农庄等建筑。1762 年,法国王室由巴黎卢浮宫迁来此处定居。1789 年 10 月 6 日,路易十六被法国大革命中的巴黎民众挟至巴黎城内,后被推上断头台斩首。凡尔赛宫作为法兰西宫廷的历史至此终结。

1793 年,凡尔赛宫内残存的艺术品和家具均转运往巴黎城内另一座艺术瑰宝殿堂——卢浮宫,凡尔赛宫沦为废墟。1833 年,奥尔良王朝的路易·菲利普国王下令修复凡尔赛宫,将其改为历史博物馆。

48 十八世纪法国的启蒙思想家主要有哪些代表人物?

启蒙运动,指发生在 17—18 世纪的一场资产阶级和人民大众的反封建、反教会的思想文化运动。是继文艺复兴后的又一次思想解放运动。其核心思想是"理性崇拜"。为欧洲资产阶级革命做了思想准备和舆论宣传。

启蒙运动最初产生在英国,而后发展到法国、德国与俄国,此外,荷兰、比利时等国也有波及。法国是启蒙运动的中心,法国的启蒙运动与其他国家相比,声势最大,战斗性最强,影响最深远,堪称西欧各国启蒙运动的典范。

伏尔泰是十八世纪法国资产阶级启蒙运动的旗手,被誉为"思想之王"、"法兰西最优秀的诗人"、"欧洲的良心"。他提倡天赋人权,认为人生来就是自由和平等的,一切人都具有追求生存、追求幸福的权利,这种权利是天赋的,不能被剥夺。他主张人一生下来就应当是自由的,在法律面前人人平等,他曾经说过:"我不能同意你说的每一个字,但是我誓死捍卫你说话的权利。"他的思想对 18 世纪的欧洲产生了巨大影响,所以,后来的人曾这样说:"18 世纪是伏尔泰的世纪。"主要著作有《哲学通信》《路易十四时代》等。

狄德罗是 18 世纪法国唯物主义哲学家,美学家,文学家,教育理论家,百科全书派代表人物,第一部法国《百科全书》主编,是启蒙运动中百科全书派的代表人物。狄德罗在坚持唯物主义哲学观点的同时,又具有同时代唯物主义者缺乏的辩证法思想,有些学者认为他的唯物主义应该称为过渡性的唯物主义。

孟德斯鸠不仅是 18 世纪法国启蒙时代的著名思想家,也是近代欧洲国家比较早的系统研究古代东方社会与法律文化的学者之一。他的著述虽然不多,但其影响却相当广泛,尤其是《论法的精神》这部集大成的著作。三权分立学说是古代希腊、罗马政治理论的发展,它体现了人民主权原则,奠定了近代西方政治与法律理论发展的基础,也在很大程度上影响了欧洲人对东方政治与法律文化的看法。他所提出的三权分立学说成为当今民主国家的基本政治制度的建制原则。孟德斯鸠是国家学说理论的奠基者之一。

在法国启蒙思想家中,卢梭对法国封建社会进行的批判最为严厉,最为激烈。卢梭是一位激进的民主主义者,他的思想精华和基本原则是人民主权思想。卢梭继承了洛克的"人民主权说",进而提出"主权在民"的主张,他认为一切权利属于人民,权利的表现和运用必须体现人民的意志。

49 沙皇彼得一世是如何进行改革的?

十八世纪的沙皇俄国,虽已扩张成为地跨欧亚两洲的大国,但仍是一个经济、军事和文化都十分落后的封建农奴制国家,而且北方和南方的主要出海口都控制在别国手中。

彼得一世的改革活动,主要是在大北方战争期间(1700—1721)进行的,这就决定了彼得的许多改革措施是围绕着军事改革而展开的。为了击败堪称欧洲强国的瑞典,夺取出海口,早在北方战争前夕,彼得就着手改组军队。1700年彼得下令废除射击军,实行义务兵役制,规定各阶层不分贵贱,服兵役一律平等。1716年颁布了著名的《军事法规》。1720年至1722年,又陆续颁布了《海军章程》,对海上舰队的编制、战船的等级、海军官员相互之间的关系及他们的权利和义务都作了明确规定。

为了巩固地方政权机构,1708年12月8日彼得下令,把全国分成8个省,1714年又增设3个省。1719年,在保留省的建制的同时,将全国划分为50个州,每个州都有一套完整的行政机构。1720年在新都圣彼得堡建立了市政总局,在其他城市成立了市政局。根据市政总局的规程,城市居民分为"正规"公民和"非正规"公民两大类。

彼得一世不仅在军事、行政方面进行大刀阔斧的改革,而且不顾教会势力的反对,大胆地进行宗教改革。1721年颁布了关于宗教事务管理条例,废除了总主教的职衔。政府根据管理世俗事务的委员会的形式,建立了管理教会的宗教委员会,以此取代总主教的权力。

为了改变俄国文化教育的落后面貌,彼得一世指定各级政府直接管理教育,建立各种类型的学校,全俄各县普遍建立小学,对贵族子弟实行强化教育,派遣留学生到西欧各国学习。

在改革期间,彼得一世非常注意扶植工场手工业的发展,"在国内发展矿业和创办有如外国通常开设的那些工厂企业"。彼得一世为保护和刺激年轻的民族工业的发展,制定了很高的进口税,同时规定凡开办工场的场主及其亲属均可免服兵役和免交人头税。

彼得一世为了促进商业资本的发展,颁布了一系列敕令,在经济上又授予商人有贸易特权。

彼得一世改革对俄国社会发展产生了深远的影响,把俄国推进到一个新的历史时代。

50 沙皇俄国是如何夺取出海口的?

十七世纪末,沙皇俄国通过长期的地域性蚕食和兼并活动,向南占领了整个伏尔加河和顿河流域的大片土地;向东侵吞了辽阔的西伯利亚,成为一个地跨欧亚两洲的庞大国家。但仍是一个远离海洋的内陆国。北边通往大西洋的波罗的海为瑞典所控制;南边通往地中海的黑海为土耳其所控制;东边通往太平洋的黑龙江是中国的内河。因此,十七世纪末彼得一世亲掌政权后,为适应贵族地主掠夺土地和大商人对外扩张的要求,便把夺取黑海和波罗的海出海口作为俄国对外扩张的首要目标。

为夺取黑海出海口,1695年—1696年,彼得一世两次进攻土耳其,但由于俄国经济军事落后而未能达到目的。此后,他一方面在国内进行改革,一方面致力于在北方同瑞典争夺波罗的海出海口。经过一番准备,1700年8月发动了旷日持久的对瑞典的"北方战争"(1700—1721)。结果,俄国获胜,从瑞典手中夺取了芬兰湾、里加湾、波罗的海沿岸的大部分领土。取得了波罗的海出海口。彼得一世至死虽然未能实现夺取黑海出海口的野心,但他却打破了过去历代沙皇所推行的地域性蚕食的传统,走上了争夺海外市场与世界霸权的道路,为后代沙皇确定了对外扩张的方针。

俄国女皇叶卡捷琳娜二世(1762年至1796年在位),继承了彼得一世的扩张政策。在1768年—1774年和1787年—1791年先后两次发动了对土耳其的战争,打败了土耳其,吞并了克里米亚和黑海北岸的大片土地,实现了彼得一世打通黑海出海口的未竟之志。并伙同普鲁士和奥地利三次(1772年、1793年、1795年)瓜分波兰,夺取了波兰62%的土地,成为灭亡波兰的罪魁祸首。

至此,沙皇俄国已把它的三个邻国瑞典、土耳其和波兰打败,打开了通往欧洲的南北两扇大门和通往欧洲大陆的走廊,从而奠定了进一步争夺欧洲霸权和镇压欧洲革命运动的基础。

51 波兰是如何被瓜分的?

波兰的东邻俄国,经过"彼得改革"后国势昌盛,侵略扩张达到了肆无忌惮的地步,为控制东欧,进而建立欧洲霸权,把吞并波兰作为西进的战略目标。波兰的西邻普鲁士,也早想攫取将它的领土主要部分同东普鲁士分隔开来的那块波兰土地。

1764 年,俄普双方签订了武力干涉波兰内政的条约。1768 年俄土战争爆发,俄国沙皇叶卡捷琳娜二世为把普奥两国拴在自己的战车上,同时使自己充当普奥两国争夺德意志各邦领导权斗争的仲裁人,便于 1772 年 8 月在彼得堡同普奥一起签订了第一次瓜分波兰的协定。根据条约,俄罗斯占领西德维纳河、德鲁奇河和第聂伯河之间的白俄罗斯以及部分拉脱维亚,面积 9.2 万平方千米、人口 130 万;普鲁士占领瓦尔米亚、除格但斯克市以外的波莫瑞省、除托伦市以外的海尔姆诺省、马尔博克省,面积 3.6 万平方千米、人口 58 万;奥地利占领克拉科夫省、桑多梅日省的南部和加里西亚大部,面积 8.3 万平方千米、人口 265 万。

波兰议会最终在 1773 年 9 月 18 日被迫承认条约。此次瓜分条约令波兰失去 211,000 平方公里领土(30%领土)和超过 400 万人口(三分之一的人口)。

18 世纪 80 年代,波兰中小贵族和新兴的资产阶级代表又一次掀起爱国革新运动。

1789 年法国大革命爆发,波兰爱国者受革命影响希望收复失地,进行了一系列改革。波兰的改革运动,遭到了邻国尤其是沙俄的敌视。1792 年,10 万俄军长驱直入波兰,占领华沙,波兰战败。普鲁士借口防止法国大革命蔓延,也进军波兰。1793 年 1 月 23 日,俄、普两国在彼得堡签订瓜分协议。

根据条约,俄占白俄罗斯(包括明斯克)、第聂伯河西岸乌克兰大部、立陶宛一部,面积 25 万平方千米、人口 300 万;普鲁士占格但斯克和托伦两市、大波兰地区的几省、马佐夫舍一部分,面积 5.8 万平方千米、人口 110 万。瓜分完成后两国通知奥地利这一既成事实,奥地利未得到任何好处。

1794 年 11 月,俄军在普、奥配合下,镇压了波兰民族英雄科希丘什科领导的民族起义。俄普奥三国为了铲除波兰剩余势力所带来的动荡,在 1795 年 10 月 24 日三国代表再次签订瓜分条约,将剩余的波兰联邦国土全部瓜分。

根据条约,俄占立陶宛、西白俄罗斯、库尔兰、沃伦西部、西乌克兰大部,面积 12 万平方千米、人口 120 万;奥占包括克拉科夫、卢布林在内的全部小波兰地区和马佐夫舍一部分,面积 4.75 万平方千米、人口 50 万;普占其余的西部地区,其中包括华沙和马佐夫舍的余部,面积 5.5 万平方千米、人口 100 万。至此,波兰被瓜分完毕。

52 什么是工业革命? 首先从哪个国家开始的?

工业革命开始于十八世纪六十年代,通常认为它发源于英格兰中部地区,是指资本主义工业化的早期历程,即资本主义生产完成了从工厂手工业向机器大工业过渡的阶段。工业革命是以机器取代人力,以大规模工厂化生产取代个体工场手工生产的一场生产与科技革命。

18 世纪 60 年代,英国工人哈格里夫斯发明了珍妮纺纱机;18 世纪 80 年代,英国人瓦特改良了蒸汽机,所以工业革命的开始的标志为哈格里夫斯发明的珍妮纺纱机,而工业革命的标志是瓦特改良蒸汽机。由一系列技术革命引起了从手工劳动向动力机器生产转变的重大飞跃。随后工业革命传播到整个英格兰再到整个欧洲大陆,19 世纪传播到北美地区。后来,工业革命传播到世界各国。

最根本的原因就是 18 世纪时英国的工场手工业的生产已经不能满

足市场的需要,这就对工场手工业提出了技术改革的要求。在这种趋势下,工业革命就首先在英国发展起来了。

一般认为,蒸汽机、煤炭、钢铁是促成工业革命技术加速发展的三项主要因素。工业革命都是从轻工业开始,向其他部门发展。在瓦特改良蒸汽机之前,整个生产动力依靠人力和畜力。伴随蒸汽机的发明和改进,工厂不再依河或溪流而建,很多以前依赖人力与手工完成的工作自蒸汽机发明后被机械化生产取代。工业革命是一般政治革命所不可比拟的,其影响涉及人类社会生活的各个方面,使人类社会发生了巨大的变革,对推动人类的现代化进程起到了不可替代的作用,把人类推向了崭新的"蒸汽时代"。

53 巴贝夫领导的平等运动是怎么回事?

巴贝夫(1760～1797),法国大革命时期的革命家,空想共产主义者。法国大革命初期,在皮卡第积极参加反对封建旧制度的斗争。协助三级会议起草陈情表,要求废除封建特权。1790—1791 年创办《皮卡第通讯》。1792 年 9 月被选为索姆郡行政官。他谴责私有财产制度,拥护巴黎公社,抨击罗伯斯庇尔派的政策。热月政变前夕,创办《新闻自由报》,后改名《护民官》。

1794 年 12 月热月党的国民公会废除最高限价法,投机商活动猖獗,人民生活困难,巴贝夫激烈抨击热月党政策,主张取消个人财产,土地公有,建立平等者共和国。1795 年 2 月被捕,10 月获释。继续出版《护民官》,抨击督政府。1796 年 2 月,督政府查封他的报纸和主要活动场所先贤祠俱乐部。巴贝夫转入地下活动,1796 年 3 月同他的战友组成平等派密谋指导委员会,进行秘密活动,策划发动武装起义,推翻督政府。委员会起草了各项行动纲领——建立国民公社,实行革命专政,共同生产,平均享有社会产品,并决定 5 月 10 日起义 。但起义前夕,因秘密泄露,巴贝夫等主要领导人全部被捕。1797 年 5 月 27 日 ,巴贝夫、达尔泰被处死,其他 7 名首领被流放。

巴贝夫曾主编《人民论坛报》,鼓动人民起来消灭私有制,建立"普遍幸福的"、"人人平等的"社会;并设想建立以农业为中心的、具有平均主义和禁欲主义特点的"共产主义公社"。他的共产主义体系虽然"相当粗糙和肤浅",但马克思却称许他为第一个"真正能动的共产主义政党"的奠基人。他的主要著作有《永久地籍》。

巴贝夫政治思想最有特色、最有影响的是他的革命和过渡阶段思想。他认为,法国资产阶级革命不过是一场"富人的革命",在此之后,必须进行一场深刻的"人民的革命"。这是历史的必然,而财产关系的变革是不可避免的。他号召劳动群众为"真正平等"而展开斗争。他进一步指出这个革命不是简单的内阁更替、官员更换,而是要建立新的革命政权,即人民当家做主的"平等共和国",并实现社会一切方面的绝对平等。为实现这一目的,必须在革命后的一段时间内采取一系列的过渡措施。

54 拿破仑是如何夺取法国政权的?

拿破仑·波拿巴(1769年8月15日—1821年5月5日),即拿破仑一世,出生于科西嘉岛,十九世纪法国伟大的军事家、政治家,法兰西第一帝国的缔造者。拿破仑历任法兰西第一共和国第一执政(1799—1804),法兰西第一帝国皇帝(1804—1815)。

拿破仑是一名出色的军事家,对当时的军事知识深有研究,善于将各种军事策略运用到实战之中,尤其是主张将火炮集中使用,以及充分发挥骑兵的机动作用。

1796年3月2日,26岁的拿破仑被任命为法兰西共和国意大利方面军总司令。在意大利,拿破仑统率的法军多次击败了奥地利帝国的维尔姆泽、阿尔文齐、博利厄等将领,最后迫使对方签订了有利于法兰西共和国的停战条约。

在北意夺取了巨大胜利后,拿破仑的威信也越来越高,成为了法兰西共和国的人民英雄。而他的崛起却令巴黎督政府感觉受到了威胁,他被任命为法兰西共和国阿拉伯—印度方面军(东方军)的司令,被派往中东,以抑制英国在该地区势力的扩张并试图控制苏伊士运河与前往亚洲的海路。

1798 年拿破仑远征埃及并占领亚历山大,面对骁勇善战的马穆鲁克,拿破仑展现出了非凡的军事才能和卓越军事素养。通过金字塔战役震撼的战果一举扫清了通往开罗的障碍,并使其在马穆鲁克和奥斯曼人中获得恐怖名号。

虽然他指挥法军在陆地上夺取了全盘胜利,但法国舰队在 8 月的阿布基尔海战中被英国海军摧毁,陆上部队被困在埃及。后来拿破仑进军叙利亚,多次击退土耳其军队,但遭遇了瘟疫、酷暑和补给不济等困难。最后受阻于久攻不克的阿克尔城。5 月 17 日返回埃及,在阿布基尔围歼土耳其军队。拿破仑至死仍对没能攻克阿克尔城堡一事感到遗憾。

拿破仑远征之时,欧洲的反法联盟已逐步形成,而法兰西共和国国内的保王党势力也在逐步增强。1799 年 8 月,拿破仑决定立刻秘密赶回巴黎。在危险的地中海回航中,拿破仑机智地避开了英国皇家海军的巡逻舰队,两个月后成功登陆。1799 年 10 月,回到了法国的拿破仑被当成"救星"来欢迎。11 月 9 日,获得众人拥戴和支持的拿破仑发动了雾月政变,获得成功,结束了大革命以来各种恐怖局面轮番交替的形势,成为了法兰西第一共和国执政官。

55 拿破仑的法兰西帝国是如何失败的?

1804 年 11 月 6 日,公民投票法兰西共和国改为法兰西帝国。拿破仑加冕称帝,从此成为"法国人的皇帝"。一年后,他又在意大利由教皇加冕为意大利国王,后又兼并热那亚,让自己的继子欧仁·德·博阿尔内成为意大利副王,代管意大利。

1805 年 8 月,奥地利、英国、俄国组成了第三次反法同盟。拿破仑离开巴黎,亲自挥师东进,10 月 17 日法兰西第一帝国和奥地利帝国在乌尔姆激战后,取得乌尔姆战役胜利,反法联盟投降。

1806 年秋天,英国、俄罗斯帝国、普鲁士王国组成了第四次反法同盟。拿破仑率军对战普鲁士。拿破仑夺取了德国的大部分领土并攻占首都柏林。1807 年 6 月,法军又在波兰的艾劳战役和弗里德兰战役大败俄国军队,拿破仑与俄国沙皇亚历山大一世会面,双方签订了和平条约。从此,法兰西第一帝国在欧洲大陆的霸主地位得到了确立。

1809 年初第五次反法同盟组成。奥地利帝国在背后偷袭法国在莱茵地区的领土,拿破仑被迫退出西班牙,率军东征。法军在 4 月 19 日至 23 日五战五捷,大败奥军,攻占奥地利首都维也纳,并迫使奥地利签订了《维也纳和约》。1810 年,拿破仑决定休整部队并迎娶奥地利的公主玛 丽 · 路易丝 为妻,法奥结成同盟,法兰西第一帝国达到鼎盛。拿破仑成为了欧洲霸主,成为跟恺撒大帝、亚历山大大帝齐名的拿破仑大帝。

1812 年 5 月,拿破仑率领 57 万大军远征俄罗斯。9 月 16 日,拿破仑进入莫斯科。俄罗斯的寒冬,使得拿破仑在俄国战场惨败,最后回到法国的只有不到 3 万人。

1813 年英国、俄国、普鲁士、瑞典乘机组成了第六次反法同盟,1814 年 3 月 31 日,巴黎被占领,同盟军要求法国无条件投降,4 月 11 日,拿破仑宣布无条件投降,法兰西第一帝国灭亡。拿破仑被流放到地中海上的一个小岛厄尔巴岛。拿破仑保留了"皇帝"的称号。

1815 年 2 月 26 日拿破仑逃出小岛,重新回到法国,"百日王朝"开始。

欧洲各国迅速组成第七次反法同盟,滑铁卢战役的惨败,使百日王朝彻底垮台了。

拿破仑宣布退位,英国人把他流放到圣赫勒拿岛,也没有给他留下皇帝的名号。1821 年 5 月 5 日,拿破仑在岛上去世。

56 哪部法典成为日后欧美许多国家制定民法的范本?

拿破仑法典,广义指拿破仑统治时期制定的五个法典,以罗马法为主,包括民法、商法、民事诉讼法、刑法、刑事诉讼法;狭义仅指其中的民法典。法学著作中常使用狭义概念,即 1804 年之《法国民法典》。

　　1789 年法国大革命推翻了封建专制制度,建立了资产阶级共和国。取得革命胜利的资产阶级着手制订统一的符合自己阶级意志的新民法来巩固胜利成果,并发展资本主义,但是因为种种原因草案四度拟订都未有成果。

　　1800 年,当时还是执政府第一执政官的拿破仑任命了由第二执政官康巴塞雷斯领导,波塔利斯、特龙谢、比戈·德·普雷阿梅讷和马尔维尔四位法学家组成的委员会起草《民法典》。次年,委员会完成了全部《民法典》草案,拿破仑亲自主持审议,草案经过法国枢密院的仔细审查,还送交各法院广泛征求意见。

　　帝国成立后,《法国民法典》于 1804 年 3 月 21 日在议会最后通过,1807 年改称为《拿破仑法典》,1816 年又改称为《民法典》,1852 年再度改称为《拿破仑法典》。从 1870 年后,习惯上一直沿用《民法典》的名称。这部法典可以用 3 项原则予以概括:自由和平等原则、所有权原则、契约自治原则。

　　《拿破仑法典》几经修改,至今仍在法国有效。法典规定法律面前公民一律平等,废除封建特权,摆脱教会控制,以及人身自由、契约自由和私有财产神圣不可侵犯等基本准则。排除封建法规,确立资本主义社会立法规范。这些基本原则充分反映了资产阶级革命的成果,确立了资本主义社会的立法规范,恩格斯曾称它为"典型的资产阶级社会的法典"。

　　《拿破仑法典》是资产阶级的第一部民法典,它对后来很多资本主义国家的立法产生了很大影响。例如,卢森堡和比利时至今仍然把它作为自己的法典使用,一些法国的前殖民地也在使用这部法典。同时,很多国家在制定本国的民法典时是以这部法典为蓝本或是作参考。如丹麦和希腊的民法典就是以它为蓝本制定的,而德国、瑞士、葡萄牙、巴西等国的民法典明显受到了《拿破仑法典》的影响。

57 维也纳会议和神圣同盟是怎么回事?

　　维也纳会议是欧洲各君主国在打败拿破仑帝国后,为消除法国大革

命的影响,恢复欧洲的封建统治秩序,分配赃物和地盘,在 1814 年 10 月
到 1815 年 6 月在奥地利的首都维也纳召开的一次国际会议。参加会议
的几乎包括欧洲所有国家的君主和代表,但真正操纵会议的是俄、英、
普、奥四大强国。

会议讨论了整个欧洲在拿破仑战争后的形势问题。唯一没有讨论
的是法国和平问题,这个问题在会议召开前数月(1814 年 5 月 30 日)就
已经在法国和反法同盟的《第一次巴黎和约》(即《法、奥、俄、英和普和平
条约》)中签署了。

1815 年 3 月,会议因拿破仑从厄尔巴岛重返巴黎而中断。在
1815 年 3 月 20 日拿破仑重返巴黎到同年 6 月 28 日路易十八复辟的百
日王朝期间,维也纳的代表们等待着战争的结果。

会议承认 1789 年前法国及其他各封建君主是正统王朝,恢复他们
的统治权力、政治制度及所属领土,若原有君主被拿破仑推翻,可由其兄
弟或亲属代替为世袭君主、于是路易十八在法国、斐迪南七世在西班牙、
奥伦治王室在荷兰、斐迪南一世在两西西里王国、教皇在教皇国皆恢复
统治。

在会议上争执最大的问题是波兰及萨克森王国前途所属问题。奥
地利、法国和英国三国基于正统原则,恢复了欧洲各国被推翻的封建旧
王朝的统治,实现了欧洲范围的封建复辟;最后波兰的领土由俄国、普鲁
士、奥地利三国瓜分。奥地利获得了意大利的伦巴底和威尼斯等地;普
鲁士获得了萨克森 40% 的领土和瑞典的一部分,瑞典则从丹麦取得了挪
威作为补偿;俄国除占有芬兰外,又兼并了波兰,仅保留克拉科夫为俄、
普、奥共管的共和国;英国获得了荷属好望角与锡兰殖民地及法属殖民
地马耳他岛等地;奥属尼德兰(比利时)并入荷兰,合称为尼德兰王国;德
意志的三十四个邦和四个自由市组成"德意志联邦";瑞士被宣布为永久
中立国,疆域稍有扩大;法国恢复到 1792 年战争以前的疆界,赔款七亿
法郎,东北边境的十七个城堡和军事要塞由联军占领三到五年。这样,
维也纳会议恢复了欧洲的封建秩序,建立了四大强国在欧洲的均势,形
成了维也纳体系。

为维护维也纳会议所强行建立的封建统治秩序,及时镇压各国人民

的革命运动,1815年9月在俄国沙皇亚历山大一世的倡议下,俄、普、奥三国君主在巴黎发表共同宣言,缔结了所谓的"神圣同盟",约定相互援助,以保卫君主政体和基督教义。不久,除英国外,欧洲各国君主几乎都参加了这一同盟。同年11月,俄、英、普、奥在巴黎又签订了"四国同盟"条约,规定四国以武力维护维也纳会议的各项决议,四国同盟实际上是神圣同盟的一个补充。

到1818年,法国也加入了四国同盟。神圣同盟曾于1820年到1821年间镇压了意大利的革命运动,于1823年武装干涉西班牙革命,并企图干涉拉丁美洲的独立运动。但由于同盟各国之间矛盾重重,在十九世纪二三十年代欧洲各国革命运动的打击下日趋瓦解。1848年欧洲革命爆发后,神圣同盟最终退出了历史舞台。

58 法国的七月革命是怎么爆发的? 结果如何?

七月革命是指拿破仑在滑铁卢惨败之后,1830年7月法国推翻复辟的波旁王朝,拥戴路易·菲利浦登上王位的革命。建立的新王朝也就是"七月王朝"。

1830年7月25日查理十世(1824～1830在位)颁布敕令:修改出版法,限制新闻出版自由;解散新选出的议会;修改选举制度。敕令破坏了1814年《宪章》的精神,劳动群众和自由资产者对此十分气愤。当天下午,反对派主要报刊的编辑和记者在《国民报》编辑部集会,起草抗议书。他们拒绝承认解散议会,宣布政府已经失去合法性,但并不否认王权。

27日,几千名工人和手工业者走上街头,与军警发生冲突。

28日黎明,起义开始。工人、手工业者、大学生和国民自卫军建筑街垒,夺取武器库,攻占市政厅。群众抗议演变成了真正的武装革命。以银行家雅克·拉菲特为首的大资产阶级温和派力主与国王谈判,但查理十世和首相波利尼亚克拒绝谈判。

7月29日,起义者控制了巴黎,占领卢浮宫和杜伊勒里宫,外省发动的起义也取得胜利。起义群众及其领导者要求宣布成立共和国。在巴黎市政厅成立了以雅克·拉菲特和国民自卫军总指挥拉法耶特侯爵为首的市政委员会。查理十世此时不得不收回敕令,命令蒙特马尔公爵组织政府,但已无法挽回局势。30 日,雅克·拉菲特召集 60 名议员开会,决定委任奥尔良公爵路易·菲利浦为摄政官。31 日,路易·菲利浦在拉法耶特陪同下,手举三色旗出现在王宫的阳台上,接受摄政官称号。

8 月 2 日,查理十世将王位让与其孙波尔多公爵。路易·菲利浦拒绝承认。8 月 7 日,众议院召路易·菲利浦即位,建立了金融资产阶级统治的奥尔良王朝(也称"七月王朝")。

此次革命的成功是维也纳会议后首次革命运动得以在欧洲成功,鼓励了 1830 年及 1831 年欧洲各地的革命运动。法国由此违背了维也纳会议所订下的各国由封建君主继承的正统原则,以俄国、奥地利、普鲁士为首的欧洲神圣同盟,至此却再也难以干涉欧洲革命的复兴。

❺❾法国里昂工人起义经过和结果如何?

里昂是法国的丝绸之城。从 16 世纪起,它出产的丝绸畅销欧洲,特别受到各国王公贵族的喜爱。可是在工业区,工人一天要干 15 到 16 个小时的活,挣到的钱只能买 1 磅面包,勉强维持生活;工人们被逼得走投无路,他们开始了反抗,他们最迫切的要求是增加工资。

1831 年 10 月,工人代表提出了工资标准草案,要和资本家一起开会讨论。可是,资本家们根本不打算接受工人的要求。政府立即根据制造商的要求否决了这项协议,还准备用武力镇压工人。

11 月 21 日早晨,工人们罢工了。里昂通向工人区的城门已经有重兵把守。工人们向政府军发动猛攻,终于破门而入,冲进了城里。城里每个主要街口差不多都有政府军防守。工人们把路上的石头和灯柱刨起来,把货车推翻,又运来木板和桌柜,筑起了一处处街垒。就这样,他们同政府军展开了激烈的巷战。23 日清晨,起义队伍占领了整个里昂城。武装起义司令部立即派出哨兵和巡逻队,社会秩序很快恢复了。

起义工人成立了工人委员会,宣布废除捐税,实行工资标准协议。

委员会还发表告市民书,宣布自己的政治主张,要求实行民主选举,把自己的代表选进政府。这是因为,当时的工人还没有彻底摧毁资产阶级政府的思想。省长和官员们照旧在发号施令,管理市政。工人领袖甚至邀请警察局长也参加他们的辩论会。他们对政府的官员完全没有戒心。

资产阶级政府利用了里昂工人的麻痹大意,在国王的支持下调来了大军。12 月 1 日,6 万名政府军包围了里昂城。第三天,处于被动局面的起义队伍被血腥镇压下去了(1834 年,里昂工人再次起义,也失败了)。

法国里昂工人起义是 19 世纪 30—40 年代欧洲著名三大工人运动之一,法国历史上第一次工人武装起义。

60 英国的宪章运动经过如何,结果怎样?

宪章运动是 1836 年至 1848 年英国工人们为得到自己应有的权利而掀起的工人运动,这次运动有一个政治纲领——《人民宪章》,因此得名为宪章运动。

《人民宪章》是 1837 年由伦敦工人协会向国会提出的一份请愿书,它提出年满 21 岁且精神正常的男子都有普选权,选举投票应秘密进行,废除议会候选人的财产资格限制,国会每年举行一次改选,平均分配选区。次年 5 月,这份请愿书公布后,被称为《人民宪章》,1839 年在请愿书上签名的有 125 万人。同年 7 月,请愿书递交国会后遭到否决。各地工人举行抗议集会和示威游行,均被政府镇压。

1840 年 7 月,各地宪章派的代表在曼彻斯特召开了大会,宣告成立全国宪章派协会。协会在全国各地设有几百个分会,入会者须交纳会费,它是近代第一个工人政党的萌芽。

1842 年 5 月 2 日,宪章派全国协会的负责人向下院递交了全国宪章派第二次请愿书。在这次请愿书上,除坚持人民宪章的原有要求外,还进一步提出了废除新济贫法,限制工作日,提高工资,实行政教分离,特别是提出消灭资产阶级和地主对机器、土地、交通工具的独占,以及支持爱尔兰与英国分离等许多要求;签名的人数也增加到三百五十万左右。

国会再次否决了请愿书。宪章派号召举行总罢工以示抗议。曼彻斯特的工人首先响应,兰开夏、约克郡、斯塔福德郡以及威尔士等地工人也迅速投入罢工斗争,不少地方发生了工人和军警的冲突,许多城市陷于瘫痪状态。这时,在运动初期被卷进来的激进派,害怕工人革命斗争的发展会威胁到他们的自己的利益,纷纷投向政府一边,并和政府一起共同镇压工人。9月,统治阶级出动大批军警进行武装镇压,逮捕了一千五百多个宪章运动的积极分子和领导人,封闭了所有进步报刊,实行恐怖统治。

1847年,在新经济危机袭击下,大批工人失业,工人又开始罢工。1848年巴黎二月革命的胜利和欧洲各国革命的爆发更加鼓舞了英国工人的斗志,宪章运动出现了第三次高潮。当时,格拉斯哥失业工人在"不给面包就革命"的口号下举行游行,军警开枪射击,死伤多人。统治阶级的血腥镇压激起了伯明翰、曼彻斯特、利物浦和全国各地工人的抗暴斗争。以奥康瑙尔为首的宪章派运动的领导人劝说工人解散回家,由他们自己把请愿书送交国会,使这次示威半途而废。5月13日,政府下令解散宪章派组织。随后,国会第三次否决了宪章派的请愿书。

⑥1 德国西里西亚纺织工人起义经过如何?

西里西亚纺织工人起义是指1844年6月普鲁士王国西里西亚纺织工人的起义。

当时西里西亚有发达的纺织业。这个地区从事棉麻纺织的工人和家庭手工业者受到工场主、包买商以及地主的残酷剥削。

在40年代,由于资本家把英国机器纺织品冲击带来的损失转嫁给工人,拼命压低工人工资,以降低成本,加剧了他们的贫困。

1844年6月4日,以争取提高工资被拒绝为导火线,在欧根山麓两个纺织村镇彼特斯瓦尔道和朗根比劳爆发纺织工人自发的起义。起义队伍扩大到3000人,集中打击工人最痛恨的工厂主。起义者以简陋武器迎战前来镇压的包括骑兵和炮兵的政府军。坚持到6月6日,起义被镇压。它推动了工人运动的发展。西里西亚主要城市布勒斯劳的手工业者和学徒,柏林、亚琛的纺织工人,马格伏堡的糖厂工人等等,先后举行罢工以及局部起义,响应西里西亚纺织工人的斗争。

西里西亚纺织工人起义是一次自发的群众性的运动。

英国宪章运动和德国西里西亚纺织工人起义、法国里昂工人起义称为欧洲三大工人运动,表明无产阶级登上历史舞台,为马克思主义的诞生奠定了阶级基础。

62 法兰西第二共和国是如何兴亡的?

1814 年 5 月,路易十八乘坐反法联军的辎重车进入联军占领下的巴黎,再即王位。

路易十八在进入巴黎的前一天在巴黎西北不远的小镇圣多昂发表了著名的"圣多昂宣言",允诺保证制定一部自由主义宪法,并尊重民主宪政,而且绝不秋后算账。1814 年 6 月,路易十八签署了名为《宪章》的新宪法,史称《1814 年宪章》。在它的 74 项条款中,既表现出对大革命成果的让步,又反映出正统意识以及恢复旧制度的倾向。

但是路易十八驾崩、其弟查理十世即位后,波旁王朝变本加厉地进一步恢复把"王位和祭坛"作为社会架构的"神权政治",并丧心病狂地反攻倒算。

1830 年 7 月 27 日,巴黎终于爆发了起义。29 日,卢浮宫和杜伊勒里宫被起义者占领。

随着七月革命的胜利,一个新的王朝——七月王朝在法国诞生了。

1831 年比利时国民大会决定将王位献给路易·菲利浦的次子,但被法国国王路易·菲利浦拒绝;1831 年波兰人发动反俄起义,路易·菲利浦也拒绝提供任何援助;在对英关系上,七月王朝也奉行以和为上的政策。其最终结果便是加重了法国人对七月王朝统治的失望。

1848 年的二月革命推翻七月王朝,成立临时政府。2 月 25 日共和国宣布成立。4 月 23 日选举制宪议会,这是法国历史上第一个由男性公民直接普选产生的议会,温和的共和派占多数。5月9日成立执行委员会代替临时政府。6月22日执行委员会下令解散国家工场,引起工人不满,23日工人起义。24日卡芬雅克将军被授予独裁权,残酷镇压起义。卡芬雅克于28日担任共和国的行政首脑。11月,制宪议会制定共和国宪法,确立立法和行政分立原则。由750名议员组成立法议会,任期3年。总统任期4年,掌管行政权,任免部长与颁布法律,支配武装力量,但不亲自指挥部队,也无权解散或延长议会。

12月10日,路易·拿破仑·波拿巴当选总统。

1849年5月13日选举立法议会,以保王派和天主教教士为核心的秩序党获多数席位。宪法规定总统不能直接连任,波拿巴要求修改宪法,立法议会多数反对。

波拿巴于1851年12月2日发动政变,解散议会,建立专政体制。

1852年12月2日宣布成立帝国,波拿巴被封为皇帝,称拿破仑三世。第二共和国告终。

63 法兰西第二帝国是如何建立和灭亡的?

法兰西第二共和国总统路易·拿破仑·波拿巴于1851年12月2日发动政变。翌年1月14日颁布宪法,加强总统权力,削弱议会的立法权。1852年11月7日,元老院颁布法令建议恢复帝制。随即举行公民投票,绝大多数表示赞成。12月2日宣布恢复帝国,波拿巴为法兰西皇帝,称拿破仑三世。

根据多次补充的帝国宪法,皇帝是国家元首,统率军队,有宣战、媾和、结盟、订立商约、颁布特赦、任命政府与地方官员、批准公共建设工程、决定是否将法案送交立法团讨论等权力。经济方面,帝国实行促进资本主义工商业发展的经济政策,建立了大工业,重工业中机器生产普遍代替手工劳动,生产不断集中,交通运输业迅速发展,法国完成了工业革命。金融资本的发展尤为突出、巴黎成为世界金融中心之一。

为了改变1815年以来法国的孤立状态,争夺欧洲大陆优势和进行海外殖民侵略,拿破仑三世进行多次对外战争。法国在 1853—1856 年的克里米亚战争中联合英国、奥斯曼帝国与撒丁王国反对俄罗斯帝国,击败俄国后确立了在欧洲大陆的优势。后又联合意大利反对奥地利,得到萨瓦和尼斯。1860 年签订《法英商约》,实行自由贸易。19 世纪 50—60 年代第二帝国还派遣军队侵略中国、叙利亚、墨西哥、印度支那和非洲,掠夺大量财富,建立了若干殖民地。

克里米亚战争后至 60 年代初是第二帝国发展的顶点。但是,第二帝国支持罗马教皇阻挠意大利统一、武装干涉墨西哥以及在普奥战争中支持奥地利等一系列失策,使法国陷入困境。为了摆脱国内危机和重夺欧陆优势,1870 年 7 月 19 日法国以西班牙王位继承问题为借口对普鲁士宣战,法军战败,9 月 2 日拿破仑三世在色当投降。4 日巴黎发生革命,宣布推翻帝国,成立共和国。

路易·拿破仑在 1871 年 3 月才自愿流亡英国,在 1873 年去世。

❻❹ 英国是如何成为"世界工厂"的?

十九世纪五六十年代,英国工业的发展,出现了新的高涨时期。造成这一时期英国工业高涨的主要原因是:

第一,十九世纪四十年代,英国已完成了工业革命,开始用机器生产机器,为工业的高涨奠定了基础。

第二,十九世纪四十年代后,铁路建设的迅速发展及轮船的发明和使用,不仅加速了冶金、煤炭和机器制造业的发展,而且促进了对外贸易的扩大,加强了英国商品输出的能力。

第三,从四十年代起,英国全面推行自由贸易政策,也对五十年代后对外贸易的进一步发展和工业生产的新高涨起了巨大的推动作用。

第四,十九世纪中叶以后,欧洲大陆各国工业革命开展以及 1851 年澳大利亚金矿的发现,使世界市场吸收英国工业品的能力大为增强。为英国工业品的输出提供了广阔的市场,并刺激了国内工业的发展。

第五,英国工业的高涨也同它大规模的掠夺殖民地分不开的。五

十、六十年代,英国进一步加强了对外侵略和对殖民地的掠夺。

在亚洲,以印度为基地先后发动了对缅甸、阿富汗、伊朗、中国的一系列侵略战争;对非洲、拉丁美洲国家也进行了军事的经济的侵略;并进一步加强了对爱尔兰、澳大利亚和加拿大的掠夺。到 1876 年,英国殖民地的面积已达 2250 万平方公里,成为世界上最大的殖民帝国,英国资产阶级不仅从殖民地掠夺了大量的财富,而且把殖民地变成了自己的商品市场和廉价原料供应地。

十九世纪五六十年代英国工业的迅速发展,不仅使它的工业产量跃居世界第一位,而且使英国的商品在世界市场上取得了垄断地位。在 1850 年到 1870 年间,英国及其殖民地的对外贸易额一直占世界贸易总额的 36% 到 37% 以上,超过了法、德、美三国的总和。不仅成为世界各国工业消费品的主要供应者,而且成为世界机器和轮船的主要供应者。英国已成为从世界各地取得原料,输出制成品的"世界工厂"。

65 意大利是如何实现的统一的?

意大利统一是 19 世纪至 20 世纪初期间,将意大利半岛内各个国家或分裂的政权统一为意大利王国的政治及社会过程。

1830 年左右,支持一个统一的意大利的革命意识高涨;一连串革命运动为在意大利半岛建立一个国家奠定基础。

1848 年 1 月,革命运动开始在西西里岛发生。不久,革命扩展至整个欧洲。1848 年 2 月,法国国王路易·菲利浦被迫逃亡,法兰西第二共和国宣告成立。不久,萨丁尼亚王国国王卡洛·阿尔贝托认定统一意大利的时刻已经来临。向奥地利宣战,但双方很快便达成停战协定,奥地利重新控制整个伦巴底—威尼斯大区。

1849 年 3 月 23 日,阿尔贝托再次与奥地利决战,被击败。阿尔贝托退位,由他的儿子维托里奥·伊曼纽尔二世接任。战争于 8 月 9 日签署条约后正式结束。1848 年革命,也被称作第一次意大利独立战争。

在 1852 年成为首相的加富尔,同样也有着扩张的雄心。但是他已经察觉到仅凭撒丁王国自己的力量是无法完成的,因此,他希望借助英法的力量赶走奥地利人。

1858年夏,加富尔与拿破仑三世会面,双方同意联合对奥地利作战。1859年4月,对奥战争爆发。法撒联军连战连捷,特别是加里波的统率的志愿军,迫使奥军撤出伦巴底,退守威尼斯。意大利中部各邦人民也纷纷响应,举行革命,推翻当地封建政权,建立了资产阶级自由派的临时政府。但拿破仑三世却背信弃义与奥地利议和停战。结果,伦巴底并入撒丁王国,威尼斯仍为奥地利占有。后在加富尔的努力下,中部各邦于1859年秋先后宣布加入撒丁王国。这样,撒丁王国完成了意大利北部和中部的统一。

1860年,意大利南部的西西里岛爆发了大规模的农民起义。加里波的立即组织"千人红衫军"前往支援,并在当地人民的配合下,很快摧毁了西班牙波旁王朝的统治,解放了两西西里王国,两西西里王国并入撒丁王国。

1861年3月,意大利王国宣告成立,撒丁王国的国王登上了意大利王国的王位。至此,意大利全境只剩下威尼斯和罗马教皇国尚未统一。

在1866年的普奥战争中,奥地利帝国与普鲁士王国竞争在德意志诸国的领导地位。意大利王国抓住这个机会,与普鲁士结成盟友。在意大利一统中,普奥战争被称为"第三次独立战争"。意大利帮助普鲁士打败了奥地利,从而收回了威尼斯。1870年普法战争爆发,拿破仑三世调走驻罗马的法军,王国的军队和加里波的志愿军乘机占领罗马,教皇被剥夺了世俗政权,避居梵蒂冈,意大利的统一至此最后完成。

66 普鲁士是如何统一德国的?

在神圣罗马帝国时期,帝国版图由超过300个大大小小的独立邦国组成,帝国整体事务则由邦中最强大的奥地利掌控,奥地利大公弗朗茨兼任帝国皇帝,称弗朗茨二世。

1805年8月9日,奥地利、英国、俄国、那不勒斯和瑞典结成第三次反法同盟,向拿破仑宣战,最后反法同盟大败收场。战败使奥地利在帝国中威望扫地,伴随着弗朗茨二世于 1806 年 8 月 6 日退位,各邦宣布解散,神圣罗马帝国正式灭亡。

18 世纪初,勃兰登堡的选帝侯自封普鲁士国王,从那时起,普鲁士通过战争和继承的方式,不断稳步地提升影响力。即便是在神圣罗马帝国终结之后,普奥两国的竞争依然持续。

1857 年,普鲁士国王腓特烈·威廉四世中风瘫痪,无法继续料理国事。1858 年 10 月由其弟威廉亲王(即日后的德皇威廉一世)摄政;威廉亲王于 1862 年正式登基称王,是为"普鲁士国王威廉一世"。威廉任命奥托·冯·俾斯麦出任普鲁士首相;

1863 年 11 月 15 日,克里斯蒂安九世成为丹麦国王,兼任石勒苏益格和荷尔斯泰因两公国的公爵。3 天后的 11 月 18 日,丹麦国王签署十一月宪法,宣布石勒苏益格并入丹麦。德意志邦联视此行为违反了1852 年《伦敦议定书》中所强调的丹麦不得合并此两处独立公国的规定。遂于 1864 年 2 月 1 日普奥联军越境进入石勒苏益格,与丹麦交战。最终以普奥联军的胜利而告终,在 1864 年 10 月 30 日签署的维也纳和约中,将石勒苏益格交由普鲁士管辖,由奥地利管辖荷尔斯泰因。

1866 年,在新成立的意大利的策应下,俾斯麦制造外交局势,声称夹在石勒苏益格与普鲁士之间的荷尔斯泰因理应归属普鲁士,激怒奥地利先行向普鲁士宣战,普奥战争爆发。

最终奥地利战败后,而普鲁士的胜利确定了普鲁士在德意志联邦中的领导地位,严重威胁到法国在欧陆的霸权。

1868 年西班牙女王伊莎贝拉二世因为私生活放荡、政局混乱而被推翻,致使王位虚悬。与普鲁士国王威廉一世有远亲关系的霍亨索伦家族的利奥波德亲王似乎有希望成为候选人,结果大大激怒了法国外长格拉蒙公爵。但俾斯麦却在电报上刻意添油加醋(即所谓埃姆斯密电),激怒了法国舆论界,正愁找不到出兵借口的法国皇帝拿破仑三世马上宣战。

普军在拿下数场战役之后,击溃了法军主力,攻下法国首都巴黎。1870 年 9 月 1 日,法兰西皇帝拿破仑三世在色当被俘,法军部队也被围,士兵全数成了战俘。随后在 1871 年 5 月 10 日,法国与德国签订《法兰克福条约》，条约规定法国向德国归还说德语的地区（洛林中说德语的部分区域，以及整个阿尔萨斯）；法国须支付一笔巨额赔款。

1871 年击败法国，确定了普鲁士在德意志邦国中的绝对主导地位。随着威廉一世被拥立为德意志皇帝，普鲁士掌控了整个帝国的领导权。南部诸邦响应 1871 年 5 月 10 日签订之《法兰克福条约》，官方名义正式并入统一的德意志帝国，至此普法战争宣告结束。

德意志从一个松散的邦联体变成一个联邦制国家。

67 克里米亚战争是怎么回事？

克里米亚战争是在 1853 年 10 月 20 日因争夺巴尔干半岛的控制权而在欧洲大陆爆发的一场战争，又称"东方战争"。是拿破仑帝国崩溃以后规模最大的一次国际战争，奥斯曼帝国、英国、法国、撒丁王国等先后向俄罗斯帝国宣战，战争一直持续到 1856 年才结束，以俄国的失败而告终，从而引发了俄国国内的革命斗争。

1853 年 7 月初，俄国出兵 8 万人占领了奥斯曼帝国的属地—多瑙河两公国—摩尔多瓦和瓦拉几亚，并拒绝了奥斯曼苏丹提出的撤军要求。10 月，土耳其政府向俄国宣战。这样，在俄土之间的克里米亚战争"终于在多瑙河上开始了，对于双方来说，这都是宗教狂信的战争，对于俄国人来说，这是实现传统的野心的战争，对于土耳其人来说，这是生死存亡的战争"。

1853 年 11 月 30 日，俄国突然袭击在黑海南岸的土耳其海军基地锡诺普，打败了土耳其分舰队，俄国取得了黑海制海权，激化了同英法的矛盾。

1854 年 1 月，英法联合舰队穿过博斯普鲁斯海峡，进入黑海。此后战区迅速扩大，战争不仅在黑海、巴尔干和高加索进行，而且扩大到波罗的海、白海和远东。俄国在外交上陷于完全孤立，军事上面临优势敌人从各个方面发动的进攻。

从 1854 年 8 月起，联军扭转了兵力分散的态势，集中兵力于克里米亚半岛,从俄国手中夺取黑海制海权。9 月 20 日,双方在阿尔马河畔进行第一次陆战,俄军一败涂地,退向俄国黑海舰队的主要基地塞瓦斯托波尔。9 月 25 日,联军进抵塞瓦斯托波尔,开始了长达 11 个月的围攻战。随着塞瓦斯托波尔的陷落,俄国败局已定。俄军虽在高加索战场上取得一些胜利,但再也无力把战争进行下去。

1856 年 3 月 30 日,双方签订《巴黎和约》。战争的结果,俄国从欧洲大陆的霸主地位上跌落下来,战争加深了俄国国内危机,迫使沙皇政府不得不进行农奴制改革。

68 俄国废除农奴制的改革是怎么回事?

克里米亚战争的失败使俄国内外交困,民怨沸腾,进一步加深了封建农奴制的危机,阶级矛盾进一步激化,从而加速了农奴制的废除。1858~1860 年爆发的农民暴动和起义总计近 290 次。以赫尔岑、车尔尼雪夫斯基和杜勃罗留波夫为代表的革命民主派也要求废除农奴制,将土地无偿地颁给农民。

由于当时俄国没有形成足以推翻农奴制度和专制制度的革命力量,废除农奴制的改革是由沙皇政府自上而下进行的。1860 年 10 月拟出解放农奴法令草案,1861 年 3 月 3 日(俄历 2 月 19 日),亚历山大二世批准废除农奴制度的"法令"和"宣言"。

1861 年 2 月 19 日法令共 17 个文件,其中比较重要的是:《1861 年 2 月 19 日宣言》,《关于脱离农奴依附关系的农民一般法令》,《关于脱离农奴依附关系的农民赎买其宅园地及政府协助这些农民把耕地购为私有的法令》,《关于省和县处理农民事务的机构的法令》,《关于安顿脱离农奴依附关系的家奴的法令》。此外,还有一些关于解决不同地区土地关系的《地方法令》,关于各种农奴工人的《补充法令》等。

《关于脱离农奴依附关系的农民一般法令》规定:农民有人身自由和一般公民权,地主不能买卖和交换农民,农民有权拥有财产,担任公职进行诉讼和从事工商业。在全部土地归地主所有的前提下,农民可以使用一定数量的份地,但必须向地主缴纳赎金(这种赎金大大超过了土地的实际价格)。农民在签订赎买契约之前还要为地主服劳役或缴纳代役租。《地方法令》规定,当农民使用的份地超过"法令"规定的数额时,或者分给农民份地以后,地主剩下的好地不到全部土地的 1/3 时,地主有权向农民割地,即剥夺农民原种地的 1/5 至 2/5。为管理改革后的农民,设置了地方贵族控制的村社和乡组织,并建立了监督农民的连环保制度。

1861 年 2 月 19 日法令虽然保留了浓厚的封建农奴制残余,但它还是一个资产阶级改革的纲领,对俄国资本主义的发展具有重大的意义。但俄国仍属于军事封建帝国主义国家。

69 巴黎公社是如何失败的?

1870 年 9 月 2 日,被围困在色当的法国皇帝拿破仑三世下令投降,第二帝国也就随着皇帝的投降而崩溃。9 月 4 日,巴黎爆发革命,宣布成立第三共和国。由资产阶级共和派和奥尔良派分子组成的新政府,称为"国防政府"。普鲁士并不满足于皇帝的投降,继续大举进攻法国。9 月 19 日,普军包围巴黎。

1871 年 1 月,围城四个月后,执政的国防政府谋求与新宣告成立的德意志帝国签订停火协定。德国人要求在和平协定里加入一条要让德国军队以凯旋仪式进入巴黎。尽管被围困多日,但许多巴黎市民还是非常愤慨并坚决反对普鲁士人以任何仪式宣布对他们的城市的占领。

当时有 30 万巴黎市民是一个被称作"法国国民自卫军"的市民部队的武装成员,这一部队已极度扩张以协助保卫城市。自卫军选举了他们自己的官员,都是来自工人阶级,包括激进分子和主张社会主义的领导者。

资产阶级临时政府对逼近巴黎的普鲁士军队采取了屈膝投降的态度。1871 年 2 月,同德国(当时普鲁士隶属于德意志的一个邦联国)草签了条约,同意向德国赔款 50 亿法郎,并割让阿尔萨斯全省和洛林省的一部分给德国。同时,调集军队,准备解除巴黎国民自卫军的武装。

1871 年 3 月 18 日凌晨,政府军企图夺取巴黎市内的蒙马特尔高地和梭蒙高地时,被人发现。巴黎人民奋起反击,当晚就占领了城内的战略要地,临时政府总理梯也尔狼狈逃出巴黎,迁往凡尔赛。不久,巴黎公社成立,它是第一个无产阶级政权的雏形。巴黎公社的领导人许多是第一国际的成员。

从四月到五月,政府军的兵力在数量上持续增长——普鲁士释放了法军战俘以帮助梯也尔政府——他们完成了对巴黎外围抵抗力量的分割包围,并将国民自卫军赶回了城里。当年 5 月 21 日,巴黎城墙西部的一道城门被攻陷,凡尔赛军开始夺回巴黎。最顽强的抵抗发生在东部的工人阶级区,战斗一直持续,直到流血周最后的巷战。到了当年 5 月 27 日,只有极少数的抵抗仍在持续,特别是最贫困的东部地区,战斗到 5 月 28 日下午或晚间全部结束。

严厉的报复随即展开。以任何方式支持过公社的行为都被视为政治犯罪,数千人被起诉。一些公社社员在拉雪兹神甫公墓的公社社员墙边被枪决,而数千人被临时拼凑的简易军事法庭判决并枪杀。

70 什么是第一国际?

第一国际,即国际工人联合会,是 1864 年建立的国际工人联合组织。直接推动第一国际成立的是波兰 1863 年起义。

1863 年 7 月 22 日,工人联合会伦敦理事会召开群众大会,抗议沙皇俄国镇压波兰起义,声援波兰人民正义斗争。法国工人代表团参加大会,并与英国工联领袖就联合行动问题交换了意见。同年 11 月 10 日英国工人大会通过《英国工人致法国工人》的呼吁书,号召两国工人加强团结,共同战斗。

1864 年 9 月 28 日,英国工联在伦敦圣马丁堂召开群众大会,欢迎为响应呼吁书而来访的法国工人代表团。大会根据英法工人代表的提议,决定建立一个国际性的工人协会,并选出一个有 21 个成员的临时委员会(该委员会从 1864 年 10 月 18 日起称为中央委员会,1866 年夏改名总委员会),国际工人协会宣告成立 。

1864 年 10 月 5 日,国际举行临时委员会第一次会议,选举代表各国的委员,连同原已选出的委员,共 50 人;会议还选出一个由 9 人组成的起草章程的专门委员会(小委员会)。马克思出席国际成立大会,并被选入临时委员会和小委员会。马克思为协会起草《国际工人协会成立宣言》和《协会临时章程》(1866 年 9 月日内瓦代表大会讨论通过,称为《国际工人协会章程》,1871 年 9 月伦敦代表会议修改后称作《国际工人协会共同规章》),并于 1864 年 11 月 1 日中央委员会会议上获得通过。

在对外部敌人进行斗争的同时,协会总委员会在内部对各种非无产阶级社会主义流派进行斗争。

第一个时期主要是反对蒲鲁东主义。蒲鲁东派反对工人阶级的政治斗争,公开维护私有制度,因此以工人阶级的彻底解放为宗旨的第一国际一开始就把反对蒲鲁东派的斗争提到思想斗争的首位。这一斗争从第一次伦敦代表会议(1865)、日内瓦代表大会(1866)、洛桑代表大会(1867)、布鲁塞尔代表大会(1868)继续到巴塞尔代表大会(1869),前后经历 5 年。

国际内部斗争的第二个时期主要是反对巴枯宁主义。斗争围绕着如何消灭私有制问题展开,问题的实质涉及无产阶级为了消灭资本主义剥削制度,要不要建立自己的独立政党和建立无产阶级的政治统治。

第一国际于 1876 年在美国费城召开的代表会议上正式宣布解散。

71 第二国际是怎样建立的?

第二国际即"社会主义国际"(1889—1916)是一个工人运动的世界组织。1889 年 7 月 14 日在巴黎召开了第一次大会,通过《劳工法案》及《五一节案》,决定以同盟罢工作为工人斗争的武器。

1876 年第一国际解散后,随着科学社会主义在欧美的广泛传播,到 80 年代末欧美已有 16 个国家先后建立社会主义政党。各国工人和社会主义者要求加强国际联系。恩格斯做了大量工作,促使德、法等国社会主义政党的代表于巴黎人民攻克巴士底狱 100 周年纪念日,即 1889 年 7 月 14 日,在巴黎召开"国际社会主义者代表大会"。

有 22 个国家的 393 名代表参加,李卜克内西、倍倍尔、瓦扬、拉法格等 27 人组成大会主席团。巴黎大会主要讨论国际劳工立法和工人阶级的政治、经济斗争任务,通过了关于每年庆祝五一劳动节等决议。这次大会标志着第二国际的建立。

欧战时各国的国家社会主义派违背了"非战"的决议,反而帮助资产阶级去从事国际战争,于是第二国际几同无形消失。及欧战终了,各国社会党会议,通过《拥护国际联盟案》,并筹备恢复第二国际。1920 年在日内瓦召开大会,第二国际才恢复起来。

第二国际并未正式宣布解散,只是停止活动,但列宁在 1914 年 8 月 4 日德国社民党议员在德国国会投票通过军事预算案消息后,宣布:"第二国际已死,第三国际万岁!"。

72 第三国际是如何建立的?

第三国际又名共产国际,是一个共产党和共产主义组织的国际组织。1919 年 3 月在列宁领导下成立,总部设于苏联莫斯科。

第三国际于 1919 年在莫斯科成立,那时俄国无产阶级已经革命成功,建立苏维埃政府。第三国际本名"共产国际",以别于第二国际的本名"社会主义国际"。第三国际初成立时各国支部差不多都是从第二国际原有的支部分裂出来的,即是说第二国际中的革命派发展为第三国际,正式抛弃改良主义,而号召世界革命。

1922 年 7 月,中国共产党二大决定参加共产国际,成为它的一个支部。

1925 年与 1926 年,中国国民党两次向共产国际申请加入共产国际,但都被拒绝。

1943 年 5 月 15 日,共产国际执行委员会主席团为适应反法西斯战争的发展,并考虑各国斗争情况的复杂,需要各国共产党独立自主地处理面临的问题,作出《关于提议解散共产国际的决定》。同年5月22日,向全世界公布了这个决定。同年6月10日,鉴于共产国际在某种程度上是为了反对协约国而创,而美国此时成为苏联拉拢以反对法西斯德国的非常重要对象,共产国际执行委员会决定共产国际正式宣告解散。

第三国际在其存在的24年中,共召开过7次代表大会、领导过65个共产主义政党和组织。在捍卫马克思主义,推动国际工人运动和亚非拉民族解放运动,反对法西斯主义和帝国主义战争,促进国际共产主义运动发展等方面做出了重要贡献。它在欧洲、美洲、亚洲帮助各国先进工人建立了马克思列宁主义政党,协助他们培养了一批革命骨干,加速了各国共产党的成长。但是,它在工作中也有许多失误,特别是长期受"左"倾思想的干扰,给国际共产主义运动带来过消极影响,其高度集中的组织形式曾影响了各党的独立自主和各党之间的平等关系。

73 日俄战争是怎么回事?

1894年日本悍然发动大规模侵华战争——"甲午战争"。1895年4月日本胁迫中国签订《马关条约》。特别是关于割让辽东半岛的规定,激怒了俄国,于是就出现了"三国干涉还辽"、迫使日本修改《马关条约》的事件。日俄在远东的利害冲突进一步激化。此后,日本立即加紧对俄战争准备。

而之后的俄国以"还辽有功"为借口,于1896年,诱逼清政府接受《中俄密约》,随即索取了修筑中东铁路及其支线等特权。1897年底,俄国舰队擅自闯进中国旅顺口;翌年3月,沙皇政府以军事压力为后盾,强行向中国政府"租借"旅顺、大连及其附近海域,霸占整个辽东半岛,从而在远东取得了梦寐以求的不冻港。

英国历来把俄国看作同它争夺中国的对手。它企图假手日本阻止俄国南下同它争夺中国长江流域。因此,英日互相勾结,于1902年1月30日在伦敦签订英日同盟,矛头针对俄国。

1904年2月6日,日本突然宣布断绝日俄外交关系。与此同时,日本海军迅速开始行动。2月8日,日本联合舰队偷袭了停泊在中国旅顺的俄国军舰,不宣而战。10日,日俄战争正式爆发。

开战后不久,俄军就接连败北,而后双方又在沈阳形成对峙。俄国沙皇决心从欧洲调集波罗的海舰队到远东增援。俄军舰队航行了几个月,于1905年5月驶抵远东。而日本海军却以逸待劳,在对马海峡重创俄国舰队。38艘俄国军舰除少数几艘突围逃脱外,几乎全军覆没,舰队司令也被活捉。这对日俄陆军的作战士气产生了巨大的影响。

这时俄国国内相继爆发革命,因此已经无力于日俄战争。而美国乘机以"和事佬"的身份从中调停。1905年9月,日俄两国签订了《朴次茅斯和约》:日本独占朝鲜,并占有中国东北的南部;俄国则将势力退缩到中国东北的北部。

74 "三国同盟"和"三国协约"是怎样形成的?

十九世纪最后三十年,随着世界资本主义向帝国主义阶段过渡和各国实力对比的消长,帝国主义列强为争夺世界霸权和重新瓜分殖民地,展开了激烈的争夺。而在长期争霸斗争中,为了挫败对手,建立霸权,列强各国又都按照各自的需要努力争取伙伴,缔结盟约。于是,十九世纪末二十世纪初,在欧洲逐渐形成了互相敌对的两大帝国主义军事集团:三国同盟和三国协约。

三国同盟的形成,首先要从普法战争开始。1870年到1871年的普法战争,德国强迫法国割地赔款,并迅速取代了法国攫取了欧洲霸权,使法、德两国结下了世仇,从而决定了帝国主义两大对立营垒中的两个主要成员。普法战争后,德国为了孤立法国,竭力拉拢俄、奥两国,并于1873年10月成立了所谓的"三皇同盟"。但沙皇俄国从一开始便貌合神离,它既反对德国进一步削弱法国,又同奥匈在巴尔干地区存在着尖锐的冲突，因而不久后，经过几次摩擦和冲突，三国便由表面上的结合变为公开的对立。1879 年 10 月，德奥两国为共同对付俄国在巴尔干地区的扩张和孤立法国，缔结了秘密军事同盟条约。

德奥军事同盟建立不久，德国又利用法、意之间为争夺突尼斯而出现尖锐矛盾的机会，将意大利接进了同盟。1882 的 5 月，意大利在维也纳同德、奥签订了"三国同盟条约"。至此，三国同盟最后形成。在三国同盟中，德国是主角，奥国是依附于德国的伙伴，而意大利则是一个动摇的同盟者。

三国同盟的建立使法、俄感到极大的威胁，法、俄同盟已势在必行。十九世纪八十年代，法国先后向俄国提供了几笔巨额贷款，使资金不足的俄国日益加深了对法国经济的依赖性，也促进了两国结伙。九十年代初，两国海军互访，双方都组织了隆重的欢迎仪式，更密切了两国的关系。1892 年，两国终于缔结了军事协约。

这时的英国还奉行所谓的"光荣孤立"政策，没有参加任何一个集团。但到二十世纪初，随着德国实力的增长，富有军国主义传统的德国统治集团在全球范围内展开了争夺殖民霸权的斗争，向拥有世界霸主地位的大英帝国提出了"挑战"，使英、德矛盾上升。在这种情况下，英国不得不放弃了不合适的"光荣孤立"政策，逐步调整了与法、俄之间的关系。1904 年，英法首先缔结了协约。随后，由于法国从中斡旋，英、俄也逐步接近，终于在 1907 年缔结了英俄协约，调整了两国在伊朗、阿富汗和中国西藏问题上的矛盾。1904 年英法协约和 1907 年英俄协约的签订，意味着英、法、俄三国协约的成立。

这样，两大帝国主义军事集团最后形成了。

75 你知道"海牙和平会议"和《海牙公约》吗？

海牙和平会议，1899 年和 1907 年在荷兰海牙召开的两次国际和平会议，又称海牙会议。

19 世纪末，帝国主义国家为重新瓜分殖民地、争夺世界霸权，大规模扩军备战并加紧纠集军事同盟。俄国因国内经济困难等原因,在大国争霸中力不从心。俄皇尼古拉二世为赢得时间和限制对手,于1898年8月倡议在荷兰海牙召开和平会议,并邀请欧、亚及北美各独立国家参加。第一次海牙和平会议于1899年5月18日～7月29日在海牙举行,参加会议的有中国、俄国、英国、法国、德国、日本、意大利、美国、奥匈帝国等26个国家。会议宣称其主要目的是限制军备和保障和平,但最后未能就此达成任何协议,只在和平解决国际争端和战争法规编纂方面签订了3项公约和3项宣言。这就是:《和平解决国际争端公约》(1899年海牙第1公约)、《陆战法规和惯例公约》(1899年海牙第2公约)及附件《陆战法规和惯例章程》《关于1864年8月22日日内瓦公约的原则适用于海战的公约》(1899年海牙第3公约)、《禁止从气球上或用其他新的类似方法投掷投射物和爆炸物宣言》(1899年海牙第1宣言)、《禁止使用专用于散布窒息性或有毒气体的投射物的宣言》(1899年海牙第2宣言)、《禁止使用在人体内易于膨胀或变形的投射物,如外壳坚硬而未全部包住弹心或外壳上刻有裂纹的子弹的宣言》(1899年海牙第3宣言)。

第一次海牙和平会议后,帝国主义国家军备竞赛愈演愈烈。

第二次海牙和平会议于1907年6月15日～10月18日在海牙召开,包括第一次海牙会议全体参加国在内的44个国家的代表参加了会议。这次会议是第一次海牙会议的继续。经过1904～1905年的日俄战争,各国迫切希望补充和发展海战和陆战法规。会议对1899年的3项公约和1项宣言(第1宣言)进行了修订,并新订了10项公约,总计13项公约和1项宣言。

《海牙诸公约》依其内容大致可分为三类:(1)和平解决国际争端类。(2)战争开始和中立国权利与义务类。(3)战争法规类。第三类条约是海牙公约的主体部分,它从陆战、海战、空战等不同方面,限制了作战手段和方法,并进一步明确和完善了战斗员、战俘和伤病员的待遇。另一项具有重要意义的条约是《禁止从气球上或其他新的类似方法投掷投射物和爆炸物宣言》,这是关于空战的唯一的国际公约。

76 第一次世界大战是怎样爆发的？经过如何？

1914 年 6 月 28 日（塞尔维亚国庆），奥匈帝国皇储斐迪南大公夫妇在萨拉热窝视察时，被塞尔维亚青年加夫里若·普林西普枪杀。成为第一次世界大战的导火线。

一个月后，奥匈帝国在德国的支持下，以萨拉热窝事件为借口，向塞尔维亚宣战。接着德、俄、法、英等国相继投入战争。交战的一方为同盟国的德国和奥匈帝国，以及支持他们的奥斯曼帝国、保加利亚。另一方为协约国的英国、法国和俄国以及支持它们的塞尔维亚、比利时、意大利、日本等国。

原属同盟国的意大利，考虑到利害关系，加入到了协约国方面作战。

日本为了在东亚扩张势力和侵略中国，以 1902 年缔结的"英日同盟"为借口，在 1914 年对德国宣战，并迅速占领德国在中国山东的势力范围。

1914 年是战争的第一阶段。在这一年里德军根据战前制定的施里芬计划，首先在西线发动大规模的进攻，由于马恩河等战役中法、英、比三国军队的奋力抵抗和俄国在东线的进攻，致使德军速决战的计划破产。西线作战的双方修筑战壕，长期对峙，转入阵地战。

由于双方都把 1916 年看作是决定性的一年，所以这一年里出现了三次大型的陆地上战役，即西线的"凡尔登战役"、"索姆河战役"和东线俄军的夏季攻势，在海上，日德兰海战后，英国仍然牢牢控制着制海权。这一阶段，大战的战略主动权转移到了协约国一方。

1917 年，美国参加对德作战，中国等国也相继投入战争，协约国的阵营增加到 27 个国家，俄国爆发"二月革命"和"十月革命"，退出了战争。

1918 年 11 月，德国宣布投降，第一次世界大战以同盟国的失败而告终。

第一次世界大战给人类带来空前的浩劫，给参战各国带来巨大的灾难。大战历时 4 年多，30 多个国家，15 亿人口卷入战争，伤亡人员

3000万,造成严重经济损失。另一方面,战争促进了亚非民族独立国家的形成和殖民地人民的觉醒。

ⓗ 你知道一战中的几次著名战役吗?

一战中最著名的战役有四个:马恩河战役、索姆河战役、凡尔登战役、日德兰海战。

马恩河战役先后两次:第一次马恩河战役,又名马恩河奇迹,是第一次世界大战西部战线的一次战役。这场战役发生在1914年9月5日至12日。在这场战役中,英法联军合力打败了德意志帝国军。第二次马恩河战役或称雷姆斯战役,是第一次世界大战西方战线发生于1918年7月15日至8月6日的战役,是西方战线中德军最后一次发动大规模攻击的战役。这次战役以德军失败而告终,从此,西线从长期相持转为德军节节败退。

索姆河战役在1916年7月1日爆发,是第一次世界大战中规模最大的一次战役。此役,联军以损失79万人(英军约45万人、法军约34万人)的巨大代价,夺占德军240平方公里的阵地,牵制了德军对凡尔登的进攻;德军损失53.8万人,被迫收缩防线,在西线暂时转入战略防御。

凡尔登战役是第一次世界大战中破坏性最大,时间最长的战役。战事从1916年2月21日延续到12月19日,伤亡人数仅次于索姆河战役,被称为"凡尔登绞肉机"。凡尔登战役德法双方投入了近200万兵力,伤亡人数共计达100多万。德军在这一战役中耗尽了元气。法军反攻开始以后,逐次收复了凡尔登以东的大片土地,德军节节败退。凡尔登战役是第一次世界大战的决定性战役和转折点。

1916年5月,第一次世界大战中的最大海战发生在日德兰海,战前,德国舰队共99艘战舰(16艘战列舰,5艘战列巡洋舰,6艘前无畏舰,11艘轻巡洋舰,61艘鱼雷艇),分为两个编队,由南向北行驶。英国舰队共151艘战舰(28艘战列舰,9艘战列巡洋舰,8艘装甲巡洋舰,26艘轻巡洋舰,78艘驱逐舰,1艘布雷艇,1艘水上飞机母舰),也分为两个编队,由北向南航行,双方相向运动,突然相遇,生死搏斗就这样拉开了……

鏖战过后,英国舰队损失 3 艘战列巡洋舰、3 艘装甲巡洋舰和 8 艘驱逐舰,共计 11 万吨;德国舰队损失 1 艘前无畏舰、1 艘战列巡洋舰、4 艘轻巡洋舰和 5 艘驱逐舰,共计 6 万吨。德国的战果大于英国,但此后德国公海舰队再也不敢冒险了。

此次战役是第一次世界大战最大规模海战,令德国最后一次主动突破协约国在北海对德国封锁的努力失败。自此,德国在第一次世界大战中不再以海军与协约国正面交锋,只能以潜水艇击沉舰艇,其后发展至无限制潜艇战。

⑱ 为什么要召开巴黎和会?主要内容有哪些?

巴黎和会是一战结束后的 1919 年,胜利的协约国集团为解决战争所造成的问题以及奠定战后的和平而召开的会议。

参加巴黎和会的国家有美国、英国、法国、日本、意大利、比利时、玻利维亚、巴西、古巴、厄瓜多尔、尼加拉瓜、巴拿马、秘鲁、波兰、葡萄牙、罗马尼亚、希腊、危地马拉、中国、泰国、海地、沙特阿拉伯、洪都拉斯、利比里亚、捷克斯洛伐克、乌拉圭、塞尔维亚—克罗地亚—斯洛文尼亚等 27 个独立国家,还有英国的自治领南非、印度、加拿大、澳大利亚和新西兰。

战败国德国、奥匈帝国被排除在谈判之外。俄国因于 1917 年和德国单独媾和,且布尔什维克取得国家政权也被排除在谈判之外。

1919 年 1~4 月,英、法、美、日、意就对德和约问题进行讨论,大国间钩心斗角,争论激烈。

经过 3 个多月的争吵,三巨头(美国总统威尔逊、英国首相劳合·乔治、法国总理克里孟梭)总算商定了对德和约的内容,虽然三巨头对这份充满妥协的和约都不满意。这份苛刻的和约作了如下的规定:剥夺德国的全部殖民地,法国收回洛林和阿尔萨斯,德国萨尔区的煤矿由法国开采,行政由国际联盟管理 15 年,期满后经公民投票决定归属;莱茵河左岸的德国领土划分为三个占领区,分别由协约国占领 5 年、10 年、15 年,右岸 50 千米为不设防地区;德国只能维持 10 万人的陆军和 1.5 万人的海军,废除义务兵役制,不得拥有主力舰和潜艇,不得拥有飞机、坦克和火炮等重武器;德国要向战胜国支付巨额战争赔款(英、法、美三国组成的赔款委员会最终确定赔款金额为 1320 亿德国马克,约合 330 亿美元)。

德国代表一方面向国内汇报,一方面请求对和约进行修改,但三大巨头咬定条约不放松,明确表示德国人不能进行任何争辩,要么签字,要么继续战争。最终,德国政府选择了屈服。

6 月 28 日在巴黎近郊凡尔赛宫镜厅举行《协约和参战各国对德和约》签字仪式。德国外长穆勒等代表德国签字。对德国同盟国的和约在巴黎和会结束后另行签署。

在巴黎和会以后,各国列强暂时在欧洲等地区方面的矛盾得到了抑制。随后,建立起了被称为凡尔赛体系的国际地区"新秩序",凡尔赛体系不但包括对德和约,还包括对奥地利的《圣日耳曼条约》,对保加利亚的《纳伊条约》,对匈牙利的《特里亚农条约》,土耳其的《色佛尔条约》,但是对土条约遭到土耳其资产阶级的反对,后来联军被凯末尔打败,最终签定了《洛桑条约》,由上述几个条约共同构成了凡尔赛体系,其实质是一战后帝国主义重新安排的国际体系。

79 俄国为什么会爆发二月革命?

1917 年 3 月 3 日,彼得格勒普梯洛夫工厂工人开始罢工。10 日,发展成为反对饥饿、反对帝国主义战争、反对沙皇制度的政治总罢工,罢工人数达到 25 万人。沙皇政府下令开枪镇压参加示威和集会的群众,激起人民更强烈的反抗。11 日,布尔什维克维堡区委员会决定将罢工转变为武装起义。12 日(俄历 2 月 27 日),起义席卷全城。驻守彼得格勒的士兵拒绝向工人开枪,大批转到革命方面。起义士兵和工人逮捕沙皇的大臣和将军,释放政治犯,布尔什维克党中央发出《告全体俄国公民书》,

宣布首都已经转到起义人民手中。革命在全国迅猛展开。3月15日,末代沙皇尼古拉二世被迫退位,统治俄国长达300多年的罗曼诺夫王朝彻底覆灭。这样,俄国第二次资产阶级民主革命,即二月革命取得了胜利。

在罢工和武装起义过程中,彼得格勒工人建立了新的政权机关——苏维埃。继彼得格勒苏维埃之后,在全国大多数城市都建立同样的权力机关。在全俄苏维埃成立以前,由彼得格勒工兵代表苏维埃行使它的职权。

当时除了工兵代表苏维埃以外,还有另一个政府,即资产阶级临时政府。苏维埃领导岗位的孟什维克和社会革命党人力图限制革命的范围。他们认为推翻沙皇制度后合法的主人只能是资产阶级。

3月15日,第一届资产阶级临时政府成立。大地主格·叶·李沃夫为临时政府总理兼内务部长,主要资产阶级政党——立宪民主党首领巴·尼·米留可夫为外交部长,资产阶级右翼政党——十月党首领亚·伊·古契诃夫为陆海军部长,社会革命党人亚·费·克伦斯基为司法部长。这样,形成了既有苏维埃又有临时政府的两个政权并存局面。

80 俄国十月革命是如何取得胜利的?

俄国十月革命(又称红十月、十月起义或布尔什维克革命),俄国工人阶级在布尔什维克党领导下联合贫农所完成的伟大的社会主义革命,是1917年俄国革命中第二个、也是最后的重要阶段。因发生在俄历1917年10月25日(公历1917年11月7日),故称为"十月革命"。

1917年11月6日,列宁秘密来到起义总指挥部——斯莫尔尼宫,亲自领导武装起义。从1917年11月6日夜间到11月7日上午,二十多万革命士兵和起义工人迅速占领了彼得格勒的各个战略要地。

1917年11月7日下午5—6时,2万多名革命士兵和赤卫队员、9辆军车包围了冬宫。革命军事委员会向临时政府发出最后通牒,命令它于1917年11月7日6时20分缴械投降。8时过后,革命军事委员会向临时政府下达了无条件投降的最后通牒书,遭到拒绝。晚上九点四十五分,停泊在涅瓦河上的阿芙乐尔号巡洋舰开炮,发出了总攻的信号。赤卫队员和革命士兵在雷鸣般的"乌拉"声中越过了街垒,迅猛地冲向冬宫,在冬宫的楼梯间里和楼梯上,革命士兵和工人赤卫队员同士官生展开了激烈的白刃战,到 1917 年 11 月 8 日凌晨,临时政府的成员(除克伦斯基逃跑外)全部被擒,冬宫也被攻克。

彼得格勒武装起义取得胜利,资产阶级临时政府被推翻。起义成功当天夜间,苏维埃代表大会召开,通过了《告全世界工人、士兵和农民书》,宣告各地全部政权一律转归工兵苏维埃。并于次日通过了《和平法令》和《土地法令》。

最后,代表大会选举成立了世界上第一个工农兵苏维埃政府——人民委员会,无产阶级伟大导师列宁当选为人民委员会主席。建立了世界上第一个无产阶级专政性质的政权——俄罗斯苏维埃联邦社会主义共和国。共和国成立不久,又经过三年艰苦的国内战争,粉碎了 14 个帝国主义国家的武装干涉和地主资本家的武装叛乱,保卫了苏维埃政权。1922 年 12 月 30 日,苏维埃社会主义共和国联盟正式成立。

81 苏俄是如何签订《布列斯特和约》的?

1917 年,俄国十月革命胜利之后,由于原来俄国属于协约国一方面与同盟国处于交战状态,为了退出战争,新成立不久的苏俄政府在提出的和平建议被协约国拒绝后,便与同盟国的德国进行和平谈判。

1917 年 12 月 3 日,谈判开始,德国提出了把波兰、立陶宛、爱沙尼亚的局部和拉脱维亚、白俄罗斯的全部割让给德国并赔款 30 亿卢布的苛刻条件,这引起了布尔什维克党内严重的分歧。列宁主张接受德国的条件,签订和约,为新生政权争得喘息机会;布哈林为代表的"左派共产主义者"反对签订和约,主张继续世界大战;托洛茨基则主张停战,复员军队,但不与德国签约(即不战不和)。

1918 年 1 月 2 日,苏俄政府召开中央和地方负责人会议,最终,列宁的主张因处于少数而未能被通过。

1918 年 1 月 24 日,苏俄政府召开中央会议,重新表决签约的问题,列宁的主张仍然没有被多数所接受。

2 月 18 日,在德国开始对苏俄大举进攻的紧急情况下,苏俄中央委员会举行了紧急会议。会上,经过几轮投票,最终通过了列宁的提案。苏俄政府连夜通知德国方面,同意签约。

但是,德国在得到通知后仍没有停止进攻,并于 2 月 23 日提出更加苛刻的条件。苏俄党中央又召开有 15 名委员参加的紧急会议。结果列宁的主张以 7 票赞成、4 票弃权、4 票反对获得通过。

2 月 24 日,苏俄政府重新派出了谈判代表团与德国进行谈判。

3 月 3 日,《布列斯特和约》正式签订。按照和约,苏俄割让 323 万平方公里领土,赔款 60 亿马克。但苏俄成功地退出了第一次世界大战,为刚刚诞生的苏维埃政权争取了喘息的时间。

德国战败后,于 11 月 11 日同协约国签订了停战协定,苏俄政府立即于 11 月 12 日宣布废除此条约,使得该条约的内容实际上成了一纸空文。

82 德国的十一月革命经过如何?

第一次世界大战耗尽了德国的巨大财富,为应付战争所需的庞大经费,它加强了对国内人民的残酷剥削,并采用军事统治的办法,强迫人民。第一次世界大战末期,德军在前线不断溃败,经济陷入危机,政治动荡。

1918 年秋季,西线的德军开始崩溃,战争的失败使德国国内矛盾激化。同时在俄国十月革命影响下,国内阶级矛盾空前尖锐。

1918 年 10 月底,德国海军司令部命令驻基尔港舰队出海作战,遭水兵拒绝,许多水兵因之被捕。11 月 3 日,基尔港舰队水兵为了反对出海同英国舰队作战的命令,并要求释放被捕的水兵,联合码头工人举行了游行示威,而且由游行示威很快发展成了武装起义。

1918 年 11 月 4 日,基尔港的水兵和工人组成了工兵代表苏维埃,夺取了基尔的全部政权,揭开十一月革命的序幕。汉堡、不来梅、莱比锡、慕尼黑等地也纷纷起来响应了这次起义,组成了工兵苏维埃,也纷纷夺取了各地的政权。

1918 年 11 月 9 日,德国首都柏林的工人和士兵也爆发武装起义,推翻霍亨索伦家族的统治,迫使德皇威廉二世不得不匆匆地逃往荷兰,武装的工人和士兵控制首都,斯巴达克派领导人卡尔·李卜克内西在群众大会上宣布成立社会主义共和国。

1918 年 12 月 16 日,在柏林召开全德苏维埃代表大会。在大会上,右翼社会民主党人竭力要求恢复和平与秩序,主张召开立宪的国民会议,成立正式政府。斯巴达克同盟的代表提出全部政权归苏维埃和成立社会主义共和国的口号。大会通过第二年 1 月召开国民会议的决议,宣布在此以前由艾伯特政府行使国家的全部立法和行政权力。12 月 29 日,斯巴达克同盟召开代表大会,决定立即脱离独立社会民主党,成立自己的组织——德国共产党。30 日,德共成立大会在柏林举行,R. 卢森堡作了关于党纲问题的报告。大会决定以她起草的《斯巴达克同盟要求什么》一文作为党纲的基础。

1919 年 1 月 4 日,政府罢免了左派独立社会民主党人艾赫戈伦的柏林警察总监职务,愤怒的柏林工人举行武装起义,要求推翻艾伯特政府,起义遭镇压。1 月 15 日,德共领袖李卜克内西和卢森堡被害。1 月 19 日举行国民议会选举。2 月 6 日,国民议会在魏玛召开,通过魏玛宪法,魏玛共和国建立。艾伯特任总统、谢德曼任总理。4 月 13 日,慕尼黑工人在共产党的领导下发动起义,建立了巴伐利亚苏维埃共和国。政府集结军队于 5 月 1 日攻入慕尼黑,巴伐利亚共和国被颠覆。至此,十一月革命结束。

83 如何看待《魏玛宪法》?

《魏玛宪法》是德国魏玛共和国时期(1919—1933)的宪法,也是德国历史上第一部实现民主制度的宪法。它建立了一个议会民主制、联邦制的共和国。现今的德意志联邦共和国宪法《德国基本法》仍保留着魏玛宪法的少许条文。

1918 年制定，1919 年 8 月 11 日生效。全文共 181 条，分两编。

第一编为联邦的组织及其职责，分联邦及各邦、联邦议院、联邦总统及联邦政府、联邦参议院、联邦立法、联邦行政、司法共 7 章。规定德国为联邦，主权在民，人民有普选权、创制权；采用责任内阁制，但总统有紧急命令权，可以暂时停止宪法中部分规定的权力。

第二编为德国人民的基本权利及基本义务，分个人、共同生活、宗教及宗教团体、教育及学校、经济生活共 5 章。第二编表现出这部宪法的特色，规定了个人的各种基本权利和许多社会生活的准则，其中有一些社会民主主义性质的规定。

1933 年希特勒建立独裁统治后，先用紧急命令宣布《魏玛宪法》中许多关于人民权利的条文停止生效，又制定了《消除国民与国家危机的法律》(《授权法》)，规定政府可以自行制定与宪法相抵触的法律。于是《魏玛宪法》名存实亡。

第二次世界大战后，在联邦德国，《魏玛宪法》为 1949 年的《德意志联邦共和国基本法》所代替。该基本法在一定程度上继承了《魏玛宪法》的传统，并在其第 140 条里规定，把《魏玛宪法》中有关宗教的 5 条作为基本法的组成部分，继续有效。

《魏玛宪法》是现代宪法的源头。它宣告帝制的结束，对德国历史的发展产生较大影响。规定了较多的民主权利，为资产阶级民主色彩较浓的宪法，是现代时期的第一部资产阶级宪法，使宪法原则和制度得到发展，对其后许多国家的宪法产生影响。

84 奥匈帝国是如何解体的？

1918 年，哈布斯堡王朝统治下的多民族的奥匈帝国，军事失败已成定局，阶级矛盾和民族矛盾十分尖锐。俄国十月革命的胜利和苏维埃政府的民族自决权原则，使帝国境内争取民族独立和社会解放的斗争空前高涨。

1918 年 10 月 14 日,捷克爆发了政治总罢工。28 日,捷克资产阶级和地主政党领导的布拉格民族委员会宣布建立独立的新国家。接着,斯洛伐克同捷克合并,于 11 月 14 日建立捷克斯洛伐克联合政府,宣告捷克斯洛伐克共和国成立。

1918 年 10 月,南斯拉夫地区的几个主要资产阶级政党在萨格勒布组成人民议会,29 日宣布南斯拉夫地区脱离奥匈帝国。12 月,建立了独立的斯洛文尼亚—克罗地亚—塞尔维亚王国(1929 年正式更名南斯拉夫)。

匈牙利人民革命斗争风起云涌。1918 年 10 月 29 日,布达佩斯发生大罢工。次日,罢工转变为武装起义,革命群众占领了首都所有战略据点,推翻了哈布斯堡王朝在匈牙利的统治。11 月 2 日,建立了以卡罗列为首的新政府。在人民的压力下,新政府于 16 日宣布匈牙利为共和国。

被压迫民族和人民的斗争推动了奥地利本土的革命运动。1918 年 10 月 30 日,维也纳工人举行总罢工,要求建立共和国,11 月 12 日,国民会议被迫宣布成立奥地利共和国。

奥匈帝国境内的资产阶级民族民主革命,使庞大的帝国彻底瓦解,成立了几个独立的国家。

⑧⑤ 国际联盟是个什么样的组织?

国际联盟,简称国联,是《凡尔赛条约》签订后组成的国际组织,1934 年 9 月 28 日至 1935 年 2 月 23 日处于高峰时期,国联曾拥有 58 个成员国。

其宗旨是减少武器数量、平息国际纠纷、提高民众的生活水平以及促进国际合作和国际贸易。其存在的 26 年中,国联曾协助调解某些国际争端和处理某些国际问题。

早在一战进行期间,一些政府和小组早已开始计划发展改变国际关系的组织,避免世界大战再度发生。英国外交大臣爱德华·格雷被公认为是第一个提出建立国联的人。美国总统伍德罗·威尔逊和其顾问爱德华·豪斯上校对这个建议很感兴趣，认为可以避免战争，不至于重蹈一战的覆辙。

一战完结后，在1919年1月28日的巴黎和会中，通过建立国际联盟的草拟法案，并在英法两国的操纵下，派一个以威尔逊为首的起草委员会来草拟《国际联盟盟约》，准备筹组国联。

1919年6月28日，盟约得到44个国家签订(44个国家中有31个国家是战时支持三国协约或者加入协约国)。

1920年1月10日《凡尔赛和约》正式生效的这一天，在威尔逊主持下国际联盟宣告正式成立。凡是在大战中对同盟国宣战的国家和新成立的国家都是国际联盟的创始会员国。虽然威尔逊致力促成国联的成立，并得到诺贝尔和平奖，但因与英、法争夺领导权失败，美国最终未加入国联。1920年1月19日美国参议院拒绝批准《凡尔赛和约》及《国际联盟盟约》，并否决加入国联。

国联第一次议会会议于1920年1月16日(凡尔赛和约生效后六天)在巴黎举行。同年11月，国联总部迁至日内瓦威尔逊宫，11月15日，国联在总部内举行第一次全体大会，有41个国家代表出席。

1922年国联签发南森护照予无国籍难民，最终被52个国家承认。20世纪20年代，国联曾成功地解决一些小纷争。但对于30年代较大的冲突及二战，国联则显得力不从心。1946年4月18日国联正式解散，由联合国所取代。

86 意大利法西斯专政是如何建立的？

第一次世界大战后，意大利垄断资产阶级面对着国内政治经济方面的重重困难和迅速高涨的革命形势，极力寻求更加极端的方式来维护自己的统治，致使极右势力应运而生。

墨索里尼在1919年建立的"法西斯战斗团"，到1921年扩建为法西斯党。垄断资产阶级利用和支持它袭击共产党和其他进步组织，猖狂进行恐怖活动。1922年10月15日,法西斯党在那不勒斯举行大会,墨索里尼下令"向罗马进军"。次日,他率领五万名武装的法西斯党徒向首都挺进,在没有遇到政府军任何抵抗的情况下,胜利进入罗马。10月29日,国王任命墨索里尼组阁,法西斯攫取意大利国家政权。

墨索里尼上台后,立即解散除法西斯党外的所有政党和工会组织,封闭全部非法西斯报纸,设立"特别法庭",逮捕和迫害共产党人和进步人士。

墨索里尼十分注意学校的改革,并将这种改革同扩军备战紧密地结合起来。墨索里尼加紧进行扩军备战,并亲自兼任陆、海、空军总长,作为意大利的最高统帅,全国所有部队必须绝对听从他的调遣。1925年1月,墨索里尼宣布国家法西斯党为意大利唯一合法政党,从而建立了意大利法西斯主义的独裁统治。

1927年,墨索里尼政府颁布了臭名昭著的"劳动宪章",宣布罢工为刑事犯罪。1928年取消议会制度,组织形同虚设的"大法西斯委员会"。至此,墨索里尼本人实际上成了至高无上的独裁者,法西斯制度完全在意大利建立起来。

87 什么是"道威斯计划"?

根据英国提议,协约国赔款委员会于1923年11月增设两个专门委员会,一个研究平衡德国预算和稳定德国金融之方法,一个调查德国资本外流情况并设计引回的方法。两个专门委员会以美国银行家道威斯为主席。12月由法、比、意、英、美5国代表组成的国际专家委员会赴德调查,研究德国赔款问题。

1924年4月9日道威斯拟定一项解决赔款问题的计划,史称道威斯计划。该计划经同年7月16日至8月16日之伦敦会议(英、法、意、日、比、希、葡、罗、南、美参加)讨论并通过,同年9月1日生效。该计划企图用恢复德国经济的办法来保证德国偿付赔款。

1924年8月16日,计划被双方接受。道威斯计划的执行,对20年代后半期德国经济的恢复和发展起了重要作用。

1924～1929 年德国支付赔款 110 亿金马克,获得外国各种贷款约 210 亿金马克。

88 什么是"扬格计划"?

1929 年,德国借口经济危机,财政濒于破产,无力执行道威斯计划。同年 2 月 11 日至 6 月 7 日,英国、法国、比利时、意大利、日本、美国、德国等国代表组成以美国财政专家欧文·扬为主席的委员会,该委员会在巴黎召开会议重新审议德国赔偿问题,提出了打算"完全彻底解决赔款问题"的报告。根据该计划,降低德国的赔款额,并取消对德国的经济管制。经海牙会议讨论并通过,该计划于 1930 年 9 月生效。1931 年 6 月德国总统兴登堡声明因经济恶化而无力支付赔款。

1932 年 6—7 月,英国、法国、意大利、比利时、日本、葡萄牙、南斯拉夫、罗马尼亚、希腊、美国、德国等国举行洛桑会议,同意:1)不再逼迫德国马上赔款;2)免除德国九成债项,并要发债券,这如同不用赔偿,因为赔款由原本的三百三十亿减至七亿一千四百万英镑;3)非正式协定:只要美国减免盟军所有战争债款,以上条款才会生效。美国总统胡佛表示,延期偿付权根本与债款无关;延期偿付权届期后,德国的仍要按杨格计划的规定赔款。但以上计划最后都全数失败,德国一直没有再继续赔偿,纳粹党上台以后,更不承认任何赔款。杨格计划遂告终结。

89 什么是洛迦诺公约?

洛迦诺公约,又称为罗加诺公约,是 1925 年 10 月 16 日英国、法国、德国、意大利、比利时、捷克斯洛伐克、波兰七国代表在瑞士洛迦诺举行的会议上通过的 8 个文件的总称。

1924 年以后,由于道威斯计划的援助,德国实力日增。法国要求维持《凡尔赛和约》规定的领土和边界现状。德国亦试图调整对法关系,争取恢复大国地位。英、法、德等七国在美国支持下举行洛迦诺会议,签订《洛迦诺公约》。

公约于 1925 年 12 月 1 日在伦敦正式签字,其主要内容包括:洛迦诺会议最后议定书;德、比、法、意、英《相互保证条约》,又称《莱茵保安公约》,规定德、法、比互相保证德比、德法边界不受侵犯,遵守《凡尔赛和约》关于莱茵区非军事化的规定,英意充当保证国,承担援助被侵略国的义务;德比、德法、德波、德捷之间的《仲裁条约》,规定德国和比、法、波、捷用和平方式解决彼此间的纠纷,每一组缔约国分别设立一个常设调解委员会处理双方间的问题;法波、法捷间的《保障条约》,规定在抵御遭受无端袭击时互相支援。

公约保证德国与西部邻国的边界现状,对改善法、德关系,稳定欧洲局势有积极意义,但未给予德国与其东部邻国的边界以保证,即不约束德国向东扩张。

洛迦诺公约签订后,德国的国际政治地位有所提高,不久参加了国际联盟,并取得了国联行政院常任理事的席位。

公约签订的结果,使法国受到削弱,丧失作为战胜国对德国的制裁权,自身安全需要英、意的保证。德国是主要受益者,取得与法国平等的地位,为其恢复政治大国地位奠定基础。

1930 年,德国极端民族主义再度抬头,“洛迦诺精神”宣告幻灭。1939 年 4 月 28 日正式宣布废除《洛迦诺公约》,随即在 1939 年 9 月 1 日发动了第二次世界大战。

90 何谓“国会纵火案”?

1933 年 1 月 30 日,德国总统保罗·冯·兴登堡任命阿道夫·希特勒为总理。希特勒想实行魏玛共和国宪法规定的特别授权法,该法律规定总理可以不通过议会自行制订规章以代替法律,但授权法需议会三分之二的多数议员通过才能生效。但希特勒的纳粹党在议会中只占有

32％的席位。当时德国共产党是议会中第二大党,占有 17％ 的席位,并且反对启动特别授权法。希特勒想占有议会的多数席位,就必须将共产党打压下去。

1933 年 2 月 27 日 22 点,柏林消防队接到消息,国会大厦发生火灾。经过消防员和警察对大火现场的检查,发现了 20 捆未烧尽的纵火燃料和一个赤裸的冻得哆嗦的男人,这个人名叫马里努斯·范·德尔·卢贝,是荷兰共产党人,一个失业的建筑工人,在此前不久才到德国。

国会纵火案发生后,希特勒于次日要求兴登堡颁布紧急法令,废除了《魏玛宪法》中有关保证人身自由的条款。根据《国会纵火法令》,于 3 月 1 日宣布共产党意图暴动,因此为非法。第二天,冲锋队占领了德国所有的共产党党部。德国共产党是第一个被迫退出议会的党派。随后工会被解散,德国共产党的报刊被禁止出版,包括德国共产党领袖恩斯特·台尔曼在内的 1.8 万名德国共产党人被捕入狱。

纳粹同时宣称第三国际策划国会纵火案,并逮捕了三名共产国际驻德的保加利亚人:季米特洛夫、塔涅夫和波波夫,在 9 月 21 日的莱比锡审判中,季米特洛夫在法庭上严厉驳斥了纳粹党对共产党的诬蔑,并宣称"国会纵火案"是纳粹精心策划的阴谋。最终法院宣判季米特洛夫等三名被告无罪释放。希特勒对莱比锡审判的结果非常恼火,宣布今后的一切审判都得由新组建的"人民法庭"执行。

1933 年 3 月 5 日的议会选举中,纳粹党赢得了 44％ 的席位,但仍然没有能达到 2/3 的多数。其中国家人民党和希特勒站在一起,他们共占52％的席位,纳粹党强行通过了特别授权法,其中只有社会民主党没有投赞成票。希特勒在特别授权法通过后,在一个月时间内取缔了所有非纳粹党派,建立了纳粹独裁政权。

1981 年 12 月 31 日,西柏林法院正式推翻"国会纵火案"原判决,宣布这是一起错审、错判。

91 西班牙内战是怎么回事?

西班牙内战(1936 年 7 月 17 日至 1939 年 4 月 1 日),是在西班牙第二共和国发生的一场内战,由共和国总统曼努埃尔·阿扎尼亚的共和政府军与人民阵线左翼联盟对抗以弗朗西斯科·佛朗哥为中心的西班牙国民军和长枪党等右翼集团;反法西斯的人民阵线和共和政府有苏联和墨西哥的援助,而佛朗哥的国民军则有纳粹德国、意大利王国和葡萄牙的支持,因为西班牙意识形态的冲突和轴心国集团与共产国际势力的代理战争,使西班牙内战被认为是第二次世界大战发生的前奏。

1936 年 7 月 17 日,驻摩洛哥和加那利群岛的西班牙殖民军在佛朗哥、埃米利奥·莫拉等将领策动下发动叛乱。叛乱迅速蔓延到本土加的斯、塞维利亚、萨拉戈萨、布尔戈斯等大中城市。陆军和空军的大部分部队(约 12 万人)以及摩洛哥人组成的"外籍军团"参加了叛乱。

叛乱发生后,西班牙各阶层人民响应人民阵线的号召,拿起武器保卫共和国,两天内共有 30 万人报名参加民兵组织——人民警卫队。马德里、巴塞罗那、巴伦西亚、卡塔赫纳、马拉加、毕尔巴鄂等大中城市的叛乱很快被平息。叛军仅控制南方的安达卢西亚和北方的加利西亚、纳瓦拉、旧卡斯蒂利亚等经济落后省份。共和军则控制了所有的工业和政治中心、主要港口、交通干线和重要农业区。

佛朗哥领导的国民军得到德、意政府大量的财政与军事援助;共和派也得到苏联的援助,各国的共产主义者和社会主义者组成了闻名世界的国际纵队,但却受到英法两国施行武器禁运政策的阻碍,然而武器禁运的管理并不是很有效,尤其是法国被指责以大型货轮运输共和派的军备(指控往往来自意大利,而意大利本身积极地援助国民军一派)。

美国下令禁止对西班牙政府的一切武器运售,秉持中立政策,共和政府也因此向苏联取得军备。但美国民间企业却提供许多交战双方的援助,得克萨斯石油提供国民军 350 万吨汽油的运售并提供无限期贷款、通用汽车公司和福特汽车共提供国民军 12,000 辆卡车、杜邦公司则贩卖许多弹药给佛朗哥民间左翼与反法西斯人士也募集金钱援助共和政府。

1939 年 2 月 27 日,英、法政府宣布承认佛朗哥政权,断绝与西班牙共和国的外交关系。最后一批共和军在 1939 年 4 月 1 日投降。

佛朗哥随后建立了独裁政权,西班牙第二共和国解体,所有右翼组织合并,进入佛朗哥统治时期,波旁王朝复辟,佛朗哥担任摄政直至去世。

92 "柏林－罗马－东京"轴心国同盟是如何形成的?

轴心国,是指在第二次世界大战中结成的法西斯国家联盟,领导者是纳粹德国、意大利王国和日本帝国及与他们合作的一些国家和占领国。名称源于 1936 年 11 月 1 日意大利法西斯独裁者墨索里尼在与纳粹德国达成协调外交政策的同盟条约后不久对此评价的一次演说:"柏林和罗马的垂直线不是壁垒,而是轴心",因柏林和罗马在同一经度线上,因此,后人就把法西斯同盟称为"轴心",参加国称为"轴心国"。

意、德、日三国同是法西斯国家,都积极对外侵略扩张。为了实现各自的侵略野心,并把矛头指向当时社会主义国家苏联,抵制国际共产主义运动的发展,称霸世界。

德意同英法美争夺的重点是欧洲,而日本与英法美争夺的重点是亚洲和太平洋地区。因此,德意和日本都需要互相利用,使英法美陷于两面受敌的不利境地。1936 年 11 月,德国和日本在柏林签订了《反共产国际协定》,规定两国在反共产国际中采取共同行动。1937 年 11 月,意大利和德国、日本签订了《关于意大利加入德日反共产国际协定的议定书》,这标志着"柏林－罗马－东京轴心"法西斯同盟最后形成。

从此,轴心国集团在外交上互相支持,行动上互相配合,在反共反苏反革命的旗号下,加快了对外侵略的步伐。

1940 年 9 月 27 日,德国、意大利和日本三国外交代表在柏林签署《德意日三国同盟条约》(三国公约),成立以柏林－罗马－东京轴心为核心的军事集团。这个军事集团的成员都被称为"轴心国"。1945 年 5 月 8 日德国投降后,日本于 5 月 25 日宣布废除三国公约。同年 8 月 15 日日本向同盟国投降,轴心国集团灭亡。

93 德国是如何吞并奥地利的?

早在 1933 年德国间谍就在奥地利活动。1934 年 7 月策动维也纳法西斯分子叛乱,刺杀奥首相 E. 陶尔斐斯。1936 年 7 月 11 日德国强迫奥地利签订《德奥协定》,要奥地利保证在外交政策中将始终按照承认自己是"一个日耳曼国家"的原则行事,并在秘密条款中规定让德、奥法西斯党徒参加奥政府机构。视奥地利为自己势力范围的意大利,对希特勒吞并奥地利的企图开始持反对态度。1934 年初,墨索里尼首席外交顾问访奥时重申,"必须首先保证奥地利的独立"。墨索里尼曾下令意军 4 个师开赴边境。1937 年 11 月,意大利加入《反共产国际协定》,墨索里尼改变了在奥地利问题上的立场。1938 年 2 月,英国首相张伯伦宣称,当德国占领奥地利时,奥不能指望其他大国的援助。美国驻法大使布利特通知德国,华盛顿方面"完全理解"德改变欧洲版图的计划。法国政府也表示无意干涉奥地利事务。

1938 年 2 月 12 日,希特勒在贝希特斯加登迫使奥总理舒施尼格(1897~1977)答应德国以下要求:特赦以政治犯名义囚禁的全部纳粹党员,任命奥地利纳粹分子赛斯—英夸特为内务部长兼保安部长,掌握警察权。3 月 12 日,纳粹党徒大肆宣扬"奥政府被共产党暴徒包围",伪造奥政府请德出兵镇压骚乱的"紧急请求",接着,德国军队长驱直入,兵不血刃地占领了奥地利。次日,希特勒到维也纳,签署了德奥合并的法律,奥国成为德意志第三帝国的东方省。

对希特勒这一赤裸裸的侵略行为,西方列强仅仅表示抗议。不久,英、法、美等国又承认了德国对奥地利的吞并,分别把驻奥使馆改为驻维也纳领事馆。苏联强烈谴责纳粹德国的侵略 ,并建议召开国际会议讨论集体对付希特勒的侵略,西方国家对苏联的建议置之不理。希特勒吞并奥地利,增强了德国的经济、军事实力和战略地位,更加肆无忌惮地实现它的侵略和战争计划。

1943 年 10 月,苏、美、英三国外长莫斯科会议宣布德国吞并奥地利无效,决定恢复奥地利的独立。第二次世界大战结束后,苏、美、英、法四国分区占领奥地利。1955 年 5 月四国同奥签订《奥地利国家条约》,奥地利重新赢得主权国地位。

94 《慕尼黑协定》是怎么回事?

1938 年 3 月,纳粹德国吞并奥地利后,把侵略矛头指向捷克斯洛伐克,企图以支持"民族自决"为名,占领捷克斯洛伐克苏台德地区,阿道夫·希特勒 在德捷边境集结兵力,以战争相威胁。

1938 年 9 月 13 日,法国内阁召开会议寻求对策。当晚,总理达拉第决定请英国首相内维尔·张伯伦出面调解。张伯伦给希特勒发出加急电报,希望双方通过会面方式"和平解决"这一问题。

1938 年 9 月 15 日,张伯伦第一次乘飞机前往德国。经过 3 小时的会谈,他从希特勒那里得到一项"保证",即在几天内两人再次会晤之前,德国不采取任何军事行动。会面结束后,张伯伦连夜赶回伦敦,与法国一起向捷克斯洛伐克政府施压,要求捷政府根据"民族自决"原则解决苏台德地区问题。

1938 年 9 月 22 日,张伯伦再次飞往德国哥德斯堡与希特勒进行会谈。希特勒又提出将捷境内其他操德语的地区统统划归德国,并对归并领土实行军事占领,限定 10 月 1 日之前解决问题。紧接着希特勒宣布从 9 月 28 日起实行德军总动员,命令部队在 9 月 30 日以前作好战争准备。对此,捷克斯洛伐克总统爱德华·贝奈斯断然拒绝了德国的要求,同时宣布全国进入总动员。

1938 年 9 月 29 日,张伯伦在半个月内第三次飞往德国,同达拉第、希特勒、墨索里尼一起,在慕尼黑举行英、法、德、意四国首脑会议。

会议从 1938 年 9 月 29 日 12 时 45 分开始,至次日凌晨 1 时半,四国正式签署了将苏台德地区割让给德国的《慕尼黑协定》,全称《关于捷克斯洛伐克割让苏台德领土给德国的协定》。迫于英法两国的压力,捷克斯洛伐克政府在德国限定的 6 小时内接受了《慕尼黑协定》。

1939 年 3 月,希特勒践踏在《慕尼黑协定》中承诺的国际保证,出兵占领捷克斯洛伐克全境。英法却拒不履行保证捷新疆界的义务。该协定的签订不但没有换来张伯伦所宣扬的"一代人的和平",反而加速了世界大战的爆发。

1973 年 12 月,捷克斯洛伐克和联邦德国签定相互关系条约,宣布:鉴于根据本条约建立的相互关系,《慕尼黑协定》已经无效。

95 《苏德互不侵犯条约》是怎样签订的?

希特勒一面声称要消灭社会主义苏联,一面又加紧准备向西方侵略扩张。面对德国咄咄逼人之势,英、法一味退让,推行绥靖政策。企图"祸水东流"。

1938 年 9 月 29 日《慕尼黑协定》的签订标志着英、法绥靖政策的顶峰。

1939 年 4 月至 8 月,英、法、苏三国在莫斯科举行军事、政治谈判。然而,谈判毫无结果。英、法同意了纳粹德国在东欧和中南欧自由行动,拒绝了苏联提出的保障中欧和东南欧国家安全的建议。

1939 年 5 月到 8 月间,希特勒一再通过外长里宾特洛甫向苏联表示纳粹德国无意侵略苏联,并希望改善彼此关系。因为希特勒已决定侵略波兰,他得知莫斯科正在举行英、法、苏三国谈判,深感忧虑。

1939 年 5 月,日本在远东地区挑起"诺门坎事件",向苏联发动进攻,而德、日两个法西斯国家又在谈判结成军事同盟,苏联有腹背受敌的危险。

1939 年 8 月 2 日,希特勒直接电告斯大林,要求苏德会谈签约。苏联对西方国家的绥靖政策相当不满,遂答应了这一请求。

1939 年 8 月 2 日,德国外长里宾特洛甫带着希特勒亲笔签字的全权证书,动身前往莫斯科。

1939 年 8 月 23 日正午,纳粹德国代表团到达莫斯科。斯大林、莫洛托夫和里宾特洛甫通过两次会谈,当晚,双方正式签订了《苏德互不侵犯条约》。

《苏德互不侵犯条约》签订后,1939 年 9 月 1 日,纳粹德国对波兰实施闪电战,第二次世界大战正式爆发。随后苏联红军也入侵波兰第二共和国,同年 9 月 17 日,苏联红军和纳粹德国国防军在布列斯特会师,9 月 25 日,苏德两军举行联合阅兵式,标志着两国对波兰的瓜分占领。

苏联加紧建立“东方战线”,通过 1939 年 10 月—1940 年 3 月的苏芬战争,苏联取得芬兰部分领土,并获得汉科半岛的租借权。

1940 年 7 月,立陶宛、拉脱维亚和爱沙尼亚被并入苏联。同年 6 月,苏联占领罗马尼亚的比萨拉比亚和北布科维纳。东方战线的建立使苏联增加领土 46 万多平方公里,人口增加 2200 多万,西部边界向西推进约 300—400 公里,在一定程度上增加了防御空间,改善了战略地位。

1941 年 6 月 22 日,阿道夫·希特勒撕毁《苏德互不侵犯条约》,执行巴巴罗萨计划,对苏联发动猛烈进攻,苏德战争爆发。

96 什么是“奇怪战争”?

“奇怪的战争”指二战全面爆发初期英法在西线对德国“宣而不战”的状态。法国人称之为“奇怪的战争”,德国人称它为“静坐战”,英国人称它为“假战争”。

1939 年 9 月 1 日,德军以大兵力、闪电战术,对波兰发动突然袭击。英法为了“履行”“保护”波兰独立的诺言,被迫对德宣战,实际上宣而不战,既未派一兵一卒援助波兰,也未在西线发动攻势。本来英法联军当时在西线有 110 个师,而对面的德军只有 23 个师,英法军队在西线进攻,将使德军首尾不能相顾。但英法军队龟缩在防御工事里对德军毫不干涉。法军发表的战报经常是“西线平静,无事可叙”。英国空军竟下令禁止炸德国军事目标,只在上空撒传单。战争爆发 3 个月时,偶然互有射击,英军才第一次被打死一个巡逻班长。

从 1939 年 9 月到 1940 年 4 月期间,法军伤亡 1400 多人,英军死亡 3 人,德军伤亡只数百人,历史上称这种形式上保持战争状态,实际上没有展开军事行动的怪现象为"奇怪的战争""静坐战""假战争"。其实,"奇怪的战争"也不奇怪,它是英法祸水东引之心未死,继续执行纵容侵略政策在战争中的又一次运用。

英法虽于德国闪击波兰后对德国宣战,但由于战前长期采取了绥靖政策,备战不力;战争爆发后又没有完全放弃绥靖政策,仍抱有幻想,军备增长远远落后于德国;英法在战略部署上存在分歧,双方都想在同盟中充当主角,但都不愿派出更多部队,一直没能建立一个统一的指挥系统;另外英法幻想德国吞并波兰后进攻苏联,企图利用 1939 年 11 月的苏芬战争,进行反苏计划。

从德国方面看,德国担心德国国力不能承担跟西方大国的长期战争,要求推迟西线进攻;德国考虑到英法会从北欧对其包围,控制北海,决定先占领丹麦和挪威。

英法这种消极态度带来了严重的后果,希特勒借此良机为西线进攻做了充分的准备。英法搬起石头砸自己的脚,法国遭到可耻的失败。

97 法国在二战中是怎样败降的?

1939 年德国征服波兰后,阿道夫·希特勒提出和平建议,但为英法所拒绝,于是希特勒便决心用实力来逼迫英法求和。

德国利用"奇怪战争"的时间,武装了一百四十个师的兵力,并把大批兵力从波兰调入西线。在占领了丹麦和挪威后,1940 年 5 月 10 日,德国根据"黄色方案",出动三百万军队,配备二千五百辆坦克、三千八百架飞机和七千门火炮,从北海到瑞士边境长达八百公里的西方战线上,突然发动了空前规模的闪电攻势。卢森堡、荷兰和比利时很快被征服。

这时,德军主力避开马奇诺防线,出其不意地越过阿登山脉,攻入法国,占领色当,沿圣康坦、亚眠一线直扑英吉利海峡,把三十多万狼狈撤退的英法联军围截在敦刻尔克海边。英法联军面对强敌,背靠大海,危在旦夕。5月27日至6月4日,英国实施"发动机"撤退计划,调集所有可以渡海的大小舰船,冒着德军的炮火,陆续把军队撤退到英国,剩下的四万多法军全部被俘,所有装备物资落入敌手。

在德军横扫法国北部的时候,雷诺内阁改组,贝当出任副总理,魏刚接替甘末林任法军总司令。魏刚凑集一百万军队企图凭借索姆河天险建立阻挡德军南下的防线。6月5日,德军由北向法军腹地推进,迅速攻破"魏刚防线",直逼巴黎城下。

此时,意大利趁火打劫,对法宣战。6月11日雷诺政府迁往都尔,并宣布巴黎为"不设防城市"。14日,巴黎城防司令把首都拱手交给德军,当天雷诺政府又从都尔迁往波尔多。16日,贝当组织卖国政府,接着正式宣布向德国停战投降。6月22日,在第一次世界大战结束时德国签订投降协定的同一地点,即在贡比涅森林的一节车厢上,法国签订了投降协定。规定:法军全部解除武装,占法国面积三分之二的北部富庶工业区由德国占领,南部由设在维希的贝当傀儡政府管辖。法兰西第三共和国灭亡。

98 敦刻尔克大撤退是怎么回事?

敦刻尔克大撤退是第二次世界大战初期的英法联军的军事撤退行动。

1939年9月1日凌晨,德国军队对波兰发动了进攻,二战全面爆发。9月3日,英国和法国因为利益对德国宣战。但实际上英法联军只是躲在马奇诺防线后,没有对波兰进行有效的军事支援。9月27日,德军占领华沙,波兰完全陷落。在此期间,英法两国只对德国在外交上予以谴责。

1940年5月10日清晨,德军136个师在3000多辆坦克引导下,绕过马奇诺防线以A、B两个集团军群进攻比利时、荷兰、法国、卢森堡等国。仅十多天时间,德国装甲部队就横贯法国大陆,直插英吉利海峡岸边。北部的联军事实上已经被包围在法国北部的佛兰德地区。5月27日比利时军队投降,40万英法联军开始全部集中向敦刻尔克撤退。西面的英吉利海峡成为联军绝处逢生的惟一希望。此时,英法联军在敦刻尔克地区三面受敌,一面临海,处境非常危急,唯一的生路就是从海上撤往英国。

当德国军队从西、南、东三个方向敦刻尔克步步紧逼,德军最近的坦克离这个港口仅10英里,1940年5月24日德军却接到了希特勒亲自下达的停止前进命令。整整休息了两天,直到22日才根据A集团军司令部的命令北上攻击沿岸港口(古德里安《闪击英雄》),给了英军以逃出包围圈的机会。不管如何这就给了英国一个喘息之机,使其组织海上撤退成为可能。5月26日,英国海军部下令开始执行"发动机 行动"。

撤退从1940年5月26日开始进行,至同年6月4日结束,共历时9天。英国、法国、比利时和荷兰同时动用各种舰船861艘,其中包括渔船、客轮、游艇和救生艇等小型船只。短短10天时间,这支前所未有的"敦刻尔克舰队"把近34万大军从死亡陷阱中拯救出来,为盟军日后的反攻保存了大量的有生力量,创造了二战史上的一个奇迹。

在撤退中,英法联军有4万余人被俘,还有2.8万余人阵亡,这些伤亡人员中,有的是在抗击德军进攻坚守至关重要的防线时战死的,有的是在海滩等待上船时丧生在德军空袭和炮火下,还有的是在海上随着被德军击沉的船只而葬身大海。

英国共动员了861艘各型船只投入撤退,有226艘英国船和17艘法国船被德军击沉。一艘名为"兰开斯特里亚号"豪华邮轮,被征用为撤退军事运输船,被德军炸沉,死亡至少3500名英军士兵。这次海难事故比"泰坦尼克号"死亡人数还多。英国政府事后一直封锁信息。

99 苏联是如何建立东方战线的?

东方战线是指第二次世界大战初期苏联在欧洲东部扩大边界建立的防御德国法西斯侵略的防线。

德国入侵波兰后的 1939 年 9 月 17 日,苏联发表声明,称波兰国家已不复存在和要保护波兰的西乌克兰和西白俄罗斯境内的乌克兰人和白俄罗斯人(乌克兰人与白俄罗斯人是这些地区的主要居民,占了这些地区人口的绝大部分),遂出兵波兰东部寇松线以东地区。苏联收复波兰以东的西乌克兰和西白俄罗斯地区并将其并入苏联。

芬兰在苏俄内战和苏波战争中趁火打劫地夺取了寇松线西北部地区,之后也一直拒绝承认寇松线而且还大胆地对卡累利阿地区宣布主权并不断地挑起边界冲突。苏芬关系的恶化趋势在《苏德互不侵犯条约》签订后更加明显:苏联政府决心收回寇松线西北部地区,而芬兰政府则坚决宣称苏联占有卡累利阿地区是非法的。

1939 年 10 月至 1940 年 3 月苏芬战争不可避免地爆发,苏联在地面陷入苦战的同时在外交上也陷入了难堪之中,不过芬兰政府担心战争长期化可能会给芬兰带来毁灭而向苏联妥协。苏联取得了原芬兰控制的寇松线以东和以南的领土,并获得汉科半岛租借权。芬兰对于这些结果非常不满意使得这个国家在苏德爆发战争后加入了德国法西斯对苏联的进攻。

1940 年 6 月,苏联政府分别照会波罗的海三国立陶宛、拉脱维亚和爱沙尼亚,苏联政府在照会中提出改组政府实行大选和让苏联红军自由通行等求。波罗的海三国的法西斯政府在得不到德国的外交支持和国内人民的巨大压力(大多是倾向支持苏联或者至少是要求现政府下台)的情况下只能同意这些条件。这些国家的新政府还分别要求成为苏联的加盟国以祈求保护不被资本主义政党势力复辟或者防止德国的乘虚而入,随后被苏联依次接纳并派兵进驻。

1940 年 6 月,苏联照会罗马尼亚政府,以罗马尼亚军事独裁统治集团的政策严重威胁苏联西南边界的安全等理由,要求把比萨拉比亚地区归还苏联(这个地区在以前苏俄与协约国的和约中被划出),把北布科维纳(在这一地区摩尔多瓦人占主体)"移交"给苏联的摩尔多瓦加盟国。最终罗马尼亚军政府只好接受了苏联的要求,苏军进驻上述地区。

东方战线的建立使苏联共增加领土 46 万多平方公里,人口 2200 多万,西部边界向西推进约 300 至 400 公里,在一定程度上增加了防御空间,稍微改善了战略地位,在苏德战争中起到很有限的作用。

⑩ 为什么说苏德战争爆发标志着二战进入新阶段?

苏德战争,即第二次世界大战苏德战场,是世界反法西斯战争的重要组成部分,也是第二次世界大战中规模最庞大、战况最激烈、伤亡最惨重的战场。

1941 年 6 月 22 日凌晨 3 时,德国悍然撕毁《苏德互不侵犯条约》,兵分三路突入苏联。北路沿波罗的海进攻列宁格勒;中路沿明斯克、斯摩棱斯克进攻莫斯科;南路进攻基辅、哈尔科夫和顿巴斯。在短短 10 天之内,德军突进苏联 600 公里。第一天的战斗,苏联红军损失 1200 架飞机,其中 800 架还未起飞就被炸毁。希特勒狂言三个月灭亡苏联。

战争爆发的当天,苏联人民委员会副主席莫洛托夫,代表党和政府发表广播演说,号召全国人民团结起来,坚决地抗击侵略者。苏联军民奋起自卫,开始了伟大的卫国战争。

苏联参战,给世界反法西斯战争注入了强大的生命力,改变了国际军事政治力量的对比,加强了第二次世界大战反法西斯解放战争的性质。因此,苏德战争的爆发标志着第二次世界大战进入了世界反法西斯战争的新阶段。

战争爆发初期,由于法西斯的突然袭击,苏军一路溃败。德军凭借局部兵力优势和相对先进的战术长驱直入,并在明斯克、基辅等地发动钳形攻势,大规模歼灭苏联红军的有生力量,平均深入苏联境内六百公里。直至 1942 年 6 月爆发斯大林格勒会战,德军进攻受挫,双方在乌克兰东部陷入胶着,互有胜负。苏联红军凭借人力物力上的优势逐渐占据主动,于 1943 年 8 月,在库尔斯克会战中挫败德军在东线最后一次战略攻势,自此进入战略反攻阶段。此后,苏联红军发动一系列战略攻势,收复绝大部分国土,进而占领东欧多国,最终于 1945 年 4 月 30 日攻占德国首都柏林。

1945 年 5 月 8 日夜间,德国举行了无条件投降仪式,投降书于 1945 年 5 月 9 日凌晨生效,苏德战争就此结束,也标志着二战欧洲主要战事告终。这场战争使苏联彻底摧毁了强大的纳粹德国。联邦德国至苏联之间的东欧国家成为苏联的卫星国,苏联一跃成为世界强国。

⑩ 什么是《大西洋宪章》?

《大西洋宪章》又称《罗斯福丘吉尔联合宣言》,于 1941 年 8 月 14 日由美国总统罗斯福与英国首相丘吉尔签署的联合宣言。

1941 年 6 月 22 日苏德战争爆发后,第二次世界大战的范围进一步扩大,美、英迫切需要进一步协调反法西斯的战略。两国首脑于 1941 年 8 月在大西洋北部纽芬兰阿金夏海湾内停留的美国的重巡洋舰"奥古斯塔号"上举行大西洋会议。

1941 年 8 月 13 日签署《大西洋宪章》,8 月 14 日发表。

该文件全文共 8 条,宣布对德战争的目的和战后和平的处置,同时表明两国不追求领土或其他方面的扩张,不承认法西斯通过侵略造成的领土变更,尊重各国人民选择其政府形式的权利,恢复被暴力剥夺的各国人民的主权,各国在贸易和原料方面享受平等待遇,促成一切国家在经济方面最全面的合作,摧毁纳粹暴政后重建和平,公海航行自由,各国必须放弃武力、削减军备,解除侵略国家的武装。

《大西洋宪章》所提出的对法西斯国家作战的目的和进步民主的重建战后和平的目标,体现了资产阶级民主政治的一般原则,对于国际反法西斯统一战线的形成和打败德、日侵略者起到了积极的推进作用。同时,"机会均等"、"海上自由"等内容有利于美国战后与英国争夺势力范围,取得世界"领导地位"。

苏联政府为了集中力量打击德国法西斯,促进反法西斯联盟进一步加强,发表声明,赞同宪章的基本原则,同时明确表明了自己的原则立场:当前必须集中力量,尽快地解放被希特勒奴役的各国人民,在战后必须消灭法西斯。

⑩ 莫斯科保卫战经过怎样？

1941 年 6 月 22 日,纳粹德国与其盟友入侵苏联,使苏联及苏联红军领导层大吃一惊。德军以闪电战快速深入苏联领土。1941 年 9 月,德军在攻占白俄罗斯的首府明斯克和乌克兰的基辅后,集中兵力向苏联首都莫斯科发动进攻。

为了在冬季前打败苏联,希特勒决定集中兵力攻取莫斯科。10 月 2 日,德国调集包括二十三个坦克和摩托化师在内的七十个师的兵力,对莫斯科发动了代号为"台风"的大规模攻势。希特勒严令德军必须在十天内攻下莫斯科,并扬言要在莫斯科红场检阅法西斯军队。10 月中旬,德军突破苏军防线,从西、北、南三面包围了莫斯科。10 月 19 日,苏联国防委员会通过了关于保卫莫斯科的特别决议,部分党政机关、工厂、高等学校和外交使团暂时撤离,国防委员会和最高统帅部继续留在莫斯科。莫斯科居民组织了二十五个工人营,十二万的民兵师,数百个巷战小组和摧毁坦克小组,全市五十万人(四分之三是妇女)日夜修筑防御工事。大批苏联后备队、武器、弹药和粮食等源源不断地从全国各地运往莫斯科。决不放弃首都,是苏联人民的共同意志。

11 月 6 日,首都军民在地下铁道马雅可夫斯基车站隆重举行了伟大的十月革命庆祝大会。第二天,在莫斯科红场举行了盛大的庆祝游行活动。苏军最高统帅斯大林检阅红军队伍,并发表了鼓舞人心的演说。数十万全副武装的苏联红军指战员接受检阅后直接开赴前线,投入战斗。

11 月 15 日,德军采取南北夹击,中间突破的战术,又疯狂地向莫斯科发动了第二次攻势,并逼近莫斯科郊区。苏联军民不畏强敌,奋勇作战,用巨大的牺牲打退了德军一次又一次的进攻。12 月 6 日,苏军开始大规模反攻。希特勒先后撤换了三十多名高级将领,最后自任总司令,命令德军死守硬拼,不许后退,但仍阻挡不了苏军的强大攻势。1942 年 2 月,德军损失五十多万人和大批武器装备,被击退一百五十到三百公里。

莫斯科保卫战的胜利,粉碎了德军"不可战胜"的神话,宣告了希特勒"闪电战"计划的破产。

103 为什么说斯大林格勒战役是二战的转折点?

斯大林格勒战役是第二次世界大战中纳粹德国对争夺苏联南部城市斯大林格勒而进行的战役,时间自 1942 年 6 月 28 日至 1943 年 2 月 2 日为止。斯大林格勒战役是第二次世界大战东部战线的转折点,苏联开始逐步掌握战略主动权。

德军在莫斯科会战失败后,被迫停止全面进攻,于 1942 年夏在苏德战场南翼实施重点进攻,企图攻占高加索油田和斯大林格勒,切断苏联红军的战略补给线。

而高加索油田,对苏联十分重要,苏联的石油供应有超过 95％的是来自高加索油田,因此,攻占了斯大林格勒就等于切断了苏联的石油供应。

另外希特勒也是因为从政治以及意识形态的高度,错误地将政治问题不合理地结合到军事指挥中,将"斯大林格勒"这个名字视为行动的出发点,进而想把它从欧洲的地图上抹去,到达在政治和意识形态上的获胜,因此将攻占斯大林格勒视为 1942 年的重要目标。

保卢斯上将指挥的德军第 6 集团军受领攻占斯大林格勒的任务,该集团军辖 33 个师约 47 万人,火炮和迫击炮约 3000 门、坦克约 500 辆,由第 4 航空队(作战飞机近 1200 架)负责支援。

斯大林格勒战役分为防御阶段(1942 年 7 月 17 日到 11 月 18 日)和反攻阶段(11 月 19 日到 1943 年 2 月 2 日)。

7 月 17 日,德军在遭到重大伤亡后进抵顿河边,苏军顽强抵抗,举世瞩目的斯大林格勒保卫战开始。8 月 23 日,得到增援的德军渡过顿河,向斯大林格勒发动了全面进攻。德军每天出去上千架次飞机对斯大林格勒实施狂轰滥炸,共投下一百多万枚总量达十万吨的炸弹,把斯大林格勒炸成一片废墟。9 月 13 日开始城市争夺战。苏联军民为保卫每条街道和每幢房屋,与德军展开了惊心动魄的巷战。11 月初德军由于损失惨重,预备队缺乏,被迫进入防御。

11 月 19 日,苏军根据"天王星"计划,开始了决定性的反攻。11 月 23 日,完成了对二十二个德军精锐师的"钳形攻势"的包围。1943 年 2 月 2 日,歼灭被围敌军三十三万人,德军元帅保卢斯率同二十二个将军、九万残兵向苏军投降。历时一百六十天的斯大林格勒大会战以苏军的完全胜利宣告结束。

斯大林格勒会战的结束,使德军受到致命打击,德军被迫转入战略防御,这就意味着德国政治和军事生命的完结。

🔘104 库尔斯克会战影响如何?

库尔斯克会战,是第二次世界大战期间苏德战场的决定性战役之一,是第二次世界大战中最大的坦克会战,也是第二次世界大战最大规模的一场对攻战役。

1943 年初,苏联红军在斯大林格勒战役中取得了决定性胜利后,乘胜进攻,收复大量失地,但德军在溃败的同时,南方集团军群司令曼施坦因元帅也开始计划向苏联红军反扑。他主动放弃了一些重要据点,诱使苏联红军深入,苏联红军在不断进攻中,战线越拉越长,而德军却趁机完成了兵力的集结。曼施坦因指挥刚组建的南方集团军群向顿涅茨河和第聂伯河之间的苏联西南方面军发起反击,西南方面军遭到了重创,其第 5 集团军遭到了毁灭,德军开始向哈尔科夫进攻,苏联红军被迫放弃一个月前刚刚攻占的哈尔科夫,后撤至库尔斯克南面的奥博扬地区,为防止战线的彻底崩溃,苏最高统帅部把第 1 坦克集团军从列宁格勒南调,此外第 21 和第 64 集团军也被从斯大林格勒调至这些方向,此后,战线趋于稳定。

曼施坦因的这次反击造成的一个后果就是以库尔斯克为中心的突出部的形成。在其北部,德国中央集团军群控制了奥廖尔一带。在其南面,曼施坦因的南方集团军群控制了彼尔哥罗德地区。在突出部内的是苏联中央方面军和沃罗涅日方面军。苏德双方在此形成僵持,一场规模宏大的战役即将展开。

1943年7月5日早晨,大批德军在飞机和坦克的配合下开始进攻,但遭到苏联红军的顽强阻击,损失惨重,只好转入防御。7月12日,苏军全线发动反攻,在普罗霍罗卡地区展开了一场坦克大会战。8月5日,苏军收复奥勃尔和别尔戈罗德,德军损失五十万人后被迫退回原地。

105 意大利是怎样投降的?

1943年,意大利的精锐部队在北非战场丧失殆尽,战争经济日益衰落,国内反法西斯运动不断高涨,墨索里尼众叛亲离,内外交困。7月10日,根据卡萨布兰卡会议的决定,十六万盟军在三千多条舰船的运送和一千多架飞机的保护下,在西西里岛南部登陆。岛上意大利军队迅速溃败,德军经过交战后渡海而逃。8月18日,盟军占领全岛。

在盟军即将进行意大利本土作战的形势下,7月25日,墨索里尼在应国王召见时被捕,接着建立了以前参谋长巴多利奥为首的新政府,从而结束了二十一年之久的法西斯统治。

新政府在国内反法西斯力量的压力下,被迫宣布解散法西斯党,解除法西斯分子的重要职务,使各反法西斯党合法化。8月19日,巴多利奥政府在里斯本开始与盟国谈判。9月3日,在西西里岛的卡塞比雷小城签订无条件投降书。9月8日正式宣布投降。

同时盟军占领了意大利南部,而北部和中部地区很快落入德军之手。被监禁的墨索里尼被德国伞兵劫走,在北部德军占领区建立了所谓"社会共和国"。10月13日,巴多利奥政府正式宣布退出法西斯同盟,向德国宣战。苏美英三国立即承认意大利为共同作战的一方。

⑩⑥ 什么是"自由法国运动"？

1940 年 6 月 18 日,戴高乐在英国伦敦发表了著名的抵抗纳粹宣言——《告法国人民书》,号召国土遭沦陷的法国人民团结起来抗击纳粹德国的侵略。这也标志着法国抵抗纳粹组织——"自由法国"运动的诞生

1940 年 6 月 17 日,戴高乐同在英国的某些法国知名人士,如法国驻伦敦供应代表团团长让·莫内和大使科尔贝等商讨在国外建立一个法国抵抗中心的方法。除莫内的副手勒内·普利文外,戴高乐从他的同胞那里没有获得多少支持。然而,6 月 18 日晚,他取得英国政府的许可,对法国人民作了一次广播。后来自由法国运动就以此时作为正式诞生的日期。

6 月 23 日,英国政府在接到戴高乐的一封信后,才同意他提出的在英国成立一个法国"抵抗中心"的要求,不过,在承认这一中心以前将保留仔细审查的权利,以避免出现任何看来像是法国流亡政府、法国"民族委员会",甚至是"解放委员会"之类的机构。虽然如此,在后来的一次广播中,戴高乐便让人知道他已经成立了一个获得英国政府承认的临时性的"法国民族委员会"。

实际上,到 1940 年 6 月底,在英国的自由法国部队总数只有三千人多一点,包括四百五十名海军及海军陆战队人员和三百五十名空军人员。他们实际上都是手无寸铁的。

到 7 月底,戴高乐组织起第一支由英国领土上的法国武装部队和海外法国公民参加的军队,并拥有一支小规模的海、空军,协同盟军对德国和意大利作战。

随着自由法国运动的发展和威信的不断提高,1941 年 9 月,正式建立法兰西民族委员会作为自由法国的政府机构。1942 年 7 月,为了表明法国内外反法西斯力量的团结,戴高乐把自由法国改为"战斗法国"。1943 年 6 月初,在阿尔及利亚成立了法兰西民族解放委员会,统一领导

法国的抵抗运动,戴高乐为该组织的领导人之一。11 月戴高乐改组法兰西民族解放委员会,并使自己成为唯一的主席。法国抵抗力量的统一,推动了反法西斯斗争的胜利发展。

1944 年,法国军队同英美军队一起在诺曼底和法国南部登陆,参加了解放祖国的行动,支援了人民大起义。8 月 26 日,戴高乐率军进入巴黎,接着宣布成立法兰西共和国临时政府。

⑩ 波兰是如何获得独立的?

1939 年希特勒突袭波兰,从此在这里开始了长达五年的法西斯黑暗统治。六百万波兰人被惨杀。二十万儿童被送往第三帝国接受日耳曼的奴化教育,其中十七万再也没有回来。

但波兰人民没有被吓倒,他们从德军占领的第一天起就展开了英勇顽强的反抗斗争。

1942 年初,波兰工人党成立,同年,组建人民自卫军,波兰人民的反法西斯斗争进入新阶段。

1943 年初在苏联的波兰爱国志士建立了以共产党为核心的"波兰爱国者联盟",接着成立波兰第一师(后扩编为军),与苏联军民并肩战斗。12 月,在华沙成立了由工人党和民主派组织的民族民主阵线最高机关人民代表会议,并以近卫军为核心成立了人民军,进一步推动了波兰抵抗运动的发展。

1944 年夏秋之交,第二次世界大战进入同盟国大反攻阶段。7 月,苏军与波兰第一军以迅雷不及掩耳之势突入波兰境内。7 月 22 日,解放了波兰边境城市赫尔姆。当天,波兰人民代表会议就在赫尔姆成立"民族解放委员会",颁布了解放波兰、实行民族民主革命的著名《七月宣言》,向世界宣告一个新的人民政权胜利诞生。

接着,苏波军队势如破竹向西推进,直抵华沙近郊。在这种情况下,波兰流亡政府及受其领导的国内武装力量国家军,为了夺取首都华沙,于 8 月初发动华沙起义,经过两个月的街垒战,最后惨败。

1945 年 1 月 17 日,苏波军民向华沙发起进攻,经过与德军占领者逐楼逐街的激烈争夺,使华沙终于回到人民的怀抱。随后,苏波军队转战各地,5 月 1 日,解放波兰全国。

108 诺曼底登陆是历史上最大规模的两栖登陆战吗?

早在 1941 年 9 月,斯大林就向丘吉尔提出在欧洲开辟第二战场对德国实施战略夹击的要求,但当时美国尚未参战,英国根本无力组织这样大规模的战略登陆作战。

1943 年 5 月,英美华盛顿会议,决定于 1944 年 5 月在欧洲大陆实施登陆,开辟第二战场。1943 年 8 月,英美魁北克会议批准"霸王"计划。1943 年 11 月,英美苏德黑兰会议确定于 1944 年 5 月发动"霸王"行动。

1943 年 12 月,美国陆军上将艾森豪威尔被任命为欧洲同盟国远征军最高司令,于 1944 年 1 月 2 日抵达伦敦就任。

1944 年 2 月,英美联合参谋长委员会批准了"霸王"计划大纲和修改后的作战计划,但是随之对登陆舰艇的需求也增加了,为了确保拥有足够的登陆舰艇,英美联合参谋长委员会决定将登陆日期推迟到 6 月初,并且将原定同时在法国南部的登陆推迟到 8 月。

由于登陆日(代号 D 日)推迟到 6 月初,盟军统帅部开始确定具体的日期和时刻,这是一个复杂的协同问题,各军兵种根据自己的需要提出不同要求,陆军要求在高潮上陆,以减少部队暴露在海滩上的时间;海军要求在低潮时上陆,以便尽量减少登陆艇遭到障碍物的破坏;空军要求有月光,便于空降部队识别地面目标,最后经认真考虑,科学拟定符合各军种的方案,在高潮与低潮间登陆,由于五个滩头的潮汐不尽相同,所以规定五个不同的登陆时刻(代号 H 时),D 日则安排在满月的日子,空降时间为凌晨一时,符合上述条件的登陆日期,在 1944 年 6 月中只有两组连续三天的日子,6 月 5 日至 7 日,6 月 18 日至 20 日,最后选用第一组的第一天,即 6 月 5 日。后因天气,推迟了一天。

1944 年 6 月 6 日,也就是被隆美尔预言为决定性的二十四小时,被艾森豪威尔称作历史上最长的一天，就这样平静地度过了。

1944年6月7日，希特勒将西线装甲集群的5个装甲师的指挥权交给隆美尔，隆美尔决心凭借这支精锐部队大举反击。但在盟军海空军绝对优势火力下，德军无力发动决定性的大规模反击。到8月中旬，在法国的盟军已达200万人。

诺曼底战役是军事史上规模最大的一次两栖作战行动。盟军取得了预期性胜利，并在西欧成功地开辟了第二战场。从而加速了希特勒德国的崩溃。

109 雅尔塔会议的主要内容是什么？

雅尔塔会议是美国（富兰克林·德拉诺·罗斯福）、英国（温斯顿·丘吉尔）和苏联（约瑟夫·维萨里昂诺维奇·斯大林）三个大国在1945年2月4日至2月11日之间在黑海北部的克里木半岛的雅尔塔举行的一次关于制定战后世界新秩序和列强利益分配问题的一次关键性的首脑会议。

会议讨论的主要问题有：

① 战后处置德国问题，决定由美、英、法、苏四国分区占领德国和德国必须交付战争赔偿以及彻底消灭德国军国主义和纳粹主义的一般原则；

② 波兰问题，三国决定波兰东部边界大体上以寇松线为准，在若干区域作出对波兰有利的5—8公里的逸出，同意波兰在北部和西部应获得新的领土，其最后定界留待和会解决；关于波兰政府的组成经过激烈争论，同意以卢布林的波兰临时政府为基础进行改组，容纳国内外其他民主人士；

③ 远东问题，苏联承诺在欧洲战争结束后2—3个月内参加对日作战，其条件是：维持外蒙古的现状，库页岛南部及邻近岛屿交还苏联，大连商港国际化，苏联租用旅顺港为海军基地，苏、中共同经营中东铁路和

南满铁路,千岛群岛交予苏联;

④ 联合国问题,同意苏联的乌克兰和白俄罗斯加盟共和国为联合国创始会员国,决定美、英、法、苏、中五国为安理会常任理事国,规定实质性问题常任理事国一致同意的原则。

此外,会议还讨论了希腊、南斯拉夫、意大利等欧洲国家的有关问题。会议签署了《雅尔塔协定》,通过了《被解放的欧洲的宣言》和《克里米亚宣言》等文件。

此次会议巩固和维护了三国战时联盟,对协调盟国对德、日作战,加速反法西斯战争的胜利进程和促进战后和平稳定局面的形成起到重要积极作用,为联合国的建立奠定了基础。

三大国在会议上作出的战后世界秩序的安排被称为雅尔塔体系,对战后世界影响巨大。

110 德国是怎样无条件投降的?

根据雅尔塔会议的决定,1945 年初,苏联出动一百五十多个师的兵力,从波罗的海到喀尔巴阡山长达一千二百公里的战线上,向德国发动猛攻、其右翼攻占了德军在东普鲁士最强大的要塞哥尼斯堡,左翼包抄匈牙利和奥地利,并随即占领了布达佩斯和维也纳,中路强渡奥得河,打开了冲向法西斯匪巢柏林的通道。与此同时,美英联军以八十七个师的兵力,在西线展开攻势,强渡莱茵河,并向鲁尔区挺进。德国法西斯末日来临。

希特勒为了阻挡苏军的攻势,集结兵力一百万人,在奥得河与柏林之间筑起了八道防线。1945 年 4 月 16 日拂晓,苏军开始了攻克柏林的战役。千万门大炮齐鸣,接着八百架远程飞机猛烈轰炸德军阵地。第三天攻占了号称"柏林之锁"的泽洛夫高地。随后,从北面和西北部对柏林形成了包围态势。由科涅夫元帅指挥的乌克兰第一方面军,从尼斯河向柏林以南进攻。4 月 25 日,两个方面军在柏林西郊波茨坦地区会师,完成了对柏林的包围。同时,苏军与美军在易北河畔的托尔高地胜利会师。

此时的柏林已完全处于四面楚歌之中。4 月 26 日,苏军猛攻柏林,第二天突入柏林市中心,逐街逐屋与敌人进行争夺,展开激烈的巷战。29 日,苏军逼近德国国会大厦和总理府。龟缩在帝国总理府地下避弹室的希特勒,与其情妇举行"婚礼"后,留下所谓"政治遗嘱",任命海军部指挥邓尼茨为"继承人",于 30 日下午以自杀结束了一生。

5 月 1 日,苏军战士把胜利的红旗插上了帝国国会大厦的圆顶。5 月 2 日,苏军攻克柏林。5 月 8 日,德国正式签订无条件投降书。

存在了十二年之久的第三帝国终于寿终正寝,欧洲的反法西斯战争胜利结束。

⑪波茨坦会议的主要内容是什么?

1945 年 7 月 17 日至 8 月 2 日,斯大林、杜鲁门和丘吉尔(1945 年 7 月 28 日丘吉尔在大选中失败下台、为新上任首相的艾德礼所代替)在柏林西郊的波茨坦举行二次大战期间的第三次、也是最后一次三国首脑会议,史称"波茨坦会议"或"柏林会议"。这次会议的主要目的是商讨对战后德国的处置问题和解决战后欧洲问题的安排,以及争取苏联尽早对日作战。

1945 年 7 月 26 日,以美、英、中 3 国宣言形式发表了《波茨坦公告》,敦促日本立即无条件投降,宣布了盟国占领日本后的基本原则,并重申 1943 年 12 月 1 日《开罗宣言》必须实施。1945 年 8 月 2 日,《苏英美三国波茨坦会议议定书》签字。

会议讨论了德国问题、波兰问题、奥地利问题、缔结和约接纳联合国会员等一系列问题,会议的重点是德国问题。经过激烈的争论,会议确定了美、苏、英、法四国管制和处置德国的政治及经济原则。会议规定,彻底铲除纳粹主义和军国主义,消灭垄断组织,在民主基础上重建德国政治生活。关于德国赔偿问题,确定"苏联所提的赔偿要求,将以没收德国境内苏占区的资产及相应的德国国外投资予以满足"。会议还决定,把原德国东普鲁士的哥尼斯堡（今加里宁格勒）及其邻近地区让予苏联。

会议在讨论波兰问题时,三国决定承认波兰临时民族统一政府。对波兰西部边界,认为最后划定应待和平会议解决,但"三国政府首脑同意,在波兰西部边界最后划定之前,原德国的东部领土由波兰政府管辖,不得视为苏联在德占领区的一部分"

波茨坦会议还讨论了对日作战问题。会议期间发表了"美英中三国政府领袖公告"（史称《波茨坦公告》）,促令"日本政府立即宣布所有日本武装部队无条件投降"。后来苏联出兵对日作战时,也宣布加入《波茨坦公告》,《波茨坦公告》成为四国的对日共同宣言。

波茨坦会议就意大利和原德国附属国问题、西班牙问题、控制黑海海峡等问题进行了讨论,并重申要审判主要战争罪犯。这次会议是三大国首脑在战争期间召开的最长的一次会议,也是最后一次会议。它对于夺取反法西斯战争的最后胜利具有重大意义,为建立战后新秩序打下了基础,对战后国际关系的发展产生了重大影响。

⑪ 你知道奥斯维辛集中营吗?

奥斯维辛集中营（又译奥斯威辛集中营）是纳粹德国时期建立的劳动营和灭绝营之一,有"死亡工厂"之称。

1939 年,波兰被纳粹德国占领后,奥斯维辛便属于纳粹德国的势力范围。在 1939 年底,当地的纳粹头目和警察头目便打算在这里修建一座集中营。很快,一些训练有素的德国纳粹开始着手选址修建集中营,终于在奥斯维辛找到了一块他们认为十分理想的地方。集中营选择在奥斯维辛城边的开阔地带,选择在此建营的主要原因:这里是一个很大的铁路交通枢纽,便于运输"犯人"。主营是整个奥斯维辛地区集中营的管理部门所在地。

1940 年 4 月 27 日,纳粹德国党卫军首领希姆莱正式批准修建奥斯维辛集中营,集中营的长官为臭名昭著的鲁道夫·胡斯。最初的奥斯维辛一号占地不足 6 公顷。1940 年 6 月 14 日,收容了首批 728 名波兰和德国政治犯。奥斯维辛一号通常关押着 1.3 万至 1.6 万人,1942 年最多时达 2 万人。

1941 年 3 月 1 日,希姆莱视察奥斯维辛集中营后,命令鲁道夫·胡斯将其扩建为一个同时具有关押、劳役和灭绝三种功能的超级集中营。

1941 年 6 月,纳粹德国入侵苏联后,大批苏联战俘被陆续收入集中营。

1941 年 9 月 3 日,奥斯维辛集中营第一次使用毒气"齐克隆 B"试验杀人,试验地点是青壮年营二号房舍的地下室,试验对象为 600 名男性苏联战俘和 250 名从集中营医院筛选出来的男性犯人。

1941 年 10 月,纳粹驱使奥斯维辛一号的囚徒建造了奥斯维辛二号(比克瑙)。扩建后的奥斯维辛集中营总面积达 15.5 平方公里,一条专用铁路从南边大门一直通到集中营的北端。营内设有大规模杀人的四个毒气"浴室"及储尸窖和焚尸炉,同时操作一次可屠杀 12,000 人,配备的焚尸炉每天可焚烧 8,000 具尸体。

到 1942 年时,纳粹又在奥斯维辛边上的莫诺维茨修建了奥斯维辛三号(莫诺维茨),在此后的 1942—1944 年间先后又在当地的冶炼厂、矿山和工厂区修建了 39 所集中营,以便使纳粹德国能很好地利用这些免费的劳动力。1945 年初,纳粹德国面临失败,为了消灭罪证,纳粹匪徒把这些大规模杀人装置炸毁了。

1945 年 1 月 27 日,苏联红军解放了奥斯维辛集中营,集中营里只剩下 7650 名活着的囚徒,其中包括 130 多名儿童。

1947 年 7 月 2 日波兰国会立法把集中营改为国家博物馆,作为纳粹罪行的历史见证,1979 年联合国教科文组织将其列入世界文化遗产。

113 二战后为什么要在纽伦堡进行审判?

1945 年 8 月 8 日,苏美英法四国政府在伦敦正式缔结了关于控诉和惩处欧洲轴心国主要战犯的协定,通过了国际军事法庭宪章。宪章共 30 条,对设置法庭的目的、任务及法庭的机构、管辖权等一系列问题作出明确规定。苏、美、英、法四国签署的《伦敦协定》和《欧洲国际军事法庭宪章》进一步规定,由四国各指派一名法官和一名预备法官组成国际军事法庭,对无法确定其具体犯罪地点的纳粹德国首要战犯进行统一审判。

纽伦堡国际军事法庭开庭的时间距离二战结束只有短短的 6 个月,纳粹德国政权已经崩溃,但纳粹的阴魂尚未散去。以法庭证据展示、辩论和判决或许更能挖掘历史真相。当时的德国,纳粹虽已战败,但民众尚未从数十年的精神管制和理论荼毒中清醒过来;许多党卫军死硬分子虽然消失在人海中,但仍蠢蠢欲动,企图伺机东山再起;纳粹的精神遗毒仍闪烁在德国儿童不服输的眼神中,隐藏在一些德国民众的内心深处,或者披上民族主义的外衣;一些普通的德国士兵认为,自己虽然参与了战争,但只是作为一名德国公民履行自己保卫祖国的义务而已,不是犯罪行为。

在这种情况下,再也没有什么比审判,比法庭证据展示、法庭辩论和判决更能挖掘历史的真相了。

1945 年 11 月 20 日,3 组辩护律师相继进入纽伦堡审判现场,一个精心准备的国际法庭。

21 名纳粹战犯被告坐在被告席上。旁听席上挤满了人,250 名记者在现场飞快地记着笔记,全世界都在注视着这个审判。

纽伦堡审判开始之前,希特勒和另外几个高级纳粹头目自杀的自杀、失踪的失踪,到 1945 年 11 月 20 日,被同盟国认定的 23 名战犯中,只剩下 21 人接受审判(其中一个患重病,不能到庭,最后只有 20 人坐上了被告席)。

经过 218 天的审判,最终有 18 个纳粹分子被判以"战争罪"和"反人类罪",其中 11 人被判处死刑。对德国来说,纽伦堡审判是黑暗历史的结束,也是同纳粹历史划清界限的开始。德意志民族从此开始了对历史的反省。

⑪⑭ 什么是"五国和约"？

第二次世界大战后期，德国的欧洲仆从国先后投降，签订停战协定，规定对其处置原则，具有初步的和约性质。波茨坦会议决定设立美、苏、英、法、中五国外长会议准备签订对意大利、保加利亚、罗马尼亚、匈牙利、芬兰五国的和约。

1945年9月11日，第一届五国外长会议在伦敦召开，讨论对意、罗、保、匈、芬的和约条款。由于美、英、苏等大国对战后欧洲的安排各有打算，因而在意属殖民地的处理、的里雅斯特的归属、五国的赔偿等一系列问题上争吵激烈，到10月2日会议结束时没有达成任何协议。此后，又相继召开了苏、美、英三国莫斯科外长会议（1945年12月16日到26日），苏、美、英、法四国伦敦副外长会议（1946年1月18日到4月初）和四国巴黎外长会议（1946年4月25日到7月12日），基本完成了对意、罗、保、匈、芬和约的草拟，决定延缓处理意大利殖民地问题，意大利的赔偿留待和会解决。

1946年7月29日，在巴黎卢森堡宫召开和平会议，苏、美、英、法、中等21个实际参战国的代表出席会议，审议外长会议制定的五国和约草案，并就草案条款提出建议。巴黎委员会经过79天的激烈斗争，基本上通过对意、罗、保、匈、芬和约草案，但仍有不少条款未能达成协议，留交下届外长会议讨论解决。

巴黎和会闭幕后，苏、美、英、法于1946年11月4日到12月12日在纽约召开第三届外长会议，会上各方作了一定的妥协，解决了一系列悬而未决的问题，终于完成了对五国和约最后文本的审定。会议决定，各有关国家于1947年2月10日在巴黎分别在五国和约上签字。参加签字的国家于1947年9月15日交存批准书，和约开始生效。

五国和约的缔结，巩固了反法西斯战争的胜利成果，但和约中某些条款侵犯了战败国的领土主权，使欧洲政治地理发生了一些变化。

115 二战后德国是如何分裂的？

1944 年 9 月，美、英、苏三国代表签署了"关于德国占领区和大柏林管制议定书"，划分了三国的占领区，苏联占领区内的柏林市也被划分成三个部分。1945 年 2 月召开的雅尔塔会议，肯定了分区占领德国的方式。

1945 年 6 月 5 日，苏、美、英、法四国政府签署并公布"关于击败德国并在德国承担最高权力的宣言""关于德国占领区的声明"以及"关于德国管制机构的声明"等三个文件，正式宣布四国接收德国的最高权力机构，并分区占领德国。从 7 月中旬起，四国军队先后进入各自占领区。

1949 年 5 月 10 日，德国西部统治机构经西方占领国当局的同意，宣布在该地区成立为德意志联邦共和国，波恩为首都，并于 23 日正式通过了《德意志联邦共和国基本法》。8 月中旬，举行了联邦议院的选举，9 月又召开了联邦议院及联邦参议院联席会议，自由民主党人西奥多·休斯当选为联邦德国首任总统。9 月 15 日组成了以基督教民主联盟主席康拉德·阿登纳为联邦总理的联邦政府。20 日，德意志联邦共和国第一届联邦政府宣告正式成立。次日，美英法三个占领区宣布合并。

在这一过程前后，德国的苏占区也发生了深刻变化。早在 1945 年 10 月，苏联占领当局就已将其权力移交给德国东部各级地方政权机构。1946 年，德国共产党与德国东部的社会民主党合并，正式组成德国统一社会党。统一社会党在德国东部政权机构中迅速占据了主导地位。1949 年 10 月 7 日，德国人民委员会举行第 9 次会议，通过由统一社会党制定的《民主德国全国阵线宣言》，提出德国人民争取祖国统一的纲领，要求建立统一的德意志民主共和国。同日，人民委员会还通过一项决议，决定成立"临时人民议院"，并组织"德意志民主共和国政府"，决议委托奥托·格罗提渥组织德意志民主共和国临时政府。几天之后，威廉·

皮克出任德意志民主共和国总统,苏联政府发表声明,宣布德国东部全部行政权力正式移交给德意志民主共和国。

至此,德国分裂为两个主权国家,即德意志联邦共和国和德意志民主共和国。德国的分裂是第二次世界大战后的重大国际事件,是雅尔塔体系的重要组成部分,也是苏美两个超级大国及其各自所领导的国家集团对峙的直接后果。

116 什么是马歇尔计划?

二战中,苏联和美国发挥了无可替代的重要作用,国际地位得到了大幅度的提升。特别是苏联,在战后被东欧及亚、非、拉许多社会主义国家视为"老大哥"。而西欧各资本主义国家因为战争的破坏,经济濒于崩溃,政治上动荡不定,尤其是对于苏联势力继续向西推进更加恐慌。因此,他们希望在大战后国际地位同样得到提升的美国,一方面能够在经济上帮助西欧恢复元气,另一方面能够阻止苏联势力的向西发展。而此时的美国在加紧制造冷战气氛的同时,开始拟订一项计划,给困顿不堪的西欧经济输血,以实现控制欧洲并遏制苏联的战略目标。在这一背景下,当时的美国国务卿马歇尔首先提出一个援助计划,因此这个计划就被称作"马歇尔计划"。

1947年7月9日,英、法、意、奥、比、荷、卢、瑞士、丹麦、挪威、瑞典、葡、希、土、爱尔兰、冰岛这16国的代表在巴黎开会,建立欧洲经济合作委员会,决定接受马歇尔计划,要求美国在4年内提供援助和贷款共计224亿美元。苏联、东欧各国及芬兰拒绝参加会议。

1948年4月3日,美国国会通过了《对外援助法案》,马歇尔计划正式执行。"马歇尔计划"的正式名称为"欧洲复兴计划"。这个计划原定期限为5年(1948—1952),美国对欧洲拨款共达131.5亿美元,其中赠款占88%,其余为贷款。但到了1951年底,美国宣布提前结束马歇尔计划,代之以《共同安全计划》。但此后美国对欧洲国家的其他形式的援助却始终没有停止过。

马歇尔计划推动了西欧各国经济的恢复和发展,有力地促进了欧洲的一体化进程。战后美国和西欧的领导人普遍认为欧洲一体化可以长久地确保欧洲的和平与繁荣。

117 何谓"北大西洋公约组织"?

北大西洋公约组织,简称北约组织或北约,是美国与西欧、北美主要发达国家为实现防卫协作而建立的一个国际军事集团组织。北约拥有大量核武器和常规部队,是西方的重要军事力量。

1949 年 4 月 4 日,美国、加拿大、比利时、法国、卢森堡、荷兰、英国、丹麦、挪威、冰岛、葡萄牙和意大利在华盛顿签署了《北大西洋公约》,决定成立北大西洋公约组织,同年 8 月 24 日各国完成批准手续,该组织正式成立。

希腊、土耳其于 1952 年 2 月 18 日、联邦德国于 1955 年 5 月 6 日、西班牙于 1982 年正式加入该组织。

北大西洋公约组织是第二次世界大战之后,美国为了遏制苏联,维护其在欧洲的主导地位,联合西欧国家成立的一个军事政治组织。冷战时期,他的对立面是苏联与东欧国家组成的华沙条约组织。20 世纪 90 年代后,苏联解体,"华约"解散,北约存在的基础已不复存在,北约应该立即解体,为何北约反而向东扩张呢?

最主要的原因就是美国要继续控制欧洲。北约创建的目的之一就是控制欧洲。几个世纪以来,欧洲都是世界政治经济文化中心。美国作为唯一的超级大国,企图充当领导世界的角色。

第二个原因就是西欧国家依靠北约,也就是依靠美国,来保证自己的利益。西欧国家早已意识到,欧洲的安全问题虽然不像过去那么严峻,但即使像波黑地区冲突,没有美国参与,欧洲自己也解决不了。因此,现实的道路只能是承认美国的主导地位,维持并扩大北约。

118 什么是"华沙条约组织"?

第二次世界大战结束后,随着世界战略格局雅尔塔体系的确立,以苏联为首的社会主义阵营同以美国为首的西方资本主义阵营处于冷战的对峙状态。1949 年 4 月 4 日,美国、加拿大、英国、法国、意大利、荷兰、比利时、卢森堡、丹麦、挪威、冰岛、葡萄牙在华盛顿签署了《北大西洋公约》,该条约于同年 8 月 24 日生效。1954 年 10 月 23 日,美、英、法等西方国家签订了《巴黎协定》,吸收西德加入西欧联盟和北大西洋公约组织。

同年 11 月 29 日至 12 月 2 日,苏联同德意志民主共和国、波兰人民共和国、捷克斯洛伐克、匈牙利人民共和国、罗马尼亚社会主义共和国、保加利亚人民共和国、阿尔巴尼亚人民共和国在莫斯科举行欧洲国家保障欧洲和平和安全会议,会议通过宣言声称:如西方国家批准《巴黎协定》,苏联和东欧国家将在组织武装力量和联合司令部方面采取共同措施。1955 年 3 月,八国又就缔结集体友好互助条约的原则、组建联合武装力量及其统帅部等问题进行了协商,并取得一致意见。5 月 5 日,《巴黎协定》被批准。5 月 14 日,苏、东德、波、阿、捷、匈、罗、保八国在华沙签署了《阿尔巴尼亚人民共和国、保加利亚人民共和国、匈牙利人民共和国、德意志民主共和国、波兰人民共和国、罗马尼亚人民共和国、苏维埃社会主义共和国联盟、捷克斯洛伐克共和国友好合作互助条约》。简称《华沙条约》。条约有效期为二十年(到期可顺延十年)。该条约由苏联领导人赫鲁晓夫起草。同年 6 月 4 日,根据《华沙条约》第六条规定,华沙条约组织这一军事、政治同盟正式成立。华沙条约组织总部设在莫斯科,俄语、德语、波兰语、捷克语为官方用语。

苏联通过华沙条约组织先后建立了两支部队:一是联合武装部队,二是一体化部队。20 世纪 70 年代起,在联合武装部队之外,苏军又和波、匈、捷、保、民主德国的一部分军队组成包括海军和空军的"一体化部队",由联合武装部队司令部指挥。

1990 年 10 月 3 日,两德合并后,民主德国退出华沙条约组织。1991 年 2 月 25 日,在布达佩斯召开的华约政治协商委员会非常会议决定从 1991 年 4 月 1 日起终止在华沙条约范围内所签订的军事协定的效力,废除华沙条约的军事机构。同年 7 月 1 日,华沙条约缔约国在布拉格举行会议,宣布华沙条约组织正式解散。

119 德国是如何统一的?

两德统一指的是原德意志民主共和国(即东德)于 1990 年 10 月 3 日通过并入德意志联邦共和国(即西德)的方式完成的德国统一。

1989 年民主德国局势发生了急剧变化。自同年 5 月起,大批公民出走联邦德国。10 月初,许多城市相继爆发了规模不等的示威游行,要求放宽对出国旅行和新闻媒介的限制等。10 月 18 日,民主德国总统昂纳克宣布辞职。11 月 9 日,"柏林墙"开放。11 月 28 日,联邦德国总理科尔提出关于两个德国实现统一的十点计划。1990 年 2 月 13 日至 14 日,民主德国总理莫德罗首次访问联邦德国。3 月 18 日,民主德国人民议会实行自由选举,德梅齐埃任总理后,两德统一的步伐大大加快。5 月 18 日,两德在波恩签署关于建立货币、经济和社会联盟的国家条约。8 月 31 日,双方又在柏林签署两德统一条约。9 月 24 日,民主德国国家人民军正式退出华约组织。10 月 3 日民主德国正式加入联邦德国。民主德国的宪法、人民议院、政府自动取消,原 14 个专区为适应联邦德国建制改为 5 个州,并入了联邦德国,分裂 40 多年的两个德国重新统一。

德国在历史上一向都是一个分裂的国家,直到 1474 年奥地利皇帝把帝国改名为德意志民族神圣罗马帝国,名义上获得统一。被拿破仑分裂后,在 1871 年,德国由普鲁士的威廉一世统一成为除奥地利外的德意志帝国,1938 年德国加入了老成员——奥地利,德意志获得统一。然而在 1945 年第二次世界大战后,德国再次分裂,分成东德和西德还有奥地利三个国家,东德和西德在 1990 年,在西德的赫尔穆特·科尔总理领导之下重新统一。

⑫ 切尔诺贝利事件是历史上最严重的核电事故吗?

切尔诺贝利核事故,或简称"切尔诺贝利事件",是一件发生在苏联统治下乌克兰境内切尔诺贝利核电站的核子反应堆事故。该事故被认为是历史上最严重的核电事故,也是首例被国际核事件分级表评为第七级事件的特大事故(目前为止第二例为 2011 年 3 月 11 日发生于日本福岛县的福岛第一核电站事故)。

1986 年 4 月 25 日,4 号反应器预定关闭以作定期维修。工程师们认为自己已经重新稳定了反应堆,便在凌晨 1 点 23 分 04 秒开始他们的实际试车实验。

由于控制棒插入机制(18 至 20 秒的慢速完成),棒的空心部分和冷却剂的临时移位导致反应率增加。增加的能量产品导致了控制棒管道的变形。棒在被插入以后被卡住,只能进入管道的三分之一,因此无法停止反应。燃料棒开始熔化而蒸汽压力迅速地增加,导致一场大蒸汽爆炸,使反应器顶部移位和受破坏,冷却剂管道爆裂并在屋顶炸开一个洞。这令放射性污染物在主要压力容器发生蒸汽爆炸而破裂之后进入了大气。在一部分的屋顶炸毁了之后,氧气流入———与极端高温的反应堆燃料和石墨慢化剂结合——引起了石墨火。这火灾令放射性物质扩散和污染更广的区域。

爆炸发生后,并没有引起苏联官方的重视。在莫斯科的核专家和苏联领导人得到的信息只是"反应堆发生火灾,但并没有爆炸",因此苏联官方反应迟缓。

事故后 3 天,莫斯科派出的一个调查小组到达现场,可是他们迟迟无法提交报告,苏联政府还不知道事情真相。终于在事件过了差不多一周后,莫斯科接到从瑞典政府发来的信息。此时辐射云已经飘散到瑞典。苏联终于明白事情远比他们想得严重。

这场事故导致苏联一万多平方公里的土地受到污染,其中乌克兰有一千五百平方公里的肥沃土地因核污染而废弃荒芜,一半以上的土地受到不同程度的放射性物质污染。白俄罗斯有七千平方公里的地区受到放射性物质污染,据估计有二百万人生活在污染地带。

据悉,在参加切尔诺贝利核电站扑灭大火和消除事故后果的三十万工作人员中,已有三万多人成为残废,约七千人死亡或忍受不了身体的痛苦而自杀。

据俄罗斯政府有关部门的报告,从切尔诺贝利核泄漏至 1993 年初,无数出生的婴儿成为畸形或残废。在污染地区癌症和其他疾病的发病率明显上升,预计在今后七十年,将有成千上万人因受辐射而患病死亡。可以说,切尔诺贝利核泄漏带来的后患是无穷的。

(12) 欧洲是如何走向一体化的?

现代意义上的欧洲一体化开始于二战以后。真正的欧洲一体化开始于 1951 年。当时,为了限制联邦德国的煤炭和钢铁生产总量,从而控制其军事工业的发展基础,法国提出了一个被称之为舒曼计划的方案,建议把法国和德国的煤炭和钢铁生产置于一个共同机构管理之下。一些西欧国家(包括意大利、比利时、荷兰、卢森堡)也附和进来,他们同法国和联邦德国一起在巴黎共同签署了《建立欧洲煤钢共同体条约》,该条约也被称之为《巴黎条约》。这个条约是西欧主权国家之间在一体化进程中签订的第一个具有约束力的立法文件。该条约中明确规定煤钢共同体以共同市场、共同目标和共同机构为基础,这三个共同实际上是今后的欧共体以及今天的欧盟所确立的长远发展目标的雏形。

欧洲一体化从一开始就跨越了自由贸易区阶段,于 1968 年 7 月 1 日实现了关税同盟。

1985 年 6 月米兰首脑会议期间,欧委会正式提出了关于建设内部统一大市场的白皮书,其中列举了 300 项具体措施(最后定为 282 项),提出要在欧共体内部建立"无国界"的统一大市场,真正实行人员、商品、资本、服务的自由流通。1985 年 12 月,统一大市场白皮书得到理事会批准。

为推进"白皮书"的实施,1986 年 2 月 17 日和 28 日分别在卢森堡和海牙举行的首脑会议签署了《单一欧洲文件》,提出了实施白皮书 282 项措施的具体计划和时间表,并提出最迟在 1993 年初正式建立统一大市场。另外,文件还对《罗马条约》进行了第一次重要修改,以"有效多数"取代"一致同意"作为统一大市场有关事务的决策程序,有效地便利了理事会和委员会建设统一大市场的努力。

1991 年 12 月,欧共体 12 国首脑在马斯特里赫特会议上签订了建立欧洲经济货币联盟和政治联盟的条约。1993 年 11 月初,条约生效,欧共体正式易名为"欧洲联盟"。

1999 年 1 月 1 日,欧洲经货联盟第三阶段正式开始,欧元开始在银行、外汇交易和公共债券等方面正式使用。

⑫ 什么是《里斯本条约》?

《里斯本条约》即欧盟非正式首脑会议在葡萄牙首都里斯本通过的欧盟新条约。这一条约于 2007 年 12 月 13 日由欧盟各国首脑在里斯本签署,随后交由各成员国批准。各国批准后,条约于 2009 年 12 月生效。但各国批准进程比预想困难许多,一直到 2009 年 11 月 3 日,捷克总统克劳斯宣布他已经签署了《里斯本条约》,捷克成为 27 个成员国中最后一个签署国,至此欧盟 27 个成员国已全部批准该条约。

《里斯本条约》是在原《欧盟宪法条约》的基础上修改而成,被视为"简版"的《欧盟宪法条约》。原《欧盟宪法条约》因遭到法国和荷兰全民公决否决而陷入僵局。为解决欧盟制宪危机,欧盟领导人 2007 年 12 月在葡萄牙首都里斯本正式签署《里斯本条约》,取代已经失败的《欧盟宪法条约》。

2009 年 10 月 29 日,欧盟 27 国领导人一致同意,欧盟将"以一种令捷克及其邻国都能接受的方式",使捷克在履行《欧盟基本权利宪章》方面享有一定的豁免权,从而扫清了《里斯本条约》生效道路上最后一个政治障碍。

《里斯本条约》须经所有成员国批准才能生效。它对欧盟的决策方式和机构设置等都进行了大刀阔斧的革新,以便更加顺利地推动欧洲一体化进程。

《里斯本条约》生效后,欧盟的组织机构和运营机制的变化主要体现在 3 个方面。一是取消原来由轮值主席国首脑担任欧盟理事会主席的做法,设立欧盟理事会常任主席,就是"欧盟总统",由他来代表欧盟在国际舞台上抛头露面。这个职位任期 2 年半,可以连任一届;二是把欧盟理事会负责外交和安全政策代表,与欧盟委员会负责对外关系事务的委员这两个职务合并,设立新的欧盟外交与安全政策高级代表,类似外长,并扩大这个职务的权限,特别是给予这个职位对外援助的财权;三是把一些原本必须采用一致通过原则的政策领域划归到多数表决制的领域,以避免某项政策因一国反对而不能通过的尴尬局面,提高运营机制的效率。

比利时时任首相赫尔曼·范龙佩成为第一任"欧盟总统"。英国人凯瑟琳·阿什顿担任"欧盟外长"。

⑫ 人类历史上第一个遨游太空者是谁?▸

尤里·阿列克谢耶维奇·加加林(1934 年 3 月 9 日—1968 年 3 月 27 日),世界第一名航天员,苏联英雄,前苏联太空人,前苏联红军上校飞行员,是第一个进入太空的地球人。

1959 年 10 月,前苏联首位宇航员的选拔工作在全国展开。加加林从 3400 多名 35 岁以下的空军飞行员中脱颖而出,成为 20 名入选者中的一员,并于 1960 年 3 月被送往莫斯科,开始在前苏联宇航员训练中心接受培训。在训练中,加加林凭借其坚定的信念、优秀的体质、乐观主义精神和过人的机智成为前苏联第一名宇航员。1960 年,加加林加入苏联共产党。

1961 年 4 月 12 日莫斯科时间上午 9 时 07 分,加加林乘坐东方 1 号宇宙飞船从拜克努尔发射场起航,在最大高度为 301 公里的轨道上绕地球一周,历时 1 小时 48 分钟,于上午 10 时 55 分安全返回,降落在萨拉托夫州斯梅洛夫卡村地区,完成了世界上首次载人宇宙飞行,实现了人类进入太空的愿望。他驾驶的东方 1 号飞船成为世界上第一个载人进入外层空间的航天器,就在他的 108 分钟的飞行过程中,加加林由上尉荣升为少校。

首次太空飞行之后,加加林又进入克夫斯基航空工程学院学习,并出色地答辩了毕业设计,学院推荐他到高等军事学院研究生院当函授生。加加林也积极参加训练其他宇航员的工作,1961 年 5 月成为宇航员队长,1963 年 12 月荣升为宇航员训练中心副主任。在训练其他宇航员的同时,他自己并没有放弃训练,梦想着能够再次进入太空。1967 年 4 月,他完成了联盟号飞船首次飞行的培训准备工作,成为宇航员科马罗夫的替补。他在进行宇航训练之余,并未放弃驾驶歼击机,还专门进入茹科夫斯基航空军事学院继续学习飞行,并于 1968 年 2 月毕业。

正当加加林对未来充满信心的时候,灾难发生了。1968 年 3 月 27 日,他和飞行教练员谢廖金在一次例行训练飞行中,因一架双座喷气式飞机坠毁而罹难。

124 车臣恐怖袭击事件是怎么回事?

车臣共和国原是俄联邦车臣-印古什自治共和国的一部分。1991 年 9 月,苏联空军少将、车臣人杜达耶夫依靠武力推翻了当地的苏维埃政权。1992 年 1 月印古什人成立印古什共和国,车臣当局宣布,车臣-印古什共和国是独立主权国家,但是俄罗斯始终否认其独立地位。从此,车臣既不签署 1992 年的俄联邦条约,也不参加 1993 年的俄议会选举,在"独立"的道路上越走越远。

为了平息车臣日益猖獗的分裂主义势力,维护国家的领土完整,1994 年 12 月,俄罗斯当局出动 6 万军队对车臣非法武装进行打击。

由于种种原因,1996 年 8 月 31 日,俄联邦政府和车臣非法武装在俄联邦达吉斯坦共和国境内的哈萨维尤尔特达成协议,规定将车臣地位问题搁置 5 年。历时 20 个月的车臣战争以一纸"哈萨维尤尔特协定"而告终,俄联邦部队于 1997 年 1 月全部撤出车臣。

1997 年 1 月,车臣举行总统选举,马斯哈多夫当选。同年 5 月,俄联邦与车臣签署和平与相互关系原则条约。但是,马斯哈多夫仍然坚持车臣是"独立国家",不仅拒不执行和平协定,而且加紧分裂活动。尤其令俄罗斯当局不安的是,极端主义势力不仅在车臣境内加紧分裂活动,而且武装袭击与其毗邻的达吉斯坦,企图与该自治共和国一起建立"神权政治国家"。

因此,1999 年 8 月俄当局出兵 10 万,打响了第二次车臣战争。

2000 年 1 月俄政府宣布马斯哈多夫为车臣不合法的总统后,他躲藏到车臣南部山区,成为车臣非法武装的 3 大头目之一,组织和领导车臣非法武装与俄军对抗。俄政府军经过空中轰炸和地面围剿,消灭了大股车臣非法武装。但是,剩余的车臣非法武装化整为零,在车臣内外采取游击战术,不断在俄罗斯各地制造恐怖事件。特别是近几年来,车臣非法武装分子活动猖獗,劫持人质、炸毁客机等,造成大量人员伤亡。

2010 年 3 月 29 日,俄罗斯首都莫斯科市内的卢比扬卡和文化公园两个繁忙的地铁站早高峰时间发生连环爆炸事件。由于现场附近乘客很多,所以至少造成 34 人死亡,另有 25 人受伤。俄罗斯调查机构指出,车臣恐怖分子很可能为本次事件的幕后黑手。

125 波兰史无前例的政治空难是哪次?

波兰有着一千多年的历史、文化底蕴深厚。它坐落在欧洲中部,千百年来曾多次遭受动荡和暴力的洗劫。

历史上的波兰曾经独立过,也曾经被其他国家占领、瓜分过。二战期间,将近 700 万波兰人罹难,其中一半是犹太人。

1999 年波兰加入北大西洋公约组织,2003 年 6 月波兰举行全民公决,决定加入欧洲联盟,并在 2004 年 5 月 1 日正式加入欧盟,开启了波兰历史的新篇章。

作为波兰的首都，华沙也经历了历史风雨的洗涤。2003 年波兰支持美国对伊拉克战争，大大提升了华沙的国际地位。波兰共派出有2500 名士兵组成的部队，在伊拉克中南部执行维和任务。

尽管大部分波兰人民反对出兵伊拉克，不过 2005 年当选的保守党依然坚持推迟前政府计划 2006 年初撤兵的决定。

2010 年 4 月 10 日，波兰总统卡钦斯基乘坐的图-154 专机在俄罗斯斯摩棱斯克机场降落时坠毁，机上 96 人无一生还，其中包括总统和总统夫人以及很多波兰高官。这是波兰历史上空前的政治"空难"。

图书在版编目(CIP)数据

世界历史四百问 / 朱世兰编著. —— 南京：江苏人
民出版社，2018.5

ISBN 978 - 7 - 214 - 21831 - 5

Ⅰ.①世… Ⅱ.①朱… Ⅲ.①世界史课—高中—教学
参考资料 Ⅳ.①G634.513

中国版本图书馆 CIP 数据核字(2018)第 036323 号

书　　　名	世界历史四百问
编　　著	朱世兰
责 任 编 辑	姜　皞
出 版 发 行	江苏人民出版社
出版社地址	南京市湖南路 1 号 A 楼,邮编:210009
出版社网址	http://www.jspph.com
照　　排	江苏凤凰制版有限公司
印　　刷	江苏凤凰通达印刷有限公司
开　　本	652 毫米×960 毫米　1/16
印　　张	29.75
字　　数	400 千字
版　　次	2018 年 4 月第 1 版　2018 年 4 月第 1 次印刷
标 准 书 号	ISBN 978 - 7 - 214 - 21831 - 5
定　　价	58.00 元

(江苏人民出版社图书凡印装错误可向承印厂调换)